D1725424

Elke Bader
Anna von Rötteln

Elke Bader

Anna von Rötteln
Im Hagelsturm der Begierde
zwischen Basel und Habsburg

Roman

Bibliographische Information der Deutschen Bibliothek
Die Deutsche Bibliothek verzeichnet diese Publikation
in der Deutschen Nationalbibliographie;
detaillierte bibliographische Daten sind im Internet über
http://dnb.ddb.de abrufbar

Elke Bader – Anna von Rötteln
ISBN 978-3-9812889-0-2
©Copyright 2009
Blackforest Publishing
www.blackforest-publishing.de
Printed in Germany 2009

Druck:
UEHLIN
Print und Medien GmbH
79650 Schopfheim
www.uehlin.de

Sie ist für mich die Rose rot und auch die Morgensonne klar
Ritter Reinmar von Brennenberg

Für meinen Mann, der mir den Mut zum Fliegen gab.
Für meine Tochter, deren Unbekümmertheit mir die Flügel
verlieh.

I

ERSCHLAFEN streckte Rudolf seine nackten Glieder. Noch genoss sein Körper die wohlige Wärme der Bettstatt, deren vertrauter Lavendelduft ihn jeden Morgen als Erstes umfing. Das Wachwerden war für ihn stets nur ein kurzer Moment, denn als kampferprobter Ritter hasste er den Müßiggang wie die Kirche den Teufel.

Neben ihm räkelte sich Anna mit dem samtigen Schnurren eines Kätzchens. Die sanften Strahlen der Julisonne streichelten ihr ebenmäßiges Gesicht und zauberten betörenden Glanz in die kastanienbraune Haarpracht, die sich keck über den Bettrand ergoss und mit ihren Spitzen das weiche Lammfell auf dem Boden berührte.

»Man könnte meinen, Rötteln sei nach der Farbe ihrer Haare benannt«, ergötzte sich Rudolf versonnen. Die schwungvolle Rundung ihrer Hüften versetzte seine Lenden in erregte Erwartung und heißes Begehren durchflutete seinen Körper. Sehnsüchtiges Verlangen, sie zu besitzen, verdrängte alle Zärtlichkeit. Schon lange hatte Rudolf es aufgegeben, sich über die Macht seiner Gefühle für Anna zu wundern. Anfänglich hatte er sich vor diesen starken Empfindungen gefürchtet und so manches Mal war er gegen die ungewohnte Hilflosigkeit in ihrer Nähe zu Felde gezogen, nur um in diesem Kampf ohne Schwerter vollends zu kapitulieren.

So wie der Samen den Regen brauchte er Anna. Es war, wie es war. Heute wie damals genoss Rudolf den taumelnden Rausch des Jägers am Tag, als er sie entjungferte. Begierig schlug er die Daunendecke zurück, um sich an den weiblichen Rundungen zu weiden. Ihre Brüste waren rund und fest, die Zerbrechlichkeit ihrer gertenschlanken Taille ließ ihn seine eigene starke Männlichkeit schmerzhaft spüren. Fest entschlossen sie zu nehmen und seinem Urinstinkt freien Lauf zu lassen, schob er seinen gestählten Körper auf den ihren. Anna erwachte unter dem fordernden Druck seiner Schenkel. Ein Blick in ihre rehbraunen Augen ließ Rudolf augenblicklich innehalten. Unbändiger Drang, diese Frau vor allem Unheil der Welt zu schützen, für immer ihren unschuldigen und vertrauensvollen Ausdruck zu bewahren, raubte ihm fast den Atem.

»Anna, ich liebe dich mehr als mein Leben, ich … «

Lautes Klopfen an der Tür unterbrach Rudolf jäh. Alles in ihm drängte danach, es einfach zu ignorieren.

»Herr Graf, Herr Graf, ein Bote von der Sausenburg ist eingetroffen, er bringt schlimme Nachricht!«, vernahm er die besorgte Stimme seines langjährigen Kammerdieners Fritschmann zem Ryn.

Rudolf kannte seinen Diener als besonnenen Vasallen. Als Kinder hatten sie bereits gemeinsam den Ausbruch der schrecklichen Pestjahre erlebt. Damals hatte der Schwarze Tod mit grausamen Fingern nach den Menschen gegriffen und in seinem Land eine düstere Spur unendlichen Leids hinterlassen. Etwas Ernstes musste vorgefallen sein, wenn zem Ryn ihn zu dieser frühen Stunde im Schlafgemach zu stören wagte.

»Lass den Boten in den Palas bringen und komm sogleich in meine Kammer!«, befahl er übellaunig.

»Rudolf, Geliebter, zem Ryn kommt nur seiner Pflicht nach«, nahm Anna den treuen Lakaien in Schutz, während ihre Hände die braune Mähne ihres Gemahls zersausten.

»Wer immer sich zwischen dich und mich zu stellen wagt, hat mich zum erbitterten Feind«, knurrte der Markgraf, enttäuscht den lustvollen Platz auf seiner Gemahlin nunmehr zugunsten des manchmal schwierigen Alltags eines regierenden Landgrafen im Breisgau eintauschen zu müssen. Anna schmiegte sich noch einmal an ihn.

»Wenn du dich weiterhin so unnachahmlich unter mir windest, wird die Nachricht wohl bis zum Abend ungehört bleiben.« Rudolf küsste seine Frau sehnsuchtsvoll auf den Mund. Mit der Disziplin eines von früher Jugend an trainierten Willens erhob er sich von ihr und griff nach seiner Oberschenkelhose und den mit Waid gefärbten Beinlingen, die noch vom Abend zuvor auf dem Stuhl neben seiner Betthälfte lagen. Geduldig erwartete Fritschmann seinen Herrn und half ihm sogleich in sein blaues Wams hinein, welches der Markgraf sich selbst mit einem saphirgeschmückten Gürtel band. Rudolf hasste die modischen Schnabelschuhe, die wie er zu sagen pflegte, den kühnsten Recken wie einen Säugling über seine eigenen Beine stolpern ließen. Er wählte einfache Lederschuhe und verzichtete ebenso auf jegliche Kopfbedeckung. Mit der Routine des gedrillten Kämpfers gürtete er sein Schwert.

»Was Niklaus Langenhagen wohl so Wichtiges mitzuteilen hat?« Besorgt erinnerte er sich der steinharten Eisklumpen, die gestern vom Himmel stürzten und den Tag in nachtschwarze Dunkelheit hüllten. Und das mitten im Sommer! Alle Fensterläden hatte er verriegeln lassen, um dem tosenden Hagelsturm an den Mauern seiner Feste Einhalt zu gebieten.

»Dass dieser Zyfridus von Enkenbruch aber auch gleich ein Gottesgericht darin zu erkennen meint und alles Gesinde bis auf den Tod erschrickt, so dass kein vernünftiges Wort mehr zu führen ist, gefällt mir nicht«, ärgerte sich Rudolf und öffnete mit einem Ruck eine der drei hölzernen Fensterläden, mutig darauf gefasst, großer Verwüstung entgegenzublicken. Draußen jedoch trillerten die Amseln und Rotkehlchen ihr beschwingtes Sommerlied über das weite saftige Tal der Wiese, die sich am Fuße des steilen Burgfelsens ausladend und in eigensinnigen Armen und Rinnsalen ihren Weg gen Lörrach bahnte. Sein forschender Blick streifte die angrenzenden Weiler Rötteln, Tumringen und Haagen. Doch schienen weder das Holz noch das Fachwerk der Häuser wirklich Schaden genommen zu haben.

»Hätte ich das Unwetter nicht selbst erlebt, ich würde jeden Lügen strafen, der mir davon berichtet. Meine Bauern werden die Ernte wohlbehalten einfahren können.«

Frohen Mutes schweifte sein Blick über die dichten Wälder, welche im Norden die Bergkämme des Schwarzwaldes mit ihren hohen saftstrotzenden Tannenkronen schmückten. Die frische Luft beruhigte ihn und guten Mutes begab Rudolf sich hinunter in die Halle.

Dort stand der Stallknecht des Sausenburger Burgvogts und drehte vor lauter Unsicherheit seine Mütze in den Händen. Noch nie zuvor war er auf die Burg Rötteln gesandt worden. Schon bei deren Anblick hatte der Knecht vor lauter Ehrfurcht sein Pferd zügeln müssen, ob der gewaltigen Feste, die sich wie ein imposantes Bollwerk vor seinen Augen erhob. Zwar hatte er die fahrenden Leute, die manchmal auch auf der Sausenburg aufspielten, darüber reden hören, dass es wohl keine mächtigere Feste im ganzen Südwesten gäbe als die zu Rötteln über Lörrach, aber von solchen Ausmaßen alleine zwischen dem Bergfried im Norden und dem Giller im Südwesten hätte der Bursche nie zu träumen gewagt.

Und diese riesigen Türme grenzten nur den Bereich der Oberburg ein. Die Unterburg war nahezu ein eigenes kleines Dörfchen mit all seiner Betriebsamkeit. Hatten bereits die steilen schier unüberwindlich scheinenden Ringmauern an seinem Selbstbewusstsein arg gerüttelt, so ließ die erlesene Eleganz des riesigen Palas ihn vollends einschüchtern. Fünf große Doppelfenster mit teurem Butzenglas gen Osten gewandt sorgten für nahezu taghelles Licht. Seine Füße standen nicht etwa nur auf Tannennadeln und Stroh, wie er es von zu Hause her kannte, sondern auf wärmenden Holzbohlen, die den ganzen Boden bedeckten. Die getünchten Wände zierten burgundische Teppiche und erlesene Stickbilder. Ein von großer Tischlerkunst zeugender rechteckiger Eichenholztisch durchmaß nahezu den gesamten Saal der Länge nach.

4

Sein dunkles gepflegtes Holz leuchtete im Glanz der Sonne und nährte die Fantasie des einfachen Knechts dergestalt, dass er vermeinte, die gesamte Ritterschar des Markgrafen von Hachberg in lautem Gespräch dort vor dem Kamin versammelt zu sehen.

»Nun, was gibt es so Dringendes von meinem Sausenburger Vogt?«Erschreckt fuhr der Knabe aus seinen Tagträumen auf und sank angesichts seines hohen Herrn ehrfurchtsvoll auf die Knie.

»Mein Herr schickt mich, Euch Bericht zu erstatten. Der Hagel hat vielerorts das Getreide zerschmettert. Besonders das Weitenauer und Endenburger Gebiet ist hart betroffen. Er fürchtet, die dortigen Bauern werden ihre gesamte Ernte in diesem Jahr einbüßen«, stammelte der Bote sichtlich verängstigt ob der schlechten Neuigkeit, die er verkünden musste. Er wäre nicht der Erste, dem es von einem erzürnten Herrn mit Hieben gedankt wurde.

Gedankenvoll strich sich Rudolf durchs Haar. Konnte es sein, dass Rötteln verschont geblieben war, während seine angrenzenden Ländereien einen solchen Schaden genommen hatten?

»Steh auf Junge und lass dir in der Küche eine Wegzehrung bereiten! Teile Vogt Langenhagen mit, ich werde noch heute nach dem Frühmahl hinaufreiten und mir selbst ein Bild machen.« Im Türrahmen rannte dieser geradewegs in den hereinstürmenden Knappen Michael von Schönau, der zu gewohnter Stunde am Morgen vergebens auf seinen Herrn vor dessen Kammer gewartet hatte. Er war es gewohnt, von der Früh bis zum Anbruch der Nacht an der Seite seines Ritters zu weilen, wie er Rudolf heimlich nannte. Michael war fest davon überzeugt, dass niemand auf der Welt seinen Ritter so sehr bewundern konnte wie er. Die Knappen der anderen waren es schon leid, ihn ständig mit dem Kampfesmut und der geschickten Wortgewandtheit seines Helden prahlen zu hören. Und ausgerechnet er hatte nun seinen Herrn verpasst und suchte dieses Missgeschick schleunigst zu beheben. Wie würden ihn seine Kameraden auslachen, wenn sie davon erfuhren. Obendrein musste ausgerechnet dieser Stalljunge ihm noch im Wege stehen, so dass er jetzt wie ein ungeschickter Tölpel seinem Ritter nahezu in die Arme fiel. Mit Schamesröte im Gesicht suchte der junge Edelmann sein Gleichgewicht zu finden und schaffte es gerade noch in eine wackelige Verbeugung. Rudolf kannte den Eifer seines Knappen nur zu gut und konnte sich vorstellen, wie beschämt sich dieser jetzt fühlte.

»Beruhige dich Michael, dein Vater ist ja nicht zur Stelle, um dich zu schelten, und von mir wird er nicht erfahren, dass du meinen Aufbruch verschlafen hast. Allerdings hast du eine Strafe verdient. Meine Turnierrüstungen benötigen unbedingt deine pflegende Zuwendung. Heute scheint mir dafür der geeignete Tag. Sofort nach deinen Kampfübungen wirst du dich also in meine Kammer begeben. Jetzt allerdings geh und lass mir mein Pferd richten! Nach dem Frühstück werde ich mir den Knappen unseres Hauptmanns ausborgen und mit ihm gen Endenburg reiten. Gib dem von Nüwenburg entsprechende Weisung!«

Tief gedemütigt sauste Michael los, seine Aufträge zu erfüllen. Ausgerechnet dieser arrogante Pinsel von Lörrach sollte heute seine Stelle einnehmen. Dessen eingebildetes Verhalten wurde nur noch von dem Größenwahn seines Herrn, dem Ritter Friedrich von Nüwenburg, übertroffen. Dieser Herr schien der Auffassung zu sein, alle Knappen wären ihm leibeigen. Auch dessen roher Umgang mit dem Gesinde war nicht nach Michaels Geschmack. Aber trotz allem, der Befehl seines Ritters war ihm heilig und auch, wenn es ihm schwer fiel es einzugestehen, mit solcher Strafe kam er noch gnädig davon. Wenn er sich vorstellte, was diesem von Lörrach in ähnlicher Situation geblüht hätte, besserte sich die Laune des jungen Schönauers schlagartig.

»Wäre doch wirklich lustig, diesen aufgeblasenen Nüwenburg Knappen einmal zu beobachten, wie er sich eine ordentliche Tracht Prügel einheimst.«

6

Anna war noch immer tief berührt von der morgendlichen Leidenschaft ihres Gemahls. Seine ungestüme Art, wenn es um sie ging, die sich so gänzlich von seinem sonst eher besonnenen Handeln unterschied, ließ ihr Herz jubilieren, zeigte sich darin doch die übergroße Liebe, die Rudolf ihr schon seit Jahren stets aufs Neue zu Füßen legte. Sie wollte sich noch ein paar Minuten diesen betörenden Gedanken hingeben, doch ihr Körper schien einer fremden Macht zu gehorchen.

Jähe Unruhe ließ sie erschauern. Anna legte die Hand auf ihre heiße Stirn. Nein, es war kein Fieber, das sie spürte, es war der Schweiß der Angst. Sie war Anna schon längst kein Fremder mehr. Immer häufiger nisteten sich böse Vorahnungen in ihren Geist, die von drohendem tödlichem Unheil kündeten, welches genau aus der Quelle trank, die auch ihre Lebensader nährte. Unwillkürlich fühlte Anna sich an das Nibelungen Lied erinnert, welches von Minnesängern auch auf Rötteln schon dargebracht wurde. Sollte sich Rudolfs überschäumende Liebe zu ihr einmal als seine größte verwundbare Stelle erweisen? Nein, das dufte nicht sein.

Energisch rief Anna sich zur Ordnung. Sie stammte aus dem selbstbewussten Geschlecht der Grafen von Freiburg und war mütterlicherseits eine Gräfin von Neuenburg am See. Gerade an die Schwester ihrer Mutter Verena erinnerte sich Anna gerne. Tante Isabell war ihr großes Vorbild. Nicht nur dass sie als Frau selbständig über ihre Grafschaft regiert hatte, sie war sogar in den Krieg gezogen gegen ihre außer Rand und Band geratene Stiefmutter Margrit von Vufflens. Nach dem Tod von Annas Großvater hatte dessen dritte Ehefrau Tod und Verderben unter die Bewohner der Herrschaft Boudry gebracht, indem sie ihre Bauern grundlos köpfen ließ und andere Gequälte in dunkle Kerker warf. Annas Tante jedoch hatte diesem ruchlosen Treiben mutig Einhalt geboten und die gebeutelten Leute von Boudry wieder unter den Schutz ihrer Familie genommen.

»Ach Tante Isabell, wenn du und Mama doch noch lebtet«, seufzte Anna schweren Herzens doch auch auf seltsame Art getröstet. Ihr Bruder Konrad hatte die Tante beerbt. Anna erinnerte sich daran, wie er seine kleine Schwester mit deren romantischer Liebe zur Natur immer wieder neckte, wenn sie mal wieder alleine einen verbotenen Streifzug durch die Wälder ihrer elterlichen Burg Badenweiler unternommen hatte.

»Wärest du ein Mann, solltest du Minnesänger werden und könntest den ganzen lieben langen Tag mit albernem Geschwätz über Liebe, Tugend und Ritterlichkeit vertun, so wie unser berühmter Ahnherr Rudolf zu Neuenburg«, pflegte er seiner Wut darüber Ausdruck zu verleihen, dass er mal wieder seiner kleinen Schwester nachjagen durfte, statt sich mit seinen Kameraden im Schwertkampf zu messen.

Heute lebte Annas Sohn Rudolph bei ihm auf Neuenburg. Er verbrachte seine Zeit mit seinem Vetter Johann und wurde dort als Konrads Knappe zum Ritter ausgebildet. Auch Annas Tochter Verena befand sich bei Konrad und stand dessen Haushalt vor, seitdem Annas Schwägerin Marie de Vergy vor zwei Jahren verstorben war.

Oh, wie sie ihre Kinder vermisste. Ihre Töchter Agnes, Ennelin, Gredlin und Katharina hatten dem Weltlichen abgeschworen und verbrachten ihr Leben im St. Clara Stift zu Basel. Ihr Ältester Otto bekleidete bereits in jungen Jahren das äußerst würdige Amt des Domherrn im Münster zu Basel. Nur ihr kleiner Wilhelm war ihr noch geblieben. Schmerzlich gedachte sie der anderen vier Söhne und der Tochter, die das allgegenwärtige Kindbettfieber ihr geraubt hatten.

Anna ermahnte sich selbst. Sie war die Gemahlin eines beim König in hoher Gunst stehenden Markgrafen und es stand ihr nicht an, sich solch wehmütigen Gedanken kampflos zu ergeben. Als Herrin der Burg hatte sie sich um das Nächstliegende zu kümmern, das Frühstück, auf das ihr Gemahl sehr viel Wert legte, besprach er sich doch dabei stets mit seinen engsten Beratern. Entschlossen erhob sie sich vom Bett und rief nach ihrer Leibmagd Maria.

»Herrin ich habe Euch bereits das grüne Reitkleid aus Baumwolle herausgelegt. Ihr wolltet doch heute Morgen gleich mit Ritter Wolf von Hartenfels ausreiten. Ebenso sah ich bereits bei Berta in der Küche vorbei. Das Frühmahl wird zur Stunde aufgetragen.«

»Maria, es war ein glücklicher Tag, an dem du dich entschieden hast, mir nach Rötteln zu folgen. In dir habe ich nicht nur eine umsichtige Kammerdienerin gefunden sondern vielmehr auch eine ehrliche Freundin, die mir in so manchen Dingen im Geiste verbunden scheint.«

Einst war Maria als Waisenkind in das Frauenkloster Sitzenkirch unterhalb der Sausenburg gekommen, wo auch Rudolfs Onkel Otto begraben lag. Anna war der dortigen Äbtissin Adelheid Zekin in großer Freundschaft zugetan. Adelheid und sie berieten sich oft über besondere Heilpflanzen, welche die gerade grassierenden Infektionen am schnellsten zu kurieren vermochten. Dabei war ihr Marias Talent im Anbau und der Pflege dieser Kräuter sowie ihr heilkundiges Wissen nicht verborgen geblieben. Von der Äbtissin wusste sie, dass Maria ihr Leben nicht hinter Klostermauern beschließen wollte, sich jedoch zu sehr vor der Außenwelt fürchtete, um sich als Frau ohne Familie durchzuschlagen. Maria ließen die schrecklichen Bilder der bis auf den Tod heruntergekommenen städtischen Huren, die in ihrer letzten Not im Frauenkloster um Hilfe ersuchten, selbst in der Nacht nicht los. Es war eine spontane Idee der Gräfin gewesen, der jungen Frau die Stellung in ihrem persönlichen Gefolge anzutragen. Die aus niederem Adel stammende Rosa Arnleder, die ihre Schwägerin Ita als ihre gemeinsame Zofe mit auf die Burg gebracht hatte, war ihr sowieso schon seit langem ein Dorn im Auge, da diese es häufig an dem gebotenem Respekt Anna gegenüber fehlen ließ. So war es bald beschlossene Sache und Maria war in die Kleiderkammer ihrer Herrin gezogen.

Anna hatte diese Entscheidung bis auf den heutigen Tag nie bereut; denn in Maria fand sie oft eine geduldige Zuhörerin und Verbündete und sah bald mehr eine Schwester in ihr als eine Bedienstete. Sie schaute ihrer jungen Magd forschend in die Augen, während diese sich bemühte, das Kleid über das weiße Leinenhemd ihrer Herrin zu streifen.

»Du hast geweint Maria, was bedrückt dein Herz?« Stumm befestigte die Ertappte das edelsteinverzierte Schapel mit dem langen Schleier auf deren Haar.

»Nun, Pater Enkenbruch wird mir sicher wieder zehn zusätzliche ›Ave Maria‹ aufbürden, wenn ich zu spät zur Morgenandacht erscheine. Wir vertagen unser Gespräch auf die Mittagsstunde, wenn ich mit von Hartenfels wieder zurückgekehrt bin. Reiche mir bitte das Paternoster aus roten Korallen und Maria, warum versteckst du dein wunderschönes blondes Haar unter einer solch unkleidsamen Haube? Es reicht schon, dass ich mir von meiner Schwägerin stets vorhalten lassen muss, als verheiratete Frau meine Haare nicht genügend zu bedecken, aber du bist doch ungebunden und solltest dich nicht so verunstalten.«

Maria tat wie ihr geheißen, doch entging es Anna nicht, wie unwohl sie sich dabei fühlte. Nun, diese Angelegenheit musste bis zum Mittag warten, jetzt galt es, sich zu beeilen.

»Ich hole noch schnell Wilhelm und nehme ihn mit zur Morgenandacht. Jede Minute will ich auskosten, ihn auf meinen Armen zu halten, da mir ja nur so wenig Zeit für meinen Jüngsten bleibt.«

Beim Eintreten der Herrin sank die alte Gertrud mühevoll auf die Knie. »Guten Morgen Gerti, wie oft soll ich dich noch vom Kniefall entbinden. Meinst du, es wäre mir eine besondere Freude, dir hinterher wieder auf die Füße helfen zu müssen?«, schalt Anna ihre ehemalige Amme in fürsorglichem Ton. Gertrud hatte darauf bestanden, Anna zu begleiten, als diese nach ihrer Hochzeit auf die Burg Rötteln gezogen war.

»Mami, Mami!«, versuchte der Kleine sich am Gewand seiner Mutter emporzuziehen.

»Mein kleiner Liebling, Mami nimmt dich auf den Arm. Komm, wir wollen die Zeit der Morgenandacht nutzen, um zusammen zu sein! Außerdem ist Gerti sicher auch froh, einmal ein paar Minuten still zu sitzen, ohne gleich wieder einem solchen Wildfang nachzuhetzen.«

In der Tür wandte sich die Gräfin noch einmal um. »Gerti, ich lasse Wilhelm anschließend bei der Schreibers Frau. Er spielt doch so gerne mit Hannes, deren Sohn. Ruh du dich nur aus. Heute Abend kannst du ihn wieder unter deine Fittiche nehmen.«

»Ihr wisst Rudolf, ich sehe meinen vornehmlichsten Platz hier an Eurer Seite. Meine Frau gab mir jedoch Kunde von einigen Unregelmäßigkeiten in den Rechnungsbüchern meiner Länderein. Wie es scheint, hat meine häufige Abwesenheit den Verwalter wohl dazu verleitet, einen Teil der Bauernabgaben in seine eigene Tasche zu stecken. Um den Schaden zu verdecken, ließ er einige meiner leibeigenen Pächter so lange prügeln, bis diese ihm weiteren Zins brachten. Es scheint mir geboten, diese Angelegenheit persönlich zu ahnden und bitte Euch darum, die nächsten Tage auf Burg Schwörstadt verweilen zu dürfen.«

Rudolf hob nachdenklich seine buschigen Augenbrauen.

»Dies ist heute Morgen bereits die zweite schlechte Nachricht und nicht dazu geeignet, meine Laune zu bessern.«

Albrecht von Schönau war sein treuester Vasall. Als Ausdruck seiner Wertschätzung hatte er vor kurzem dessen Sohn Michael als seinen eigenen Knappen in Dienst genommen. Ihm war bewusst, wie viel er seinem Ritter mit dem ständigen Aufenthalt auf Rötteln abverlangte, zumal er ihm mit den Lehen Niederdossenbach, Flienken, Gersbach und Schweigmatt eine zusätzliche große Verantwortung aufgebürdet hatte. Er ging ein paar Schritte vor der Kapelle hin und her.

»Nun, von Schönau, nicht ohne Grund vertraute ich Euch meine neuen Ländereien an. Euch jetzt daran zu hindern, dort für Recht und Ordnung zu sorgen, wäre wohl töricht, auch wenn ich Euere Mannen ungern ziehen sehe. Nun gut, der von Berenfels aus Herrischwand und Haltingen trat gestern seinen Dienst an. Er verfügt über genügend Männer, für den Schutz der Burg zu garantieren.«

Von Nüwenburg, der dem Gespräch gelangweilt folgte, räusperte sich vernehmlich.

»Verzeiht, Herr Graf, vielleicht wäre es angebracht, den Priester nicht länger warten zu lassen. Eure Frau Gemahlin scheint sich erneut zu verspäten.«

Wolf von Hartenfels, der sich der Gruppe gerade näherte, warf dem Ritter einen bösen Blick zu.

»Habt Ihr heute noch so Dringendes vor, dass Ihr auf Euere Herrin nicht warten könnt?«, führte er diesem sein ungebührliches Verhalten barsch vor Augen.

Von Hartenfels war Ritter im persönlichen Gefolge der Markgräfin. Vor nunmehr zwei Jahren hatte er die Gemahlin Rudolfs anlässlich eines Turniers auf der Burg des Johanns von Lichtenberg hinter Straßburg kennengelernt. Als Ehrengäste hatte dem gräflichen Paar der Platz direkt neben dem Burgherrn und dessen Frau zugestanden. Niemals würde er das damalige Geschehen vergessen. Einer von Johanns Edelknechten zeigte sich nicht sehr geschickt und brachte seinen wohl noch jungen Hengst derart aus dem Gleichgewicht, dass dieser stolperte und dem ehrgeizigen Kämpen statt zum ruhmreichen Sieg zur Bekanntschaft mit dem harten Boden seiner reiterlichen Unfähigkeit verhalf. Angestachelt durch die hämischen Lacher seiner Kontrahenten traktierte der Blamierte sein unschuldiges Ross bösartig mit den Füßen, bis dieses vor Wut stieg und sich mit den Vorderhufen gegen seinen Peiniger zur Wehr setzte. Als Ritter, der seinem Kriegsross mit hoher Achtung begegnete, stürmte Wolf seinerzeit vor, dem Mann seinen Jähzorn auszutreiben. Nur kurz hatte er innegehalten; er wusste, dies bedeutete einen Zweikampf auf Leben und Tod; denn der so Gescholtene forderte mit Sicherheit Genugtuung. Nicht dass er den Kampf fürchtete, er konnte sich nicht erinnern, wann er das letzte Mal einem Überlegenen gegenüber gestanden hatte. Aber Wolf hasste unnötiges Blutvergießen und unwillkürlich waren ihm die grausigen Bilder wieder vor Augen gestiegen:

Als Kreuzritter war er im Jahre, als man von Christi Geburt 1396 zählte, dem Grafen Johann von Nevers nach Ungarn gefolgt, um dem dortigen König Sigismund gegen die Heiden beizustehen. Johann war der Sohn des Herzogs Phillipp von Burgund. Es war reiner Zufall, dass ihn das Kampfgetümmel seinerzeit in die Nähe des Grafen warf. Seite an Seite fochten sie sich durch das abschlachtende Gemetzel, beide gleichermaßen bis ins Mark getroffen vom Anblick des massenhaften Sterbens. Es war kein ritterwürdiger Kampf gewesen, kein faires Mann gegen Mann.

Noch heute träumte er in der Nacht von den röchelnden Schreien der Sterbenden, sah seine Füße durch das Meer von Blut waten, dem Lebenssaft, welcher von Gläubigen oder Ungläubigen stammend die Erde von Nikopolis gleichermaßen tiefrot färbte. Nur seiner enormen Kraft und Geschicklichkeit verdankte nicht nur er selbst sein Leben sondern auch Graf Johann, der als einer der Heerführer in besonderem Maße das Ziel der Krieger des Sultans Bajezid gewesen war. Seitdem waren Johann und er einander in ehrlicher Freundschaft zugetan und einige Jahre später folgte der Graf seinem Vater als Herzog von Burgund. Seinen Freund hatte der Herzog nie vergessen. Er war es, der Wolf den Titel des Comte de Beaune verlieh. Wolf führte allerdings diesen Grafentitel bis heute zu nicht in seinem Namen und hatte sich ausbedungen, das damit verbundene Lehen in Burgund nicht selbst verwalten zu müssen. Zu sehr nagten die Wunden von Nikopolis an seiner Seele, als dass er sich frei genug fühlte, erneut eine solche Verantwortung für Land und Leute zu tragen. Stattdessen war er stets auf der Suche nach wahrer Ritterlichkeit. Dort wo er auch nur ein Saatkorn dieser Zier seines Standes zu erkennen glaubte, ließ er sich für eine Zeit lang nieder, um diese zu nähren und zu großem Gedeihen zu verhelfen ganz so, als hoffte Wolf, dadurch den Tod der so zahlreich durch seine Hand in Nikopolis Gestorbenen zu sühnen.

Gerade als erneutes gequältes Wiehern des Tieres seinem Zögern ein Ende setzte, hatte sich die Markgräfin erhoben. Mit gerafften Röcken war sie auf den Kampfplatz geeilt und hieß den Edelknecht, das Pferd sofort freizugeben. Furchtlos hatte sich die Edeldame dem schweißüberströmten Hengst genähert und sprach mit ruhiger Stimme auf ihn ein. Doch das Pferd war zu verstört und drohte mit den Hufen ihren Kopf zu streifen. Wolf war vorgeschnellt und hatte sich schützend vor die Frau gestellt, deren beherztes selbstloses Eingreifen ihn tief beeindruckt hatte. Noch am gleichen Tag hatte er den Markgrafen von Hachberg ersucht, ihn als Vasall in seine Dienste zu nehmen, was dieser ihm aus Dank für die Rettung seiner Frau gerne bewilligte. Den Hengst kaufte er dem Grafen Johann für 100 Gulden ab. Als reich belohnter Kreuzritter konnte er diese Summe aufbringen, sie erschien ihm dennoch weit überhöht. Jedoch dieses edle Tier sollte nicht wieder in die Hände eines solch unwirschen Burschen fallen.

Seit jener Zeit sorgten sein »Antonius« und er für den Schutz der Gräfin, der es nicht entgangen war, dass er seinem Schwarzen einen Namen gegeben hatte, der die beiden Anfangsinitialen seiner Herrin aufgriff.

Vor dem Kirchenportal streifte Rudolf seine beiden Dienstmannen mit ärgerlichem Blick wurde jedoch durch das Eingreifen seiner Schwester, die sich nun mit ihrer Zofe zu der Männerrunde gesellte, einer Antwort enthoben.

»Ich stimme Ritter Nüwenburg zu, Rudolf. Anna sollte deinem Haushalt ein Vorbild sein ... «

Ita stockte in ihrer Anschuldigung, als sie sich der Aufmerksamkeit der Männer beraubt sah. Mit ihrem Kind auf dem Arm schritt Anna die letzten Stufen hinab. Sie zählte zu jenen Frauen, deren bloßes Erscheinen die Menschen in ihrer Nähe fesselte. Obwohl sie ein ausgesprochen attraktives

Äußeres aufwies, würde sie nie als Muse eines Troubadours diesen zu Lobliedern über ewige Schönheit beflügeln. Nein, es war ihre Liebe zum Leben, ihre schlichte Natürlichkeit mit der sie jedermann begegnete und die in jeder ihrer Gesten zum Vorschein kam. Die Einfachheit des elegant geschnittenen Reitkleides unterstrich diesen Charakterzug in unnachahmlicher Weise. Nur ein dezentes kleines Ornament unter ihrer linken Brust, ein goldenes Wappen mit rotem Querbalken, hob sich vom tiefen Grün ab.

Rudolf barst fast vor Stolz auf seine Gemahlin. Die Erinnerung an jene Nacht, in der Anna, dicht an seine Brust geschmiegt, ihm zärtlich ins Ohr flüsterte, als äußeres Zeichen ihrer großen Liebe zu ihm stets sein Wappen auf ihrem Herzen zu tragen, vertrieb allen Verdruss des heutigen Morgens. Schützend legte er Annas Hand in die seine, küsste seinem Sohn die Stirn und verbat mit dieser Geste jedweden weiteren Vorwurf.

Maria fädelte sich hinter ihrer Herrin ein und setzte gerade ihren Fuß über die Portalschwelle, als Rosa sie mit ihrem Ellenbogen schnöde in die Seite stieß. Dabei schenkte diese den Vorübereilenden ein warmes Lächeln ganz so, als ob sie ihrer liebsten Vertrauten etwas nur für deren Ohren Bestimmtes anzuvertrauen hätte. Ihre eisigen Augen jedoch bannten Maria, die kaum noch die Luft auszuhauchen wagte. Verstört presste die Jungfer ihren Rücken gegen das kalte Gemäuer, um so viel Abstand wie möglich zwischen sich und die herrische Zofe zu bringen. Deren schulterfreies karmesinrotes Gewand aus teurem Barchent war im Oberteil so eng geknöpft, dass Rosas große Brüste den feinen Stoff bei der geringsten unachtsamen Bewegung zu sprengen drohten. Die Farbe ihres Kleides überstieg ihren gesellschaftlichen Stand bei Weitem aber entsprach umso mehr ihrer inneren Überheblichkeit. Aufdringlich wogten die üppigen Rundungen aus dem engen Mieder und versperrten Maria jede Sicht in die Kapelle.

»Für ein solch sündiges Luder wie dich ist in der Kirche kein Platz. Mich täuschst du nicht mit deinem Engelsgesicht!

Ha, glaubst du etwa dein heimliches Stelldichein mit dem charmanten Nüwenburg wäre mir verborgen geblieben? Und den von Hartenfels umgarnt die giftige Spinne wohl auch schon mit ihren engelblauen Augen. Aber der wird den Teufel tun und sich sicher nicht mit einer so geringen Dienstmagd begnügen, wo er doch vom süßen Honig der hohen Frau naschen kann. Auch Friedrich von Nüwenburg wird wissen, wen er vor sich hat. Ansonsten hätte er dich wohl kaum am helllichten Tag so unverfroren begrapscht. Hat er dich genug benutzt, lässt er dich fallen wie eine ausgelutschte Frucht, und schneller als du denkst, wird eins der Hurenzimmer beim Schankwirt in der Unterburg dein neues Zuhause sein. Warte nur, bis ich dem Herrn von deinem sittenlosen Treiben berichte, dann wird dir auch deine Busenfreundin, die Gräfin nicht mehr beistehen können; denn ihr Gemahl ist doch so darauf bedacht, alles Schändliche von dieser Ausgeburt an Tugendhaftigkeit fernzuhalten!«

»Die Sünder aber werden in der ewigen Verdammnis des Höllenfeuers schmoren«, drang die belehrende Stimme des Burgpriesters wie durch dichten Nebel in das Bewusstsein der hilflosen Dienstmagd, ganz so als kannte er die Herzensqualen der Menschen und spielte mit deren Pein wie auf einem Schachbrett der Fürsten. Seine ängstigenden Worte traten in die Fußstapfen von Rosas zischendem Gekeife.

Hatte Maria den Zwischenfall nur geträumt? Benommen glitten ihre ruhelosen Augen am Rundbogen des Bruchsteintors empor und fanden schwankenden Halt an der in Stein gehauenen Darstellung der drei Weisen aus dem Morgenland, die dem Jesuskind ihre Aufwartung machten. Doch nur von kurzer Dauer war dieser stärkende Moment. Ein heller Sonnenstrahl nahm ihre willenlosen Augen mit auf seine Reise in die biblische Welt einer goldenen Freske an der gegenüberliegenden Kapellenwand. Rotgolden gleißten die abgebildeten Engel über dem Stall von Bethlehem auf und reflektierten das funkelnde Morgenlicht auf die zu seinen Füßen Betende, so dass deren kupferrotes Haar wie vom höllischen Fegfeuer gezeichnet erglühte. Dort vorne direkt in der Bank hinter der hochwohlgeborenen Frau Ita kniete in demütiger Andacht die Jungfer Arnleder mit ehrfürchtig gefalteten Händen. Maria war speiübel. Ihre Knie sackten ein.

»Lieber Gott, bitte lass mich nicht in Ohnmacht fallen, bitte nicht hier!«

Mit wachsbleichem Gesicht und letzter Willenskraft zwang sie ihre Füße einen Schritt nach dem anderen weg von dem Ort ihrer Schmach. Wo nur konnte sie sich verkriechen, wie nur sollte sie ihr aufgewiegeltes Herz beruhigen? Gab es überhaupt noch eine Zukunft für sie?

»Gott in seiner ewigen Güte hat es gefallen, die Menschen in dieser Burg ... «.

»Mami mir ist kalt!«, beschwerte sich klein Wilhelm mit der natürlichen Selbstverständlichkeit eines Kindes. Unendlich langsam drehte Pater Enkenbruch den Kopf in die Richtung des Störenfriedes. Seine vor Zorn glühenden Augen streiften zuerst Anna, die mit dem unbeugsamen Blick des reinen Herzens antwortete, um alsbald den noch nicht gereiften Geist des Buben fest zu umklammern. Verstört fing Wilhelm an zu weinen, und versteckte seinen Kopf unter dem weichen Umhang seiner Mutter.

»Sei ganz ruhig mein kleiner Schatz, Mami ist ja bei dir.« Schnell versiegten die Tränen des Kleinen geborgen im wärmenden Schutz des weiten Stoffes. Mit verkniffener Miene beendete der Burgpriester die Morgenandacht und entließ die Gläubigen mit dem alles verzeihenden Segen Gottes.

»Diese Ungezogenheit wird noch ein Nachspiel haben!«, versprach er sich selbst.

Im großen Saal reichte Rudolf gerade seiner Gemahlin ein Stück weichen Ziegenkäse, das er auf sein Messer gespießt hatte, als »Isabella« stolz erhobenen Hauptes die weitläufige Halle in Besitz nahm. Darin ähnelte sie ihrer Herrin aufs Haar. Niemand konnte sich ihrer mächtigen Präsenz entziehen. Selbst die Bracken des Grafen zollten ihr höchsten Respekt und räumten mit selbstverständlicher Unterordnung das Feld, wo immer die mächtige Hündin auftauchte. Die pechschwarze Tigerung ihres falbfarbenen Fellkleids betonte die monströse Mächtigkeit, welche ihr nicht nur unter den Burgtieren ein wie angestammt anmutendes Recht auf Vorherrschaft garantierte. Wie eine Königin aus uraltem Adelsgeschlecht durchmaß Isabella gemessenen Schrittes den Weg bis zum Kamin, vor dem Rudolf und Anna als Burgherrschaft ihren Platz hatten, dabei stets darauf bedacht, die dargebrachten Ehrenbezeugungen der Jagdhunde huldvoll entgegen zu nehmen. Sie wusste, wem sie sich unterzuordnen hatte. Ihn würde sie als Erstes geziemend begrüßen. Jedoch es war wie jeden Morgen.

Der säuerliche Geruch eines ungewaschenen Körpers ließ sie angewidert innehalten. Wie immer saß dort, ihrem Herrn gegenüber, dieser Hüne, zu dem sie seit ihrem Einzug in die Burg ein gespanntes Verhältnis hatte. Friedrich von Nüwenburg verzieh der Dogge nie die Blamage, welche er durch sie erlitten hatte. Als Isabella noch ein hilfloser Welpe gewesen war, hatte er ihr wie jedem anderen Tier oder Niedriggeborenem, welche zufällig seinen Weg kreuzten, willkürlich Hiebe versetzt und Steine nach ihr geworfen. Doch Isabellas Wille konnte er nicht brechen; im Gegenteil er war von Monat zu Monat erstarkt und eines Tages hatte die Hündin sich dem Kampf gestellt. Der durchtrainierte Recke war es nicht gewohnt, dass unter seinem Stand stehendes Gesindel es wagte, ihm die Stirn zu bieten schon gar nicht solch ein – wie die

Priester es nannten – seelenloses Geschöpf. Dieses Biest sollte den Stock spüren, bis sein eigenes Blut ihm derlei Frechheiten aus dem Körper trieb. Doch reaktionsschnell warf sich die riesige Hündin mit ihrem ganzen Gewicht gegen den verdutzten Mann. Bei dem Versuch, sein Gleichgewicht zu halten, vollführten dessen Füße die tänzelnden Schritte eines belustigenden Gauklers. Manch einer der Mägde und Knechte, die des Ritters Jähzorn an eigenen Gliedern bereits leidvoll erduldet hatten, spürten sichtliche Schadenfreude, auch wenn sie sich hüteten, diese öffentlich zur Schau zu tragen. Ein solch ungebührliches Verhalten gegenüber einem wenn auch unfreien so doch ritterbürtigen Adeligen hätte ihre Haut mit mindestens zehn Stockschlägen blutig gegerbt. Es war zu jener Zeit, dass die Geschichte des Walenraustier aufkam, ein verwunschener Ritter, der in Gestalt eines schwarzen Hundes mit glühenden Augen selbst hartgesottene Ritter in die Flucht jagte.

Wie in einem allmorgendlichen Ritual ließ Isabella ihren einstigen Peiniger einen Blick in den tiefen Abgrund ihres gewaltigen Mauls tun, dessen Eingang von prächtigen weißen Reißzähnen bewacht wurde. Ein gefährliches Grollen in seine Richtung durchbrach donnernd die angespannte Ruhe im Palas. Wie um ihre Überlegenheit zu untermauern, würdigte Isabella ihn alsbald keines weiteren Blickes und kroch durch die Beine des von Hartenfels, der ihm zur Rechten saß, an die Seite des Mannes, den sie als Einzigen als ihren Herrn akzeptierte. Rudolf streichelte ihr seidenweiches Fell und sofort erhob sich die riesige Dogge wieder, um endlich an ihr Ziel zu gelangen. Anna! So sehr sie auch Rudolf respektierte, noch mehr liebte sie die Frau, welche vor drei Jahren sich eines winzigen noch blinden mutterlosen Welpens erbarmt hatte und vor dem sicheren Tod bewahrte. Mit unermüdlicher Fürsorge hatte die Gräfin um das Leben des kleinen Würmchens gekämpft, dessen Mutter als streunende Hündin in der Stadt Basel von den Bütteln erschlagen worden war, bei dem Versuch ihre Hungersnot durch eine verführerisch duftende Wurst auf dem Stand eines Metzgermeisters zu lindern.

Damals weilte das gräfliche Paar für ein paar Tage in einem ihrer beiden städtischen Domizile in der Spiegelgasse, dem Haus ze Straßburg, und Anna, die mit wehem Herzen aus der Ferne dieser Szene beiwohnte, war der gesteinigten Hündin gefolgt, welche sich mit dem Mut der verzweifelten Mutter noch bis vor das Versteck ihres Kindes schleppte und dort ihren Atem aushauchte.

»Isi, meine Kleine, was erschrickst du denn nur immer unseren mutigen Hauptmann?«, herzte Anna ihre Lieblingshündin, deren Abneigung sie durchaus teilte.

Isabella, deren Name Anna in Erinnerung an den Mut und die Tapferkeit ihrer Tante ausgewählt hatte, stand auf Augenhöhe mit Anna und schenkte ihrer Herrin aus tiefschwarzen treuen Augen einen beifallheischenden Blick.

»Komm setz dich zu mir und störe die edlen Ritter nicht weiter in ihrer Beratung!«

Gehorsam setzte sich die Hündin zu Annas Linken, nicht ohne jedoch eine ihrer gewaltigen Pranken vertrauensvoll auf den Schoß ihrer Retterin zu betten.

Die eng stehenden immer stechend wirkenden Augen des Hauptmanns erinnerten Anna stets an einen Adler, der jederzeit bereit war, in wildem Flug herabzustoßen und seine tödlichen Krallen in das Fleisch seiner überrumpelten Beute zu jagen. Ein zotteliges Gesichtsgewächs in der Farbe seines weißblonden Haupthaars verbarg die Züge der unteren Gesichtshälfte. Anna empfand diesen Zustand als äußerst angenehm, konnte sie sich doch nicht vorstellen, daran Gefallen zu finden. Eine ausgeprägte Hakennase thronte eindrucksvoll auf dem wie die Halme einer verbrannten Sommerwiese wirkenden bärtigen Gestrüpp. Die helle Haut ließ die dicken Adern seines Handrückens gespenstisch hervorquellen, so sehr verkrampfte Friedrich diese um den zinnernen Stil der hölzernen Trinkschale. Unwillig befal er dem herbeieilenden gerade erst sieben Lenze zählenden Pagen, erneut nachzuschenken und suchte seinen Unmut mit einem riesigen Schluck des verdünnten Weines wie ein lästiges Staubkorn hinunterzuspülen.

»Von Nüwenburg, ich erhielt Nachricht über schlimme Verwüstungen im Endenburger Bann. Die Nüwenburg, welche ich Euch zu Lehen gab, liegt ja ein Stück weit auf demselben Weg. Euer Knappe wird mir Geleit geben und ich halte es für angebracht, Ihr schließt Euch uns ebenfalls an. Die Eisenhütte bei Kandern hat einige neue Bergleute aus Tirol angezogen, die sich wohl auch auf Eurem Land niedergelassen haben dürften. Es ist sicher ratsam das Urbar einer genauen Prüfung zu unterziehen, wie viel zusätzlichen Zins wir in den kommenden Monaten erwarten können. Ich bin sicher, Euer Vogt wird dankbar sein für die Möglichkeit, Euch einige Angelegenheiten antragen zu dürfen. Heute Abend erwarte ich alsbald Euren Bericht.«

Ungehalten wandte Rudolf abrupt seinen Kopf nach links und zwang Wolf von Hartenfels, ihm in die Augen zu sehen.

»Nun, Herr Ritter, Euch scheinen meine Ausführungen arg zu langweilen. Oder sollte es etwas Dringliches sein, das Ihr mit meiner Gemahlin zu erörtern habt? Dann allerdings fände ich Euren Flüsterton nicht angebracht und wäre gern unterrichtet. Ah, ich vergaß, schon vor der Morgenandacht fühltet Ihr Euch ja bemüßigt, die Angelegenheiten meiner Frau als die Euren zu betrachten.«

Anna verharrte stocksteif auf Ihrem Stuhl. Sie wusste nicht, wovon Rudolf sprach, aber kein Ritter von Stand nahm eine solch ehrenrührige Anschuldigung widerspruchslos hin. Fieberhaft arbeiteten ihre Gedanken, um dieser spannungsgeladenen Situation die Schärfe zu nehmen. Zwiespalt zwischen dem Mann, den sie über alle Maßen liebte, und dem, den sie ob seiner grenzenlosen Loyalität zu ihr und somit auch gegenüber Rudolfs Herrschaft hoch respektierte, ja der ihr ein vertrauter Freund geworden war, das durfte nicht sein. Anna griff sich mit der Hand an die Stelle, wo ihr ängstliches Herz wild klopfend das Hachberger Wappen Ihres Gemahls zum Leben erweckte. Unter ihrer Brust hob und senkte sich das goldene Emblem der Macht des Markgrafen von Hachberg-Sausenberg im immer schneller werdenden Rhythmus ihrer aufgewühlten Gefühle.

Rudolf entging die bestürzte Reaktion seiner Frau nicht. Ihm taten seine Worte bereits leid, zumal er seinen Ritter schon in so manchen Situationen als besonnenen und umsichtigen Mann erlebt hatte, der den Kampf zwar nie scheute jedoch auch nicht suchte. Tief in seinem Innern wusste er um die noble Gesinnung dieses Recken, der die rechtschaffenen Attribute eines freien Edelmanns im Ritterstand nicht nur als Vorrecht zu seinem Vorteil nutzte sondern in ihnen die Verpflichtung zum Schutz der Armen und Schwachen sah, so wie alle Ritter es bei ihrer Schwertleite gelobten, aber nicht jeder auch wirklich beherzigte. In diesem Punkt fühlte sich Rudolf seinem Dienstmann mehr als verbunden. Natürlich, als Annas Leibritter, zu dem er selbst ihn bestellt hatte, war es seine vornehmlichste Aufgabe, für den Schutz der Landesherrin zu sorgen. Aber es war an Rudolf gewesen, diesen Nüwenburg in seine Schranken zu weisen, als dieser sich heute Morgen erdreistete, seine unverfrorene Hand an die unantastbare Autorität der Markgräfin zu legen.

Wolfs hohe Wangenknochen vibrierten. Sein energisches Kinn und der für einen erfahrenen Kämpfer viel zu sensible Mund mit dem weichen vollen Lippenschwung erinnerten Anna an ihren Gemahl. In seinem Innern tobte ein eiserner Kampf um die Vorherrschaft des kühlen Verstandes. Mit aller Macht bezwang Wolf seinen schier unbändigen Wunsch nach Genugtuung ob dieser unglaublichen Maßregelung. Seine tiefdunklen Augen, die mit dem glänzenden Schwarz der lockigen dichten Haarpracht wetteiferten, funkelten wie die eines Panthers kurz vor dem tödlichen Sprung auf die Beute. Die breiten Schultern verharrten in raubtierähnlicher Anspannung. Es schien Anna wie eine absurde Ausgeburt ihres gemarterten Geistes, dass sich ihr Augenmerk auf die säuberlich gepflegten Fingernägel ihres Leibritters konzentrierte oder war es die treffsichere Intuition einer sensiblen Frau;

denn genau diese Hand schnellte jetzt herab und umfasste mit routinierter Leichtigkeit das lange Gehilz seines Schwertes, dessen Ausmaß und Gewicht ein weniger durchtrainierter Ritter wohl nur beidhändig zu führen vermochte.

Anna sprang mit leichenblasser Miene von ihrem Stuhl, der krachend zu Boden schmetterte.

»Rudolf, ich habe Herrn von Hartenfels meinen Wunsch mitgeteilt, dich heute auf deinem Ritt nach Endenburg zu begleiten!«, überschlug sich Annas Stimme ohne jeden Hauch ihrer gewohnten Warmherzigkeit.

Isabellas verstörtes Jaulen unterlegte die Eindringlichkeit in Annas Worten mit ohrenbetäubendem Lärm. Aufgeregt nach dem vermeintlichen Feind spähend tobte die Hündin mit gewaltigen Sätzen um den Tisch herum. Wie Strohhalme kippten die mächtigen Eichenholzstühle über ihren Schwerpunkt hinweg und ihre künstlerisch geformten hohen Lehnen polterten achtlos auf die Dielen.

Ita folgte mit ihrer Zofe in gespielter Gelassenheit dem Verlauf dieser Auseinandersetzung. Ihr hämisches Grinsen verbündete sich mit dem Nüwenburgs und entlarvte die einzig anderen Zeugen als im Geist der bohrenden Missgunst verbrüderte Seelen.

Es waren genau diese aufbrandenden wirren Gefühlsregungen in seiner Umgebung, die Wolf zu dem berückenden Rausch verhalfen, der ihm seit langem vertrauter Kampfgefährte im brodelnden Getümmel der Schlacht war, der ihm den glanzvollen Ruhm eines unverwundbaren Helden beschert hatte. Je größer das führerlose Durcheinander, desto schärfer und besonnener arbeitete sein Verstand und umso ruhiger schlug sein Herz. Wolf kannte seinen Herrn, den Markgrafen, mittlerweile gut genug. Auch dieser verfügte über die reiche Gabe der Selbstbeherrschung in Momenten höchster Anspannung und ließ kühle Vernunft die Oberhand gewinnen anlässlich überschäumender Reaktionen. Gerade diese Eigenschaft zeichnete ihn als Landesherrn aus und brachte ihm hohe Beliebtheit bei seinen Dienstmannen,

Hörigen und Leibeigenen gleichermaßen ein; denn er blieb stets berechenbar und duldete auch keinerlei gefährliche Willkür bei seinen Ministerialen. Schon manch ein Edelknecht, der seine Bauern grundlos prügelte, hatte seine lose Hand teuer bezahlen müssen. Er wurde nicht nur seines Amtes verlustig sondern musste dem Hörigen auch Schadenersatz in Geld leisten.

Nur wenn es um Anna ging, war auf die schon sprichwörtliche Diplomatie des Markgrafen von Hachberg-Sausenberg, Herr zu Rötteln und Landgraf im Breisgau kein Verlass. Wolf wusste, wie sehr Rudolf seine Frau vergötterte. Er selbst hegte tiefsten Respekt vor dieser klugen, weitsichtigen Frau, die trotz ihrer herausragenden Stellung nie überheblich wirkte, ganz im Gegensatz zu deren Schwägerin. Ihre gemeinsame Liebe zu Pferden sorgte für viel anregenden Gedankenaustausch und wurde zum starken Band ihrer gegenseitigen Freundschaft, die in grenzenlose Loyalität mündete. In letzter Zeit ertappte sich Wolf dabei, den Grafen auch als haltlos verliebten Mann immer besser verstehen zu können. Wieso nur raste sein eigener Herzschlag, wenn er auf dem Burghof auch nur flüchtig honigblondes Haar in der Sonne wie funkelnde Edelsteine aufblitzen sah? Regelmäßig geriet Wolfs Blut derart in Wallung, dass nicht nur seine Halsader sichtbar anschwoll, sondern die drückende Enge seiner Hose ihn schier um den Verstand brachte. Wie pries er den Herrn im Himmel für die Unsichtbarkeit der Gedanken, die ihn zweifellos zum Gespött seiner Standesgenossen degradiert hätten, wenn diese den gefürchteten Recken in willenlosem Liebestaumel dem Gewandzipfel seiner Angebeteten folgend beobachten könnten und sähen, wie der gefeierte Held einen duftenden Kräuterkorb über das zarte Grün einer morgenfrischen Wiese trug.

Wolf wusste genau, worauf sein Dienstherr anspielte.

»Ich bitte um Verzeihung Herr Graf. Die übereilte Antwort auf die Frechheit des Herrn von Nüwenburg stand mir in Eurer Gegenwart nicht zu. Bitte nehmt sie als Beweis meiner tiefen Verpflichtung, die ich im Dienste um den Schutz Eurer verehrten Frau Gemahlin verspüre.«

»Von Nüwenburg, Ihr bleibt sitzen und lasst die Hand vom Schwert! Von Hartenfels spricht die Wahrheit; Euer Benehmen war beleidigend. Zwar seid Ihr als unfreier Edelknecht nicht würdig genug, gegen mich im nächsten Turnier anzutreten, jedoch werde ich dem Herold entsprechende Weisung erteilen, es dieses Mal zu erlauben. Ich hoffe, Ihr seid Euch dieser unverdienten Ehre bewusst?«, schlug Rudolf dem verdutzten Friedrich seine Verachtung ob dessen Frevel unverhohlen ins Gesicht.

Von Nüwenburg biss verärgert die Lippen zusammen. Ihm war klar, dies bedeutete Schande für ihn und die Bekanntschaft mit dem staubigen Boden. Niemand konnte sich mit der Geschicklichkeit des von Hachberg messen, außer vielleicht dieser ach so respektable Hartenfels. Aber der ging einer solchen Gegenüberstellung ja stets aus dem Weg. Von wegen Ehre, sichere Schmach hatte der Graf ihm mit dieser Entscheidung bereitet.

»Von Hartenfels, ich nehme Eure Entschuldigung an. Ihr seid ein guter Mann und nicht umsonst vertraue ich Euch das Leben meiner Frau an. Anna, meine Liebe, mit dir zusammen wird mir der Ritt gen Endenburg eine wahre Freude sein.« Verschwörerisch nahm Rudolf von den Augen seiner Frau Besitz und vermeinte darin sogar den Abglanz seiner eigenen Bernsteinfarbe zu erkennen, die wie goldener Sternenstaub Annas Pupillen säumte.

»Da ja allgemeine Aufbruchstimmung herrscht, darf ich mich wohl zurückziehen, Bruder. Ich möchte dich jedoch bitten, in einer heiklen Angelegenheit heute noch deine Zeit in Anspruch nehmen zu dürfen.«

Für einen einzigen Morgen hatte Rudolf genug Aufruhr erlebt. Er sehnte sich danach, mit Anna an der Seite über sein geliebtes Land zu reiten, auch wenn der Anlass wohl eher besorgniserregend war. Ohne Antwort verließ er den Raum und eilte in seine Kammer, um sich von Michael in den aus Eisenringen geschmiedeten Waffenrock helfen zu lassen.

Zurück blieben nur Anna und ihr Leibritter.

»Ich danke Euch Wolf, dass Ihr mein Geheimnis wohl gehütet habt. Ihr werdet verstehen, dass ich unter den – nun sagen wir – delikaten Umständen des heutigen Morgens meinen ursprünglichen Plan verschieben muss. Zu gern hätte ich mir bereits heute den fertiggestellten letzten Teil meines Rosengartens neben dem Endenburger Kirchlein angesehen. Ihr wisst nicht, wie sehr ich den Tag herbeisehne, an dem ich dieses kleine Paradies meinem Gemahl zum Geschenk mache. Gebe Gott, dass Ihr in meinem Dienste nicht gerade durch meinen Mann zu Schaden kommt.«

»Beunruhigt Euch nicht Frau Gräfin, als Mann kann ich die tiefen Gefühle, die er Euch entgegenbringt, durchaus verstehen.«

»So, so Herr Ritter, derart habe ich Euch noch nie sprechen hören. Seid Ihr etwa dem Minnegesang verfallen? Sollte gar eine holde Jungfer Eure Muse sein?«

Schamesröte überzog das markante Gesicht ihres Leibritters, der sich fluchtartig der Tür zum Burghof zuwandte und jede Etikette vergessend mehr zu rennen als zu gehen schien. »… Sorge für Euer Pferd«, war das Einzige was Anna zu verstehen glaubte, als sie lächelnd wieder Platz genommen hatte und ihre Finger in die weiche warme Stelle hinter Isabellas gekippten Ohren vergrub, was diese sichtlich genoss.

»Ich werde es nie verstehen, warum gestandene Mannsbilder wie unerfahrene Knappen wirken, sobald eine Frau sich in ihr Herz gestohlen hat. Wir müssen doch einmal die Augen aufhalten, was meinst du Isabella?«

Ein wohliger kehliger Laut antwortete ihr. Am markgräflichen Hof war wenig bekannt über die Vergangenheit des Ritters, der immerhin die höchste Position im persönlichen Gefolge der Landesherrin innehatte. Die Fürsprache des Grafen Johann von Lichtenberg war seinerzeit Referenz genug gewesen. Johann war Rudolfs Schwager, da ihr Gemahl in erster Ehe mit dessen Schwester Adelheid von Lichtenberg verheiratet gewesen war.

Auch Anna hatte genug von den Aufregungen dieses Morgens. Lieber wandte sie sich angenehmeren Gedanken zu. Ein gemeinsamer Ritt nach Endenburg bedeutete für Rudolf und Anna immer wieder, wie ein verliebtes Paar auf Wolken zu schweben. Diesen kleinen Zinken am Fuße des Hornbergs auf den Höhenzügen des auslaufenden Schwarzwalds gelegen hatte Rudolf ihr am Tage der Hochzeit als Morgengabe übereignet. Da ihr Vater bereits verstorben war, hatte es seinerzeit im Ermessen ihres Bruders Konrad gelegen, die Höhe ihrer Mitgift zu bestimmen. Konrad und sie waren einander innig verbunden und angesichts des Glücks seiner Schwester hatte dieser sich als sehr großzügig erwiesen, so dass Anna noch weitere Länderein ihr eigen nennen konnte, die Rudolf zur Sicherung ihres väterlichen Erbes auf sie überschrieben hatte. Mit Endenburg jedoch zollte der Markgraf für jedermann ersichtlich seiner Gemahlin größtmöglichen Respekt, entstammte dieser Flecken doch ursprünglich dem Herrschaftsbereich von Annas väterlicher Familie. Und mit dieser noblen Geste Rudolfs war Endenburg nun wieder in den Schoß eines Sprösslings der Grafen von Freiburg zurückgekehrt.

Anna erhob sich voller Vorfreude auf die gemeinsamen Stunden mit Rudolf und schritt hinaus auf den Burghof dicht gefolgt von ihrer treuen Hündin. Genüsslich sog sie die warme Sommerluft ein und lenkte ihre Schritte dem Burgtor zu.

»Wo mag nur Maria sein? Sie ist in letzter Zeit wirklich sehr zerstreut; irgendetwas stimmt nicht mit ihr. Es wird höchste Zeit, einmal in sie zu dringen. Was ihr wohl auf dem Herzen liegen mag, dass sie sogar vergisst, mir Geleit zu geben?«, sinnierte die Gräfin, wurde jedoch von Rudolfs ausgelassenem Gelächter aus ihren besorgten Grübeleien herausgerissen.

»Welche Frau meines Standes kann schon von sich behaupten, in den eigenen Mann verliebt zu sein? Aber es hat ja auch keine den Silbernen Ritter zum Gemahl«, frohlockte

27

Annas Herz beim Anblick ihres Ehemanns, dessen Kettenpanzer im Glanz der Sonne fürstlich erstrahlte und alles in seinem Machtbereich Stehende gar zu versilbern schien. Auch über Annas düstere Gedanken webte Rudolfs helle Aura einen beruhigenden Teppich funkelnder Sinnesfreude.

»Pater Enkenbruch würde mich verdorben schimpfen, wenn er wüsste, dass ich als Frau am helllichten Tage von den satanischen Freuden der Nacht träume.«

Um Annas Mund zuckten ein paar verräterische Lachfältchen. Mit flottem Schritt näherte sich Rudolf seiner Frau, so dass sein kurzgefältelter Waffenrock eifrig hin und her schwang.

»Wie du habe auch ich heute auf einen Umhang verzichtet, Anna. Es ist einfach zu heiß. Man kann wirklich nicht glauben, dass letzte Nacht ein verheerender Hagelsturm über unser Land hinweggefegt ist. Kein Wölkchen trübt den Himmel.«

»Aber wohl doch den Sinn deines Knappen, Rudolf«, lächelte Anna ihrem Mann verschwörerisch zu, »Michael, auch dieser Nachmittag wird vergehen und mit ihm deine Strafarbeit, die du redlich verdient hast«, tröstete die Gräfin den jungen Schönauer, der mit schmollender Miene neben seinem Herrn auf sie zukam.

Auch Rudolf musste lachen angesichts des trübsinnigen Gesichtsausdrucks seines Knappen. Zärtlich nahm der Markgraf Annas Arm.

»Lass uns schon zur Unterburg hinausschreiten und vor des Landschreibers Haus aufsitzen. Ich möchte unseren Sohn noch einmal auf den Arm nehmen, bevor wir losreiten.«

Rudolf wandte sich an den Torwächter der Oberburg.

»Gerhard, wir benutzen das Mannstor. Ich halte es für Zeitverschwendung, jedes Mal die große Zugbrücke herunterzulassen.«

Zustimmend nickte der Torwächter ob der pragmatischen Art seines Herrn und eilte, seiner Herrschaft das kleinere Tor zu öffnen. Dessen schmale Zugbrücke war tagsüber für die Bediensteten, die in der Oberburg ihren Pflichten nach-kommen mussten, ständig über den Burggraben gelegt. Gerhard imponierte die unkomplizierte Art des Burgherrn, die es ihm ersparte, gleich mehrere seiner Wachen von ihrem Gang durch den Burgzwinger abkommandieren zu müssen, um die eisernen Ketten des massiven Fallgitters und der schweren Hauptbrücke in Gang zu setzen. Rudolf und Anna genossen ihr Zusammensein und leichten Herzens eilten sie dem Haus des Landschreibers zu, das sich nur einige Meter unterhalb der Oberburg befand.

»Wie ich sehe, übt sich unser Sohn bereits im ritterlichen Zweikampf«, raunte er Anna mit stolzgeschwellter Brust zu.

»Nun, will er eines Tages ein so geschickter Kämpe werden wie sein Vater, tut er gut daran, seine Muskeln schon früh zu stählen«, antwortete Anna nicht minder stolz auf ihren Jüngsten.

Mit einem Holzschwert bewaffnet attackierte der Kleine beherzt seinen vermeintlichen Gegner und trieb Hannes einige Schritte rückwärts den Berg hinauf auf den Burggraben zu. Dieser parierte nicht minder mutig, was in einem stetigen Hinauf und Hinunter mündete, bis Wilhelm seine Eltern erblickte und sofort alles fallen ließ, um seinem Vater entgegenzulaufen, der doch meist so wenig Zeit für ihn aufbringen konnte.

»Juhu, Papi!«, sprang der Kleine wenig hoheitsvoll auf dessen Arm und schmiegte seinen Kopf an die von Eisen bedeckte harte Brust seines Vaters.

Mittlerweile hatten sich von Nüwenburg mit seinem Knappen, Richard von Lörrach, eingefunden. Richard war ein Sprössling der Herren von Lörrach, die einst hohe Ämter bekleideten. Der junge Edelmann konnte sich bis heute nicht damit abfinden, dass seine Familie beim Grafen von Hachberg in Ungnade gefallen und aller ihrer Ämter enthoben war und sogar sämtliche Lehen an den Grafen hatte zurückgeben müssen. Damals hatte seine Familie ihr einstmals hohes Ansehen eingebüßt. Trotzig straffte er seine Brust, damit jeder das Wappen der Herren von Lörrach erkennen konnte: das leere silberne Feld im Vordergrund zu dem der schwarze Lorbeerzweig stark kontrastierte. Über den Kopf seines Sohnes hinweg musterte Rudolf den Knappen mit gemischten Gefühlen. Der Lorbeerzweig repräsentierte die Herkunft des Ortsnamens Lörrach und stellte fast provozierend das vermeintliche Recht des Trägers auf diesen Ort zur Schau.

Es war Rudolf nicht recht gewesen, dass sein Hauptmann vor einem Jahr einen von Lörrach wieder auf die Burg brachte. Nur zu gut erinnerte sich der Markgraf daran, wie die Familie des Hugo von Lörrach sich als Ortsherren aufgeführt hatte und nicht verstand, dass nur ein geeintes unter einer übergeordneten Verwaltung stehendes großes Land auch ein gewichtiges Mitspracherecht im Verbund mit anderen Herrschaftsgebieten für sich beanspruchen konnte. Damals hatte er handeln müssen, um sein Land zwischen den Streitigkeiten des Bischofs, der Stadt Basel und dem großen Habsburger Reich nicht zerrieben zu sehen. Er hatte dafür gesorgt, dass die Rechte des Baseler Klosters St. Alban am einstigen Lörracher Dinghofverband beschnitten wurden. Durch die Bauarbeiten beim Ausbau seiner Burg Rötteln lockte er viele Ortsfremde an, die zu seinen Eigenleuten wurden und die es ihm ermöglichten, seine Gerichtsbarkeit vor Ort auszubauen.

Geschickt verstand es der Landgraf, durch den Erwerb von Höllstein und den Schwarzwälder Bergdörfern Dossenbach, Gersbach, Schlechtbach, Raitbach, Kürnberg und Schweigmatt die Bedeutung seines Landgebietes zu untermauern. Mühevolle Jahre hatte es ihn gekostet, die Herrschaft Rötteln-Sausenberg zu einem beständigen Lebensraum mit verlässlichen Regeln auszubauen, damit seine Pächter, Hörigen und Leibeigenen in Ruhe ihrer Arbeit nachgehen konnten und nicht in einem Fort immer wieder anderen Herren huldigen mussten.

Der Erfolg gab ihm Recht. Heute besaßen seine Leute in Lörrach das für den Handel wichtige Recht, ihren eigenen Markt abzuhalten. Sogar die Reichsunmittelbarkeit hatte der

König als Dank für Rudolfs Leistung als Vermittler zwischen den nachbarschaftlichen Streithähnen der markgräflichen Familie verliehen, so dass Rudolf nur dem König des Heiligen Römischen Reiches unterstellt war und keinem anderen Fürsten. Der Markgraf brauchte diese Souveränität wie die Luft zum Atmen, um sich und sein Land im Ränkespiel der Machthaber am Baseler Rheinknie zu behaupten.

Der Grenzsituation seines Reiches zwischen dem aufstrebenden freien Bistum Basel und dem österreichischen Sundgau auf der einen und dem österreichischen Aargau mit der Stadt Rheinfelden auf der anderen Seite verdankte Rudolf sein hartes Training in der Kunst der Diplomatie. Den beiden Brüdern Herzog Friederich und Herzog Leopold von Habsburg erschien die mittlerweile freie Stadtrepublik Basel wie ein Bollwerk, welches ihre österreichischen Territorien trennte. Auch war diesen Feudalherren das Erstarken der aufkommenden Stadtrechte ein Dorn im Auge.

In der Schlacht von Sempach und Näfels hatten die städtischen Söldnertruppen der verbündeten Waldstätte Luzern, Zürich, Glarus, Zug und Bern dem gewaltigen Ritterheer der Habsburger schmähliche Niederlagen beschert. Bis heute zu wurden immer wieder hohe Anforderungen an Rudolfs Verhandlungsgeschick gestellt, damit dieser immerwährende Zwist unter seinen Nachbarn nicht doch noch eines Tages auch auf seine eigenen Ländereien überschwappte. In Sempach hatte er den Fehler begangen, sich der Habsburger Seite anzuschließen und war mit einem blauen Auge davongekommen. Aber was wusste schon ein so junger Bengel wie Richard über die fatalen Folgen und das unermessliche Leid, welches ein unüberlegtes nur auf den kurzfristigen Eigengewinn bedachtes Handeln der Mächtigen den einfachen Bauern und Leibeigenen aufzwängte, dass es eines Lebenswerkes bedurfte, sich und seine Anbefohlenen ohne Gefahr für Leib und Leben an den scharfen Klippen falscher Ehrgefühle und überzogener Vermessenheit seiner Standesgenossen vorbeizuschiffen. Rudolf war sicher, dass dieser junge stolze Edelmann in ihm nur den Feind sah, der seine Familie zu Fall gebracht hatte.

Schnell verscheuchte Rudolf den aufkommenden Ärger und schmiegte stattdessen seine Wange an die weichen Haare seines Sohnes. Aus den Augenwinkeln gewahrte er, wie Wolf von Hartenfels sich anschickte, Anna in den Sattel ihres Pferdes zu hieven. Fest umfasste Wolf dabei die Leibesmitte seiner Herrin. Die schlanke Taille seiner Frau sich in den breiten Pranken dieses Ritters verlieren zu sehen, warf Rudolfs angestaute Wut mit einem Mal in dessen Richtung.

»Was bildet sich dieser Kerl eigentlich ein? Wie kann er es wagen, in meinem Beisein sich derlei Freiheiten gegenüber Anna herauszunehmen?«

Grob setzte er seinen Jungen zurück auf den Boden und stampfte wie ein wütender Stier auf den Leibritter seiner Gemahlin zu.

»Wenn Euch Euer Leben lieb ist, lasst ihr sofort Eure anmaßenden Hände von der Markgräfin!«

»Lasst mich herunter Herr Ritter! Mein Mann hat Recht, ihr hättet warten müssen, ob nicht er mir diesen Dienst erweist«, flüsterte Anna ihrem Leibritter voller Besorgnis ins Ohr.

Wolf ärgerte sich über sich selbst. Bereits zum zweiten Mal an diesem Morgen brachten ihn seine schwärmerischen Gedanken für eine strahlende Schönheit in große Verlegenheit; denn tief in diesem Tagtraum versunken, achtete er mit zu wenig Sorgfalt auf die Einzelheiten seiner Pflicht. Zumeist ritt er mit der Gräfin und deren Zofe alleine aus und nur unüberlegter Alltagsroutine war diese heikle Situation jetzt zuzuschreiben. Was nur wenn er wegen seiner dummen Flausen eine ernste Gefahr für Anna nicht erkannt hätte? Ein schöner Leibritter war er. Dagegen empfand Wolf den wilden Zorn des Mannes, dem er den Treueid geschworen hatte, als geradezu erlösend. Es half nichts! Wollte er diesem für einen Ritter unwürdigen Zustand ein Ende bereiten, so musste er sich wohl oder übel seiner Angebeteten offenbaren.

»Hartenfels, Ihr werdet mir Genug … « Rudolf wollte Genugtuung von seinem Ritter fordern, doch mitten im Satz brach er abrupt ab; denn der mächtige Kämpe seiner Gemahlin warf sich vor ihm auf die Knie und legte ihm zum Zeichen seiner treuen Ergebenheit sein Schwert vor die Füße. Rudolf fühlte sich hin und her gerissen zwischen dem Wunsch, diesem Mann jegliche Anmaßung auf Anna gewaltsam auszutreiben und der Anerkennung dieses ritterlichen Treuebeweises.

»Nun Rudolf, es will mir scheinen, mein Dienstmann bereut sein Versäumnis Euch gegenüber aus tiefem Herzen«, wandte sich die Markgräfin energisch an ihren Mann und betonte wirkungsvoll ihren Anspruch, über den eigenen Leibritter zu verfügen.

Dies und auch die förmliche Anrede, die seine Frau benutzte, verfehlten ihre Wirkung auf Rudolf nicht. Anna war ihm zum Gehorsam verpflichtet, aber nie hatte Rudolf sie das spüren lassen. Er hatte sie als Markgräfin neben sich gestellt, weil er Annas Liebe wollte, nicht ihre blinde Unterwürfigkeit. Doch einen Denkzettel musste er diesem von Hartenfels heute verpassen.

»Welch stärkerer Schild könnte einen Ritter besser schützen, als die wohl gewählten Worte einer Frau? Bedankt Euch bei der Markgräfin für deren Fürsprache und ach ja, eh ich es vergesse, auf einen solchen Beistand wie den Euren kann meine Gemahlin heute wohl gut verzichten. Oder solltet Ihr etwa der Meinung sein, meiner Frau fehle es in meiner Obhut an ausreichendem Schutz, wo ich in Euren Augen ja schon nicht Manns genug bin, ihr aufs Pferd zu helfen?«, versetzte Rudolf dem Leibritter einen kräftigen Stoß mitten in dessen Ehrgefühl.

Mit versteinerter Miene blieb Wolf auf den Knien und starrte leichenblass auf die Bruchsteine des Landschreiberhauses. Ohne seinen Vasallen aus dem Kniefall zu entlassen, eilte Rudolf zu Anna, um ihr seinen Respekt zu bezeugen.

Anna war einmal mehr froh, ihrer Stute aus reiner Freude am Umgang mit ihr einige Tricks beigebracht zu haben. Die wertvolle Schimmelstute hatte Rudolf seiner Frau anlässlich der Geburt seines jüngsten Sohnes geschenkt und zu Ehren seiner Frau auf den Namen Annabella getauft. Auf Aufforderung ihrer Herrin beugte Annabella jetzt ein Bein, so dass Anna in den Sattel rutschen konnte wie auf einen Stuhl. Ehe Rudolf bei ihr war, saß sie schon auf und würdigte ihren Mann keines Blickes.

Rudolf ahnte, wie sehr seine Frau die vorangegangene Szene erzürnt haben musste, denn auch auf ihre Tugend warf ja die öffentliche Anschuldigung gegen ihren Ritter einen dunklen Schatten. Aber Anna musste doch einsehen, dass er nur aus Liebe zu ihr handelte und jeden, der es wagen sollte, sich zwischen ihn und sie zu stellen, eisenhart mit den Folgen konfrontierte.

Rudolf entriss Richard barsch die Zügel seines schwarzen mächtigen Kampfrosses und sprang trotz Rüstung mit einem einzigen Satz in den Sattel. Mit der Schnelligkeit und Eleganz eines gut trainierten Ritterpferdes vollführte der schwarze Hengst eine perfekte Hinterhandwendung und preschte sogleich im scharfen Galopp den gewundenen Pflasterweg zum Nordwesttor der Burg entlang. Am mächtigen Rundturm, dem Anna den Namen »Landschaft« gegeben hatte, holte der Markgraf seine Frau ein und Kopf an Kopf donnerten die Hufe der beiden Pferde über die erzitternden Holzbohlen der sich immer noch senkenden Zugbrücke.

Kopfschüttelnd aber sichtlich gutgelaunt ließ Friedrich von Nüwenburg sein Pferd brutal den Sporn spüren und forderte seinen Knappen auf, ihm zu folgen. Er war sich sicher, eines Tages wüsste er, der doch bloß unfreier Edelknecht war, die Spannungen zwischen dem hochwohlgeborenen Grafen und dem ach so ehrenhaften edelfreien Ritter von Hartenfels zu seinem Vorteil zu nutzen.

Wie von Geisterhand geführt schleppte sich Maria mit letzter Kraft in den Kräutergarten der Oberburg. Den Weg zu diesem Ort neben der noch im Bau befindlichen neuen Burgkapelle trugen sie ihre Füße wie die einer Schlafwandlerin. Mutlos ließ sie sich auf die Bank sinken, welche im Schutz des Schattens unter den langen Schwingen der selbst den Bergfried überragenden alten Fichte stand. Tränenspuren zeichneten ihr Gesicht und verbargen zehrenden Kummer in tiefblauen Augen wie in dem unergründlichen Abgrund eines Bergsees. Maria konnte nicht mehr weinen. Zu groß war der Schmerz, der ihr die Brust einschnürte, als dass Tränen ihn einfach hätten hinwegspülen können. Rosa hatte gar nicht ahnen können, wie sehr ihre harschen Worte Maria in ihrem Innern aufwühlten. Ihr verschleierter Blick schloss die Gegenwart aus und lüftete unbarmherzig den gnädigen Nebel des Vergessens, mit dem ihr Geist sie vor dem wüsten Tal ihrer Kindheit stets zu schützen suchte.

Aber Maria konnte nicht vergessen. Das geifernde Grunzen, mit dem sich die Soldaten auf ihre Mutter geworfen hatten und sie unter ihre vom Blut der Schlacht stinkenden Leiber zwangen, hatte die Seele des gerade sechs Lenze zählenden Mädchens für immer gebrandmarkt. Notdürftig hatte ihre Mutter sie unter einigen Decken auf dem Kräuterkarren versteckt, als die mordenden und plündernden Horden der Habsburger durch das kleine Städtchen Weesen zogen und im Blutrausch alles niedermetzelten. Ihre Mutter war eine Heilkundige gewesen und hatte versucht, zu helfen wo immer es möglich war, dabei jedoch zu spät erst erkannt, dass für diese Horde keinerlei Recht mehr existierte. Wie Tiere hatten die Bastarde die eidgenössische Besatzung im Schlaf abgeschlachtet und suchten jetzt die Gier der Erregung zu stillen. Nie würde Maria den Anblick ihrer Mutter vergessen, die sich todesmutig einem marodierenden Trupp entgegenstellte, bevor die Meuchelmörder das Versteck ihrer Tochter aufspüren konnten. Einer nach dem anderen drückten diese Kerle das goldene Haar ihrer Mutter in die von Unrat übersäte Straße, bis sich letztendlich kein Laut mehr dem gemarterten Körper entrang. Dann endlich zogen die Männer mit zufriedenem Grunzen weiter und ließen ihre bis auf den Tod geschundene Mutter wie Abfall im Dreck der Straße liegen. Mit Wasser säuberte Maria den aufgerissenen Unterleib ihrer Mutter, streichelte ihr zärtlich die Haare aus dem blassen Gesicht. Allerlei Kosenamen raunte sie der Mutter zu, als die alte Frau sie brutal wegzerrte.

»Sie ist tot Maria, und wenn wir uns nicht schleunigst aus dem Staub machen, war ihr Opfer umsonst!«, hörte sie heute wie damals deren Stimme wie aus der Ferne. In der Mordnacht von Weesen am Vorabend der Schlacht um Näfels hatte Maria ihre tote Mutter im Straßenstaub zurücklassen müssen und mit ihr die unschuldige Unbekümmertheit eines Kindes.

Von weit her bahnte sich vertrauter Duft in das Unterbewusstsein der Kammerzofe. Ihre feingeschnittenen Nasenflügel blähten sich und mit der Gewissheit langjähriger Erfahrung erkannte die Heilkundige die verschiedenen Gerüche: Thymian gegen Husten und Heiserkeit; Schafgarbe bei Fleischwunden zur Stillung der Blutung; Beinwell bei Knochenbrüchen; Moos zur Verhinderung von Blutvergiftung. Es war, als wollte ihre Mutter sie mit aller Macht dem schrecklichen Schlund der Vergangenheit entreißen.

»Ja, Mama, ich lebe und wie du werde auch ich tapfer sein. Ich habe dem aufdringlichen Ritter von Nüwenburg keinerlei Entgegenkommen gezeigt. Aber ich bin ja nur eine schutzlose Magd und Freiwild für einen Edlen, dass er sich erlauben kann, mich jederzeit unziemlich zu berühren und meint mich als seine Dirne nehmen zu können, wann es ihm passt. Was soll ich nur tun, um mich vor seinen Nachstellungen zu schützen? Oh Mutter, wie viel Leid müssen wir Frauen erdulden?«

Rastlos wanderten Marias Augen auf dem blühenden Pfad des Gartens, der sich vertrauensvoll an den Rand der hohen schützenden Ringmauer schmiegte.

»Vielleicht sollte auch ich mit mehr Vertrauen in die Zukunft blicken und mich doch der Markgräfin öffnen. Ich kann einfach nicht mehr weglaufen und was für einen Sinn hätte es auch? Das Leben einer Unfreien ist doch überall gleich und endet nicht selten als Bettmagd eines Junkers.«

Gerade als Maria sich erheben wollte, um die neuen jungen Ableger aus dem Garten des Sitzenkircher Klosters einzupflanzen, wehte der dunkle Umhang des immer in schwarz gekleideten Haushofmeisters um die Ecke der neuen Kapelle. Mit seiner stets gebeugten Haltung und der hageren Statur wirkte er auf Maria immer ein wenig bedrückt. Heinrich Arnleder war lange Jahre Leibeigener gewesen im markgräflichen Haushalt und genoss hohes Ansehen beim Grafen Rudolf. Erst vor wenigen Jahren hatte dieser seinen treuen Diener nicht nur aus dieser Abhängigkeit entlassen sondern ihn auch noch in den niederen Adel erhoben und mit dem hohen Amt auf der Burg ausgezeichnet. Er war ein verschlossener Mensch und hatte nie zuvor das Wort an Maria gerichtet. Sie fragte sich, was er ausgerechnet jetzt wohl von ihr wollte, wo doch noch immer die verletzenden Worte seiner Tochter in ihren Ohren einen unangenehmen Nachhall erzeugten.

»Verzeih, Maria, ich sah dich heute Morgen vor der Kapelle im Gespräch mit meiner Tochter. Ich glaubte zu erkennen, dass dich danach etwas sehr zu belasten schien. Willst du mir nicht sagen, was zwischen euch vorgefallen ist?«

Heinrich Arnleder war auch nach dem Erhalt des Adelsbriefes ein einfacher Mensch geblieben, der mit beiden Füßen fest auf dem Boden stand. Doch seine Tochter wusste mit den neuen Privilegien nicht umzugehen und wurde von Tag zu Tag fordernder und übellauniger. Daher erschien es dem Haushofmeister zunächst wie eine glückliche Fügung des Schicksals, als die Schwester des Markgrafen ihn aufforderte, ihr seine Tochter als Zofe zu überlassen, glaubte er doch, ein sinnvolles Betätigungsfeld wäre das beste Mittel gegen deren aufkommende Überheblichkeit und Langeweile. Mit der Zeit aber wurde ihm seine Tochter immer fremder. Je länger sie im Kreis der edlen Dame lebte, desto mehr trachtete Rosa nach größeren Ehren. Ihr stand der Sinn nach einer hohen Heirat und bereits mehrfach fiel dabei der Name des noblen Ritters von Hartenfels. Aber damit nicht genug, immer häufiger fand er seine Tochter auch in der Nähe des Markgrafen. Heinrich wollte zunächst nicht glauben, dass Rosa sich darin versteigen könnte, in Konkurrenz zu der von ihm sehr respektieren Markgräfin zu treten. Über die Grenzen der Landgrafschaft hinaus war doch bekannt, wie abgöttisch Rudolf seine Frau liebte. Wenn ihr die Ruchlosigkeit eines solchen Verhaltens schon nicht bewusst war, erkannte sie dann nicht wenigstens, in welche Gefahr sie sich damit brachte? Rudolfs treuer Dienstmann schämte sich sehr für seine Tochter, doch noch mehr fürchtete er, dass eines Tages dieser Ehrgeiz nach Macht Rosas Fallstrick sein könnte.

Maria starrte auf die sich nervös aneinander reibenden langen Finger des Haushofmeisters. Er war der Vater ihrer Peinigerin. Was sollte sie ihm sagen? Wie könnte er ihr Glauben schenken? Heinrich entging nicht, wie sehr die Kammerzofe der Gräfin mit sich selbst rang. Er mochte diese junge Frau, die stets gleichbleibend freundlich und zuvorkommend war, und wollte sie nicht länger quälen.

»Maria, sollte Rosa dir irgendein Leid angetan haben, so bitte ich dich dafür um Entschuldigung. Nach dem frühen Tod meiner Frau habe ich Rosa wohl zu sehr verwöhnt und nicht genug darauf geachtet, sie in Anstand und Moral zu unterrichten.«

Mit seinem grauen Haar und den jetzt schwer nach vorn gebeugten Schultern stand ein gebrochener Mann vor Maria und sie ahnte, welch Herzensschmerz einen Vater durchbohren musste, der sich zu solchen Äußerungen über sein eigenes Fleisch und Blut genötigt sah. Heinrich suchte noch einmal Augenkontakt mit Maria und verstand endgültig. Diese ehrbare junge Frau wollte seinen Kummer nicht auch noch zum Überlaufen bringen. Mit Blick auf seine Tochter demütigte ihn eine solch einfühlsame Haltung nur noch mehr. Schweigend wandte er sich dem Burghof zu und verschwand alsbald im Weinkeller, um seine trüben Gedanken in Arbeit zu ersticken.

»Wenn es um seine Lady geht, ist mit dem Grafen nicht zu spaßen!«, feixte Michael leichtherzig.

»Wenn es um befohlene Aufgaben geht, ebenso wenig!«, konterte Wolf knurrig, »sieh zu, dass auf den Turnierrüstungen deines Herrn bei seiner Rückkehr kein Stäubchen mehr zu finden ist!«

»Na, wenigstens entgehe ich heute diesem Leuteschinder von Nüwenburg!«, freute sich Rudolfs Knappe, »obwohl ich wirklich lieber meinen Schwertarm übte, als meine Finger beim Polieren zu verdrehen.«

»Das passt gut, zufällig kann ich etwas Zeit erübrigen und vermisse doch ab und zu einen eigenen Knappen, mit dem ich mich im Zweikampf ein wenig ertüchtigen kann. Es ist mir allerdings bisher noch kein geeigneter Bursche über den Weg gelaufen. Deinen Vater schätze ich sehr, und wenn du auch nur ein wenig Blut des Hurus von Schönau in dir trägst, wird es mir ein Vergnügen sein, dein Können zu überprüfen.«

Vor lauter Stolz schien der junge Schönauer fast zu bersten. Seinen Vater mit diesem ehrenhaften Kriegsnamen der Herren von Schönau angesprochen zu hören und noch dazu von dem heldenhaftesten Ritter, den er sich vorstellen konnte, außer seinem Herrn vielleicht, entfachte sein jugendliches Heißblut und ungestüm zückte Michael sein Übungsschwert. Mit wenigen Sätzen an der Landschreiberei vorbei rannte er derart überhastet den schmalen Weg entlang, den zuvor die Herrschaft hinuntergejagt war, dass er am Rundturm des

Haupttores die Kontrolle über seine Beine verlor. Diese vermochten das hohe Gefälle in der scharfen Linkskurve nicht mehr auszugleichen und versagten dem heißblütigen Edelmann schlichtweg den Dienst. Michael stolperte nun bereits das zweite Mal an diesem Morgen über seine eigenen Beine und rollte die letzten Meter bis zum Kampfplatz, der sich gleich unterhalb des runden Landschaftsturms befand. Sein Schwert polterte lärmend zu Boden und erheischte für ihn mehr Aufmerksamkeit als ihm lieb war. Mehrere Hörige und freie Bauern erklommen zur gleichen Zeit den steilen Anstieg zum Landschreiberhaus, um dort für ihren Landesherrn den Zehnten abzuliefern. Erschreckt versuchten die Landleute, den gestrauchelten Edelmann nur ja nicht mit ihren Füßen zu treten und brachten mit riskanten Ausweichmanövern ihre Körbe gefährlich ins Wanken. Einige Hühner ergriffen die Gelegenheit und schwangen sich laut krähend aus ihren Gefängnissen. Einer fetten Henne dünkte die plötzliche Freiheit wohl eher beängstigend und schwerfällig plumpste das Federvieh der nachfolgenden Bauersfrau direkt in die Arme. Der völlig Überrumpelten schlug es den Eierkorb aus den Händen. Mit einem gellenden Angstschrei warf sich ihr Mann mit dem Rücken auf die harten Pflastersteine, um den Aufprall des Korbes mit seinem Körper zu mildern. In letzter Sekunde erwischte er diesen mit der Rechten und ersparte sich die Notwendigkeit, mit dem Landschreiber über ungebratene Spiegeleier verhandeln zu müssen. Den verstauchten Arm und die Prellungen, die er sich bei diesem Spagat zugezogen hatte, nahm der Hörige dafür gern in Kauf, auch wenn dies bedeutete, dass sein gerade zehn Lenze zählender Sohn ihm jetzt erst mal noch mehr Knochenarbeit auf der kleinen Bauernkate abnehmen musste.

»Frau, was denkst du dir nur! Von was wolltest du denn deinem Sohn ein Mahl bereiten, wenn unsere restlichen Vorräte als Ersatz verlorengegangen wären?«, schimpfte er schockiert und ging mit geballter Faust auf die Weinende los.

Ungehalten ergriff Wolf den drohend erhobenen Arm des Hörigen und leicht wie eine Feder bog er ihn nach unten, obwohl die harte Feldarbeit den kräftigen Bauern mit gehörigen Muskelpaketen ausgestattet hatte.

»Deine Frau trägt keine Schuld an diesem Missgeschick, und wie ich sehe, ist kein größerer Schaden entstanden, also reiß dich zusammen und zügle deine Wut!«, schnauzte Wolf.

»Michael, es ist an dir, dich zu entschuldigen!«, forderte er den jungen Edelfreien auf. Michael schaute zwar arg verschämt auf die Spitzen seiner Schuhe machte jedoch keinerlei Anstalten, seiner Blamage durch die Eingestehung seiner Schuld gegenüber einem Unfreien noch mehr Schärfe zu verleihen.

»Nun, wie ich Albrecht von Schönau kenne, weiß er sehr wohl den Wert von Nahrung zu schätzen, den seine Eigenleute für ihn auf euren Feldern erwirtschaften«, setzte der Ritter eisig nach.

Michael fühlte sich mit einem Mal sehr mulmig. Er verstand die verdeckte Drohung nur zu gut und er wünschte keineswegs, mit dem Stock in der Hand seines bärenstarken Vaters Bekanntschaft zu machen. Auch sah er die Sache ja eigentlich genauso wie Ritter von Hartenfels und er war wirklich froh, dass diese Leute seinetwegen nicht auch noch hungern mussten.

»Es tut mir leid ihr Leute«, gab er sich selbst einen Ruck und zur Überraschung aller Umstehenden ging Michael auch noch daran, einige der entwischten Hühner wieder einzufangen. Wenn er auch noch nicht dem Ritterstand angehörte, so war Michael doch als Edelfreier von hohem Adel und einen solchen hatten die einfachen Leute noch nicht gesehen, wie er sich mit gar komischen Hechtsprüngen auf entlaufene Hühner warf.

Wolf lächelte wohlwollend und sichtlich erleichtert, dass er sich in dem jungen Schönauer nicht getäuscht hatte. Er nahm sich vor, diesem jungen Knappen heute noch eine Lektion in Ritterlichkeit zu verpassen. Er schien ihm der Mühe wert zu sein und zum zweiten Mal an diesem Tag fand Annas Leibritter es enttäuschend, noch keinen eigenen Knappen zu besitzen, den er in den Tugenden seines Standes unterweisen konnte. Zwar hatten schon einige noble Herren ihm ihre Söhne wärmstens ans Herz gelegt, jedoch hegte Wolf hohe Anforderungen an den Charakter seines Zöglings und nur allzu häufig empfand er die jungen Edelherren als in sich selbst verliebte Raubeine, welche die Privilegien ihres Standes schamlos und ohne Rücksicht auf die im Leben weniger Begünstigten ausnutzten. In den Augen des kampferprobten Ritters taugten sie wohl eher dazu, das verweichlichte Leben eines Stadtjunkers zu führen, die in letzter Zeit immer mehr in Mode kamen.

»Michael, du weist großes Geschick als Gaukler auf«, lenkte er dessen Aufmerksamkeit auf die sich ansammelnde Menschentraube, welche angesichts des sich ihr bietenden Schauspiels belustigt in die Hände klatschte. Der junge Knappe warf sich gerade rittlings auf eine braune Henne. Laut gackernd hackte das verängstigte Tier ihm als Dank seinen Schnabel tief in den Daumen.

»Au! Du verdammtes Mistvieh!«, fluchte Michael und lockerte nur für den Bruchteil einer Sekunde seinen Druck um den Hals des Huhns, das sofort die Gelegenheit beim Schopfe packte und sich mit lautem Geschrei erneut in die Lüfte schwang.

»Hubert, gestern entschuldigtest du dich noch bei mir, dass die Reparatur an meinem Kettenpanzer noch nicht fertig sei und du in Arbeit ertrinkest. Heute sehe ich dich hier Maulaffen feilhalten. Muss ich dir Beine machen?«, zürnte Wolf dem Schmied, einem der angesehensten Handwerker der Unterburg. Auch dem Bäcker, Metzger und Tischler warf er zornige Blicke zu. Niemand wollte sich Ärger einhandeln mit diesem hünenhaften Recken und bald schon widmete auch der letzte Maurer- und Steinmetzgeselle sich wieder seiner Arbeit. Unter Wolfs Anweisung herrschte im Handumdrehen Ordnung in der Unterburg.

»Michael, dein Einsatz als Hühnerfänger ehrt dich, aber du solltest jetzt deiner eigentlichen Pflicht nachkommen. Um die dritte Stunde nach Mittag treffen wir uns hier, um an deiner Kampffertigkeit zu feilen. Ach, Michael, sollte es dir möglich sein, träfe ich dich gerne aufrecht stehend an«, hänselte Wolf den Burschen, »übrigens, Ritter Berenfels hat seinen Dienst auf der Burg angetreten. Ich glaube, er ist froh, den Knappen seiner Mannen ein wenig Abwechslung bieten zu können. Richte ihm meinen Gruß aus, wenn es ihm genehm ist, seien diese bei der Kampfübung ebenfalls sehr willkommen.«

Michael war froh, seinem blamablen Desaster zu entkommen und schritt hurtig bergan. Irgendwann würde er wohl oder übel das Großreinemachen der markgräflichen Rüstungen angehen müssen. Warum also nicht gleich? Die Aussicht auf ein heftiges Scharmützel mit dem Leibritter der Markgräfin beflügelte schon jetzt seine Hände bei der Arbeit.

Versonnen starrte Wolf dem jungen Schönauer nach. Schwer stütze er seinen rechten Arm auf den Knauf seines Schwertes, welches er mit der Spitze voran auf die Pflastersteine drückte. Der Mann schien in dieser Position für einige Minuten wie aus Stein gehauen zu sein. Wolf musste sich sammeln. Was er jetzt vorhatte, verlangte mehr Mut von ihm als jeder blutige Krieg. Das Schlachtfeld war sein Zuhause. Dort kannte er sich aus. Bis jetzt war das Schwert seine Braut gewesen, der Kampflärm sein treuer Gefährte. Doch seit Maria auf der Burg Einzug gehalten hatte, eroberte sie Tag für Tag einen größeren Platz in seinem Herzen. Wolf kannte sich nicht wieder. Kampflos hatte der mächtige Ritter vom ersten Tag an vor dem scheuen Lächeln von Annas Leibmagd aufgegeben. Ein Blick in ihre tiefblauen Augen mit dem märchenhaften Glanz der Melancholie brachte seinen Puls regelmäßig zum Rasen.

Wolf war sein Leben lang kein Kostverächter gewesen. Oft genug hatte eine dralle willige Magd sein Bett gewärmt und ihm als weiches Polster in der Nacht gedient. Diese Frauen waren erpicht darauf, einmal einige Nächte in einem weichen Daunenbett liegen zu dürfen statt auf dem harten Boden.

Lieber trieben sie es mit einem Vornehmen, von dem sie sich auch sonst noch einige Vorrechte erhofften, als dass sie sich unter einem gewöhnlichen Soldaten für lau auf dem kratzigen Strohlager wälzten, um sich anschließend mit juckenden und beißenden Untermietern herumzuschlagen. So wie sie ihn hatte auch er diese Frauenzimmer benutzt, um seinen Drang zu lindern und sie alsbald darauf vergessen.

Auch Maria war nur eine Magd. Eigentlich hätte sie aufgrund ihrer niederen Geburt kein Anrecht auf die hohe Position als Kammerzofe der Markgräfin. Aber Wolf wäre es nicht in den Sinn gekommen, Maria zu benutzen, um seinem aufgerichteten Schwanz Erleichterung zu verschaffen. In all der Zeit, in welcher er seine Angebetete heimlich beobachtete, hatte sie nie Kontakt zu einem Mann aufgenommen. Im Gegenteil, es kam ihm vor, als miede die junge Frau die Nähe von Mannsbildern.

Noch heute schoss Wolf die Schamesröte ins Gesicht, wenn er an den Ritt dachte, bei dem er Annas Zofe vor sich auf den Sattel gezogen hatte, weil deren Pferd lahmte. Sein linker Arm hatte ausgereicht, ihren zarten Körper zu umfassen. Sein verräterischer Arm, der ein Langschwert mühelos einhändig führen konnte, hatte dabei über die Maßen vor lauter Angst gezittert, die kostbare Last zu zerbrechen. Beständig hatte sich ihr Gesäß an seinem Unterleib gerieben und er war nahe daran gewesen, die Kontrolle nicht nur über sein Pferd zu verlieren. Wolf hatte der Versuchung nicht widerstehen können und seine Nase in Marias goldene Haarpracht gesteckt, deren feine Locken im Takt des Trabes vor ihm verführerisch auf- und abwippten. Ihr süßlicher Duft raubte ihm den Verstand und beinahe wäre er mitten auf der Landstraße zwischen Schopfheim und Lörrach der angespannten Lage hinter seinem Hosenlatz nicht mehr Herr gewesen. Doch Antonius hatte die Unkonzentriertheit gespürt und war unvermittelt zur Seite ausgebrochen, mitten hinein in die mit Äpfeln gefüllten Körbe einer Gruppe einfacher Landfrauen aus dem Örtchen Steinen. Bei all dem hatte Maria so starr wie ein Stein in seinem Arm gelegen und er hatte sich angesichts seiner tiefen Empfindungen für sie sehr geschämt. Wolf begehrte Maria mehr als irgendetwas zuvor in seinem Leben, aber gleichzeitig wollte er sie auf Händen tragen und für immer beschützen. Das musste die Liebe sein, von der die Minnesänger wahre Wunder berichteten. In den unmöglichsten Situationen schlich sich diese Frau in sein Denken und hinderte ihn daran, so zu leben, wie er es gewohnt war. Konnte er sie schon nicht aus seinen Gedanken bannen, so musste er eben dafür Sorge tragen, dass Maria für immer an seiner Seite blieb. Wolf wollte Maria zur Frau und schickte sich jetzt an, sie zu suchen, um die Verantwortung für sein weiteres Geschick in ihre heilkundigen Hände zu legen.

Da sie die Gräfin heute Morgen nicht begleitet hatte, musste Maria sich noch in der Burg aufhalten. Wolf kannte deren Vorliebe für Heilpflanzen und entschied, im Kräutergarten nach ihr Ausschau zu halten. Eher zögerlich überquerte der Ritter den Burghof und übte sich im Finden rechter Worte, mit denen er ihr sein Herz zu Füßen legen konnte. Als er den Rohbau der neuen Burgkapelle passierte, nahm Wolf die begehrte Gestalt seiner Angebeteten bereits wahr. Mit geschlossenen Augen und gramverzerrtem Mund sah er Maria auf der Bank sitzen. Ihr trauernder Gesichtsausdruck ließ seinen Schritt stocken. Am liebsten wäre er zu ihr geeilt, um ihr den Kummer aus dem herzförmigen Gesicht zu küssen. Aber noch waren sie nicht so vertraut miteinander, wie er es sich ersehnte, als dass Wolf es hätte wagen können, sich Maria in dieser Situation zu nähern. Alles in ihm weigerte sich jedoch, die geliebte Frau jetzt alleine zu lassen. Wolf versteckte sich hinter einer gerade mannshohen Mauer der Kapelle. Verwundert bemerkte er alsbald den Haushofmeister, der wohl auch das Gespräch mit Maria suchte. Diese junge Frau war schon so sehr Teil seines Lebens geworden, dass es Wolf als das Natürlichste von der Welt erschien, ihr nahe zu sein, auch wenn er sich dadurch zum Lauscher an der Wand degradieren musste.

»Wenn ich an das unziemliche und dreiste Verhalten dieser Haushofmeistertochter denke, mit dem sie mir ihre wuchtigen Brüste unter die Nase reibt, so fehlt dieser Person tatsächlich wohl hin und wieder eine ordentliche Tracht Prügel. Was sie wohl von Maria wollte? Ich werde diese Person im Auge behalten müssen. Sollte sie der Grund für Marias großes Leid sein, wird sie es bitter bereuen«, schwor Wolf.

Nachdem Heinrich Arnleder sich zurückgezogen hatte, beobachtete der Ritter Maria noch eine ganze Weile, wie sie mit geschickten Händen die kleinen Wurzelballen der jungen Kräuter vorsichtig sortierte und wässerte und mit kundigem Griff in die Erde bettete. Durch diese Tätigkeit schien immer mehr Ruhe in den Körper der jungen Zofe einzukehren. Die Züge ihres Gesichts entspannten sich merklich, und als sich auch noch ein Amselpärchen auf den ausladenden Fichtenzweigen niederließ, stimmte Maria sogar in deren fröhliches Lied mit ein.

Auch Wolf fühlte sich beruhigt. Allerdings würde er sein Herzensanliegen wohl erst zu einem späteren Zeitpunkt vorbringen können. Um nichts in der Welt wollte er Maria erneuter Gefühlserregung aussetzen, selbst wenn es, wie er hoffte, eine freudige wäre. Vorsichtig verließ er sein Versteck und beschloss, Berta in der Küche einen Besuch abzustatten. Die Gute hatte immer etwas Schmackhaftes für ihren Lieblingsritter, wie die Köchin ihn bezeichnete, auf dem Herd brutzeln.

Rudolf zürnte seiner Frau. Als Dame von Stand stünde ihr ein etwas zurückhaltenderes Wesen gut zu Gesichte. Im Geiste plapperte Rudolf die lamentierenden Worte seiner Schwester nach, mit denen sie ihn ob Annas Disziplinlosigkeit wieder einmal traktieren würde; denn dass sie davon erfuhr, daran hegte der Markgraf keinerlei Zweifel. Seit seine Frau beschlossen hatte, wie von der Tarantel gestochen aus der Burg hinauszusprengen, was letztlich nur durch einen waghalsigen Sprung von der Fallbrücke gelungen war, jagte er nun schon hinter ihr her. Wieso nur reagierte Anna immer derart überschäumend, wenn es um ihren Leibritter ging? Wie ein Blitz durchfuhr ein schmerzhafter Stich seine Brust und gequält spornte Rudolf seinen Hengst weiter an. Im Nu schloss das mächtige Ross auf die Kruppe der Stute auf. Annabellas Hufe wirbelten feinen Steinhagel empor und schleuderten dem Markgrafen die scharfkantigen Kiesel mit Wucht ins Gesicht, wie um ihn für die Dummheit seiner Grübeleien zu strafen. Sein Hengst lag ihm leicht in der Hand und gehorchte den zügelnden Paraden aufs Wort.

»Wenn mir Anna doch auch nur so im Zaum läge!«

Wehmütig heftete Rudolf seinen Blick auf das vor ihm her fliegende Paar. Annas lange Flechten flatterten im Sog der Geschwindigkeit und forderten die üppige Mähne ihrer Stute zum gemeinsamen munteren Reigen im musikalischen Zweitakt der Galoppade auf. Rhythmisch hoben und senkten sich die Leiber von Ross und Reiterin in magischem Einklang ihrer runden und biegsamen und doch so kraftvollen Bewegungen. Wie um einen Kokon spann Annas wogender und haudünner Schleiertüll sein schirmendes Netz um die Tänzerinnen, jedem Außenstehenden den Zutritt in die Oase ihrer Zweisamkeit verwehrend. Dieses traumgleiche Bild brachte das Herz wie auch die Lenden des Mannes gleichermaßen in Wallung.

»Sie ist mir angetraut und mir allein steht jedes Recht auf sie zu!«, trotzte der mächtige Fürst des Breisgaus seiner aufkommenden Eifersucht, »Anna hat kein Recht, sich mir einfach zu entziehen.«

Starrköpfig bezwang Rudolf den aufkeimenden Widerspruch seines Herzens. Dass er Anna mit Haut und Haaren liebte, so wie sie war, mit all ihrer temperamentvollen Eigenständigkeit und Natürlichkeit, der Schoß ihrer sprudelnden Leidenschaft , von deren berauschendem Nektar er nie genug trinken konnte, vergrub der sieggewohnte

Kämpfer unter dem erstickenden Mantel der männlichen Eitelkeit. Energisch setzte Rudolf an seiner Frau vorbei und gebot ihr mit gebieterischer Geste Einhalt. Mit gewaltiger Kraftanstrengung fußte Annabella weit unter und stemmte ihre muskelstrotzende Kruppe mit Elan gegen den enormen Schwung, den das abrupte Abbremsen aus jagender Hatz ihrem Körper aufzwang. Fast erschien es, als setzte sich die Stute dabei auf ihr Hinterteil. Nur mit Mühe hielt sich Anna im Sattel, was ihre Stimmung nicht gerade aufhellte.

»Rudolf, was fällt dir ein! Nicht genug damit, dass du mich vor allen Bediensteten als eine Frau darstellst, die ihrem Leibritter unziemliches Verhalten gestattet, jetzt setzt du sogar leichtfertig mein Leben aufs Spiel. Was ist nur los mit dir?«

»Das solltest du dich wohl besser selbst fragen. Nächstens muss ich mein holdes Weib wohl noch um Erlaubnis bitten, bevor ich das Wort an ihren vertrauten Dienstmann richten darf. Die Angst um sein Wohl springt dir ja förmlich aus den Augen. Da bedarf es meines Zutuns nicht weiter, um jedermann kundzutun, wie hoch dieser von Hartenfels in deiner Gunst steht. Was sonst bedeuten denn eure in letzter Zeit so vermehrten heimlichen Ritte gen Endenburg? Am Zuchtstall seid ihr beiden dabei nicht angekommen. Sag Anna, um wen fürchtest du mehr, wenn wir die Schwerter kreuzen, um ihn oder um mich?«

Anna saß wie erstarrt im Sattel. Noch heute Morgen hatte sie sich im Glanz seiner aufbrausenden Leidenschaft zu ihr gesonnt ja sogar sein ungestümes besitzergreifendes Verhalten als Spiegel seiner tiefen Liebe zu ihr genossen. Rudolf wäre nicht er selbst, verzichtete er auf diese Art des unumstößlichen Liebesbeweises. Aber wie konnte er ihr nur eine solche Frage stellen? Zweifelte er denn wirklich an ihrer uneingeschränkten Liebe zu ihm? Bedurfte es wirklich nur einiger unbedachter Gesten eines ihm sogar durch Eid verbundenen Mannes, um ihre Treue zu ihm in Frage zu stellen? Wie viel

Leid und Glück hatten sie beide schon gemeinsam erlebt und jetzt erdreistete er sich, ihr Untreue zu unterstellen?

»Nun, dein Schweigen ist Antwort genug. Wie habe ich nur vergessen, wessen Tochter du bist. Dein Vater ist doch jedem Rock nachgelaufen und hat nur sein lausiges Vergnügen im Sinn getragen bar jeglichen Verantwortungsbewusstseins für das Land und die Menschen, welche ihm anvertraut gewesen sind. Es nimmt doch kein Wunder, dass ihm seine Untertanen davongelaufen sind und sich den Habsburgern förmlich angebiedert haben, sie unter ihren Schutz zu nehmen! Da sollte es mich nicht wundern, mit welcher Leichtigkeit du die Pflichten einer regierenden Fürstin wie ein lästiges Insekt abstreifst, und dich wie eine läufige Hündin dem Nächstbesten an den Hals wirfst!«, schleuderte Rudolf ihr entgegen. Sein ganzer Körper bebte vor unsäglicher Enttäuschung.

Fassungslos starrte Anna ins Leere. Es stimmte, wegen der willkürlichen Herrschaft ihres stets überschuldeten Vaters, Graf Egon von Freiburg, hatte sich die Stadt Freiburg vor Jahr und Tag von ihm losgekauft und sich freiwillig den Habsburger Herzögen unterstellt. Ihre Familie musste sich daraufhin auf die Burg Badenweiler zurückziehen, wo sie und Konrad auch aufgewachsen waren. Zärtlich erinnerte sie sich an ihre Mutter Verena, die es immer wieder verstanden hatte, ihre beiden Kinder vor den Ausschweifungen ihres Vaters zu schützen. Wie konnte Rudolf sie nur mit ihrem Vater auf eine Stufe stellen? Acht lebende Kinder hatte sie diesem Mann geschenkt, ein halbes Leben an seiner Seite verbracht und jetzt bedachte er sie mit solch schonungsloser Verachtung. Anna taumelte. Schwindel bemächtigte sich ihres Geistes, als ob er ihr Gemüt vor dieser unerträglichen Erkenntnis schützen wollte. Alles Leben wich aus ihrem Blick.

»Herr Graf, für eine Jagd bin ich immer zu haben; aber eine kurze Ruhepause wäre unseren Pferden zu gönnen«, murrte Ritter Nüwenburg, dem es nun endlich gelungen war, mit seinem Knappen aufzuschließen, »ich glaube, die Strecke bis zur Hohe Straße noch nie in dieser kurzen Zeit zurückgelegt zu haben.«

Der Hauptmann ließ seinen Blick über die bleichen Züge der Gräfin wandern und erkannte in denen seines Lehnsherrn unheilvolle Verbissenheit. »Na, wie es aussieht, sinkt der Freiburg-Neuenburgische Stern im Hause Hachberg schneller als vermutet«, lachte er schadenfroh in sich hinein.

Dass sie je die Anwesenheit des Nüwenburgs begrüßen könnte, hätte Anna nie gedacht. Doch jetzt war sie froh über die kurze Zeit der Sammlung, die seine Ankunft ihr bot. Was glaubte Rudolf nur, wer sie war? Stumm rechtfertigte sie sich vor sich selbst.

»Ich stamme nicht nur von meinem Vater ab. In meiner Familie scheuten sich die Frauen nie, die Fehler der Männer auszubaden. Tante Isabell hat nicht nur das Familienreich der Grafen von Neuenburg am See gerettet, welches mein Großvater durch seine unüberlegte dritte Heirat in Gefahr gebracht hatte, sondern es auch meinem Bruder lange Zeit ermöglicht, die Burg Badenweiler trotz der auf ihr lastenden Schulden des Vaters zu halten. Kaum eine Burg kann sich mit der Schönheit des linksrheinischen Neuenburger Schlosses messen. Die Grafschaft meiner Tante ist unter deren Herrschaft zu wahrer Blüte gelangt. Nun Rudolf, wenn es das ist, was du von mir willst, so sollst du zukünftig genug Gelegenheit erhalten, mit der Markgräfin zu sprechen. Die Frau werde ich im hintersten Winkel meines Herzens begraben.«

Hoheitsvoll richtete Anna sich auf.

»Rudolf, Ihr solltet Eure Zeit nicht mit der Belanglosigkeit persönlicher Gespräche vergeuden. Vogt Langenhagen erwartet sicher bereits mit Ungeduld Eure Entscheidungen, wie Ihr den Ernteverlust durch den sommerlichen Hagel zu mildern gedenkt. Herr von Nüwenburg, führet Ihr Eurem armen Ross nicht ständig mit harter Hand in die Kandare, wäre es sicher deutlich entspannter und keineswegs derart schweißbedeckt. Kann es sein, dass eher Ihr selbst nach einer Pause verlangt? Ich bedaure, dem nicht zustimmen zu können, die Sorgen des heutigen Morgens sind drängend. Immerhin geht es um die Versorgungslage der Grafschaft im kommenden Winter.«

Von unsichtbarer Hand gelenkt nahm Annabella ihren Weg in fleißigem Schritt wieder auf und als hätte Isabella die Herzensnöte ihrer Herrin mit ausgefochten, reckte die Dogge stolz ihr Haupt und nahm ihren Platz dicht an Annabellas Seite ein, ohne die Männer auch nur eines Blickes zu würdigen. In jeder Faser seines Körpers hallte das kalte Echo von Annas distanzierten Worten nach und mit den Spitzen scharfer Eiszapfen ritzten diese Rudolf das ganze unerträgliche Ausmaß ihrer Bedeutung schmerzhaft ins Mark seiner Seele.

»Ihre Gefühle für mich bringen wohl selbst die Hölle zum Erfrieren. Wie sonst könnte eine Frau wie Anna mit dieser hart gepanzerten Nüchternheit auf meine Vorhaltungen reagieren. Aber ich soll verdammt sein, wenn ich zuließe, dass ein anderer an der Brust ihrer Leidenschaft zu saugen wagt!«

»Folgen wir jetzt den Befehlen Eurer Gemahlin oder sollen wir auf die Euren warten?«, streute der Hauptmann Pfeffer in die brennenden Wunden des Grafen und malte sich bereits in den farbenprächtigsten Bildern aus, diese eingebildete Person von ihrem hohen Ross stürzen zu sehen. Selbst deren Zofe sonnte sich noch in der Überheblichkeit dieser Frau und schien sich wohl zu gut für ihn.

Friedrich von Nüwenburg hatte es nicht verkraftet, von einer niederen Magd abgewiesen worden zu sein. »Wenn die eine erst am Boden liegt, werde ich der anderen schon meinen Willen aufzwingen.« Allein diese Vorfreude rückte die Weltanschauung des Ritters wieder derart ins Lot, dass er am liebsten sofort umgekehrt wäre, um seinem Vorhaben alsbald Taten folgen zu lassen.

»Nicht hier und nicht jetzt werde ich Anna in ihre Schranken weisen«, überwand Rudolf mit eiserner Disziplin seinen innigsten Wunsch, Anna vom Pferd zu zerren und so lange zu schütteln, bis diese wieder die Seine wäre. Beherrscht trieb er sein Pferd an die Seite seiner Frau, ohne dem Einwand seines Hauptmanns Beachtung zu schenken. Schweigend hingen Graf und Gräfin ihren wehen Gedanken nach und einmal mehr empfanden beide die Last des Regierens als erdrückende Bürde, ohne die sie ihren persönlichen Empfindungen weit mehr Freiraum gewähren könnten. Die Schönheit des seicht aber stetig ansteigenden Waldweges erreichte nicht das Herz des Markgrafenpaares. Umsonst schillerten die kleinen Waldblumen in ihrem buntesten Sommerkleid, erschallte der warnende Ruf des Eichelhähers. Selbst die quirligen Eichhörnchen vermochten nicht, Annas Trübsinn zu durchbrechen. Normalerweise hätte die Markgräfin in der ersten Zuschauerreihe Platz genommen, um sich von diesen niedlichen Waldgesellen und ihrer anmutigen Akrobatik, mit der sie sich wie Seiltänzer grazil von Ast zu Ast schwangen, unterhalten zu lassen. Annas Herz hätte jubiliert ob der wilden Freiheit, der sich die Tierchen erfreuen duften, wurden doch immer mehr dieser putzigen Wesen wegen ihres buschigen Schwanzes als Steiftierersatz für gelangweilte Damen von Stand hinter die engen Gitter eines Käfigs gesperrt. Ohne dass ein rettendes Wort fiel und einen Ausweg aus dieser Misere gewiesen hätte, erreichten die hohen Herrschaften die Scheideck. An dieser Weggabelung ritt von Nüwenburg nach links in Richtung Kandern und überquerte die Kander durch eine Furt an der Stelle, wo der Weg flussaufwärts nach Marzell führte. Neidvoll blickte Friedrich auf die Betriebsamkeit der ständig wachsenden Eisenhütte. Neben den Tongruben, den Silberbergen im Breisgau und den erst kürzlich aufgekommenen Glashütten repräsentierte sie eine der zahlreichen Quellen des Reichtums seines Lehnsherrn, der dank dessen kluger Weitsicht auch den gräflichen Eigenleuten ihr Auskommen sicherte und dem Markgrafen zu immer größerer Beliebtheit bei diesen verhalf. »Pah, als ob es darauf ankäme, was dieses Pack von unsereins hält!« Friedrich verzog verächtlich seine Mundwinkel. Das bleiche Haar des Reiters wirkte im gleißenden Sonnenlicht noch fahler und kontrastierte umso mehr mit dem Russ der Eisenhütte. Von hier aus war es nur noch eine kurze Strecke zu seiner Nüwenburg, die unterhalb des Örtchens Sitzenkirch im Ortsteil Minderkandern lag. Sie war eine der ganz seltenen Tiefburgen umgeben mit einem schützenden Weihergraben, der durch den Lippisbach gespeist wurde. Friedrich war eitel genug, sich des Vorrechts durch dieses besondere Lehen bewusst zu sein. Die räumliche Nähe zum einstigen Stammsitz der Grafen von Hachberg auf der Sausenburg und zur ehemaligen Familiengruft dieses Grafengeschlechts im Kloster Sitzenkirch untermauerte die herausragende Stellung des Anwesens und seines Lehnsinhabers. »Wer ist schon dieser von Hartenfels gegen mich? Er sollte den Beinamen ›Ohne‹ tragen: der Ritter ohne Fehl und Tadel und ohne Land«, hofierte der Edelknecht seinen Hass und beschloss belustigt, seinen Widersacher im Stillen nur noch »Ohneland« zu nennen.

Anna und Rudolf lenkten ihre Pferde nach rechts in Richtung Glashütte.

»Rudolf, erzähltet Ihr mir nicht vor einigen Tagen von Eurem Plan, die Lieferung von Weißerde an die hiesige Glashütte erhöhen zu wollen? Vielleicht könnten wir die Gelegenheit ergreifen und den Glashüttenmeier nach dem Stand der Dinge befragen? Bezieht diese Hütte die benötigte Weißerde nicht vom Heuberg?«

Die förmliche Anrede, mit der Anna ihn ansprach, stach wie ein Dorn in sein Herz. Aber die Erleichterung darüber, diese angespannte Stille zwischen ihnen durchbrochen zu sehen, überwog bei Weitem. Das Wissen seiner Frau um politische und wirtschaftliche Zusammenhänge in seinem Reich imponierte Rudolf immer wieder. Eine launische nur auf Äußerlichkeiten bedachte Frauensperson hätte er sich nie und nimmer an seiner Seite vorstellen können. Häufig genug waren ihm die Gespräche mit seiner Gemahlin von einträglicherer Hilfe gewesen als die mit seinen engsten Beratern, die nur all zu oft sich eher darin befleißigten, ihm Honig um den Bart zu schmieren, als den Kern einer Sache aufzudecken.

»Ich nehme Euren Ratschlag dankend an«, rettete auch Rudolf sich ans sichere Ufer des Unpersönlichen. Dem Meier war die Ankunft der hohen Gesellschaft schon aus der Ferne nicht verborgen geblieben und eilte, seinen Herrn und dessen Gemahlin untertänigst zu begrüßen. Wie bei den meisten Menschen im Land standen der Graf und die Gräfin auch bei ihm in hohem Ansehen. Durch dessen kluges Wirtschaften betreute er jetzt eine der ersten Glashütten, deren Produktion in den letzten Monaten sich rasant verdoppelt hatte und mittlerweile bereits viele Menschen ernährte. Auch das Maßhalten des Grafen bei der Einziehung der ihm zustehenden Abgaben sorgte für Sicherheit unter dessen Eigenleuten, was sich wiederum in barer Münze auszahlte; denn keiner wollte einen solchen Arbeitsplatz verlieren und gab bereitwillig sein Bestes.

»Gott zum Gruße Herr Graf. Die zusätzliche Weißerde konnten wir hier gut gebrauchen.«

»Steh auf Meier! Dann sind die Fuhren also angekommen. Das ist erfreulich.«

Rudolf ritt bereits weiter zum Platzhof, um die dortigen Bohnerzniederlagen zu überprüfen, die zum Transport nach Hausen bestimmt waren.

»Verzeiht Frau Gräfin, dass ich so einfach das Wort an Euch richte. Meiner Frau geht es seit Wochen nicht gut. Sie wird von Tag zu Tag weniger und isst kaum noch etwas. Seit meine Töchter aus dem Haus sind, ist sie doch alles, was ich habe. Die alte Liese hat sich bis jetzt um uns und unser Haus gekümmert, doch ihr Rücken und ihre Hände wollen nicht mehr so recht. Auf Dauer wird die Alte es nicht schaffen, für all die Mäuler hier ein Mittagsmahl zu kochen.«

»Ist schon gut, Glashüttenmeier. Ich werde mir deine Hilde einmal ansehen.«

Richard von Lörrach haderte mit sich selbst über die Ungerechtigkeit der Welt, die ihn, einen von Lörrach, dazu verdonnerte, dem Widersacher seiner Familie zudiensten zu sein und achtete nicht im Geringsten darauf, Anna aus dem

Sattel zu helfen. Schnellen Schrittes eilte die Markgräfin auf das Haus des Meiers zu.

»Was ist da los?«, schallte Rudolfs Stimme herüber, der es gar nicht gern sah, dass seine Gemahlin ohne Begleitung unterwegs war.

»Die Frau des Meiers ist erkrankt. Ich werde einmal nach dem Rechten sehen«, antwortete Anna kurz angebunden.

Noch bevor Rudolf etwas erwidern konnte, entwischte sie bereits in das Dunkel des Eingangs, so dass ihrem Gemahl nichts anderes übrig blieb, als vor der Tür Posten zu beziehen. In der stickigen Kammer der Hausfrau schlugen ihr die muffigen Ausdünstungen eines kranken Körpers entgegen. Hilde lag angezogen auf dem Bett und wirkte derart ungepflegt, dass es Anna schauderte. Körper und Kleidung der Frau hatten sicher schon seit längerem kein reinigendes Wasser mehr gespürt. Anna hegte keinen Zweifel daran, mit unzähligen Flöhen und Läusen in dieser alten Strohmatratze Bekanntschaft zu schließen. Dem zerfetzten Tuch, das die verschimmelten Getreidehalme nur spärlich bedeckte, kam nur schwerlich die Bedeutung eines Lakens zu.

»Hilde, was ist hier los? Wann immer ich dir zuvor auf meinen Ausritten begegnete, wirktest du sauber und ordentlich«, schimpfte Anna. Verstört versuchte die Kranke, ihren Oberkörper zu erheben.

»Frau Gräfin, Ihr seid hier?« Ein böser Hustenanfall durchzuckte die Brust der Meiers Frau. Röchelnd erstarb ihre Stimme.

»Das hört sich aber gar nicht gut an. Seit wann geht das schon so?« Nach Atem ringend streckte die von Siechtum Gezeichnete ihre Hand nach einem Stück Papier aus, um es sich in den Mund zu stecken. Anna öffnete deren Hand und las darauf geschrieben die Worte: »Heilige Mutter Maria hilf uns in unserer großen Not!«

»Es kann nicht wahr sein, Hilde. Wolltest du wirklich dieses Papier hinunterschlucken im Glauben daran, dass alsbald die Kraft der heiligen Mutter auf dich übergeht? Waren die

Arbeit der Äbtissin und die meinige so unfruchtbar, dass ihr immer noch diesem Aberglauben frönt und eure hart ersparten Notgroschen für eine solche Dummheit einem Scharlatan hinterher werft? Hättest du zeitiger um Hilfe im Kloster nachgesucht, wäre deinem Mann und dir viel erspart geblieben. Du hast hohes Fieber, Hilde, ich fürchte dein Husten hat mittlerweile die Lungen angegriffen. Ich werde deinem Mann auftragen, einen der Arbeiter ins Kloster nach Sitzenkirch zu senden und Adelheid in meinem Namen um Hilfe für dich zu bitten. Eine ihrer Nonnen wird sich hier fürs Erste um alles kümmern und dich mit den nötigen Kräutersuds versehen. Gehab dich wohl! In den nächsten Tagen schaue ich wieder vorbei.«

Mit Zornesröte im Gesicht trat die Markgräfin hinaus ins Freie.

»Meier, es ist eine Schande, wie du deine Frau verkommen lässt. Eine der Arbeiterfrauen wird doch wohl imstande sein, für ein Bad und eine saubere Umgebung Sorge zu tragen und für frische Luft. Geht es denn immer noch nicht in euer Hirn, dass bei Siechtum penibler Reinlichkeit besonderer Wert zukommt. Schick sofort einen deiner Gesellen zum Frauenkloster und teile Adelheid Zekin mit, ich bäte sie um Hilfe für deine kranke Frau! In einigen Tagen werde ich mich persönlich von den hiesigen Zuständen überzeugen und wehe dir, wenn nicht alles nach meinen Wünschen gerichtet ist!« Grußlos ließ sich Anna von Rudolf aufs Pferd helfen und preschte sogleich davon.

»Was für eine Frau sie ist!«, dachte Rudolf, dem die energische Zurechtweisung seines Leibeigenen ob dessen unverantwortlicher Unterlassung mehr als gerecht erschien.

Gegenüber dem Platzhof führte der Weg direkt in den Berg hinein und das angestrengte Schnauben der Pferde übertönte bei jedem Galoppsprung die leisen Stimmen des Waldes. Auf Rudolfs Befehl hin hatte Richard lustlos die Vorhut übernommen. Aber statt sich auf den steilen Bergpfad zu konzentrieren, aalte sich der Knappe in Gedanken bereits in den

Armen der willigen Schankmägde, die er vorhatte, am Abend mit seiner Gesellschaft zu beglücken. Bar jeder Vorsicht jagte er um die nächste scharfe Wegbiegung. Ein schweres Holzgespann versperrte den Weg und unvermittelt bäumte sich Richards Ross auf die Hinterhand, um dem unausweichlichen Aufprall zu entgehen. Der adlige Spross verlor die Gewalt über sein Reittier, als dieses mit wilden Sprüngen in eine Lichtung hineinsprang. Anna hatte nur Augen für das Vorspanntier, welches am steilen Berghang zusätzlich angespannt wurde. Es war von kräftiger Statur und doch elegant, nicht wie die Schinder der Bauern. Es schien für Feldarbeit und Reiterei gleichermaßen geeignet. Das musste einer der Hengste sein, die sie im Stoffelhof zu Endenburg züchten ließ. Anna hatte es nie eingesehen, warum nur die Klöster wie Sankt Blasien sich dieser Leidenschaft widmeten. Bauern, die keine Mähren durchfütterten sondern Rösser, die nicht nur im Geschirr sondern auch unter dem Reiter laufen konnten, waren doch für jeden Herrn im Kriegsfall von unschätzbarem Wert. Norische, Pinzgauer und Hengste aus dem Sundgau hatte sie mit edlen Stuten gekreuzt, die die Züge der Kreuzritter bei ihrer Rückkehr aus dem Morgenland begleitet hatten. Dieser Hengst war ein Prachtexemplar und sein Interieur schien seinem Äußeren nicht nachstehen zu wollen. Trotz all der Panik um ihn herum war er die Ruhe selbst und verhinderte mit geballter Autorität ein Durchgehen der hinter ihm eingespannten Tiere. Gerade wandte sich die Gräfin ihrem Gemahl zu, als ohrenbetäubendes Geschrei aufbrandete. Auf der Waldwiese stand eine Vielzahl von Körben, die den wilden Waldbienen eine Nisthöhle boten.

»Wie es aussieht, ist der Zeidler Siegbert unserer Bitte nach erhöhter Lieferung von Bienenwachs für Kerzen und nach mehr Honig nachgekommen«, amüsierte sich Rudolf über den lausigen Knappen, dessen verantwortungsloses Handeln das Gespann und dessen Führer in Gefahr gebracht hatte.

Richard ruderte schreiend mit den Armen. Sein nervös tänzelndes Ross hatte einige der Körbe umgestoßen und die aufgescheuchten Bienen attackierten angriffslustig das Gesicht und die Beine des jungen Mannes. Blind vor Schmerz suchte Richard sein Heil nur noch in der Flucht. Das erbost summende Heer im Schlepptau stieß er mit Annabella zusammen und sofort stürzten sich die gelben Insektenkrieger mit ihren Stacheln auf die weiche Kruppe der Stute. Schrill wiehernd bäumte sich die Geplagte auf. Es gab kein Halten mehr. Rasend vor Schmerz jagte das entsetzte Tier das letzte Stück des Weges hinaus aus dem Wald. Nur Annas geübter Reitkunst war es zu verdanken, dass sie sich im Sattel halten konnte. Schon hatten sie die kleinen Katen in Endenburg passiert und preschten mit unverminderter Geschwindigkeit gen Norden in Richtung der kleinen Kapelle, als sich plötzlich ein junger Bursche todesmutig in die Zügel der Stute warf. »Hola, Pferdchen, hola!«, schmeichelte er in ruhigem Ton, obwohl er an den Riemen baumelnd nur mit schierem Glück dem Trommelwirbel der Hufe entkam. Der Schimmel tänzelte immer noch sichtlich angespannt an der Hand des Jungen, als auch schon Rudolf herbeisprang und Anna aus dem Sattel zog. Fest hielt er sie auf seinen Armen und presste seinen Kopf auf den ihren. »Anna, wenn dir etwas zugestoßen wäre, was hätte mein Leben dann noch für einen Sinn?«

»Rudolf, Gott sei Dank, du bist da«, hauchte Anna ihm mit zitternder Stimme ins Ohr. Doch die vertraute Stimmung währte nur kurz. Nein, sie wollte ihm nicht ihre Gefühle offenbaren; dazu hatte er sie zu sehr verletzt.

»Lasst mich herunter Rudolf! Es geht mir schon wieder gut.« Aufgeregt sprang Isabella an ihr hoch und gab sich erst zufrieden, als auch sie von Anna beschwichtigt wurde. Fest nahm die Markgräfin den jungen Burschen in Augenschein. Er war gekleidet wie ein Schafhirte. Zarter Flaum überlagerte seine Lippen und kündete vom baldigen Mannesalter. Auf kurz oder lang hatte der bereits an einigen Stellen fadenscheinige Stoff seines einfachen braunen Bauernkittels keine Chance gegen die breiten Schultern des Jünglings und würde reißen. Wie bei allen hiesigen Menschen, die trotz Hitze den ganzen Tag an der Sonne arbeiten mussten, war sein Kopf mit dem Gugel bedeckt. Anna schaute in ein offenes aber keineswegs unterwürfig blickendes Augenpaar.

»Ich danke dir für dein mutiges Eingreifen. Wie ist dein Name?«

»Kunz«, antwortete er prompt und leistete einen eher unbeholfen anmutenden Diener.

»Nun, Kunz du hast meine Gemahlin vor Schlimmem bewahrt und somit auch mir einen großen Dienst erwiesen. Wo bist du zu Hause?«, fragte der Graf und klopfte dem Burschen aufmunternd auf die Schulter.

Allmählich ließ auch bei Kunz der Schreck nach und erst jetzt wurde ihm bewusst, wie das Glück ihm hold gewesen sein musste; denn beim Anblick des durchgehenden Pferdes hatte er keinen Gedanken an seine eigene Sicherheit verschwendet und noch weniger an die Reiterin, die er gerettet hatte. Rein impulsiv hatte er gehandelt und jetzt stellte sich heraus, dass er der Markgräfin zur Hilfe geeilt war. Ihm wurde mulmig und nur stammelnd brachte er ein Wort nach dem anderen hervor. Erst nach geraumer Zeit war den beiden klar, dass ihr Retter Schafhirte im Dienste des Klosters Weitenau war und für den dortigen Prior Schafe auf die Weide oberhalb Kirchhausens getrieben hatte, die noch im Bann des Klosters lag.

»Was treibt dich denn so weit weg von deiner Herde?«, wunderte sich Anna, »läufst du nicht Gefahr einige der dir anvertrauten Tiere zu verlieren, wenn du sie nicht beaufsichtigst?«

Kunz trat von einem Bein auf das andere. Owe, jetzt würde sein Geheimnis gelüftet und er malte sich bereits saftige Strafen aus, die ihn unweigerlich träfen. Aber gescheite Ausreden fielen ihm auch nicht ein und so entschied er sich mannhaft für die Wahrheit.

»Ich schaue doch immer so gern nach den Rössern im Stoffelhof. Da stehen welche, die ich noch nie zuvor gesehen habe. Deren Beine sind so kräftig wie die der Ackergäule und doch wirken sie viel edler. Außerdem kann mein Großer schon ganz allein auf die Schafe aufpassen, das macht er immer«, setzte Kunz zu einem kläglichen Versuch an, sich zu rechtfertigen. Unsicher biss er sich auf die Lippen. Anna war überrascht über das Pferdeverständnis dieses einfachen Knechts. Dass er so unverblümt das Ziel ihrer züchterischen Bemühungen erkannt hatte, ließ sie aufhorchen.

»Du magst wohl Pferde?«

Kunz nickte. Einen solchen Burschen könnte sie gut auf Burg Rötteln gebrauchen. Er wäre ihr und Ritter Hartenfels bei der Auswahl der Zuchttiere auf Dauer eine große Stütze und der Stallmeister lehnte eine weitere helfende Hand sicher nicht ab.

»Hättest du Lust, als Rossknecht bei uns zu dienen? Was Pferde angeht, scheinst du ein gutes Gespür zu haben?«, bot die Markgräfin ihm eine verlockende Möglichkeit.

»Das wäre toll, aber ich weiß nicht, ob der Prior mich gehen lässt«, fast überschlug sich seine Stimme, so schnell antwortete Kunz aus Angst, die Gräfin könnte es sich doch noch anders überlegen, »und der Graue, der muss auch mit; ohne ihn will ich nicht fort.«

»Wer ist denn der Graue, an dem dein Herz so hängt?«, wollte Anna wissen.

»Das ist mein Hund; die meisten fürchten ihn, weil er so groß ist und so krauses graues Haar hat wie ein Wolf. Wenn ich mich nicht um ihn kümmere, wird es kein anderer im Kloster tun.«

Wie er für seinen Freund eintrat, obwohl er fürchten musste, dadurch ein so verlockendes Angebot zu verlieren, imponierte Anna ebenso wie Rudolf.

»Nun, mit dem Prior werde ich schon einig, jedoch was deinen Grauen angeht, so fürchte ich, wird die Entscheidung nicht bei uns liegen sondern bei Isabella«, zeigte Rudolf auf die Dogge.

»Das lasst uns doch gleich jetzt feststellen, Rudolf! Lasst uns zu den Schafen reiten! Es ist ja nicht weit. Wie schön, dass du mittlerweile auch aufschließen konntest Richard. Hast du deinen Zossen wieder so weit unter Kontrolle, dass du den Burschen mit auf dein Pferd nehmen kannst?«

Die spitze Bemerkung der Gräfin nagte an Richards Brust. Aber er getraute sich nicht, gegen diese Aufforderung zu rebellieren. Dazu hatte er sich bereits zu viele Schnitzer geleistet. Wortlos hieß er Kunz, hinter ihm aufzusteigen. Rudolf würdigte den Knappen keines Blickes. Für dessen Strafe würde er höchstpersönlich Sorge tragen. Dass dieser schlampige Kerl seine Frau derart in Gefahr gebracht hatte, verzieh der Graf ihm nie. Er konnte sich ohrfeigen, diesen jungen Lörrach mitgenommen zu haben statt Michael.

»Nun, Isabella, was hältst du von dem Grauen? In Größe steht er dir nicht nach«, munterte Anna ihre Hündin auf. Isabella benötigte deren Zuspruch jedoch nicht. Mit schräggelegtem Kopf musterte sie den Grauen, der es ihr gleichtat.

»Großer, zeig dich doch von deiner besten Seite«, bettelte Kunz, »wir wohnen dann zusammen auf der Burg.«

Als hätte er verstanden, legte sich der Rüde hin und ließ sich von Isabella beschnuppern. Die schien mit diesem devoten Verhalten zufrieden und schickte sich an, hoheitsvoll an die Seite ihrer Herrin zurückzukehren. Doch da hatte Isabella die Rechnung wohl ohne den Grauen gemacht. Blitzschnell baute der sich in voller Größe vor ihr auf und forderte eindringlich das gleiche Recht für sich, welches er ihr zuvor eingeräumt hatte. Isabella zögerte. Sie spürte keine Aggression ihr gegenüber jedoch unbeugsamen Willen, so lange auszuharren, bis ihm das Gewünschte gewährt würde.

Kunz hielt den Atem an, hier und jetzt entschied sich sein weiteres Schicksal und er hatte es in die Pfoten dieses eingebildeten Kerls gelegt, dem offensichtlich jeglicher Standesunterschied egal war. Nun, so ein Narr wie er hatte es wohl nicht besser verdient. Aus Furcht, zusammen mit seinem Hund wegen dieses Hochmuts gescholten zu werden, streckte er die Hand nach dem Nacken seines Großen aus. Doch Kunz traute seinen Augen nicht. Isabella hatte sich wohl entschieden, das Ansinnen dieses grauen Wolfes nur als gerecht zu empfinden. Majestätisch legte sie sich auf die Seite und ließ sich dessen Begrüßung mit zunehmender Sympathie gefallen. Zum ersten Mal an diesem Nachmittag lachte Anna aus vollem Herzen.

»Na, meine Süße, jetzt ist es wohl um dich geschehen. So habe ich dich ja noch nie herumtollen sehen. Also, die Sache ist geklärt. Morgen wird unser Bote den Prior aufsuchen und dich alsbald mit nach Rötteln nehmen.«

»Schenkte sie mir doch auch eines ihrer bezaubernden Lächeln!«, entbrannte eifersüchtige Glut Rudolfs Herz. Dagegen formten seine Lippen die herzlosen Worte des kühlen Mannes.

»In diesem Falle können wir uns nun endlich unserer eigentlichen Aufgabe widmen.«

Sie kehrten ihre Pferde und nach einem kurzen Stück bergan ließen sie ihre Blicke über Endenburg schweifen. Das Getreide und das Gras waren in einem erbarmungswürdigen Zustand. Umgeknickte Halme wohin man sah. Der Hagel hatte ganze Arbeit geleistet. Eine kleine Gruppe von Männern kam bereits auf sie zu.

»Gott zum Gruße Herr Graf, Frau Gräfin«, beugte der Wortführer respektvoll das Knie.

»Was sollen wir nur machen, wovon sollen wir im Winter unsere Familien ernähren?«, schrie ein Weiterer. »Und wovon unsere Abgaben leisten?«, ein Anderer.

»Schluss jetzt!«, verschaffte Rudolf sich Gehör. »Wofür habe ich euch darin bestärkt, euch als Bauern in der gebursami zusammenzuschließen und einen Wortführer zu wählen, wenn ihr jetzt doch alle wie aufgescheuchte Hühner durcheinander plappert? Helmut, wie groß ist der Schaden?«

Der Angesprochene senkte ob dieses Rüffels verlegen das Haupt.

»Die Hälfte der Felder ist wohl hin. Aber die Weitenauer klagen noch mehr«.

Rudolf schaute stumm in die Ferne. Das hörte sich nach einer Hungersnot im Winter an. Das Weitenauer Gebiet unterstand dem Zwing und Bann des Klosters. Trotzdem würde er sich mit dem dortigen Prior um eine gemeinschaftliche Lösung bemühen, zumal er als Schirmvogt des Klosters Sankt Blasien auch über die Hochgerichtsbarkeit in Weitenau verfügte.

»Vielleicht sollten wir Hubert anweisen, deutlich mehr dieser neuartigen Sensen zu schmieden, die bisher immer noch nur vereinzelt Anwendung fanden. Wie ich hörte, lassen sich die Halme damit erheblich leichter ernten. Die Heumahd geht so schneller vonstatten. Noch mehr Sicheln fürs Getreide werden vermutlich auch gebraucht.«

»Das ist eine gute Idee Rudolf!«, begeistert leuchteten Annas Augen auf, »und wie wäre es, wenn wir die Endenburger Rodungsfläche erweitern, damit zukünftig Getreide auf größeren Feldern angebaut werden kann? Zum einen besteht für den Ausbau der Burg sowieso erhöhter Holzbedarf und zum anderen könnten wir einer nochmaligen Katastrophe dieser Art eher trotzen.«

Wenn sie wüsste, wie anziehend sie in ihrem Eifer wirkte mit ihren roten Wangen. Rudolf war hingerissen von seiner Frau.

»Auch das ist ein guter Einfall. Also Helmut, frisch ans Werk! Bring den Wald zum Schwinden, aber ich ziehe das Abschalen der Baumrinde dem Brennen bei dieser Hitze vor.«

Sprachlos vor Verwunderung über die Kenntnisse ihres Regentenpaares um derart niedrige Tätigkeiten starrten die Bauern eine Weile vor sich hin, bis Helmut sich fing und vernehmlich räusperte.

»Verzeihung Herr Graf, wie sollen wir das bewerkstelligen? So viele Männer haben wir nicht und die meisten sind Hörige, die auch gleichzeitig noch Fron auf der Burg zu leisten haben und hier zwingen uns die gekippten Halme die doppelte Zeit bei der Ernte auf. Und gleichzeitig auch noch Roden?«

Der Wortführer fühlte sich sichtlich unwohl ob seines Mutes, einen solchen Einwand vorzubringen und trat verlegen von einem Bein auf das andere.

»Nun, da hast du wohl Recht, Bauer.« Rudolf kräuselte die Stirn.

»Zwei Monate in diesem Sommer könnte ich euch die Fronarbeit erlassen. Für den Prior kann ich jedoch nicht sprechen. Ob er sich darauf einlässt, bezweifle ich.«

Helmut wischte sich erleichtert den Angstschweiß von der Stirn. Es war noch nicht lange her, seit die Endenburger Bauern sich zu einer Gemeinschaft zusammengeschlossen hatten und er empfand seine Stellung als Wortführer dieser Gemeinschaft gegenüber seinem Herrn noch immer bedenklich ungewiss. Aber bis auf den heutigen Tag hatte er in dem Markgrafen stets einen gleichbleibend ruhigen und gütigen Herrn gefunden.

»Rudolf, steht es nicht geschrieben, dass bei einem ungewöhnlichen Feldschaden die Hofherren der gebursami zum Ersatz verpflichtet sind?«

»Das stimmt, aber gemeint ist damit der Schaden, den die Jagdgesellschaften auf dem Land der Bauern hinterlassen, wenn sie blindlings der Beute nachhetzen und dabei die Frucht der Felder in Mitleidenschaft ziehen.«

»Das wiederum steht jedoch nicht geschrieben«, konterte Anna schmunzelnd, »also könnten wir uns dem Prior gegenüber doch auf diesen Standpunkt stellen und ihn bitten, seinen Eigenleuten als Ersatz die Fronarbeit für eine Weile zu erlassen, so dass alle Bauern aus Weitenau, Kirchhausen, Schlächtenhaus, Hägelberg und Endenburg sich in dieser Zeit bei der Ernte zusammenschließen können.«

Annas schalkhaftes Lächeln munterte Rudolf auf.

»Ich wusste gar nicht, was für eine verschlagene Löwin an meiner Seite herrscht. Also gut abgemacht, so werden wir es versuchen. Helmut, ich gebe Vogt Langenhagen auf der Sausenburg Bescheid und alles Weitere wird er mir dir besprechen.«

»Einen Moment noch, Helmut!«

Skeptisch musterte der Angesprochene die Gräfin. Eben noch war ein schwerer Stein von seiner Brust genommen worden, aber was kam jetzt auf ihn zu?

»Auf dem Ritt hierher ist mir ein Vorspannhengst aufgefallen. Er ist sicher aus unserem Pferdebestand bei dir. Wie viele dieser mittelrahmigen Hengste mit trockenem Fundament könnten wir zur nächsten Landschaftsversammlung den Bauern zur Verfügung stellen?«

Stolz warf sich Helmut in die Brust. Das war eine Frage nach seinem Geschmack. Als freier Bauer führte er den Stoffelhof und war jetzt erpicht darauf, ein Lob für seine gute Arbeit einzuheimsen. Der Graf sollte es nicht bereuen, den Bauern durch die »Landschaft« ein Mitspracherecht und Mitverantwortung bei der Gesetzgebung gewährt zu haben. Er freute sich schon jetzt darauf, seinem Landesherrn als Mitglied der bewaffneten Bauernschaft auf der Dingstätte bei Tannenkirch zu huldigen.

»Frau Gräfin, ich schätze zwanzig Berittene werden die Militärparade anführen«, breites Grinsen zog sich von einem Ohr zum anderen, »unsere können jederzeit mit denen aus Sankt Märgen mithalten. Eines Tages werden unsere Rösser aus dem Schwarzwald noch richtig berühmt.«

»Dein Wort in Gottes Ohr, aber wirklich alle Achtung! Was sagt Ihr nun Rudolf, der Versuch hat sich doch gelohnt.« Erwartungsvoll richtete Anna ihren Blick auf ihn.

»Ritter von Hartenfels wird es sich nicht nehmen lassen, im Vorfeld einen Blick auf diese Kreuzungsprodukte zu werfen.«

Schlagartig gefror Rudolfs Lächeln zu einer verzerrten Maske. Schon wieder dieser Name aus ihrem Mund. Gerade hatte seine Gemütsstarre sich zu lösen begonnen, nur um sofort wieder zu vereisen. »Er vielleicht, aber sicher nicht mit dir«, formten seine Gedanken einen stillen Entschluss. Barsch gab er Befehl zum Rückritt.

Kurz bevor es wieder in den Wald hineinging, zügelte die Markgräfin ihre Stute. Anna liebte diese Anhöhe. Von hier aus wirkten die Täler des Schwarzwaldes wie unwirkliche Miniaturen. Hoch überragten die selbst im Sommer schneeweißen Gipfel von Jungfrau, Mönch und Eiger die vorgelagerte Kette des Juragebirges. Ein seltenes Schauspiel betörte Anna. Wie rotgoldene Edelsteine reckten die steinernen Riesen ihre massiven Köpfe in den Himmel. Die Strahlen der tief stehenden Sonne im Westen nahmen die uralten Felsen in ihren Bann. »Die Alpen glühen!«, erklang es romantisch in ihrem Innern und die geheimnisvoll schillernde Pracht reflektierte Annas Blick weit zurück in die Vergangenheit, als Rudolf und sie ihre erste gemeinsame Nacht verbracht hatten.

Auch Rudolfs Sinn war gefesselt in den zärtlichen Stricken der Erinnerung. Hand in Hand war er damals mit Anna hinaufgeritten, um seiner frisch vermählten Gemahlin diesen Teil ihrer Morgengabe zu Füßen zu legen. Mit diesem Geschenk hatte er ihr seine tiefe Liebe offenbart, ihr einen Teil ihrer elterlichen Heimat wiedergegeben, die Graf Egon von Freiburg mit leichtsinnigem Handeln in alle Winde verstreut hatte. Rudolfs Oheim Markgraf Otto von Hachberg-Sausenberg hatte die Familie des Grafen immer wieder unterstützt und im Gegenzug erhielt Rudolfs Onkel seinerzeit die Gemarkung Endenburg. Damals hatte die winterliche Abendsonne den gleichen Rotschimmer auf die Berge gezaubert.

Doch wie anders war ihr Verhältnis gewesen. Ihre Herzen hatten im Gleichtakt der Gefühle geschlagen und überwältigt vom eisenharten Band ihres gegenseitigen Vertrauens waren sie über die Hügel zur kleinen Kapelle im Norden der Gemarkung geritten, beseelt vom Wunsch für ihr gemeinsames Glück zu danken. Alles erschien damals vollkommen. Die Einfachheit des Kirchleins, dessen Chor niedriger war als das Langhaus und als einzige Zier nur ein hölzernes Türmchen aufwies, hatte der puren Reinheit ihrer Liebe den passenden Rahmen verliehen. Dort neben der Nordseite des Gotteshäusleins weit ab von aller Pracht und fernab aller Querelen der Macht hatte ihre wirkliche Hochzeit stattgefunden. Hier hatte nicht der Markgraf die hohe Dame geehelicht, sondern der

Mann sich seine Frau genommen. Berauscht von ihrer bloßen Gegenwart hatte er Anna auf seinen Umhang gebettet, begierig sie mit Haut und Haaren zu der Seinen zu machen. Die Bereitwilligkeit, mit der sie ihm ihre Lippen öffnete, hatte seinen Verstand zum Schweigen gebracht, die Kälte kurz vor Fastnacht aus dem Bewusstsein gedrängt. Die völlige Hingabe, mit der sie sich trotz ihrer Unerfahrenheit bedingungslos seiner Führung überließ, hatte den Drang seiner wachsenden Männlichkeit ins Uferlose gesteigert und ihn gleichzeitig vollends entwaffnet. War es das Rauschen des Höllbachs oder sein eigenes Blut gewesen, das wild durch seine Ohren sauste, als er sich damals zum ersten Mal in den Leib seiner Frau ergoss?

Rudolfs Mundwinkel zuckten. Schmerzhaftes Ziehen in seinen Lenden war die Folge seiner leidenschaftlichen Memoiren. Wütend schaute er auf seine Gemahlin. Während Annas Gefühlskälte ihm offensichtlich immer mehr einheizte, weilte sie vermutlich in Gedanken bei ihrem Lieblingsritter, diesem von Hartenfels. Warum nur führten die Ausritte der Beiden in letzter Zeit so gehäuft gerade nach Endenburg? Anna in den Armen ihres Leibritters - dieses Bild schnürte ihm die Brust ab - und gar an dem Ort seiner eigenen lustvollen Erinnerung. Rudolf hielt es nicht mehr aus.

»Anna, ich frage dich noch einmal. Warum reitest du in letzter Zeit mit von Hartenfels weit mehr als üblich nach Endenburg? Ich weiß, dass es nichts mit deiner Pferdezucht zu tun hat.«

Anna schaute demonstrativ in die andere Richtung. Zum einen wollte sie ihr Geheimnis nicht vorzeitig preisgeben und zum anderen fühlte sie sich durch sein beständiges Misstrauen in ihrer Ehre gekränkt.

Rudolf reagierte wütend. Immer ärger wurde seine Angst, sie könnte ihn betrügen.

»Vielleicht hättest du die Güte endlich weiter zu reiten, wenn es denn deine schwärmerischen Gedanken an einen bestimmten meiner Dienstmannen erlauben. Jeder Einfaltspinsel kann der Markgräfin ja ihre Erregung ansehen. Schon die alberne Sache mit dem Hund hat uns viel Zeit gekostet und ich denke, für heute habe ich bereits genügend Rücksicht auf deine Gefühlsduselei genommen. Mit dir im Schlepptau werde ich es vor der Dunkelheit wohl nicht mehr zur Sausenburg schaffen. Wir reiten zurück und ich werde einen Boten zu Vogt Langenhagen senden.«

Annas Wangen glühten. Ob eher vor Zorn oder wegen des Gefühls ertappt worden zu sein, hätte sie nicht zu sagen vermocht. Gerade eben noch hatte sie sich der Geborgenheit in Rudolfs Armen hingegeben, als er sie vor ihrer ersten Liebesnacht aus der Kapelle geleitet hatte. Es hatte sie berauscht, dass er diese sogar mit Datum in seinen Chroniken hatte verewigen lassen und Anna freute sich, jetzt ihrerseits ihrem damaligen Lebensbund mit dem Anlegen eines Rosengartens an genau dieser Stelle ein blühendes Denkmal gesetzt zu haben. Gerade hatte sie sich mit Rudolf durch den duftenden Beweis ihrer Liebe schreiten sehen, als die kränkenden Worte ihres Gemahls sie zurück auf den harten Boden der Gegenwart zerrten. Heute erstrahlten die Alpen nicht für ihre Herzen. Das Licht der Berge konnte das erkaltete Band zwischen ihnen nicht erwärmen. Anna war es leid, sich beständig dem Vorwurf ausgesetzt zu sehen, eine amouröse Beziehung zu ihrem Leibritter zu unterhalten. Mittlerweile nahm Rudolf ja selbst im Beisein dieses dummen Jungen von Lörrach kein Blatt vor den Mund. Sie war müde und wollte nur noch heim, wenigstens für eine Weile im Schlaf Vergessen finden, eine Mauer um sich errichten, hinter der sie gefahrlos im Traum an der Seite ihres Rudolfs wie früher lachen durfte. Mit ausdruckslosem Gesicht galoppierte sie Annabella aus dem Stand an, doch noch bevor die Dämmerung unter dem dichten grünen Nadelkleid der Fichten die Markgräfin umfing, zwang Rudolf sie zu einem gemäßigten Trab.

»Für heute ist wohl schon genug Unheil geschehen. Du bleibst hinter mir und passt dich meiner Geschwindigkeit an!«, befahl er in rauem Ton.

Anna seufzte schwer. War dies die neue Grundlage ihrer Beziehung? Er befahl und sie gehorchte! Kein Vertrauen, kein zärtliches Gefühl! Sie weigerte sich, diesen Weg weiterzudenken und erst recht ihn je zu beschreiten. Die friedliche Stille des abendlichen Waldes stand in krassem Gegensatz zum beredten Schweigen zwischen den beiden, und als die Umrisse des mächtigen Landschaftsturms der Burg schemenhaft aus der Dunkelheit aufragten, hatte sich eine tiefe Kluft zwischen ihnen aufgetan.

»In den Wald!«, kommandierte Rudolf in gedämpftem Ton und schon wurde Annabella von dem wuchtigen Hengst ihres Gemahls zur Seite abgedrängt.

Der erschrockene Knappe erinnerte sich in letzter Sekunde doch noch der ihm zugedachten Aufgabe für einen solchen Moment und schirmte Anna mit seinem Ross ab. Jetzt hörte auch sie Reiter nahen. Wer konnte das sein, so nah vor dem Tor der Burg? Und doch ertönte kein alarmierendes Signal vom Torwächter herunter. Gleich müsste die Dunkelheit die Fremden preisgeben. Anna hatte noch keinen Blick auf die Gestalten werfen können, als bereits klirrender Stahl aufeinandertraf. Die Schatten zweier gewaltiger Schlachtrösser preschten immer wieder aufeinander zu und versuchten mit gewandten Drehungen, ihre Reiter in die günstigste Position für deren Schwertarme zu manövrieren. Anna bugsierte ihre Stute langsam an Richard vorbei näher an das Kampfgetümmel heran. Der Mann war unter seinem Topfhelm bei dieser Finsternis nicht zu erkennen. Waren seine anfänglichen Attacken noch zielstrebig und forsch, so schien er jetzt nur noch darauf bedacht, sich zu verteidigen. Rudolf hieb gefährlich auf ihn ein. Je mehr sich der dunkle Ritter zurückzog, desto wütender setzte der Markgraf ihm nach.

Was ging hier vor? Dies war doch kein gemeiner Überfall eines Raubritters. Ein solcher hätte sich weiß Gott anders verhalten, zumal dieser Krieger keinerlei Müdigkeit aufwies und trotzdem zu keinem Ausfall ansetzte. Anna fiel es wie Schuppen von den Augen. Diesen Hengst kannte sie doch. Das war

Antonius. Natürlich, nur einer war in der Lage ihrem Gemahl derart geschickt Paroli zu bieten, Ritter Wolf von Hartenfels. Wer war nur der zweite Reiter, der regungslos am Waldrand stand? Wenn er mit ihrem Leibritter unterwegs war, konnte es kein gemeiner Dieb sein. Sie ritt näher heran.

»Michael! Was treibt dich denn zu dieser Stunde noch hinaus vor die Burg?«

»Frau Gräfin, wir waren in Sorge um Euch und den Herrn Grafen. Es ist doch schon stockfinster.«

Hilflos zuckte der junge Schönauer die Schultern, nur um sogleich wieder aufmerksam dem ungleichen Kampf zu folgen. Rudolfs Knappe wirkte niedergeschlagen. »Kein Wunder«, dachte Anna, »wenn er und ich wissen, wer sich dort schlägt, so ist es auch für die beiden Kampfhähne kein Geheimnis, wer ihr Gegenüber ist. Da nimmt es nicht Wunder, dass Wolf nur mehr Rudolfs Hiebe pariert.«

Was sollte sie nur tun? Ihren Gemahl öffentlich auf seinen vermeintlichen Irrtum ansprechen? Das gäbe ihm nur Anlass zu weiteren Spekulationen. Unruhig rutschte sie in ihrem Sattel hin und her. Dieses Schauspiel war Rudolfs nicht würdig. Lautes Hufgetrappel trommelte über die Bretter der Fallbrücke und nur wenige Augenblicke später drängten sich die Mannen von Ritter Berenfels dicht an dicht auf dem schmalen Waldweg gefolgt von Hauptmann von Nüwenburg und seinen Wachen. Die beiden schlossen zur Markgräfin auf und nahmen sie in ihre Mitte. Anna schaute in zwei verständnislose Augenpaare.

»Für ein Übungsgefecht ist es doch wohl ein wenig spät«, säuselte der Hauptmann verschlagen, »wird hier vielleicht jemand in seine Schranken gewiesen, weil er sich an verbotenen Früchten vergreifen wollte?«

Diese Anspielung war so offensichtlich dreist, dass es Anna die Stimme verschlug. Arnold von Berenfels räusperte sich betreten und heftete seine Augen angestrengt auf den Hals seines Rosses. Endlich entging auch Rudolf nicht die Anwesenheit seiner gesamten Burgwehr. Als wäre nichts geschehen ließ er von Wolf ab und drehte ihm brüsk den Rücken zu.

»Sollte ich heute noch in eine Schlacht reiten, oder warum hetzt Ihr mir Eure Männer auf den Hals, von Berenfels?«

Rudolfs Haltinger Lehnsmann bedauerte sein Schicksal, das ihn gerade zu dieser Zeit zum Dienst auf der Burg verpflichtet hatte.

»Wir hörten Waffenklirren und gerade erst hatten doch Ritter Hartenfels und Michael auf der Suche nach Euch die Burg verlassen. Wir wähnten die beiden oder Euch in Gefahr«, entgegnete Berenfels besorgt über diese Situation.

So ungehalten und ungerecht hatte er seinen Lehnsherrn noch nicht erlebt. Sollte doch ein Körnchen Wahrheit in diesen Gerüchten liegen, die heute schon den ganzen Tag lang unter den Bediensteten der Burg eifrig beschwatzt wurden? Ein Techtelmechtel zwischen der Herrin und ihrem Leibritter? Der von Nüwenburg würzte dieses Gemunkel ja, wo er konnte. Eigentlich traute er dem von Hartenfels so etwas Aberwitziges nicht zu. Der Mann hatte doch einen brillanten Verstand. Aber bekanntlich neigte ja gerade der dazu, sich auf sonderbare Weise im Nichts zu verlieren, sobald ein Weibsbild die Bühne betrat. Und wenn er es sich recht überlegte, viel war ja wirklich nicht bekannt über diesen zugegebener Maßen kampferprobten Ritter.

»Dann habe ich ja wohl Euch diese nächtliche Versammlung hier zu verdanken von Hartenfels. Ihr fürchtet wohl um den guten Ruf der Gräfin, die nächtens so ganz alleine mit ihrem Gemahl unterwegs ist. Ihr seid ja der Auffassung, dieses Vorrecht stehe Euch zu!«

Diese Brüskierung ließ keinen Raum mehr für Zweifel. Anna sackte in sich zusammen und hätte Ritter von Berenfels sie nicht geschickt aufgefangen, wäre die Gräfin vom Pferd gefallen.

»Meine Gemahlin fühlt sich nicht gut. Sie möchte sogleich in ihre Kemenate und wird dem gemeinschaftlichen Abendbrot fernbleiben. Die Aufregung, die das übereifrige Auftreten ihres Leibritters verursacht hat, ist ihrem Gemütszustand sicher nicht zuträglich gewesen.«

Nur die pechschwarze Dunkelheit schützte Anna vor den neugierigen Blicken der Männer. Stocksteif hielt sie sich aufrecht, unfähig sich zu rühren. Wie konnte Rudolf sie nur so erniedrigen? Ach wäre sie doch nur eine Maus und könnte in ihrem Mauseloch verschwinden. Stattdessen wurde sie dem gesamten Hofstaat wie ein unmündiges Kind vorgeführt, das nicht für sich selbst sprechen kann. Da Anna keine Anstalten erkennen ließ anzureiten, griff Rudolf kurzerhand nach Annabellas Zügeln und an der Spitze des bewaffneten Zuges ritten sie in die Burg hinein. Unter Führung des Hauptmanns bogen die Männer gleich hinter der Landschaft rechts bergab und überquerten den Hof der Unterburg, um ihre Pferde dem Stallmeister zu übergeben. Nur Ritter von Berenfels, Wolf und Michael folgten dem Grafenpaar hinauf in die Oberburg, wo Gerhard bereits ungeduldig darauf wartete, auch das Mannstor für die Nacht zu verschließen, so dass der tiefe Halsgraben als unüberwindbares Hindernis die Ober- und Unterburg voneinander trennte. Anna rutschte behände aus dem Sattel, bevor die helfenden Hände ihres Gemahls sie umfassen konnten. Sie warf den Kopf in den Nacken und schritt in den Palas, raffte ihre Röcke und stieg die Treppe hinauf in ihre Kleiderkammer.

Maria wartete schon gespannt auf ihre Herrin. Nachdem sie am Nachmittag im Kräutergarten den Entschluss gefasst hatte, sich in ihrer Not der Gräfin anzuvertrauen brannte sie jetzt geradezu darauf, ihr Herz auszuschütten. Doch sie erschrak zutiefst. Die Markgräfin war aschgrau im Gesicht. Mit fahrigen Bewegungen strich diese sich eine Haarsträhne zurück, die sich aus ihrem Schapel gelöst hatte. Einer Ohnmacht nahe sank sie auf einen lederbezogenen Stuhl. Schnell besorgte Maria eine der Nackenrollen und legte sie unter Annas Hals. Ein weiteres Polsterkissen nahm Anna ihrer Zofe dankbar ab. Gedankenverloren ließ sie ihre Hände über das Leinen gleiten. Zusammen mit Rudolf hatte sie erst vor einigen

Wochen auf dem Baseler Markt ihre gesamte Bettwäsche und viele neue Kissenbezüge erstanden, um für eine behagliche Atmosphäre in ihren Wohngemächern zu sorgen. Zwar benötigten weder Rudolf noch sie derart viele Bettkissen, wie es die meisten ihrer Standesgenossen taten, die in einer nahezu sitzenden Position schliefen, weil sie fürchteten, das Liegen sei ungesund und dem Tod so ähnlich, doch diese mit Waid und Indigoblau kariert gefärbten Bezüge strahlten eine angenehme Kühle aus, die nach einem oftmals anstrengenden Tag eine labende Wirkung auf sie ausübten. Versonnen erkundigten ihre Hände den Verschluss des mit Wollvlies gefüllten Leinens, welches mit Hilfe eines Fingerschlaufenbandes zugebunden worden war. An diesem hier baumelten an allen vier Ecken mit Krapp gefärbte Quasten aus Wolle. Es tat Anna gut, sich in nüchternen Kleinigkeiten häuslicher Details zu ergehen. Es war, als legte sich ihr strapazierter Geist darin zur Ruhe.

»Maria, die Bettlaken sollten wieder einmal mit Buttermilch gebleicht werden.«

Entgeistert starrte die junge Frau auf ihre Herrin. Da saß sie, weiß wie die Wand, und sprach mit Grabesstimme vom Einfärben der Bettziechen.

»Herrin, was ist denn nur geschehen?«

»Nichts, außer dass mir mein Gemahl in aller Öffentlichkeit sündige Buhlerei mit meinem Leibritter vorwirft«, glitt die vernichtende Nachricht tonlos über deren Lippen.

Als hätte sie giftige Galle ausgespuckt, dehnte sich ihr Brustkorb in einem mächtigen Atemzug aus und spannte ihr Gewand. Wie eine Ertrinkende sog Anna die lindernde Luft der Ruhe in ihr Herz. Allmählich kehrte die Tatkraft der Markgräfin zurück und verwies die ohnmächtige Leere aus ihrem Kopf. Nun, wenn es Rudolf beliebte, wie ein Platzhirsch zu röhren, würde sie sich noch lange nicht wie ein waidwundes Reh verkriechen und ihre Wunden lecken. Zu viele Menschen waren ihr anvertraut, als dass sie sich jetzt ihrem Schmerz überlassen konnte. Einer davon stand gerade vor ihr. Anna hatte nicht vergessen, mit Maria über deren auffälliges Verhalten sprechen zu wollen. Sich um die Nöte ihrer Freundin zu kümmern, wäre eine sichere Ablenkung von ihren eigenen Sorgen.

»Danke für deine Fürsorge Maria. Einen Menschen wie dich an der Seite zu haben, ist mehr wert als alle Schätze dieser Welt. Wir werden reden Maria, morgen. Bitte hilf mir beim Entkleiden und bürste meine Haare gründlich aus. Heute will ich nur noch schlafen.«

Zaghaft klopfte es an der Tür.

»Maria, ich möchte niemanden mehr sehen.«

»Berta hat nur einen Teller heißer Fleischbrühe mit Brot gebracht. Das Essen wird Euch gut tun.«

Am Giller, dem südlichsten Turm seiner oberen Residenz, der das Burgtor zur Linken flankierte, übergab Rudolf dem Stallknecht die Zügel seines Hengstes und verfolgte Annabellas Rundgang durch den Burghof. Anna hatte ihre Stute einfach sich selbst überlassen. Das herbe Verlustgefühl, welches sich seiner bemächtigt hatte, als Anna mit majestätischer Grazie sich kalt lächelnd seinen Blicken entzog, erstickte ihn mit jedem Atemzug mehr. Mit gekrausten Nüstern untersuchte Annas Ross das Mundloch der großen Filterzisterne unweit des Malefizturms.

»Auch diese müsste wieder einmal instandgesetzt werden«, suchte Rudolf das tumbe Gefühl der Hilflosigkeit mit den lebensnotwendigen Erfordernissen des Alltags zu übertünchen, »ansonsten wird auf kurz oder lang das von den Dächern aufgefangene Regenwasser versickern.«

Gerade als der Stallknecht nach Annabellas Zügeln greifen wollte, trabte die Stute mit ärgerlichem Schnauben davon und scharrte vor der Mühle gegenüber dem Palas nach vereinzelten Grashalmen. Mit schwungvollem und leichtfüßigem

Gang setzte sie alsbald über zum mächtigen Bergfried, der als nördliche Begrenzung auch der höchste Wehrturm seiner Feste war und als Gefängnis diente.

»Morgen tagt wieder das Hohe Gericht der Sieben auf dem Kapf der Vorburg«, folgte Rudolf den Spuren der Stute im Geiste. Dieses Landgericht diente den Dorfgerichten als Beschwerdeinstanz und die sieben amtierenden Richter waren allesamt gewählte Leute aus dem Landvolk. Ja, als Landesherr konnte er auf beachtliche Errungenschaften verweisen. Schon früh hatten schreckliche Katastrophen ihn gelehrt, dass der größte Herrscher ohne den Schweiß seiner Landleute unweigerlich am Hungertuch nagte. Als im Jahre, da man nach Christi Geburt 1348 zählte, die große Pestepidemie die Menschen scharenweise dahinraffte, fehlten aller Orten die Bauern, um die Felder zu bearbeiten. Seit jener Zeit fielen dem schwarzen Sensenmann unzählige Menschen immer wieder zum Opfer und rissen tiefe Lücken in die Bevölkerung des Landes. Das schwere Erdbeben nur acht Jahre später, dem Basel nahezu vollständig zum Opfer gefallen war, hatte mit verheerenden Verwüstungen auch seine Herrschaft erschüttert. Als junger Regent, noch unter den Fittichen seines Onkels Otto, hatte er hilflos vor den zerstörten Ruinen der Schlösser Brombach, Oetlingen, Rotenburg und Waldeck im kleinen Wiesental gestanden. Ohne den entschlossenen Mut und die Schaffenskraft seiner Eigenleute angesichts dieser düsteren Lebensumstände erfreute sich seine Grafschaft heute nicht ihrer unabhängigen Stärke. Schnell hatte er begriffen, dass zufriedene und mitdenkende Untertanen einen Fürsten besser zu schützen vermochten als noch so dicke Mauern einer Burgfeste. Die Achtung seiner Untertanen war ihm gewiss. Doch wie stand es um ihn und Anna? Hatte er sie wirklich verloren?

»Rudolf, endlich bist du zurück! Ich hörte Lärm aus dem Wald herüberschallen und sah Arnold von Berenfels in Begleitung seiner Männer das Haupttor passieren. Was ist denn nur geschehen? Ich hoffe sehr, du nimmst dir jetzt die Zeit für ein Gespräch mit mir unter vier Augen, um welches ich dich bereits heute Morgen ersucht habe.«

Auf der hölzernen Galerie am obersten Stockwerk des Palas lehnte sich seine Schwester weit über das Geländer. Auch das noch! Ihm war keineswegs nach zänkischem Weibergeschwätz zumute.

»Ita, das muss bis morgen warten«, erwiderte er kurz und bündig.

Beleidigt über die brüske Zurückweisung verzog sich die Edeldame schmollend in ihre Gemächer im neuen Sommerhaus hinter dem Palas. In Rudolf gärte der Zweifel an Annas Treue und trieb tiefe Wurzeln in sein wundes Fleisch.

»Von Hartenfels, ich bin kein Mann intriganter Schlichen. Deshalb sage ich es Euch rundheraus. Stünde ich nicht in Eurer Schuld und hätte mein vormaliger Schwager nicht mit Engelszungen für Euch gesprochen, so hätte ich Euch jetzt bereits vom Treueid entbunden. Ihr solltet meine Verhandlungsbereitschaft nicht missverstehen. Sie erstreckt sich keineswegs auf meine Gemahlin. Eure Heimlichtuerei mit ihr gefällt mir nicht und meine Geduld neigt sich dem Ende zu.«

»Herr Graf, ich zolle Eurer Gemahlin höchsten Respekt und würde ihr niemals eine solch unziemliche Annäherung zumuten.«

»Euer heutiges Benehmen spricht eine andere Sprache. Jedenfalls werdet Ihr zukünftig keine Nachtwache mehr vor unseren Gemächern übernehmen.«

»Herr Graf lasst mich erklären! Ich ... «

»Der Worte sind fürs Erste genug gewechselt. Das nächste Mal folgen Taten. Lasst Euch das eine Warnung sein!« Im Gehen drehte er sich noch einmal um. »Michael sorge für ein kleines Mahl in meiner Kammer. Lass dir von Berta etwas richten und bringe es hinauf!«

Unheilvolles Schweigen lastete auf Wolf. Es war seine feste Absicht gewesen, dem Markgrafen seine tiefen Gefühle für Maria einzugestehen, ihn zu ersuchen, sie aus dem Stand einer Leibeigenen zu entlassen, damit sie seine Frau werden konnte. Jetzt schwante ihm, dass sein Ansinnen auf ein persönliches Gespräch mit dem Grafen in nächster Zeit wohl auf keinen fruchtbaren Boden fiele. Die Chance, sämtliche Wogen zu glätten, bevor noch größeres Unheil daraus hervorquoll, versank in der Tiefe dieser rabenschwarzen Nacht.

Schon auf der Treppe vernahm Rudolf Isabellas enttäuschtes Fiepen und aufforderndes Kratzen an der Tür zum Schlafgemach. Sein Herz machte einen wilden Sprung. Er sehnte sich danach, aus Annas Mund die erlösenden Worte zu hören, welchem absurden Irrtum er unterlegen war. Dabei wollte er allerdings keinesfalls wie ein bettelnder Büßer erscheinen. Jetzt gab ihm die Hündin einen guten Grund, ohne Gesichtsverlust einzutreten.

»Erst vergisst sie Annabella und jetzt dich, na nun saus schon los!«

Vor überschäumender Freude bog sich Isabellas Hinterteil so weit nach links und rechts, dass die Rute nahezu ihren Kopf berührte. An Annas Bettseite drehte sie sich wie ein Kreisel um ihre eigene Achse und scharrte mit den Pfoten. Erst als das Lammfell sich zu einem unförmigen Hügel aufgebauscht hatte, brummte Isabella genüsslich und war mit ihrer Bettstatt offensichtlich zufrieden. Friedlich wie ein kleiner Welpe rollte sie ihren massigen Körper zu einem kleinen Fellknäuel zusammen.

»Wenigstens du kannst unbekümmert schlummern, obwohl auch deine Herrin an keiner schlafraubenden Herzenspein zu leiden scheint.«

Anna hatte zur Beruhigung einen starken Sud aus Baldrianwurzel und Melisseblättern getrunken, um von den erdrückenden Geschehnissen des Tages nicht auch noch im Traum verfolgt zu werden. Rudolf war enttäuscht. So wenig lag ihr also an einer Aussöhnung mit ihm. Seine plagenden Zweifel fanden immer nahrhafteren Boden. Rudolf konnte seinen Blick nicht von der Milde Annas makelloser Haut wenden. Zwanghaft glitt seine Hand über die zarten Konturen ihres Gesichts, fand mit schlafwandlerischer Sicherheit das

neckische Grübchen an ihrem Kinn und verweilte versonnen. Es war, als entdeckte er Annas Schönheit aufs Neue, just
in dem Moment wo er erstmals um ihre Zuneigung bangte.
Sanft liebkosten seine vom Schwertkampf schwieligen Fingerkuppen ihren feingliedrigen Schwanenhals nicht ahnend,
dass er den Spuren gerade erst versiegter Tränen folgte. Seine
Mundwinkel spannten sich und entschlossen presste er die
Zähne aufeinander. Niemals gäbe er Anna frei. Sie war seine
Gefährtin und ihr Platz war an seiner Seite. Dieser unumstößlichen Tatsache wollte er zukünftig deutlich mehr Gewicht
verleihen. Sollte Anna vergessen haben, wohin sie gehörte,
dann würde er es ihr wieder in Erinnerung rufen. Mit ge-
strafften Schultern erhob Rudolf sich von der Bettkante. Für
heute würde er sich zurückziehen.

II

ANGE Jahre als Kammerdiener prägten Fritschman zem Ryn. Nie wäre es ihm in den Sinn gekommen, die Grenzen seiner Stellung zu überschreiten. Fritschmann dankte dem Himmel für diese Gabe. Ansonsten hätte er wohl mit herunterhängenden Kiefern die Figur eines Depps abgegeben, als sein Herr ihm eröffnet hatte, wo dieser die Nacht zu verbringen gedachte, nämlich in seiner Kleiderkammer. Solange der Markgraf in der Burg weilte, hatte dieser immer das Bett mit der Gräfin geteilt, selbst dann wenn Unpässlichkeiten das Fürstenpaar ereilt hatten. So hatte sich der Leibdiener Gott sei Dank nur zu einem erstaunten Hochziehen der Augenbrauen hinreißen lassen, obwohl es in seinem Hirn wie wild hämmerte. Der heutige Morgen verstärkte seine Sorgen; denn was ihm auf seinem Rundgang durch die Küche zu Ohren kam, war nicht dazu angetan, das warnende Kribbeln in seinem Bauch zu dämpfen. Er ließ sich von Berta ein Frühstück für den Grafen bereiten, welches dieser in der Bibliothek neben seiner Kammer einnehmen wollte. Es war ganz und gar nicht die Art des feinsinnigen Mannes, kichernden Mägden Gehör zu schenken. Die jungen Dinger waren gerade aus der Unterburg heraufgekommen, um hier ihren Dienst anzutreten und wetteiferten jetzt, wer wohl die interessantesten Neuigkeiten aufbieten konnte.

Elsa mit den roten Haaren war in schlechter Stimmung. Mürrisch und sichtlich unausgeschlafen schrubbte die Küchenmagd unwillig Töpfe und Platten in einem großen Bottich mit heißem Wasser. Mit einem rauen Gemisch aus Sand und Seifenkraut rückte sie den Verkrustungen zu Leibe, was ihrer Laune nicht gerade zuträglich war; denn die groben Körner scheuerten ihr die Haut blutig. Wie gezündetes Schwarzpulver schossen die Vorwürfe aus ihr heraus und ließen kein gutes Haar am Hauptmann der Wache. »Der hat mich so scharf geritten, dass ich in den nächsten Tagen keinen Schwanz mehr zwischen meine Beine nehmen kann. Sein Meißel wird mich so schnell nicht mehr pfählen. Von Lohn wollte der hohe Herr auch nichts hören. Meinte wohl, es sei Ehre genug für mich, dass ich für ihn die Beine breitmachen durfte.«

Mit dem Schwung ihrer aufgestauten Wut goss sie das Schmutzwasser in den behauenen Ausgussstein. Die Hälfte schwappte jedoch gegen die Außenwand, so dass die trübe Brühe nicht im Burggraben sondern mit lautem Platschen auf den frisch gefegten Pflastersteinen von Bertas Küche landete. Hastig eilte der Küchenjunge helfend herbei, wohl wissend, dass die Köchin in einem ihrer berüchtigten Tobsuchtsanfälle auch ihn nicht verschonen würde. Elsa war patschnass und wrang den Saum ihres Rocks mit festem Griff aus, dass man meinen konnte, sie würgte den Hals ihres nächtlichen Freiers. Währenddessen stand ihr Mund nicht still.

»Und wie er dabei prahlte, schon bald in die Oberburg Einzug zu halten, da die Gräfin ihm nicht mehr im Wege stünde, jetzt wo sie beim Grafen in Ungnade gefallen ist durch ihre Turtelei mit dem von Hartenfels. Gestern muss der Herr die beiden vor der versammelten Burgwehr angeprangert haben.« Vor Zorn rotglühend ballte Berta die Fäuste.

»Haltet eure vorlauten Mäuler! Habt euch also wieder den Männern feilgeboten für ein paar Pfennige, wie? Es geschieht dir ganz recht, Elsa. Wer nicht hören kann, muss fühlen! Auf kurz oder lang schwellen die Bäuche an und kein Mannsbild wird euch dann noch satteln. Und nährt ihr erst die Bälger an der Brust, ist es aus mit dem feinen Dienst auf der Oberburg. So manch ein Höriger wäre froh, einige seiner Töchter, die auf seiner armseligen Bauernkate nur unnütze Esser sind, hierher loszuwerden. Solche Luder wie euch duldet der

Herr hier nicht, das wisst ihr ganz genau und was euch dann noch bleibt, ist der Weg aller Lumpenweiber, nämlich die gelbe Haube auf dem Kopf und die Dirnenhäuser der Städte. Das alles nehmt ihr in Kauf für ein paar lausige Kröten?«

Unwillkürlich ging Fritschman ein Stück zurück; denn die dralle Köchin setzte dem Fleischbrocken auf dem niedrigen Schemel mit dem langen Stößel derart heftig zu, dass dem Kammerdiener angst und bange wurde. Das Fleisch zum Mittagsmahl dürfte wohl recht zart ausfallen, ging es ihm wirr durch den Kopf.

»Pah!«, verächtlich schnaubte Elsa und grinste Berta frech an. »Hast wohl noch nie was vom Kraut der Engelmacherin gehört? Mein Bauch bleibt immer flach.« Krachend schlug der Fleischstößel auf das Pflaster. Berta schlug die Hände vors Gesicht und zeichnete, wie um Böses abzuwehren, die Form des Kruzifixes in die Luft.

»Wenn du schon nicht das Höllenfeuer fürchtest, so hängst du doch gewiss an deinem unwürdigen Leben hier auf Erden. Du wärst nicht die Erste, die in qualvollen Krämpfen und vom Fieberwahn geschüttelt durch dieses Teufelszeug krepiert. Die Nonnen vom Frauenkloster haben es euch auf Bitten der Markgräfin weiß Gott häufig genug unter die Nase gerieben. Fragt doch Maria, die kann euch aus ihrer Zeit im Kloster Geschichten erzählen, die einem das Blut in den Adern gefrieren lassen, von Frauen, die sich blind vor Schmerz und in rasender Verzweiflung selbst die Bäuche aufschlitzten, um sich die Frucht aus dem Leib zu reißen.«

Berta stand der Schweiß auf der Stirn, so sehr hatte sie sich in Rage geredet. Derart viele zusammenhängende Sätze brachte die einfache Frau normalerweise nicht heraus. Zwar war sie des Lesens und Schreibens nicht kundig auch hatte ihr Fuß noch nie einen Schritt über die Bannmeile von Tumringen und Rötteln gesetzt, doch zeit ihres Lebens war sie immer dem Pfad des gesunden Menschenverstandes gefolgt und dabei nicht schlecht gefahren. Begütigend legte Fritschman ihr die Hand auf die Schulter.

»Lass mal gut sein, Berta! Manch einer läuft sehenden Auges in sein Verderben. Reich mir lieber noch etwas von dem verdünnten Wein! Wenn mich nicht alles täuscht, wird der heute Morgen guten Zuspruch finden.«

»Das glaube ich gern. Herr Arnleder hat mir diesen hier frisch aus dem Weinkeller zukommen lassen, eine neue Lieferung des Roten von den Hängen bei Feuerbach. Ein Gutes hat unsere Grafschaft ja. An feinem Wein wird es uns hier so schnell nicht mangeln. Der aus Kirchen, Haltingen und Blansingen von letzter Woche war schon eine Wonne.«

Zem Ryn zog es vor, die Missdeutung seiner Worte angesichts der brodelnden Lage auf sich beruhen zu lassen. Schnuppernd kräuselte er die Nase. Würzige Duftschwaden aus dem gemauerten Ofen kitzelten verlockend seinen Geruchssinn.

»Ach Berta, leg doch noch etwas von dem gerade frisch gebackenen Brot auf die Platte!«

Und stumm setzte er für sich hinzu: »Wenn schon das Herz darbt, so soll doch zumindest der Magen Labsal finden.« Gekonnt balancierte er die frühmorgendlichen Leckerbissen hinauf zu den Wohngemächern des Grafenpaares, als Maria, den Blick starr auf die einzelnen Stufen gerichtet, hinuntersauste und dabei behänd einen Absatz übersprang. Gerade noch rechtzeitig presste er sich eng an das rechte Treppengemäuer und hielt das vollbeladene Tablett schützend in die Luft.

»Immer langsam mit den jungen Pferden!«

Maria war sichtlich erschrocken.

»Es tut mir leid, ich bin auf dem Wege, der Gräfin ein Frühmahl richten zu lassen, nachdem sie dringend verlangte. Ich war wohl nicht vorsichtig genug.«

»Na, es ist ja noch mal gut gegangen und normalerweise begegnen wir zwei uns zu dieser Stunde hier auch nicht. Bis jetzt war es an diesem Hofe ja gute Sitte, gemeinsam das Frühmahl einzunehmen. Die Zeiten scheinen sich leider zu ändern. Hoffentlich nicht auf Dauer.«

»Da stimme ich aus vollem Herzen zu. Es bricht mir fast das Herz, die Herrin so leiden zu sehen.«

»Dem Herrn geht es nicht anders. Solch Unbill unter einem Dach ist nicht gesund. Wenn die Herrschaft leidet, ist der Kummer für unsereins nicht weit.‹

Anna wich entsetzt zurück. Aus tiefliegenden Höhlen starrte ein dunkles Augenpaar müde in ihr Gesicht. Deutlich erkannte sie die trostlosen Anzeichen der Trauer, mit denen die weit geöffneten Pupillen sie förmlich um Hilfe anflehten. Doch seltsam vertraut erschienen ihr dagegen die feinen Gesichtszüge und gegen ihren Willen durchbrach allmählich die eisige Hand der Erkenntnis das Tor zu ihrem Bewusstsein. Ihr fröstelte und mit schmerzhafter Anspannung richteten sich die goldenen Härchen an ihren Armen auf. Unwillkürlich zurrte sie den weichen Stoff ihres Umhangs noch fester um die bloßen Schultern, gerade so als sollte seine weite Fülle die bittere Gewissheit für eine weitere erquickende Weile bedecken. Leuchtendes Rot blendete Anna und harmonierte so gar nicht mit den grauen Schatten, die der Spiegel zuvor noch von ihrem eigenen Antlitz reflektiert hatte. Hundert Stück zinnerne Knöpfe zierten die Verschlussborte vom weiten Ausschnitt bis zu den Knöcheln. Selbst die Ärmel waren hoch zu den Schultern geknöpft. Zarter Seidensamt legte sich wie eine zweite Haut bis zu den Hüften um ihren Körper und mehr als er verbarg, schien er geeignet, die Formen ihrer Weiblichkeit in besonderem Maße hervorzuheben. Vom Kordelgürtel abwärts ergossen sich nahezu acht Ellen dieses kostbaren Gewebes in munteren Falten auf den Boden und mündeten in einer kleinen Schleppe. Die Vornehmheit ihres Gewandes ließ keinen Raum für das trügerische Versteckspiel ihres Geistes. Sie war von Stand und musste in erster Linie ihren Pflichten als Ehefrau des Markgrafen nachkommen. Nicht einmal eine kurze Ruhepause nach den gestrigen Erniedrigungen gestand dieser ihr zu.

Sie sehnte sich nach Adelheid. Wie gerne hätte sie sich jetzt ihrer Freundin anvertraut. Die Ruhe im Klostergarten wäre Balsam für ihre aufgewühlten Gefühle. Auch verlangte es sie, ihren kleinen Wilhelm an die Brust zu drücken. Doch der Befehl ihres Gemahls war eindeutig. Er wünschte ihre Begleitung bei den heute anstehenden Gerichtsverfahren. Es war nicht an ihr, den Grund zu erfragen. Als seine Frau hatte sie ihm nur zu gehorchen. Rudolf beabsichtigte also, sie weiterhin für etwas zu bestrafen, dessen sie nicht schuldig war. Kopfschüttelnd erhob sich die Gräfin und mit jedem Schritt erfüllte leises Knistern des bauschigen Seidengewebes die Kammer. Maria trat ein und stellte das Frühstücksmahl auf den blanken Eichentisch.

»Setz dich zu mir Maria! Mir ist nach angenehmer Gesellschaft, bevor ich alsbald gute Miene zum bösen Spiel machen muss. Außerdem liegt mir dein Wohlergehen sehr am Herzen. Willst du dich mir nicht anvertrauen?«

»Ach Frau Gräfin, gestern konnte ich es kaum erwarten, mein Leid vor Euch auszubreiten, doch heute will es mir sehr selbstsüchtig erscheinen, Euch diesen Kummer auch noch aufzubürden. In der Küche vernahm ich böses Geschwätz über die gestrigen Ereignisse. Allerorten in der Burg munkelt man über Euch und Ritter Hartenfels. Dieses Gesindel stürzt sich auf derartige Gerüchte wie Fliegen auf die Made. Dabei stehen doch Eure Ehre und die Eures Leibritters außer Frage. Den meisten habt Ihr schon mehr als ein Mal in ihren Nöten beigestanden und sie gesund gepflegt. Wie können sie das nur so schnell vergessen?«

»Weil ihnen das Leben kaum Abwechslung von ihrem schweren Alltag bietet, Maria. Ich zürne ihnen deswegen nicht. Aber sieh Maria, du belastest dich mit meinen Sorgen, da ist es doch nur gerecht, wenn ich an den deinen teilhabe. Geteiltes Leid ist doch halbes Leid.«

Maria presste ihre vollen Lippen so fest aufeinander, dass diese zu blutleeren weißen Strichen schrumpften. Geduldig wartete die Markgräfin das Ende des inneren Kampfes ab. Mit einem gequälten Stöhnen brach sich die so lange gehütete grausige Wahrheit den Weg aus den Untiefen der Erinnerung ans helle Tageslicht und mit jedem Wort fiel ein weiterer Felsbrocken von Marias Herz, hinfortgeschwemmt vom hemmungslosen Strom ihrer Tränen. Jetzt verstand die Gräfin, warum Maria sich stets so unvorteilhaft kleidete und ihre Haare zu verstecken trachtete.

Vergewaltigung war das Los vieler gewöhnlicher Frauen und wurde gemeinhin bei solchen nicht einmal geahndet. Wie unsagbar grausam konnte die Welt sein, dass ein Kind miterleben musste, wie seine Mutter zu Tode geschändet wurde. Was wogen schon die Kümmernisse der Frauen ihres Standes gegen die allgegenwärtige Lebensangst der einfachen Bauersfrauen und Hörigen. Gerade alleinstehende Frauen niederen Standes waren Freiwild für jedermann. Und suchten sie Schutz in der Gemeinschaft mit ihresgleichen, wie es die Beginen taten, so eilte flugs die Kirche herbei, um diese weltlichen Frauen der Häresie zu beschuldigen und den Martern der Inquisition preiszugeben. Das asketische Gesicht des Dominikanermönchs Johannes Mulberg stieg vor Annas geistigem Auge auf, wie er mit seiner Hasspredigt im Chor des Baseler Münsters die Exkommunikation dieser Frauen verlangt hatte und all jener, die ihnen zur Seite standen. Trotzdem hatten Rudolf und sie nicht gezögert, ihre vier Töchter dem Franziskanerinnenkloster Sankt Clara anzuvertrauen, deren Orden dafür bekannt war, den Beginenfrauen Schutz zu gewähren. Wie hatte sie ihren Gemahl bewundert, der trotz des bischöflichen Verbots, ihrem Wunsche und dem ihrer Töchter gefolgt war. Fast schämte sich Anna, dem eifersüchtigen Gehabe ihres Mannes so viel Bedeutung beigemessen zu haben, angesichts des ergreifenden Schicksals ihrer Kammerzofe. Anna barg den Kopf der Magd auf ihrem Schoß und achtete nicht auf die Spuren der Tränen, welche die kostbare Seide nässten. Beruhigend streichelten ihre Hände über die Haare der Weinenden.

»Wir leben in einer Welt, in der wir uns dem Willen der Männer zu beugen haben. Sogar unsere Körper betrachten sie als ihr Eigentum, bestärkt durch den Wahn der Kirchenmänner, die in unseren Leibern das Nest der Sünde wähnen. Tatsächlich wünschte ich mir manchmal etwas vom harten Panzer des männlichen Gemüts, mit dem sie schlicht nur das sehen, was ihnen gefällt und alles andere einfach beiseiteschieben. Aber dann erinnere ich mich daran, dass es eine Frau war, die Gottes Sohn gebar, eine Frau, ohne die Jesus nie einen Fuß auf unsere Erde gesetzt hätte, vielleicht weil er es gar nicht gewollt hätte, deine Namenspatronin, Maria. Was wären die Männer ohne uns? Unser Wille und unsere Gedanken sind frei. Lass nicht zu, dass sie auch noch über deine Seele Macht erhalten! Lege die erdrückende Last der Vergangenheit in den Schoß deiner Taufpatin. Wer, wenn nicht sie, kennt die bestialische Seite von Adams Vettern? War es doch ein Mann, der ihr den Sohn genommen hat.«

Seltsame Ruhe durchfloss die Adern der jungen Zofe. Die Worte ihrer Herrin klangen hell in ihrem Ohr. Jetzt, wo sie sich mitgeteilt hatte, war sie nicht mehr allein in ihrem Elend.

»Da ist noch etwas, Frau Gräfin«, fuhr sie gestärkt und mit frischem Mut fort, bestrebt auch den letzten Winkel ihrer Seele von allem Unrat zu säubern. »Ihr erinnert Euch doch noch, wie ich am Tag vor dem großen Hagel auf der Lichtung im Wald, wildwachsende Kräuter gesammelt habe, um unsere Bestände vor dem Winter wieder aufzufüllen.«

»Ja, durchaus; denn ich wunderte mich noch, dich mit leeren Händen zurückkehren zu sehen.«

»Hauptmann Nüwenburg muss mir gefolgt sein. Er schlich sich heran und umfasste mich von hinten. Dabei raunte er mir so unziemliche Bemerkungen ins Ohr, dass mir angst und bange wurde. Ich schlug ihm den Korb auf den Kopf und konnte seine Überraschung nutzen zu entkommen.«

Angestrengt trommelten Annas Finger auf das alte Holz des Tisches. Ihr Blick verfinsterte sich zu einer starren Maske. Maria fürchtete sich und ihr Herz begann wild zu klopfen.

»Bitte, Frau Gräfin, Ihr müsst mir glauben, niemals habe ich ihm Grund für einen solchen Übergriff gegeben!«

»Pst, ist schon gut Maria, ich glaube dir ja. Es liegt in der Natur dieses Herrn, sich zu nehmen, was ihm gefällt. Die Ansichten des Nüwenburg sind mir hinlänglich bekannt. Sein liederliches Treiben in der Unterburg ist auch mir nicht verborgen geblieben. Dass er es jetzt wagt, seine lüsternen Hände nach meiner persönlichen Bediensteten auszustrecken, überspannt den Bogen bei weitem. Zukünftig wirst du nicht mehr ohne Begleitung die Burg verlassen. Ich werde Ritter Hartenfels entsprechend unterrichten.«

Erleichtert atmete Maria auf.

»Aber sag, Maria, das alles ist doch nicht der Grund, weswegen du am gestrigen Morgen deine Pflicht mir gegenüber so schmählich vernachlässigt hast. Ohne ein erklärendes Wort meinem Ausritt fernzubleiben, das ist schon ein arges Versäumnis.«

Nervös kaute die junge Zofe auf ihrer Unterlippe. Es war ein heikles Unterfangen, Höhergestellte anzuschwärzen. Sollte sie es wirklich wagen, nach Nüwenburg jetzt auch noch die Jungfer Arnleder zu beschuldigen? Aber, hatte sie denn eine andere Wahl? Ohne die Unterstützung der Markgräfin waren die Tage in deren Dienst gezählt. Vorsichtig wählte sie ihre Worte.

»Das Fräulein Arnleder muss diese Begegnung beobachtet haben und missversteht die Situation. Gestern vor der Morgenandacht warf sie mir unziemliches Verhalten vor und schwor, die Angelegenheit dem Markgrafen zu unterbreiten. Jeder weiß doch, dass Euer Gemahl diese Art sittenloses Benehmen in seinem engsten Kreis nicht duldet und mit aller Härte dagegen vorgeht. Ich war so verzweifelt und wusste mir nicht mehr zu helfen. Wer würde denn schon dem Wort einer einfachen Magd Gehör schenken, wenn zwei von Stand dagegen reden?«

Anna schaute in die bittenden Augen ihrer Vertrauten. Wie Recht sie hatte mit ihren Befürchtungen. Schon längst schwante Anna, dass Rosa Arnleder ihren Einfluss am Hof ausdehnen wollte. Die undankbare Person verwand es wohl nie, zunächst als Leibeigene am Hofe geboren worden zu sein. Diesen Makel gedachte sie jetzt, durch immer mehr Machtfülle in Vergessenheit geraten zu lassen. Zunächst hatte es Anna nur ein belustigtes Lächeln entlockt, wenn die üppige Jungfer sich sogar vor Rudolf in Positur warf, doch jetzt schien es, dass diese Person tatsächlich vor nichts zurückschreckte, ihr Ziel zu erreichen. Keinen Augenblick glaubte die Gräfin an ein Missverständnis. Rosa Arnleder wusste genau, was sie tat. Wie trefflich Ita sich doch mit ihrer Zofe verstehen musste. Ihre Schwägerin riss lieber heute als morgen den Schlüsselbund der Burgherrin an sich. Anna konnte sich glänzend ausmalen, wie die beiden die Köpfe zusammensteckten und verschwörerische Pläne schmiedeten. Sie durfte sich ihre Besorgnis nicht anmerken lassen, um Maria nicht noch mehr zu ängstigen. Aber die derzeitigen Spannungen zwischen Rudolf und ihr leisteten solch gemeinen Intrigen bösen Vorschub.

Ita rieb sich erfreut die Hände. Besser hätte dieser Morgen nicht beginnen können. Wie lange wartete sie bereits auf eine Gelegenheit wie diese und jetzt beabsichtigte sie nicht, die Gunst der Stunde ungenutzt durch ihre Hände gleiten zu lassen. Sie war es leid, stets die zweite Geige zu spielen. Immerhin war sie eine geborene Markgräfin von Hachberg-Sausenberg zu Rötteln. Wie ungerecht das Schicksal doch war. Heute galt sie nur als die Witwe eines einfachen Freiherrn und durfte mit ansehen, wie sich diese eingebildete Neu-enburgerin hier auf der fürstlichen Burg ihrer und Rudolfs Väter breitmachte. Jeden Tag stieg ihr die Galle hoch, wenn sie in die verliebten Hundeaugen ihres Bruders blickte, der seiner Frau nahezu jeden Wunsch erfüllte. Immer mehr bezog er dieses Weibsbild in seine Regierungsgeschäfte mit ein. Kein Wunder, dass Anna meinte, agieren zu können, wie es ihr beliebte. Sie dagegen war ja nur die arme Verwandte. Aber jetzt hatte sich die Schwägerin ihr eigenes Grab geschaufelt. Anna war sich ihrer Sache wohl zu sicher gewesen. Aber kein Mannsbild ließ sich gerne Hörner aufsetzen, schon gar nicht ein so hochrangiger und regierender Markgraf wie ihr Bruder. Ita konnte sich die Haare raufen, die öffentliche Demütigung dieser Frucht aus den Lenden eines Freiburger Draufgängers nicht mit eigenen Augen erlebt zu haben. Oh, wie sie es genossen hätte. Nun, es war nicht zu ändern. Jetzt richtete sie ihr ganzes Streben darauf, dafür zu sorgen, dass sich ihre Schwägerin von diesem tiefen Fall nie mehr erholte. Genüsslich lehnte sich die Freifrau auf ihrem Stuhl zurück und maß ihre Umgebung mit berechnendem Blick. Die Gemächer im neuen Sommerhaus der Oberburg, die Anna ihr als Wohnstätte zugewiesen hatte, waren durchaus passabel mit ihren hellen und teuren großen Fenstergläsern, aber es war eben doch kein Trakt im Palas. Natürlich hatte Rudolf diese Entscheidung seiner Frau nicht wieder rückgängig gemacht. Aber nicht mehr lange und sie selbst hielte die Hausgewalt auf der Burg in ihren eigenen Händen. Sobald ihr Plan aufging, läge Annas Einfluss unter Schutt und Asche begraben. Im Geiste geleitete Ita ihre Widersacherin schon höchstpersönlich über die Schwelle irgendeines Klosters, hinter dessen Zellenwände Rudolf seine Gemahlin dann sicher verbannte.

Diese eifrige Rosa Arnleder war ihr ein willkommenes Werkzeug. Schon sehr früh hatte Ita den durchtriebenen Charakter der unzufriedenen jungen Frau erkannt und geahnt, welche Stütze sie ihr einmal sein könnte. Deren nicht unappetitliches Äußere gedachte Ita nun, als Trumpfkarte auszuspielen.

Zuvor jedoch galt es, das Zerwürfnis zwischen ihrem Bruder und Anna ins Uferlose zu steigern, damit diese teuflische Schlange keine Gelegenheit mehr bekam, mit ihrer nimmersatten Wolllust ihren Bruder im Ehebett zu verführen. Angeekelt schüttelte sich die Freiherrin. Wie eine Bäuerin warf ihre Schwägerin die Bälger eins nach dem anderen. Von sittsamer Zurückhaltung keine Spur.

Die Sache zwischen dem Nüwenburg und Annas Kammerzofe war da ganz nach Itas Geschmack. Sie kannte ihren Bruder gut genug um zu wissen, dass er diese Angelegenheit nicht auf sich beruhen ließe. Anna wiederum träte gewiss für ihre Schutzbefohlene ein. Dieser von Nüwenburg konnte sich als sehr nützlich erweisen. Es würde durchaus nicht schaden, neben Rosa noch einen weiteren Spürhund im persönlichen Umfeld der Markgräfin einzuschleusen. Zufrieden mit dem Lauf der Dinge wandte sie sich gönnerhaft an ihre Zofe.

»Es war sehr umsichtig von Euch, Maria zu folgen. Bald schon wird Eure große Stunde schlagen, in der Euch mein Bruder auf Händen trägt und Ihr erhaltet, wonach Euer Herz begehrt. Heute werde ich mich von ihm nicht abweisen lassen und wenn ich das Gespräch erzwingen müsste.«

Bewusst sprach Ita ihre Zofe an wie eine Standesgefährtin. Innerlich spottete sie jedoch über die ehemalige Leibeigene, die ihre Erhöhung nur einer sentimentalen Anwandlung ihres Bruders verdankte.

Unwirsch gürtete Rudolf sein Schwert um die Hüfte. Die ganze Nacht über hatte er sich nach Annas Nähe verzehrt. Was ihr bloß einfiel, ihn so leiden zu lassen? Er würde nicht dulden, dass sie sich ihm entzog. Mehr denn je beabsichtigte Rudolf nun, seine Frau an sich zu schmieden. Diese ganze unheilvolle Lage hatte er nur diesem von Hartenfels zu verdanken. Nun in diesen schier nicht enden wollenden

Stunden nächtlicher Grübelei war eine Entscheidung in ihm gereift. Hartenfels musste aus der Oberburg verschwinden. Der Markgraf wollte dessen enge Nähe zu seiner Gemahlin nicht länger dulden. Zu oft war er selbst gezwungen, für längere Zeit der Burg fern zu sein und die bloße Vorstellung, seine Frau dann alleine mit ihrem Leibritter Tür an Tür zu wissen, ließ seine Rechte unwillkürlich das Gehilz seines Schwertes fest umklammern. Am liebsten hätte er den Ritter gänzlich vom Treueid entbunden und ihn davongejagt. Aber in diesen ständig wieder aufkeimenden Fehden der Baseler mit den Habsburgern war er auf jeden fähigen Kämpen angewiesen, erst recht auf einen solch ruhmreichen Recken wie Hartenfels. Die Zeiten waren ungewiss und die Sache mit dem Landgrafen zu Stühlingen nicht gerade dazu geeignet, den brüchigen Friedensschluss auf festere Beine zu stellen. Nach Rudolfs Geschmack verfolgte dieser Mann zu viele persönliche Eigeninteressen, um als verlässlicher Landvogt Katharinas von Burgund die mühsam errungene Waffenruhe zu wahren. Und ausgerechnet mit dem Günstling der Herzogin lag der Stühlinger Johann von Lupfen in Fehde, diesem Smassmann. Es war doch ein offenes Geheimnis, dass dieser Smassmann mehr Einfluss auf die Burgunderin hatte, als deren Gemahl der Habsburger Herzog Leopold von Österreich es für sich selbst in seinen kühnsten Träumen je hätte wünschen können. Manch einer mit weniger diplomatischem Schliff verstieg sich sogar zu der Behauptung, die Herzogin von Burgund wäre dem Rappoltsteiner Herrn hörig. Dieser Streit in den eigenen Reihen gefiel Rudolf ganz und gar nicht. Es beängstigte ihn zutiefst, wie selbstherrlich dieser von Lupfen sich über die Entscheidung seines Herzogs hinwegsetzte und trotz dessen Richterspruches die Ulrichsburg des Smassmann in Rappoltsweiler wegen alter Erbstreitigkeiten belagerte. Der Stühlinger Graf hatte es nie verwunden, gezwungen worden zu sein, den Titel des Herrn zu Rappoltstein an den Vetter seiner verstorbenen Gemahlin Herzlaude abzutreten.

Rudolf krauste besorgt die Stirn. Katharinas Landvogt hatte viel verloren, und wie es schien, stand es auch mit seinem Sturm auf diese bedeutende Feste nicht zum Besten. War der Angriff einer solch mächtigen Burg an sich schon ein leichtfertiges Unterfangen, so erschien es Rudolf nahezu selbstmörderisch, es gegen den ausdrücklichen Befehl seines Landesherrn und gegen den erklärten Liebling der Landesherrin zu wagen. Ein derart in Ungnade gefallener Landvogt konnte leicht in Versuchung geraten, seine angekratzte Stellung am Herzogshof durch besondere Taten zu Gunsten der Habsburger deutlich aufzubessern. Und was lag da näher, als das immerfort schwärende Geschwür inmitten des vorderösterreichischen Territoriums endlich herauszuschneiden und die Stadt Basel den habsburgischen Herzögen auf dem Silbertablett zu servieren? Bis heute zu leckte das Habsburger Haus die eiternden Wunden, welche ihm die demütigenden Niederlagen seines ruhmreichen Ritterheeres bei Moorgarten, Näfels und Sempach geschlagen hatten. Sollte es dem von Lupfen gelingen, Basel in die Knie zu zwingen, so war ihm reiche Belohnung sicher, so reich wie etwa die Rückgewährung der Herrschaft Großrappoltstein mit der Ulrichsburg.

Je tiefer Rudolf sich in diese politischen Verstrickungen hineindachte, umso greifbarer wurde ihm deren Wahrheitsgehalt. Unbewusst beendete er seine ruhelose Wanderung vor dem geöffneten Fenster der Bibliothek, die durch eine Tür mit seiner Harnisch- und Kleiderkammer verbunden war. Sein Blick suchte die Weite des Horizonts und flog hinweg über die Dächer Basels, bis er sich auf der Wetterfahne des Turms von Sankt Clara niederließ. Dort lebten seine vier Töchter. Sein Ältester war Domherr im Baseler Münster und er selbst besaß die Baseler Stadtbürgerrechte. Es war nur natürlich gewesen, in einen Beistandsvertrag mit diesem städtischen Nachbarn einzuwilligen. Doch jetzt lief er Gefahr, im saugenden Strudel der eigennützigen Pläne eines gefallenen Landvogts zwischen die Fronten zu geraten und im Zwiespalt seiner

Lehnsmannstellung zu den Österreichern und seines Pakts mit Basel wie zwischen Mühlsteinen zerrieben zu werden.

Rudolf stütze sein Knie auf die Fensternische und drückte den rechten Ellbogen gegen die Wand, um das Gewicht seines Kopfes mit der Hand abzufangen. Mit dem eingedrehten Zeigefinger strich er sich grübelnd über die Lippen. Seine gesamte Regierungszeit hatte er darauf verwandt, sein Land zu einem abgeschlossenen festgefügten Territorium zusammenwachsen zu lassen. Ganz sicher war er nicht dazu bereit, die Früchte seines Lebenswerkes dem habgierigen Feldzug dieses gestrauchelten Grafen zu opfern. Seine schöne Markgrafschaft sollte jedenfalls nicht den Preis für die Rückgewinnung der Ulrichsburg zahlen. Ein neuerlicher Krieg musste vermieden werden, koste es, was es wolle. Noch hatte der Stühlinger Landgraf und Herr zu Hohenack keinen Schritt in diese Richtung unternommen. Aber Rudolf war sich sicher, dies war nur eine Frage der rechten Zeit. Ohnehin war es dringend nötig, wieder einmal ein klärendes Gespräch mit Bischof Humbert von Basel zu führen. Die ständigen Querelen um die Hochgerichtsbarkeitsrechte in der Ortschaft Schliengen waren ein steter Wehrmutstropfen und belasteten die beidseitigen Beziehungen fortwährend aufs Neue. Diese fürstbischöfliche Enklave inmitten seiner ansonsten abgerundeten Landesherrschaft war dem Markgrafen ein Dorn im Auge. Vielleicht gelang es ihm ja dieses Mal, den Bischof zu einem Gebietstausch zu überreden. Soweit er informiert war, betraf gerade wieder das heute abzuhaltende Hochgericht eine solche Schliengener Angelegenheit. Nun, er würde sich überraschen lassen. Heute beabsichtigte Rudolf, zumindest die Sache aus Schliengen selbst zu regeln und zwar im Beisein von Anna. Sie sollte die Zeit mit ihm verbringen. Er hatte sie wohl zu sehr sich selbst überlassen. Wie sonst konnte dieser Hartenfels einen Platz in ihrem Herzen gewinnen? »Herein! Guten Morgen Heinrich.«

»Ihr habt nach mir gerufen, Herr Graf?«, ehrerbietig verneigte sich Heinrich Arnleder. Trotz seiner Erhebung in den

Adelsstand bestand ein stillschweigendes Einvernehmen zwischen den beiden, es auf Seiten des Grafen bei der bisherigen einfachen Anrede für seinen Diener zu belassen. Alles andere wäre dem geradlinigen Haushofmeister nicht recht gewesen. Er wusste, wo er hingehörte, und sah in seinem Adelsbrief nur einen weiteren Vertrauensbeweis seines langjährigen Herrn, den er nicht gedachte auszunutzen.

»Ja, Heinrich! Lasst Ritter Hartenfels wissen, dass sein Dienst als Leibritter meiner Frau ab sofort beendet ist! Er wird zukünftig den Posten des Hauptmanns einnehmen und sich um die Ausbildung der Knappen kümmern. Danach gib dem von Nüwenburg Weisung, sich in der Oberburg einzuquartieren. Von nun an ist er für den persönlichen Schutz meiner Gemahlin verantwortlich.«

Heinrich erschrak sehr. Schon lange hatte er das Gras wachsen hören, aber nun schien es sich zu bestätigen. Heute in der Früh war er bereits mit seiner Tochter harsch aneinandergeraten, weil die sich erdreistet hatte, sich in despektierlicher Weise über die Markgräfin auszulassen. Rosa hatte ihn ausgelacht und einen ewig Gestrigen geschimpft, der nie im gehobenen Stand eines freien Ministerialen angekommen wäre. Beide Arme hatte sie in die Seite gestemmt und mit dem Fuß auf den Boden gestampft. Dabei hatte Rosa in wilder Entschlossenheit die Augen verdreht, dass es dem armen Vater kalte Schauer über den Rücken jagte.

Immerfort hatte sie geschrien: »Ich jedenfalls weiß, wo mein Platz ist. An der Seite des Markgrafen und wenn Ita und ich erst mit dieser gräflichen Schlampe fertig sind, wird mich nichts mehr davon abhalten können, mir zu nehmen, was mir zusteht!«

Der Haushofmeister stand wie angewurzelt vor dem Markgrafen.

»Heinrich, ist dir nicht gut?«, fragte ihn Rudolf besorgt, »du bist weiß wie die Wand.«

Verlegen schluckte der Hofbeamte. Ihm war, als müsste der Graf seine Gedanken von der Stirn ablesen können. Am liebsten wäre er vor Scham im Boden versunken.

»Entschuldigung Herr Graf! Ich werde Herrn von Hartenfels wie auch den Herrn von Nüwenburg sofort aufsuchen.« Mit gesenktem Haupt und in gebückter Stellung lief er eiligst zur Tür, ohne dem Markgrafen seinen Rücken zuzudrehen.

»Jetzt pass doch auf!«, fuhr ihn Ita an, die gerade die Tür zu Rudolfs Bibliothek öffnete. Nachdem sie die Kammer ihres Bruders leer vorfand, hatte sie bereits wieder enttäuscht den Rückzug angetreten, als Stimmen aus der Bibliothek sie zurückhielten. Auf Zehenspitzen hatte sich die Freiherrin an die Tür geschlichen und ihr Ohr fest ans Schlüsselloch gepresst. Jetzt wurde sie vom Gesäß des Haushofmeisters wenig respektvoll gegen den Türrahmen gedrückt. Gereizt hob Ita ihr Knie und trat dem Unglücklichen unsanft in dasselbe. Heinrich stolperte nach vorn und fiel der Länge nach auf den Boden.

»Ita, was fällt dir ein!«, donnerte Rudolfs Stimme zornig durch den Raum. Er eilte herbei und half Heinrich wieder auf die Füße. »Heinrich, ich muss mich für meine Schwester entschuldigen. Bitte sieh es ihr nach um unserer alten Freundschaft willen.«

Der alte Mann wirkte versteinert und seine Hände zitterten vor innerer Anspannung. Selbst als Leibeigener hatte er eine solche Demütigung nie hinnehmen müssen. Er würdigte die Freiherrin keines Blickes.

»Es ist schon gut, Herr Graf«, stammelte er nur und suchte schleunigst das Weite, bevor doch noch unbedachte Worte über seine Lippen schlüpften. Wie hatte er nur je zustimmen können, seine Tochter in die Hände einer derart überheblichen Person zu geben? Schwere Vorwürfe nagten an der Brust von Rosas Vater.

Ita stütze beide Arme auf ihren Hüften ab. Mit der wilden Entrüstung, die ihre Augen zornig aufflammen ließen, benötigte sie nicht einmal mehr ein Schwert in der Hand, um wie das getreue Abbild des Erzengels Gabriel zu wirken.

»Wie kannst du es wagen, mich so anzugehen und noch dazu vor einem gewöhnlichen Lakaien?«, schleuderte sie Rudolf ihren Groll entgegen. Ihr Bruder ließ sich nicht beeindrucken sondern brachte im Gegenteil sein Gesicht dem ihren gefährlich nah.

»Schwester, du bist Gast in meinem Hause und ich erwarte, dass du die hier herrschenden Spielregeln befolgst. Dazu gehört in erster Linie, dass ich ein solch unwürdiges Verhalten gegenüber dem Geringsten meiner Leute nicht dulde, schon gar nicht gegenüber einem so langjährigen und hochgeachteten Freund wie Heinrich.«

Pikiert raffte Ita mit der Rechten ihren ausladenden Rock und stolzierte kerzengerade hinüber zu der gepolsterten Bank neben der äußersten Fensternische. Mit übertriebener Sorgfalt ordnete die Freiherrin die von Anna erst kürzlich neu angeschafften Sitzkissen, so dass deren voluminöse Quasten in exakt gleicher Richtung und Länge über den Rand lugten, bevor sie sich mit gekünstelter Zier und aufreizender Gelassenheit darauf niederließ. Erst jetzt richtete Ita in eindringlichem Ernst und verschwörerischem Ton erneut das Wort an ihren Bruder:

»Mit allem Respekt, Rudolf, es wundert mich nicht, dass hier die Mäuse auf dem Tisch tanzen, wenn die Katze nur ihre Samtpfoten zeigt.«

Um dem Rätsel ihrer Worte noch mehr Wirkung zu verleihen, verfiel Ita in eine ausgedehnte Kunstpause und wartete mit zitternden Nerven auf die hervorgerufene Reaktion. Der Graf kannte seine Schwester gut genug und hatte normalerweise kein Ohr für deren unterschwellige Andeutungen, die sich zumeist nur als wichtigtuerischen Klatsch entpuppten. Weiß Gott, es gab Ernsteres zu bedenken als den sinnlosen Tratsch einer gelangweilten Frau, auch wenn diese seine Schwester war. Die böse Ahnung eines erneuten Stoßes zwischen der Stadt Basel und der burgundischen Gemahlin des Herzogs Leopold ließ den Markgrafen nicht mehr los. Er musste sich dringend dieser heiklen Sache widmen. Wäre da nicht der beständig wuchernde Stachel in seinem Herzen, welcher ihn immerfort an das Zerwürfnis mit Anna mahnte und sein Misstrauen in ungeahnte Höhen peitschte, er hätte nicht einen Moment gezaudert und Ita kurzerhand hinausgeworfen. Aber Anna war seine Lebensader. Mehr als alles andere auf der Welt brauchte er Anna und jetzt war sie ihm so fern. Er wollte sich an jedes Fünkchen Hoffnung klammern, egal welch niederem Gerücht es auch entstiegen sein mochte.

»Ita, bevor du an deinen Neuigkeiten platzt, lass sie lieber heraus!«, forderte Rudolf sie im leichtherzigen Plauderton auf.

Ita jubilierte. Ihre Vermutung hatte sie also nicht getäuscht. Ihr sonst so über den Dingen stehender Bruder ließ sich tatsächlich in die Niederungen weiblicher Fantasterein herab. Dann musste es schlimm stehen um ihn und Anna. Nun, es war ihr ein besonderes Vergnügen, als Totengräber das Grab für diese unselige Beziehung noch tiefer auszuheben.

»Was ich meine lieber Bruder ist, dass es nicht verwundern kann, wenn die Leibmagd deiner Gemahlin sich den Anordnungen ihres Herrn widersetzt und sich nur um ihres eigenen Vorteils willen in unziemlicher Weise einem Herrn von Stand anbietet und versucht, diesen ungeniert am helllichten Tage zu verführen. Denn ihre Herrin ist ihr ja in ungeheurer Sittenlosigkeit ein verruchtes Vorbild, wie du seit dem gestrigen Abend auch eingesehen haben wirst, auch wenn es dir verständlicherweise schwerfiel. Die beiden scheinen sich ja gegenseitig zu beflügeln in ihrer Zügellosigkeit. Aber solange du nur mildtätig zur Seite schaust, wird unzüchtiges Benehmen in diesem Hause wohl auch weiterhin nicht unterbunden. Dass Anna sich so etwas dir gegenüber erlaubt, hast du nur dir selbst zuzuschreiben. Statt sich mit den hausfraulichen Dingen einer Fürstin zu beschäftigen, reitet sie lieber mit ihrem Leibritter in die Lande hinaus und kümmert sich um Pferdezucht und mischt sich in deine Regierungsgeschäfte ein. Aber du konntest ihr ja keinen Wunsch abschlagen. Und jetzt dachte die liebreizende Maria wohl, sie könnte ihrer Gräfin nacheifern und belästigt den ehrenwerten Ritter Nüwenburg mit ihrer Wolllust. Gott sei Dank respektiert dieser noble Ritter wenigstens deinen Willen, solches Treiben in der Oberburg nicht hinzunehmen. Aber wie ich eben unfreiwillig vernommen habe, wirst du jetzt energisch einschreiten. Die Abberufung dieses Hartenfels ist ein erster Schritt in die richtige Richtung. Mit dem Herrn Nüwenburg wird Anna so leichtes Spiel nicht haben.«

»Ita, du gehst eindeutig zu weit! Vergiss niemals, dass Anna meine Frau ist und bleibt! Was zwischen uns vorgefallen ist, geht niemanden etwas an, auch dich nicht und ganz sicher steht es nicht auf gleicher Stufe mit dem Verhalten einer Dienstmagd. Wer sagt mir, dass deine Anschuldigung stimmt?«

»Zweifelst du etwa an den Worten deiner eigenen Schwester? Aber gut, meine Kammerzofe, die Tochter deines treuen Freundes Heinrich, hat mit eigenen Augen gesehen, wie sich dieses Luder dem Nüwenburg auf der Waldlichtung an den Hals geworfen hat. Außerdem kannst du den neuen Leibritter deiner Frau ja selbst befragen.«

»Wovon sprecht ihr da? Wer soll mein neuer Leibritter sein? Rudolf, könnt Ihr mir das erklären?« Im Eifer des Gefechts hatten weder Ita noch Rudolf bemerkt, dass Anna die Bibliothek betreten hatte. Ihre Hände lagen hinter ihrem Rücken verborgen auf der Türklinke, so dass das enge Mieder die Zeichen ihrer Anspannung auffällig hervorhob. Aufgeregt hoben und senkten sich ihre Brüste unter der zarten Seide. Sie war gekommen, um sich mit Rudolf auszusprechen. Das Gespräch mit Maria hatte sie tief bedrückt. Zu viel Verantwortung lag auf ihren Schultern, als dass sie sich wie ein bockiges verwöhntes Edelfräulein ihrem verletzten Ehrgefühl hingeben durfte und außerdem vermisste sie Rudolf, ihren tapferen Helden, der doch nur, wie jeder andere Ritter auch, selbst gegen Trugbilder ankämpfte, wenn er seine Ehre bedroht sah.

Sie wollte ihm seine Zweifel von der Stirn küssen, wollte den ersten Schritt tun, auch wenn sie keinerlei Schuld auf sich geladen hatte. Rudolf konnte den Blick nicht von Anna lassen. Da stand sie, seine Gemahlin auf die er über alle Maßen stolz war, und die er mehr liebte als irgendetwas anderes auf der Welt.

»Anna, du siehst hinreißend aus in dieser roten Seidenpracht. Ich freue mich so, dass du mich in meinen privaten Gemächern aufsuchst, noch bevor uns die Regierungsgeschäfte wieder einholen.«

Ohne den Blick von Anna zu wenden, forderte er seine Schwester barsch auf, den Raum zu verlassen.

»Bleib doch Ita! Wenn mein Gemahl unsere privaten Angelegenheiten erst mir dir bespricht, bevor er zu mir kommt, sehe ich keinen Grund, weswegen du jetzt gehen solltest.« Annas Augen schimmerten verräterisch feucht, als sie fast im Flüsterton fortfuhr:

»Ist es wahr Rudolf, dass Ihr hinter meinem Rücken meinen Dienstmann abberufen habt und mir diesen Wüstling Nüwenburg als Wärter vor die Nase setzt?«

»Mein Bruder wäre gut beraten, wenn er deine liederliche Kammerzofe ebenfalls nach unten verbannt. Dort gehört sie auch hin. Solche Dinge geschehen, wenn man einfaches Gesindel auf Posten stellt, deren sie nicht würdig sind. Im Übrigen ist es meinem Bruder freigestellt, zu tun was ihm beliebt. Deine Meinung ist für ihn nicht von Belang.«

»Ita, es reicht! Ja, Anna, ich halte es für uns beide das Beste, wenn Ritter Hartenfels zukünftig einen größeren Abstand zu uns hält. So kann es doch nicht weitergehen. In nächster Zeit werden mich äußerst wichtige Regierungsgeschäfte in Beschlag nehmen, die meine ungeteilte Aufmerksamkeit erfordern. Ich kann mich nicht ständig darum sorgen, ob einer meiner Vasallen es mit seiner vertrauten Nähe zu dir übertreibt. Das musst du doch verstehen!«

»Was ich verstehe ist, dass es für Euch das Beste oder vielmehr das Einfachste war. Ihr habt doch gar nicht darüber nachgedacht, wie ich mich dabei fühle. Weder Ritter Hartenfels noch ich haben uns irgendetwas vorzuwerfen und nur weil Ihr Euch ein Hirngespinst einbildet, demütigt ihr ihn genauso wie auch mich. Ein kurzes zugegebenermaßen unaufmerksames Handeln meines Leibritters vermag es, Euch derart aus der Fassung zu bringen? Wo ist Euer Vertrauen, Rudolf? Waren denn all unsere gemeinsamen Jahre eine Lüge? Klagt mich doch gleich beim Bischof öffentlich der Untreue an. Es ist Euch doch ein Leichtes, mich loszuwerden.«

»Anna, was sagst du da? Ich liebe dich und gerade deswegen will ich dich nicht verlieren!«

Fast flehentlich ging er auf Anna zu und wollte sie in den Arm nehmen. Doch geschickt tauchte sie darunter hindurch und flüchtete an die gegenüberliegende Wand.

»Nein Rudolf, Ihr verwechselt Liebe mit Besitz und Vertrauen mit Gehorsam, ganz so wie es Euch die Pfaffen lehren. Pater Enkenbruch wird mit Euch zufrieden sein. Wäre es nicht so traurig, ich müsste fast lachen. In Eurem Argwohn gegen Wolf von Hartenfels seid Ihr so verblendet, dass es Euch nicht auffällt, mit dem Nüwenburg den Belzebub ins Haus zu holen. Gerade eben erst hat mir Maria unter Tränen gestanden, wie dieser Rohling versucht hat, sie ins Gebüsch zu zerren. Und diesen Mann wollt Ihr vor meine Tür stellen?«

Angewidert lachte Ita auf.

»Hört, hört, nicht einmal davor schreckst du zurück, um deinen Ritter zu behalten!«

Anna wurde stutzig.

»Was soll das heißen, Ita?«

Rudolf enthob seine Schwester einer Antwort.

»Das soll heißen, dass du offensichtlich nicht einmal davor zurückschreckst, die Ehre einer meiner bedeutendsten Lehensmänner zu besudeln, nur um deinem unsäglichen Hang zu diesem Dahergelaufenen zu frönen. Zufällig war die Jungfer Arnleder Zeuge dieses«, Rudolf schnalzte mit der Zunge, »lüsternen Übergriffs. In ihren Augen schien es jedoch mein tapferer Ritter zu sein, der sich seiner Haut kaum zu erwehren wusste angesichts des«, erneutes Schnalzen sorgte für eine Pause, »übermächtigen Angriffs geballter Weiblichkeit.«

Fassungslos schüttelte Anna den Kopf.

»Das ist doch dein Werk, Ita, deins und das deiner nimmersatten Kammerzofe. Und Ihr Rudolf, Ihr glaubt dieser infamen Lüge, obwohl Ihr wisst, dass ich für Maria jederzeit die Hand ins Feuer lege?«

Rudolf war es leid, sich zu rechtfertigen.

»In deinen Augen scheint es jeder an meinem Hof mit der Wahrheit nicht so genau zu nehmen außer dir selbst und deine Schutzbefohlenen natürlich. Aber gut, Anna, damit du erkennst, wie sehr es mich nach deinem Wohlwollen gelüstet, werde ich von einer Bestrafung Marias absehen. Sie bleibt bei dir, solange dein Verhalten mir gegenüber mich meine Milde nicht eines Tages büßen lässt.«

Mit unsäglicher Mühe wahrte Anna ihre Haltung.

»Nie hätte ich geglaubt, dass Ihr mich je erpressen könntet, Rudolf.«

Rudolf senkte das Haupt. Keine Minute länger konnte er in Annas gramverzerrtes Gesicht schauen. Er fühlte sich wie ein Verräter, dabei wollte er doch nur ihre Liebe. In letzter Zeit lief alles falsch zwischen ihnen und was er auch sagte, sie drehte ihm das Wort im Munde um.

»Ihr werdet mich jetzt entschuldigen, ich habe noch mit Nüwenburg zu reden, bevor du Anna mich auf den Kapf begleiten wirst.«

Anna blieb wie angewurzelt im Raum zurück. Rudolf ließ sie einfach stehen. Wie weit war ihr Zerwürfnis nur schon fortgeschritten. Unglücklich schloss sie für einen Moment die Augenlider, bis sich jäh ihre Nackenhaare sträubten und die schmerzhafte Spannung der Haut ihr prickelnde Schauern verursachte. Widerwillig hob sie ihre Lider und gewahrte Ita, die nur noch um Armeslänge von ihr entfernt stand. Das selbstzufriedene Grinsen auf dem pausbackigen Gesicht ihrer Schwägerin bereitete Anna Übelkeit.

»Jetzt haben die stolzen Adlerschwingen aus dem Hause Freiburg wohl Federn lassen müssen. Gewöhn dich schon mal an dieses Gefühl, liebste Schwägerin, denn du wirst eine gerupfte Gans sein, wenn ich mit dir fertig bin!«

Rudolfs Schwester triumphierte mit honigsüßer Stimme und das falsche Lachen über ihren gelungenen Vergleich mit dem Wappentier der Grafen von Freiburg hätte einen Spiegel in tausend Stücke zerspringen lassen.

»Ita, du weißt nicht, wovon du sprichst. Rudolf und ich wir lieben uns. Solche Missverständnisse werden uns nicht auseinanderbringen.«

»Pah, Liebe!«, wie Gift spuckte die Freifrau dieses Wort aus, »wenn du glaubst, ein Mann wie Rudolf heiratet, weil lauter Engelsharfen seinen Verstand vernebeln, dann bist du dümmer als ich dachte. Denk nur an deine Vorgängerin!«, spöttisch schürzte Ita ihre Lippen.

»Die Lichtenbergerin sollte Rudolf einige Lehen des Straßburger Bischofs einbringen. Immerhin war Bischof Johann von Strassburg Adelheids Vaterbruder. Aber als sie ihm keine Kinder schenkte, verstarb die Arme gar so schnell. Wirst du da nicht hellhörig? Und du, du warst für ihn doch nur das Tor zur Anwartschaft auf das Herrschaftsgebiet Badenweiler. Rötteln, Sausenberg und Badenweiler in seiner Hand! Damit hätte Rudolf sich seinen großen Traum vom vereinigten Markgräflerland verwirklicht. Dummerweise aber hat der Klapperstorch meinem Bruder einen Strich durch die Rechnung gemacht, als dieser seinem Schwager Konrad zu guter Letzt doch noch einen eigenen das Kindbett überlebenden Erben in die Wiege gelegt hat. Du dummes Ding ahnst ja nicht einmal, wie sehr die Existenz deines Neffen Johann deine eigene Wichtigkeit in Rudolfs Augen schmälert.«

Annas Hautfarbe wetteiferte mit der weißen Tünchung der Wände. Abwehrend streckte sie die Hände weit vor.

»Hör auf Ita! Ich kenne meinen Gemahl besser als du. Rudolf hat das Herz auf dem rechten Fleck. Was Adelheid von Lichtenberg angeht, sind deine Andeutungen skandalös.«

Mit einer unwirschen Handbewegung schnitt Ita ihr das Wort ab.

»Sieh doch den Tatsachen ins Auge! Warum meinst du, lässt er dich jetzt kaltherzig abfahren? Mit der Geburt Wilhelms, seines dritten Sohnes, ist die Erbfolge für meinen Bruder gesichert. Um mit deinen Worten zu sprechen Anna: Die Zuchtstute hat ihren Dienst getan. Zukünftig ist mein Bruder nicht mehr an die langweiligen Fesseln deines Bettes gebunden und wird sich seine Nächte in den Armen irgendeines niederen Weibsbilds versüßen, welches mit seinen tierischen Instinkten die niederen Gelüste eines Mannes wohl deutlich triebhafter entfacht als du.«

Am liebsten hätte Anna ihrer Schwägerin den nächstbesten Gegenstand in den Mund gestopft und sich auf sie gestürzt wie eine gemeine Magd. Im Geiste leistete sie dafür bereits Abbitte bei ihrer Mutter Verena und Tante Isabell, die sich angesichts solch pöbelhafter Anwandlungen wohl im Grabe umdrehten. Stattdessen richtete die Markgräfin sich zu ihrer vollen Größe auf und schoss mit leisem aber herrischem Ton einen vernichtenden Pfeil mitten hinein in das Selbstwertgefühl ihrer Schwägerin.

»Du tust mir leid, Ita. Deine Worte sind die einer verbitterten Witwe voller Neid und Verdruss. Nur weil du es nicht ertragen hast, unter deinem Mann zu liegen, solltest du nicht annehmen, dass es mir genauso ergeht. Oder bist du den verbitterten Reden der Kirchenmänner so hörig, die sich selbst ob ihrer unbefriedigten Gelüste Bußen auferlegen und als Rache für diesen Schmerz jeder ehrbaren Frau das Recht auf Lust verwehren, wenn diese des Nachts ihrem Gemahl beischläft? Dass dein Mann, Burkhard von Dornegg, mit seinem frühen Tod dem bösen Maul seiner lieblosen Frau gnädig entfliehen konnte, zwitschern doch die Vögel von jedem Dach.«

»Das ist Häresie!«, stieß Ita mit wutverzerrter Grimasse hervor. Die Zornesröte betonte die Molligkeit ihrer Wangen und verstärkte das Bleiche der übrigen Gesichtsfarbe derart, dass Anna meinte, mit einem aufgedunsenen Mehlsack zu sprechen.

»Wie kann etwas Häresie sein, das sogar in der Gnadenkapelle zu Einsiedeln von den Benediktiner Mönchen hochverehrt wird? Menschenschlangen pilgern Jahr für Jahr zur Schwarzen Mutter Gottes von Einsiedeln, zur Geliebten Salomons, deren Brüste er vergleicht mit zwei Kitzen, die in den Lilien weiden, nach deren Haut und Haar er sich in seinem Lied der Lieder leidenschaftlich verzehrt. Willst du das alte Testament der Häresie anprangern, wenn Salomon seine schwarze Sulamith begehrt mit dem Füllhorn des Mannes und Sulamith ihren Geliebten mit dem Schoß voller Nektar? Wie kannst du es wagen etwas Häresie zu schimpfen, was selbst die heilige Kirche als die Liebe Gottes zu seiner Braut beschreibt? Nicht ich bin die Ketzerin sondern du die Gotteslästerin. Halte dein Schandmaul Ita, oder du wirst mich kennenlernen!«

Hocherhobenen Hauptes schritt die Markgräfin so dicht an ihrer Schwägerin vorbei, dass der duftige Seidenstoff ihres Gewands sich raschelnd am Rock der Freiherrin rieb und die knisternde Aufwallung der Luft Gefahr lief, die angestaute Spannung jederzeit explosionsartig zu entladen.

Auf dem kühlen Gang wartete Isabella bereits schwanzwedelnd auf ihre Herrin und heftete sich sogleich an Annas Fersen.

»Ach Isabella, wäre ich mir Rudolfs nur so sicher, wie ich es Ita eben glauben machte. Wüsste ich doch nur Näheres über seine erste Gemahlin.«

Rudolf weigerte sich beharrlich, mit ihr über diesen Abschnitt seines Lebens zu reden. Anna wusste nur, was alle wussten: dass nach kurzer Zeit in ihrem neuen Zuhause Adelheid von Lichtenberg den Weg zu ihrem Schöpfer angetreten hatte. Aber so wie selbst den dicksten Burgwänden an einem Ort, wo viele Menschen dichtgedrängt hausten, Ohren wuchsen, genauso bereitwillig gaben diese auch den Weg für allerlei Gerede frei. Nicht dass es dieser brodelnden

»Hören-Sagen-Küche« bedurft hätte, um Anna wissen zu lassen, wie unglücklich diese Verbindung gewesen war. Ihre Schwägerin ließ ja keine Gelegenheit aus, ihr immer wieder unter die Nase zu reiben, dass Rudolf von einer Ehe etwas anderes als Glück erwartete.

»Ritter Nüwenburg, Ihr werdet also Eurem Knappen sein arges Fehlen in der Pflicht gebührend vorhalten. Richard hat das Leben der Markgräfin gefährdet. Die Schwere seines Vergehens verlangt eine öffentliche Züchtigung durch Eure Hand.«

Ungeduldig unterbrach der Graf das Gespräch beim schabenden Geräusch der sich öffnenden Tür. Ein Stück rosenrot schillernder Pracht schob sich durch die Ritze, und noch bevor der Spalt die Gestalt Annas zur Gänze freigeben konnte, hatte Rudolf schon den Flügel des Eichenportals eilfertig aufgeschwungen. Tief versanken ihre Augen ineinander und flochten für eine winzige Weile das innige Band des Vertrauens so neu, dass es sich anfühlte wie anregender Morgentau auf der jungfräulichen Knospe einer zarten Waldblume. Rudolf reichte seiner Gemahlin den gewinkelten rechten Arm. Dabei rutschte das edle Tuch der ärmellosen blauen Samtheike über seine Schulter zurück. Zögerlich legte Anna ihre Hand auf die seine. Die Brosche aus roten Edelsteinen, welche seinen Umhang auf der rechten Schulter schloss, fing jäh den tanzenden Glanz der Sonne ein und paarte ihr helles Licht im Einklang mit dem glühenden Schimmer des Rubins, der Annas Mittelfinger beringte.

Von Nüwenburg räusperte sich vernehmlich und die unbeschwerte Magie des Augenblicks löste sich auf im kalten Dunst der Wirklichkeit.

»Frau Gräfin, ich fühle mich hochgeehrt, Euch mit meinem Dienst beschirmen zu dürfen.«

Friedrich ließ sich nicht lumpen und erging sich sogar in einen wenn auch fadenscheinigen Kniefall, aus dem er sich allerdings ohne Erlaubnis der Markgräfin selbst wieder erhöhte.

Ruhig aber messerscharf erscholl die Stimme der Markgräfin:

»Herr von Nüwenburg, als Edelknecht zeichnet Euch nicht einmal der noble Stand des Ritters aus. Gleichwohl besitzt Ihr das kostbarste Lehen unseres Reiches. Fürwahr, Ihr erfreut Euch der Gunst meines Gemahls, jedoch seid versichert: nicht der meinigen! Als seine Ehefrau bin ich dem Markgrafen zum Gehorsam verpflichtet. Nur dieser unumstößlichen Tatsache verdankt Ihr Eure neue Stellung. Allerdings plagen mich Zweifel, ob Ihr Euch der Tragweite dessen völlig bewusst seid. Von jetzt ab untersteht Ihr auch meiner Autorität.«

Anna verhielt für einen Augenblick die Stimme, um die Bedeutung dessen hervorzuheben.

»Mir ist bewusst, dass Ihr als Knecht nicht mit vertrautem Fuß auf den Gefilden des Hochadels wandelt. Aber ich will Euch auf die Sprünge helfen. Als Markgräfin steht mir die Anrede »Hoheit« zu. Solltet Ihr zukünftig wünschen oder dazu aufgefordert werden, das Wort an mich zu richten, so werdet Ihr Euch daran erinnern.«

Maria betrat den Rittersaal durch das Hauptportal, um sich ihrer Herrin anzuschließen, stockte aber, als sie Friedrich erblickte, dessen weißblonde Barthaare sie die unangenehme Nähe, welche dieser Mann ihr aufgezwungen hatte, erneut spüren ließen.

»Noch eins, Herr von Nüwenburg, solltet Ihr es je wieder wagen, Eure Hand an meine Zofe zu legen, so werde ich höchstpersönlich dafür Sorge tragen, dass Euch Eure Finger diesen verdorbenen Dienst nicht ein weiteres Mal leisten können.«

Rudolf, der die ganze Zeit über trotz der schroffen Worte seiner Frau deren Hand auf der seinen gehalten hatte, ließ abrupt den Arm herunterfallen. Dies war ein ungeheurer Affront nicht nur gegen seinen Vasallen sondern auch gegen ihn selbst. Wie konnte Anna sich nur so weit vergessen. Er hatte doch seinen Standpunkt in dieser Sache klar und deutlich zum Ausdruck gebracht. Die zuckenden Wangenmuskeln des neu erkorenen Leibknechts nahmen an Heftigkeit bedenklich zu. Die Rechte seines Dienstmanns umklammerte gefährlich das blanke Schwert. Obwohl Rudolf sich nicht vorstellen konnte, dass einer seiner Männer das Schwert gegen seine Frau zu erheben wagte, stellte er sich schützend vor Anna.

»Ruhig Blut von Nüwenburg! Ich lasse Euch die Wahl. Entweder Ihr habt diese unbedachte Äußerung meiner Gemahlin genauso wenig vernommen wie ich oder aber Ihr fordert Euer gutes Recht auf Wiederherstellung Eurer Ehre ein. Selbstverständlich werde ich Euch in diesem Fall als Ritter meiner Gemahlin Genugtuung leisten.«

Friedrich brauchte nicht lange, um über die goldene Brücke zu gehen, die der Markgraf ihm gebaut hatte. Niemand sonst war Zeuge dieser Szene. Heilfroh, sich nicht wie ein ehrgekränkter Ritter in einen aussichtslosen Zweikampf mit dem Markgrafen werfen zu müssen, neigte er huldvoll das Haupt.

»Wie Ihr habe auch ich nichts gehört, Herr Graf. Eure Gemahlin kann solch niederer Gedanken ja auch gar nicht fähig sein, da sie doch in Euch einen hochnoblen Vormund besitzt, der diese Art unflätige Reden nie und nimmer duldet.« Anna sog hörbar die Luft ein, wurde jedoch von Rudolf fest am Arm gepackt und mit zur Tür gezerrt.

»Ihr sagt es, Nüwenburg«, bestätigte der Markgraf mit finsterem Blick auf Anna.

Im Burghof schlug ihnen bereits dröhnender Lärm von unten her entgegen. Arnold von Berenfels erwartete die Burgherrschaft auf der gegenüberliegenden Seite des Halsgrabens und postierte sich sofort zur Linken des Markgrafen. Seine Geharnischten bezogen im Halbkreis dahinter Stellung. Friedrich von Nüwenburg sicherte gemäß seiner neuen herausragenden Stellung die rechte Seite der Markgräfin, der Maria mit wenigem Abstand folgte flankiert von den Knappen Michael und Richard. Wie immer fühlte sich die Zofe inmitten so vieler bewaffneter Männer bedroht und die schrecklichen Bilder der Vergangenheit raubten ihr den Atem. Starr heftete sie ihren Blick schutzsuchend auf den weißen Schleier ihrer Herrin und nahm keine Notiz von dem lebendigen Treiben, welches auf dem geräumigen Wirtschaftshof herrschte.

Kein metallener Hammerschlag aus der Schmiede durchschnitt geräuschvoll die Luft, kein Meißel eines Steinmetzes schürfte auf rohem Stein und selbst die Waschweiber vergaßen die körbeweise getürmte Schmutzwäsche. Alles Gesinde hechtete an einem Tag wie diesem zum Südtor der Burg hinaus, um sich das Schauspiel des tagenden Landgerichts nicht entgehen zu lassen. Doch wo immer der hochherrschaftliche Zug seinen Fuß hinsetzte, tat sich eine Gasse im Gedränge auf und das sich zuspitzende Schieben und Stoßen zu beiden Seiten entfachte bei manch einem Biederen panikartiges Gehetze. Mit einem Schilderwall schotteten die Geharnischten die Herrschaft von der raufenden Menge ab und Ritter Berenfels wie auch Friedrich von Nüwenburg zogen das blanke Schwert. Während der Haltinger die Breitseite seiner Waffe als stählerne Verlängerung seines Kampfarmes einsetzte, holten sich die unglücklich Stolpernden blutige Striemen an Friederichs scharfer Schneide. Plötzlich durchzog ein harter Ruck seine angespannten Armmuskeln, und bevor er begriff, schepperte das Prunkstück in den Staub. Breitbeinig vertrat der Markgraf ihm den Weg.

»Von Nüwenburg, einst zog Euer Vater an meiner Statt in die Schlacht gegen die Heiden, um unser Land und unsere Leute zu schützen und sie nicht in einem herrenlosen Reich der Willkür einiger Fürsten oder Raubritter preiszugeben. Ganz sicher tat er dies nicht, damit sein Sohn genau diese Menschen heute mit seinem Schwert aufspießt. Strapaziert meine Geduld mit Euch nicht über die Maßen.«

Sein Freund war damals auf dem Schlachtfeld gefallen und für Rudolf schien es nur natürlich gewesen, den vater- und mutterlosen Knaben seiner eigenen besonderen Fürsorge zu unterstellen, auch wenn Vater und Sohn nicht aus dem gleichen Holz geschnitzt waren. Friedrich bückte sich nach seiner Waffe und nicht der Staub verursachte ihm dabei würgenden Hustenreiz sondern der kratzige Geschmack jenes Dämpfers, den der Markgraf dem Hochgefühl des eben erst im Rang aufgestiegenen Edelknechts verpasst hatte.

Der Schildring zog sich immer enger zu, je weiter der gräfliche Hofstaat auf den Engpass des Südtores zusteuerte. Rudolf zog Anna dicht an sich heran. Jetzt zeigte sich auch Ritter Berenfels besorgt und raunte dem Grafen ins Ohr:

»Wie es aussieht, werden wir gegen diese ungezügelte Menschenmenge härter ins Feld ziehen müssen.«

Gerade als sie den ersten Rundbogen des Durchgangs passiert hatten und sich ihrer Haut kaum noch erwehren konnten, ohne ein Gemetzel unter den Eigenleuten des Grafen anzurichten, schmetterte auf ihrer Vor- und Rückseite ein Fallgitter nach unten und trennte den nach den besten Plätzen geifernden Pöbel von der markgräflichen Schar.

»Verrat!«, durchzuckte es Rudolf wie auch Arnold von Berenfels gleichzeitig. Schon bog ein schwarzes großrahmiges Kampfross vom Kapf her in das Tor und die Helmzier des gepanzerten Reiters stieß in der Höhe beinah an den steinernen Bogen. Schnell pressten sich die noch letzten hindurchströmenden Burgbewohner vorsichtig an dem bedrohlich tänzelnden Tier vorbei ins Freie. Der Ritter öffnete das Visier und strahlte die Gefangenen mit kräftigen weißen Zähnen an.

»Einen guten Morgen wünsche ich Herr Graf, Frau Gräfin. Zu dieser neuen tief gestaffelten Befestigungsanlage kann ich Euch nur gratulieren, Herr Graf. Wie es aussieht, ist die erste Abfangkammer ja bereits funktionstüchtig.«

»Wohl wahr Hartenfels, nur baute ich sie gegen meine Feinde und nicht als Falle für die Meinen«, fuhr ihm der Markgraf mit erhobenem Schwert in die Parade.

»So sehr also übermannt Euch der Gram über die geänderte Stellung an meinem Hof, dass Ihr darüber sogar eidbrüchig werdet.«

Mit einem wehmütigen Blick auf Anna setzte Rudolf hart hinzu: »Ihr werdet sie nicht bekommen, Hartenfels. Jeden einzelnen meiner treuen Gefährten müsstet Ihr ermorden und glaubt mir, ich werde es zu verhindern wissen, dass Ihr je über meine Leiche tretet.«

Das Lächeln auf Wolfs Gesicht erstarb und mit tönerner Stimme hielt er dagegen:

»Ihr werft mir Treubruch vor? Das wiegt schwer.« Sein Blick suchte Maria und entdeckte sie sich eng an die Gräfin schmiegend. »In einem habt Ihr Recht, Herr Graf, es sind in der Tat zarte Bande, die mich jetzt noch hier binden.«

Rudolf, der dem Blick seines Hauptmanns gefolgt war, griff Wolf wütend durch die Gitterstäbe hindurch an.

»Jetzt also leugnet Ihr es nicht einmal mehr!«, missdeutete er Wolfs Blick. Steif trat der Ritter einen Schritt zurück.

»Ich kann Euch nicht folgen. Aber lassen wir es dabei. Nur eins noch! Offensichtlich erreichte mein Plan nicht Eure Ohren, obwohl ich ihn in aller Frühe mit dieser Bitte dem Herrn Nüwenburg unterbreitet habe, als der mir als neuem Hauptmann der Burg sämtliche Torschlüssel anvertraute. Da Ihr heute Blutgericht haltet und erstmals wieder seit langer Zeit auch über die Fürstbischöflichen aus Schliengen sah ich bereits eine übergroße Heerschar Schaulustiger nicht nur aus der Burg sondern auch von den umliegenden Dörfern voraus. Das hätte vor dem Tor zu einem wüsten Zusammenprall geführt ohne ein Vor- und Zurückkommen. Ich wollte Euch nicht inmitten dieses Gewühls wissen und ließ Euch daher in dieser Weise absondern, bis meine Leute auf der Richtstätte vor der Bastion für Ordnung gesorgt haben. Es betrübt mich außerordentlich, dass Ihr mein Vorgehen nicht gutheißt.«

Die Augenbrauen des Grafen zogen sich ärgerlich zusammen und Friedrich fühlte sich unter der strengen Musterung seines Lehnsherrn gar nicht wohl in seiner Haut. Überhastet eilte er, sich zu rechtfertigen und murmelte etwas von einem Missverständnis.

»Ihr seid ein brillanter Stratege von Hartenfels. In dieser Hinsicht muss ich mich bei Euch entschuldigen. Die andere Sache«, wieder streiften seine Augen besitzergreifend über Anna, »wird noch zu klären sein.«

Quietschend zogen die eisernen Ketten das vordere Fallgitter langsam in die Höhe und ohne weitere Belästigung nahm der Markgraf seinen Platz auf dem steinernen Richterstuhl unter der knorrigen uralten Linde ein, hoch oben über dem Wiesental.

Auch für Anna hatte der Haushofmeister einen hochlehnigen und gepolsterten Stuhl herbeischaffen lassen und ihn zur Rechten des Markgrafen platziert. In derselben Ordnung wie zuvor versammelte sich das persönliche Gefolge um das gräfliche Paar. Wolf hieß seine Mannen, sich als menschliche Barriere zwischen die sensationslüsterne Meute und dem eigentlichen Richtplatz zu postieren. Noch bevor Rudolfs Landschreiber und Amtmann im Namen des Markgrafen den ersten Fall des Landgerichts aufrufen konnte, wurde er von diesem zu sich zitiert.

»Heinrich, bevor es in Vergessenheit gerät, möchte ich dich bitten, diese eigentümliche Sache mit dem Hagel in unserer Chronik zu verzeichnen.«

»Jawohl Herr Graf, mit Verlaub, dies ist bereits geschehen«, dienerte Heinrich Gerwig gehorsam.

»Brav gemacht, Heinrich«, lobte Rudolf seinen langjährigen Amtmann, »und nun sitze diesem Gericht wie gewöhnlich vor. Ich gedenke nicht, mich darin einzumischen.«

Pater Enkenbruch trat mit großen Schritten als Letzter aus dem Dunkel des Burgtores und gesellte sich etwas abseitsstehend in die Nähe des Grafen.

»Ah, wie ich sehe, genießen wir heute auch den Beistand der Kirche. Gewöhnlich meidet Ihr doch diese Art des weltlichen Gerichts, Pater. Oder wollt Ihr gar im Auftrag des Bischofs reversieren, dass die hochgerichtlichen Angelegenheiten seiner Schliengener Landvogtei vor den Richterstuhl des Hochstifts und dessen Ortsvogt gehören?«

»Nichts von alledem trifft zu, Herr Graf«, huldvoll verneigte sich der Angesprochene. »Wie ich hörte, betrifft der nachfolgende Blutbann eine Kindsmörderin. Die Eigentümlichkeit dieses Verbrechens ist es, die mich dazu bewegt, Euch den hier sicher notwendigen kirchlichen Rat nicht zu versagen.« Innerlich stöhnend wandte der Markgraf seine Aufmerksamkeit auf die bereits vorgetretenen beiden Männer, die mit wilden Gebärden ihren Aussagen im Angesicht der sieben Richter zu höherer Überzeugungskraft verhelfen wollten. Die Anwesenheit dieses Enkenbruchs schmeckte ihm nicht schon gar nicht in einem solch heiklen Fall. Rudolf konnte die Gefahr förmlich riechen.

Herzhaftes Gelächter brandete auf. Die sieben Richter aus den Reihen der Dörfler hatten wohl das zuvor vom Kanderner Eigengericht ausgesprochene Urteil gegen den Gerber bestätigt, seinen Konkurrenten durch eine Magd bespitzelt zu haben, um daraus Geschäftsvorteile zu ziehen. Heinrich Gerwig brach einen Stab über dem Haupt des Verurteilten, der mit gebundenen Armen auf dem Boden kniete. Alsbald stülpte der Kanderner Eisenschmied dem Gerber eine groteske Eisenmaske mit einer bizarren überlangen spitzen Nase über den Kopf, die ihn arg beengen musste. Mit dieser Schandmaske als Ehrloser gebrandmarkt, der seine Nase in anderer Leute Dinge steckt, würde er nun die nächsten Tage durch die Straßen getrieben werden.

Wie von weither vernahm der Landgraf immer wieder erneutes Johlen, wenn andere Schuldige unter lautstarken Anfeuerungsrufen mit ähnlich drakonischen Ehrstrafen der Lächerlichkeit preisgegeben wurden oder am Pranger endeten. Denn seine Gedanken kreisten ausschließlich um den Fall der Kindstötung. Hart ging er selbst mit sich ins Gericht, dass er sich nicht zuvor hatte darüber berichten lassen. Zu sehr hatte ihn die Durchsetzung seines Rechts am Schliengener Galgen in Beschlag genommen. Jetzt rächte sich diese Nachlässigkeit.

Niemals hätte er Anna die dunklen Tiefen in einem grausam blutigen Prozess um die Tötung eines Kindes zugemutet.

Kerzengerade und mit ineinandergefalteten Händen wirkte diese wie die Anmut selbst. Doch niemand hätte vermocht, die ausdruckslose Miene der Landgräfin zu deuten. Hinter der maskenartigen Fassade einer von klein auf anerzogenen an Selbstverleugnung grenzenden Zurückhaltung, der sich jede edle Frau unter allen Umständen zu unterwerfen hatte, focht Anna einen sieglosen Kampf gegen ihre rebellische Natur. Rudolf hatte sie vorhin im Beisein dieses fiesen Nüwenburgs behandelt, als wäre sie keines eigenen selbständigen Gedankens fähig. Überhaupt drängte er sie immer häufiger in die Rolle des zänkischen Weibs ohne Verstand, welches der Zurechtweisung ihres Gemahls bedurfte. Dabei hatte ihr guter Rat ihn schon so manches Mal aus dieser oder jener Bedrängnis errettet. Und wer regierte denn das Land bei seinen ständigen Abwesenheiten?

Knirschendes Räderrollen eines herannahenden knatternden Karrens drang an Annas Ohr. Mit hängendem Kopf schleppte ein abgemagerter Gaul mühevoll das hölzerne Fuhrwerk den steilen Pfad zur Burg empor. Auf seinem Weg wichen die Leute wie vor einem Aussätzigen zurück.

Anna schauderte. Es war der Henkerswagen. Schon von weitem enttarnte ihn die auffällig mit Färberwau gegilbte Kleidung als einen Mann dieses geächteten Standes. Der Karren entpuppte sich als Käfig mit eisernen Gitterstäben. In Höhe des Burgtores zügelte der Schinder seine Mähre. Hatten schon die eingefallenen Flanken des Tieres Annas Unwillen erregt, so hielt es sie kaum noch auf dem Stuhl angesichts der einsamen Gestalt, die zusammengekauert auf dem Boden des Käfigs hockte. Zerrissene Lumpen hingen in Fetzen an ihrem geschundenen Körper herunter und entblößten magere Arme und Schultern. Die Haut war übersät mit blaugrünen Quetschungen und einem roten Würgemal, das kettenartig den zierlichen Hals umschloss. Mit hängenden Schultern starrte die Frau teilnahmslos auf die unteren Bretter ihres

Gefängnisses, so als hätte sie bereits mit ihrem Leben abgeschlossen. Anna wollte das Gesicht der Trostlosen erforschen, traf jedoch auf einen ungepflegten Vorhang fettiger Haarsträhnen. Umso mehr erschrak die Markgräfin, als sich mit einem Mal das Kinn dieser Erbarmungswürdigen ihr zureckte und sie plötzlich in zwei große braune Augen sah, die an Leere nicht zu überbieten waren. Die auch hier sichtbaren violetten Schatten ekelerregender Gewalt schnitten Anna ins Herz:

»Dieses armselige Geschöpf sollte wohl eher als Anklägerin hier stehen«, ging es ihr wütend durch den Kopf. »Sie ist ja kaum dem Mädchenalter entwachsen.«

Mittlerweile hatte sich das Gericht der Sieben zurückgezogen und es war nun Sache des Landesherrn, seines Amtes als Blutrichter zu walten. Grob zerrte der Züchtiger die Frau an eisernen Kettengliedern aus dem Käfig und schleifte sie, mehr als dass sie ging, vor den Markgrafen. Mit Entsetzen bemerkte Anna das feine rote Rinnsal, welches dem Mädchen fadenartig die Innenseiten der Oberschenkel benetzte. Die Gräfin drehte sich um und Marias stummes Nicken war ihr Bestätigung genug. Wie es aussah, hatte die junge Frau erst vor kurzem ihre Leibesfrucht verloren. Anna verstand die Welt nicht mehr. Was hatte das mit Kindsmord zu tun? Man sollte sie trösten und in den Armen wiegen und vor allem, sie benötigte unbedingt blutstillende Kräuter und sollte liegen. Unmerklich flüsterte Anna ihrer Zofe etwas ins Ohr, woraufhin diese sich leise entfernte.

Ein stiernackiger Kerl, wohl der Ehemann dieser Unglücklichen, ließ derweil kein gutes Haar an seiner Frau. Entrüstet beschrieb er sie als faul und widerspenstig.

»Nur um mir zu trotzen, hat mich dieses böse Weib um mein Kind betrogen und es sich mit fluchbeladenen Kräutern aus dem Leib getrieben. Sie ist des Teufels!«

Verächtlich spuckte er ihr ins Gesicht. Anna horchte auf. Das hatte sich dieser Rüpel ja fein ausgedacht. Ein Kind wegmachen wurde genauso mit dem Tode bestraft wie Mord.

Aber dies hier war wohl eher das Werk brutaler Hiebe als das der Frucht des Sadebaums. Andernfalls läge die Frau heute sicher noch im Giftfieber. Unter dem überraschten Raunen des gebannt lauschenden Volks wurde ein Hocker herbeigeschafft, auf den sich das gescholtene Mädchen mit zitternden Beinen dankbar niederließ. Selbst der Scharfrichter vergaß für einen Moment seine Daumenschrauben, die er in weiser Voraussicht für den Fall der hochnotpeinlichen Befragung im Sinne der Wahrheitsfindung bereitgelegt hatte. Als jetzt auch noch Maria der Beklagten vorsichtig einen Krug mit Wasser reichte, platzte Pater Enkenbruch der Kragen. Mit dem Finger wies er auf Maria und schrie:

»Greift diese Ketzerin, vermutlich war sie es, die dieser beklagenswerten Sünderin das Satanskraut verabreichte!«

Annas Herz setzte für einen Schlag aus. Jetzt erst wurde ihr bewusst, in welche Gefahr sie Maria gebracht hatte. Wie mochte Rudolf reagieren? Verstohlen musterte sie ihren Gemahl. Der jedoch trug den für ihn so typischen immer gleichbleibenden Ausdruck des unbeeindruckten Regenten zur Schau, in dem Anna vergeblich nach erlösenden Anzeichen suchte. Konnte sie ihm vertrauen und das Leben ihrer Schutzbefohlenen getrost in seine Hände legen? Rudolfs deutliche Worte über Maria hallten in ihrem Gedächtnis nach. Nein, noch vor kurzem hätte sie sich der Führung ihres Gemahls bedenkenlos anvertraut, aber jetzt erschien er ihr mit einem Mal so fremd. Es war an ihr, der Freundin beizustehen. Ohne weitere Überlegung erhob sich die Markgräfin und trat majestätisch einen Schritt vor. Sogleich versiegten die rumorenden Rufe der Umstehenden und Ruhe schob sich wie ein sanftes Kissen zwischen den Himmel und diesem unter ihm liegenden Platz der Gerechtigkeit.

»Nicht durch den Sadesud verlor diese Frau ihr Kind. Vielmehr ist es ihr wohl aus dem Leib geprügelt worden.«

Einen Wimpernschlag lang hätte das Fallen einer Nadel geklungen wie schallendes Echo von hundert Trompeten. Obgleich Anna fürchtete, ein Blick in das Gesicht des Geistlichen könnte sie verbrennen wie glühende Kohle, bot sie ihm dennoch stolz die Stirn. Überrascht spannten sich ihre Züge. Statt drohender Mimik webten Lachfalten verschlagene Muster in die asketische Haut des Kirchenmannes.

»So seid Ihr also dieser seelenlosen Zauberei kundig, Frau Gräfin, da die vorliegenden Zeichen auch von Euch gedeutet werden können.«

Wie Zündelholz entfachte die schwere Anklage schwarzen Rauch in den einfachen Gemütern der Landleute. Doch ehe daraus offenes Feuer entbrannte gebot Rudolf mit gebieterischer Handbewegung Stillschweigen.

»Euren Worten entnehme ich, dass auch Ihr über genügend heilkundiges Wissen verfügt, um meiner Gemahlin in diesem Punkte zuzustimmen. Die Markgräfin und ich sind Euch zu Dank verpflichtet für den erlauchten Rat der Kirche in diesem prekären Fall. Da nun selbst in den Augen eines Gottesmannes hier wohl kein unredliches Kraut zum Einsatz kam, ist es sicher ganz in Eurem Sinne, ehrwürdiger Pater, dass die Frau ab sofort dem Zugriff des Scharfrichters entzogen ist. Mein Amtmann wird Eure hilfreichen Kräuterkenntnisse bei der Lösung dieses Sachverhalts in der Urteilsurkunde genügend würdigen.«

Anna schluckte beklemmt. Das war knapp. Erleichtert sank die Gräfin zurück auf das Polster. Wie eine dumme Gans war sie diesem Enkenbruch auf den Leim gegangen. Der wiederum zog verdrießlich die Oberlippe hoch und wirkte wie ein knurrender Hund, den man um seinen Knochen betrogen hatte.

»Dagegen spricht alles für die Schuld dieses Rücksichtslosen«, mit dem Finger wies der Markgraf auf den Mann, dem angesichts einer für ihn schicksalhaften Wendung vor lauter Angst der Speichel sabbernd über die Lippen troff, »der nunmehr zur Läuterung seiner Sünden den Tod am Galgen zu erdulden hat, auf dass ihm hernach ein Leben im Jenseits zuteilwerden möge.«

Rudolf fieberte geradezu danach, seiner Frau die Leviten zu lesen ob ihrer bodenlosen Leichtfertigkeit. Doch ob er wollte oder nicht, dies musste warten, denn zuerst war es bitter nötig, den Bewohnern von Schliengen ein sichtbares Zeichen seines Rechts an der dortigen Halsgerichtsbarkeit zu geben, indem er der Hinrichtung höchstpersönlich beiwohnte. Anna sollte solange in ihren Gemächern seiner Rückkehr harren.

An der Spitze seiner Mannen führte der Markgraf den Henkerszug zum Galgenboden. Auf der Landstraße gen Hertingen fiel der auf steinernem Fundament stehende Pfahl mit dem eingelassenen Querbalken schon von weitem auf. Das ganze Dorf war bereits bei der baumelnden Schlinge versammelt, jedoch anders als am Morgen verschaffte die Mächtigkeit seines Schlachtrosses dem Markgrafen ein leichtes Durchkommen. Rudolf hatte nichts übrig für die unverhohlene Gier der Menschen nach diesem schaurigen Bühnenstück. Ohne Verzögerung gab er dem Scharfrichter Weisung und sogleich führte dieser den hemmungslos Jammernden die Leiter hinauf. Ein Ruck und das massige Gewicht des eigenen Körpers ersparte dem Kindsmörder ein langsames qualvolles Ersticken.

Rudolf knurrte der Magen. Seit dem Frühstück hatte er keinen Bissen mehr zu sich genommen. Die Sonne stand bereits tief im Westen, als er mit seinen Berittenen im vollen Galopp über die Zugbrücke seines nordwestlichen Haupttores sprengte und die Geschwindigkeit auch nicht vor den Holzbohlen über dem Burggraben drosselte. Noch bevor sein Pferd auf dem Burghof zum Stehen kam, sprang er ab und warf Michael achtlos die Zügel hin.

Rudolf fühlte sich in genau der richtigen Stimmung, um Anna gründlich zur Rede zu stellen. Wie konnte sie sich selbst nur so in Gefahr bringen? Noch immer meinte er, die eiserne Hand zu spüren, mit der die Angst um sie sein Herz umklammert hatte. Ohne um sich zu blicken, durchmaß er wie ein wütender Stier den Palas. An der Tür zum Treppenaufgang verbaute ihm Pater Enkenbruch den Zugang. Rudolf war geneigt, den aufgeblasenen Pfaffen mit einer einzigen Bewegung seines gepanzerten Handschuhs aus dem Weg zu räumen. Wahrlich eine solche Abreibung hätte diesen dominikanischen Fallensteller vielleicht zur Räson gebracht. Doch hatte der Markgraf schon Ärger genug mit seinen verfeindeten Nachbarn. Einen zeitaufwendigen Streit mit der Kirche wollte er jetzt nicht auch noch vom Zaun brechen.

»Ehrwürdiger Pater, lasst Euch nochmals meines Dankes versichern!«

»Ihr werdet Euch nicht immer vor Eure Gemahlin stellen können.«

Belehrend erhob der Geistliche den Finger. »Mit ihrem zügellosen Wesen verhöhnt sie die gottgewollte Ordnung und gibt ein schlechtes Beispiel für das niedere Geschlecht der Weiberleut. Statt ihrem Mann untertan zu sein, ergreift sie öffentlich das Wort. Selbst ihren Sohn erzieht sie schon zu mangelndem Respekt vor der Kirche, wie ich erst in der gestrigen Morgenandacht wieder feststellen musste. Die Sorge um das Seelenheil der Markgräfin treibt mich, Euch deren mangelnde Demut vor Augen zu führen. Als Ehemann ist es an Euch, sie auf den rechten Pfad zurückzuführen. Wie Ihr wisst, hat die Kirche eigens hierfür geeignete Maßnahmen aufgeschrieben, die in einem solch hartnäckigen Fall wie im vorliegenden den morgendlichen Einsatz der Gerte nicht nur empfiehlt sondern gebietet. Um ihretwillen bitte ich Euch, macht Gebrauch davon!«

Rudolf musste an sich halten, den dürren Hals dieses Frömmlers nicht einfach umzudrehen, wie den eines Suppenhuhns. Er liebte Anna und schon die bloße Vorstellung ihres gemarterten Rückens entrang seiner Kehle ein stöhnendes Grollen, das sich anhörte wie das blutrünstige Aufheulen eines Wolfs.

»Dankt Eurem Schöpfer dafür, dass mir handgreifliche Vorgehensweisen zuwider sind! Ansonsten wäre Euer Leben bereits jetzt verwirkt. Sagt Pater, war dieser grobschlächtige Klotz von heute Morgen in Euren Augen ein Kindsmörder oder nur der rechtmäßige Züchtiger seiner Frau, welcher dem Willen kirchlicher Unterrichtung folgte?«

Angesichts der kalten Wut, die ihm der Graf entgegenschleuderte, zog der eingeschüchterte Dominikanerpater es vor, diese Frage nur stillschweigend zu beantworten.

»Pater, es will mir scheinen, Ihr seid dem Leben außerhalb Eures Klosters nicht gewachsen. Ihr habt mein vollstes Verständnis, wenn Ihr Euch wieder zurücksehnt nach der wohlbehüteten Ordnung im Kreise Eurer Brüder. Sicher wärt Ihr froh, das Amt des gemeinen Leutepriesters in einer lebhaften Umgebung wie der unsrigen eintauschen zu dürfen gegen das heilbringende Studium religiöser Schriften. Seid meiner Unterstützung versichert. Und nun, tretet beiseite!«

Anna fühlte sich nicht gut. Kopfschmerzen plagten sie. Seit sie in der Früh ihres und Marias Leben so leichtsinnig aufs Spiel gesetzt hatte, haderte die Markgräfin mit sich. Wie souverän Rudolf diese missliche Lage gemeistert hatte. Kein Wunder, dass er aller Orten als wortgewandter Vermittler bekannt war. Anna zollte ihrem Gemahl über die Maßen Bewunderung. Erneutes krampfartiges Ziehen im Unterleib ließ sie die Luft anhalten. Zu allem Überfluss hatte nun auch noch ihre monatliche Blutung mit ungewohnter Heftigkeit eingesetzt und zum wiederholten Male war sie auf dem Weg zum Aborthäuschen an der Außenwand des Palas.

»Maria du musst unbedingt noch weitere zugeschnittene Leinentücher für mich bereitstellen«, tat sie ihrer Zofe bei der Rückkehr kund. Doch noch ehe Anna die Tür zum Gemach gänzlich durchschritten hatte, griffen zwei kalte metallene Hände nach ihr und packten ihre Handgelenke wie Schraubstöcke. Ein verzweifelter Angstschrei entfloh ihrer Brust. Jetzt erst erkannte die Markgräfin ihren Gemahl.

»Rudolf wie könnt Ihr es wagen, mich so zu erschrecken und noch dazu in voller Rüstung! Ihr tut mir weh!«

»Wie konntest du es wagen, dich heute Morgen einer solchen Gefahr auszusetzen? Auf Zauberei steht der Galgen und du weißt nur zu gut, wie schnell eifrige Frömmler heilkundigen Frauen ein triebhaftes Verhältnis mit dem bockhufigen Gehörnten unterstellen.«

Wild hämmerte Anna mit ihren Fäusten gegen Rudolfs breite Brust. Die samtweiche Haut platzte am rauen Metall des Kettenpanzers auf.

»Ja, ja, es war dumm von mir! Aber was sonst hätte ich tun sollen? Auf Euch zählen, wo Ihr mir doch Euer Vertrauen schon längst entzogen habt? Auch habt Ihr mir doch deutlich zu verstehen gegeben, wie wenig Euch Marias Wohlergehen am Herzen liegt.«

Wieder ergriff Rudolf Annas Hände.

»Und wohl zu Recht! Diese Maria ist nicht gut für dich. Sieh nur, wie sie dich heute Morgen gefährdet hat. Ich habe geschworen, dich zu schützen. Und genau das werde ich tun, wenn es sein muss, auch vor dir selbst. Maria wird von nun an unten als Schankmagd arbeiten!«

»Rudolf, nein, das könnt Ihr mir nicht antun!«

Verzweifelt versuchte Anna, ihre Hände den stählernen Panzerhandschuhen ihres Gemahls zu entwinden.

»Denke lieber darüber nach, was du mir antust! Soll ich vielleicht eines Tages gezwungen sein, das Todesurteil über meine eigene Frau zu sprechen? Nie und nimmer lasse ich es so weit kommen.«

Schluchzend sank Anna auf die Knie.

»Bitte Rudolf, lasst mir meine Freundin! Sie handelte doch nur auf mein Geheiß.«

»Schlimm genug, so seid ihr beide schlecht füreinander.«

Fluchtartig drehte sich der Markgraf auf dem Absatz um und rannte förmlich davon, bevor Annas Tränen sein Herz doch noch erweichten. Wie hatte es nur so weit kommen können? Anna und er, sie beide waren immer ein so starkes

Gespann gewesen. Gemeinsam hatten sie so viel bewirkt und jetzt lag seine Anna vor ihm auf den Knien. Eifersucht schob sich bitter vor die blutende Wunde in seinem Herzen.

»Hartenfels, Maria, sie alle sind ihr wichtiger als ich.«

Der federnde Trab seines Hengstes lockerte Rudolfs verspannte Muskeln. Wieder lag eine durchwachte Nacht hinter ihm. Ständig hatten ihn Annas traurige Augen verfolgt und bis aufs Blut gefoltert. Noch vor der Morgendämmerung war er dieser quälenden Pein entflohen und hatte den noch arg verschlafenen Michael beauftragt, Ritter Berenfels mit drei weiteren seiner Mannen aus den Federn zu jagen, um Bischof Humbert einen Besuch abzustatten. So sehr es ihn auch befremdete, dass dieser Humbert nicht wie all seine Vorgänger in der Stadt Basel residierte, so sehr kam dem Markgrafen dessen Extravaganz heute entgegen. Denn bis Delsberg war es ein guter Tagesritt und Rudolf begrüßte jeden Schritt, der ihn von diesen tränennassen Augen entfernte. Insgeheim nährte er die Hoffnung, dass Anna sich bei seiner morgigen Rückkehr beruhigt habe und das Vernünftige seiner Entscheidung respektiere.

Tief sog er die würzige reine Morgenluft in seine Lungen und sogar ein Schmunzeln legte sich um seinen Mund, als er die derben Scherze der Männer mit halbem Ohr vernahm. Sie hatten es vorgezogen, die städtischen Straßen zu meiden, auch wenn dies einen Umweg bedeutete. Jetzt lag Basel bereits ein gutes Stück hinter ihnen und sie ritten weiter in südwestliche Richtung. Auch die Mauern des kleinen Städtchens Laufen mieden sie und folgten flussaufwärts der Birs, sich immer dicht an deren Ufer haltend. So umgingen die Reiter die hohen Faltenmulden des Juragebirges.

Mit Gewalt zwang Rudolf seine Gedanken auf das vor ihm liegende Gespräch. Es war unbedingt notwendig, mehr über die Pläne von Katharinas Landvogt in Erfahrung zu bringen. Sollten seine eigenen Vermutungen sich bewahrheiten, war dieser von Lupfen ein eigensüchtiger Kriegstreiber. Zudem interessierte den Markgrafen das derzeitige Mächteverhältnis innerhalb der Baseler Regierung. Galt es wirklich, einen Stoß zu verhindern, war es äußerst wichtig, die Autorität und Zuverlässigkeit der führenden Ratsmitglieder einschätzen zu können. Zwar war die Stadt Basel unabhängig vom Fürstbistum, doch nach wie vor oblag es dem Bischof, den Oberzunftmeister zu bestellen, der gemeinsam mit dem Bürgermeister den Stadtrat regierte. Rudolf beabsichtigte, die vielfachen Verflechtungen des Bistums mit der Stadt zu nutzen, um sich in dieser Hinsicht einen Einblick zu verschaffen.

Nach weiteren Stunden im Sattel ebbten die Gespräche der Männer ab, und sie entledigten sich ihrer Helme, unter denen ihre Köpfe in der brütenden Julihitze nahezu kochten. Schweigend legten sie die restliche stark bewaldete Strecke zurück und erst im Angesicht der Delsberger Stadtmauer waren sie zu bewegen, ihren stählernen Kopfschutz wieder aufzusetzen. An der Franche Coustine, dem großen Rundturm des Nordosttores, vertrat ihnen die Torwache mit aufgerichteten Hellebarden den Weg.

»Wer begehrt Einlass?«

»Seine Hoheit, der Markgraf Rudolf von Hachberg-Sausenberg zu Rötteln, Landgraf im Breisgau«, gab Ritter Berenfels Auskunft.

»Er kommt in friedlicher Absicht, Seine Exzellenz den hochwürdigsten Herrn Fürstbischof zu besuchen.«

Sofort eilten drei Reisige herbei, dem fürstlichen Besucher Geleit zum Bischofspalast zu gewähren. Von zahlreichen vorherigen Aufwartungen her kannte Rudolf sich hier aus. Doch immer wieder wunderte sich der Landgraf über den nahezu quadratischen Grundriss mit zwei Längs- und drei Quergassen. Da die bischöfliche Residenz in der südwestlichen Ecke lag, musste die gesamte Stadt durchquert werden. Im Geiste bereitete der Markgraf sich bereits auf das prunkvolle Schloss vor. Vor dem roten Turm an der Porte de Porrentruy bogen sie links in den Prunkhof ein und das vor ihnen liegende langgestreckte Kastell entlockte dem Markgrafen ein verständnisloses Kopfschütteln. Als Fürst des Heiligen Römischen Reiches hatte Humbert von Neuenburg bei Burgund nicht nur die Interessen der Kirche zu vertreten sondern auch die des Reiches. Brachte alleine diese Konstellation schon gravierende Interessenkonflikte mit sich, so lag in dem Bestreben der Stadt Basel nach völliger Unabhängigkeit von bischöflichen Befugnissen geradezu der Fallstrick zum Ausverkauf des Bistums. Statt sich dieser Aufgabe mit voller Kraft zu widmen, verbarg der prunkliebende fürstliche Seelenhirte sich hier an diesem versteckten Örtchen und gab immer mehr Regalien an den Baseler Rat ab, der ihn dafür aus seinen Schulden auslöste. Als Landesfürst war Rudolf diese Haltung zutiefst zuwider. Eine Windbö erfasste das hochhinaufgezogene Banner, gerade als der Landgraf es passierte und der rote Bischofsstab auf silbernem Grund blähte sich gewichtig auf. Rudolf musste lachen. Es kam ihm vor, als werfe es sich vor ihm mächtig in die Brust, um seine Gedanken Lügen zu strafen.

»Es ist mir eine wahre Freude Euch wieder einmal als Gast in meinem Hause zu bewirten. Wie ist das Befinden der verehrten Gemahlin? Ihr bleibt doch sicher bis zum Morgen?«

Mit großen Schritten eilte ihm Humbert entgegen und reichte dem Markgrafen seine Hand, die ein voluminöser goldener Ring mit blauem Saphir schmückte. Selbst diese Insignien seiner Macht sind schon verpfändet worden, ging es Rudolf durch den Kopf, als er der Kirche respektzollend seine Stirn dem Bischofsring zubeugte. In seiner aus dem wertvollen Stoff der Purpurschnecke violett gefärbten Soutane, die bis zur Hüfte tailliert auf den Boden reichte, dem gleichfarbigen Hüftzingulum, dem Schulterkragen und den purpurnen Knöpfen und Knopflöchern wirkte Humbert wie ein wirklicher Potentat. Aber was nutzten einem Bischof, der als Fürst auch gleichzeitig nach weltlicher Macht strebte, Mitra, Stab und Brustkreuz, wenn er nicht einmal mehr Herr in der eigenen Stadt war?

»Ah, ja, was Eure Gemahlin angeht, so ist mir wahrlich Befremdliches zugetragen worden. Sie soll der Zauberei kundig sein.«

Betont gelassen verlangte der Fürstbischof mit kurzen auffordernden Handbewegungen nach zwei Gläsern rotem Wein, der sogleich eingeschenkt wurde, seine Augen zu lauernden Schlitzen verengt.

Rudolf ließ sich nicht aus der Ruhe bringen. Unbefangen nippte er an dem dunkelroten Traubensaft.

»Der hier trägt die schwere Blume des Morgenlandes. Wohl ein Mitbringsel von vergangenen Kreuzzügen. So scheint Ihr die Perlen Eurer Feinde nicht zu schmähen und genießt die Wonnen muslimischer Gaumesfreuden. Ebensowenig weist meine Gemahlin die Gaben der Natur zurück wohl in Eintracht mit unserem Burgpriester, der ihre heilkundigen Ausführungen in vollem Umfange bestätigt hat. Es scheint das Privileg meiner Gemahlin zu sein, selbst in wirren Zeiten stets den rechten Weg beizubehalten. Denkt doch nur an Eure Exkommunikation der Beginen und braunen Mönche, dem zum Trotz sie sich nicht hat abhalten lassen, die Franziskaner Kirche gegen Euer Interdikt zu beehren. Der neue heilige Papst Alexander höchstpersönlich führte Euch erst kürzlich Eure damaligen schweren Irrungen vor Augen.«

Humbert erbleichte. In der Tat, das zurzeit herrschende Fiasko, in dem gleichzeitig drei Päpste die heilige Tiara für sich beanspruchten, erleichterte nicht gerade den kirchlichen Anspruch auf alleinige Autorität in Fragen der Moral. Zwar hatte das Konzil von Pisa den römischen Gregor und den Benedikt aus Avignon erst vor einigen Wochen zu Gunsten Alexanders abgesetzt, aber jeder verbriefte für sich weiterhin das Recht, der einzig wahre Träger des Fischerrings zu sein. Dummerweise oblag es ihm als Fürst des Heiligen Römischen Reiches, den pisanischen Alexander anzuerkennen, der selbst Franziskaner war und ihm die Exkommunikation seiner hiesigen Ordensbrüder arg verübelt hatte. So sah Humbert sich gezwungen, das riesige Vermögen, welches er von diesen annektiert hatte, wieder herauszurücken und die zwischen Klerus und Laien stehende Zwitterschwesternschaft, die sich Beginen nannte, von der Folter der Inquisition zu befreien. Dieser Edle aus Rötteln hatte ihn mal wieder an die Wand gespielt. Humbert räusperte sich unbehaglich.

»Ganz recht, ganz recht. Überbringt der verehrten Markgräfin meine tief empfundene Bewunderung. Jedoch ist es sicher Eurer Aufmerksamkeit entgangen, dass nicht Euch der Blutbann über Schliengen gebührt«, wenigstens in diesem Punkt trachtete er, sein Gesicht zu wahren. Abwehrend hob Rudolf die Hand.

»Seht Euer Exzellenz, damit keine noch so kleine Einzelheit diesen Fall betreffend Euch vorenthalten werden kann, habe ich mich persönlich hierher begeben. Diese Gräueltat ist außerhalb des Dorfetters geschehen wenn auch innerhalb des Schliengener Banns, so dass es bedauerlicherweise meine traurige Pflicht gewesen ist, mich dieser äußerst verruchten Tat anzunehmen.«

»Ich will keinen Streit mit Euch von Hachberg, doch dieser Haarspalterei will ich mich ebenfalls nicht anschließen. Seid Ihr bereit, Euch einem Schiedsspruch zu unterwerfen?«

»Jederzeit Euer Exzellenz! Ah, wo Ihr gerade Streit erwähnt. Sind Euch vielleicht Neuigkeiten über den Zug des von Lupfen gegen die Ulrichsburg bekannt, so doch Großrappoltstein unter Eurer Oberlehnsherrschaft steht?«

In knappen Worten schilderte der Markgraf dem Kirchenfürst seine Bedenken hinsichtlich des Landvogts der burgundischen Herzogin Katharina von Österreich.

»Auch Euch kann an einem Stoß zwischen Basel und den Österreichern nicht gelegen sein. Der städtische Handel bräche ein und Euch mangelte es an einträglichen Steuern. Ebenso seid Ihr wie ich den Habsburgern verbunden wie auch der Stadt Basel gleichermaßen.«

Grübelnd strich sich der hohe Geistliche mit Daumen und Zeigefinger durch den Bart.

»Verstehen kann ich den von Lupfen schon. Immerhin war es ein Baseler Fürstbischof, der seinem Schwiegervater die weibliche Erbfolge gestattete. Herzlaude, seine Gemahlin, erbte die Ulrichsburg also zu Recht von ihrem Vater.«

Rudolf nickte abwägend.

»Die einen führen Krieg, um ihres vermeintlichen Vorteils willen, die anderen heiraten oder gehen geschickte, nun sagen wir, Herzensbündnisse ein. Letzteres hat hier wohl obsiegt und Recht hat letztendlich derjenige, welcher Recht bekommt, also Maximus Smassmann. Als Kammerdiener des Herzogs Johann von Burgund und, eh … , höchst enger Vertrauter von dessen Schwester Katharina wählte der Rappoltsteiner wohl den siegreichen Weg. Ihr wisst es doch am besten. Gerechtigkeit gibt es nur in den paradiesischen Landen Eures göttlichen Oberlehnsherrn. Ganz sicher aber ist es nicht Sache meines Reiches oder der Stadt Basel für den Grafen von Hohenack und Stühlingen die Kohlen aus dem Feuer zu holen.«

Zustimmend nickte der Bischof.

»Gewiss nicht! Wie ich hörte, hat sein Kriegszug gegen die Burg Hochrappoltstein den Lupfen in arge finanzielle Nöte gebracht. Man spricht davon, er habe 9800 Gulden geliehen, für welche die Stadt Villingen bürgt.« »Dann stehen die Dinge noch schlimmer als ich befürchtete. Der Mann braucht dringend Geld und etwas, das er gegen den Liebling der Herzogin Katharina für sich in die Waagschale werfen kann. Ihr werdet mir sicher nicht die Gabe des Zweiten Gesichts unterstellen, wenn ich Euch sage, dass Basel mit seinen reichen Bürgern und der territorialen Verbindung zu den österreichischen Vorlanden auf dem Wunschzettel dieses Wüterichs steht.«

Immer nachdenklicher nickte Humbert mit dem Kopf.

»So stimmt Ihr mir also zu und wir sind in dieser Sache Verbündete. Wie steht es mit dem Bürgermeister und dem Oberzunftmeister? Ist Verlass auf diese Leute?«

»In letzter Zeit häufen sich die Beschwerden gegen sie aus den Reihen des Stadtrates. Man wirft ihnen Vetternwirtschaft vor. Vor allen Dingen wird gegen Bürgermeister Ritter Hans Ludmann von Rotberg und dem Henman Fröweler von Erenfels als Oberzunftmeister gewettert. Ist einer von beiden am Ende seiner einjährigen Amtszeit, betritt der andere die Regierungsbühne und einer berichtet dem anderen. Henman Fröweler von Erenfels wechselt sich seit Jahren mit seinem Freund Peter zem Angen als Oberzunftmeister ab. Es hat sich bereits eine starke Opposition um Meister Herman Buochpart von der Schlüsselzunft und dem Ritter Günther Marschalk von der Trinkstube zum Brunnen formiert. Beide prangern die Alleingänge des jetzt amtierenden Bürgermeisters Rotberg und des zem Angen an. Die Zünfte sind höchst unzufrieden mit dem Ungeld, welches der Rat erhoben hat, übrigens immer noch im Hinblick auf den Erwerb von Waldenburg, Homburg und Liestal aus Eurer Hand. Sie finden, es sei ungerecht bemessen, da der Reiche auf sein Vermögen anteilig weniger zu entrichten hat als der Unbemittelte. Nun, da sieht man, was geschieht, wenn wir als Landesherrn einer Stadt die Erlaubnis geben, ein solches Ungeld nach eigenem Gutdünken zu erheben. Vermehrt sprachen schon der Marschalk und der Buochpart bei mir vor, diese Leute nicht mehr im Amt zu bestätigen und es dem Rat selbst zu überlassen. Ehrlich gesagt fürchte ich schon seit einiger Zeit einen erneuten Aufstand gegen diese Etablierten, wie ihn die Stadt bereits vor Jahren einmal durchlebte, mit unabsehbaren Folgen für die Gilden der Achtburger und die Zünfte der Handwerker und natürlich auch für mich.«

Besorgt erhob sich Rudolf und begann gedankenverloren, die große Empfangshalle des Bischofspalastes immer wieder zu durchschreiten.

»Statt des alten Zwistes zwischen dem Uradel der Trinkstube ›Zur Mücke‹, den Psittichern, und dem der Patriziergeschlechter in der Trinkstube ›Zum Brunnen‹, den Sternern, befehden sich jetzt also zwei Brunnenleute: Rotberg gegen Marschalk. Wenn da nicht selbstsüchtige Gründe die Triebfeder sind, soll mich der Teufel holen! Verzeiht Euere Exzellenz! Wäre es denkbar, dass dem Rotberg und dem zem Angen ein Händel mit den Österreichern gelegen käme, um die Bürger von ihren ureigenen selbstsüchtigen Machenschaften abzulenken und dem Hass eine andere Richtung zu geben? Solcher Art gehandelt könnten den beiden ihre Positionen auch weiterhin sicher sein.«

»Wenn Ihr es so aufzeigt, klingt es wahrscheinlich. Mein Gott, das hieße ja, Katharinas Landvogt und der Rotberg bräuchten sich nur die Hand zum Krieg zu reichen und beide trügen den Vorteil davon und das um so leichter, weil die Herzogin seit Neuestem ihrem Landvogt erlaubt, aus eigenem Gutdünken heraus eine solche Fehde zu beginnen.«

Schockiert über seine Erkenntnis schob der Baseler Fürstbischof sein langstieliges Weinglas weit von sich.

Rudolf beugte sich vor und stützte energisch die Arme unweit des Hausherrn auf den Tisch.

»Genau! Und auf Baseler Seite untersteht das Söldnerheer dem Bürgermeister Rotberg, wie praktisch.«

Bedeutungsvolles Schweigen entstand, in dem die beiden Reichsfürsten die schwerwiegende Tragweite einer solch intriganten Strategie zu verdauen suchten. Ein derart abgekartetes Ränkespiel zwischen einigen Baseler Postenjägern und einem nach höchster Anerkennung strebenden österreichischen Landvogt brächte Tod und Verderben von Zürich bis Frankreich, Italien, Österreich und von Burgund über den Sundgau und das Elsass bis hinter Freiburg ja bis weit hinter den Bodensee. Denn aus Angst vor dem alten habsburgischen Feind träte gewiss das eidgenössische Bündnis der freien Reichsstadt Basel zur Seite und auch das burgundische Heer von Katharinas Bruder Herzog Johann wie das ihres österreichischen Schwagers Herzog Friederich würde durch von Lupfen zur Fehdepartei.

Wie betäubt ließ der Markgraf sich wieder auf seinen Lehnstuhl sinken. Die Blicke der beiden Herrscher fielen ineinander und suchten in den Augen des jeweils anderen nach hoffnungsvollen Wegen aus dieser tödlichen Umklammerung.

Plötzlich und unerwartet krachte die bischöfliche Faust auf den Tisch.

»Wie konnte ich nur so blind sein? Natürlich, dieser diabolische Pakt hat ja längst seinen Anfang gefunden. Was sonst könnte den Rotberg ermutigt haben, auch die letzte Scheu vor seinen Feinden zu verlieren, so dass er erst vor wenigen Tagen seinen ärgsten Widersacher, den Marschalk, aus dem Rat verbannt hat. Marschalk ist bei den Baselern und bei vielen im Rat hoch angesehen. Rotberg hätte fürchten müssen, sich damit sein eigenes Grab zu schaufeln ... «

»Wenn er nicht glaubte, eine Trumpfkarte im Ärmel zu haben, die den erregten Gemütern ein anderes Spielfeld böte, eins, das um ein Vielfaches schmerzlicher wiegt: Die Gefahr eines Gefechts mit den Habsburgen«, beendete Rudolf kopfschüttelnd den Satz.

»Vielleicht wäre es ratsam, Ritter Marschalk um ein Gespräch zu bitten. Ganz vertraulich natürlich. Wäret Ihr nicht ein Mann der Kirche, ich wettete mit Euch, er wird uns berichten, wie Rotberg die Angst der gutgläubigen Leute gegen die angeheiratete habgierige Habsburgerin schürt und auf der anderen Seite alles daransetzt, dem von Lupfen gute Argumente in die aufstrebende Hand zu spielen.«

»Gut möglich! Nur solltet Ihr die Unterredung auf Rötteln führen. Rotberg und seine Spitzel wachen eifersüchtig darüber, wem ich mein Ohr leihe.«

»Ich stimme Euch zu. Ihr solltet Euch bedeckt halten und dem Bürgermeister keinen Anlass bieten, am fürstbischöflichen Wohlwollen zu zweifeln. Den weiterführenden Plan wird Euch mein Bote zu gegebener Zeit überbringen. Wenn mich nicht alles täuscht, wird Eure Amtsgewalt in dieser städtischen Zwietracht noch dringend von Nöten sein. Auch sollten unsere Vermutungen diesen Raum vorerst nicht verlassen. Meine Leute denken, die Schliengener Missverständnisse haben mich zu Euch geführt.«

»Abgemacht!« Zur Bekräftigung ihres Übereinkommens reichten sich Humbert und Rudolf über den Tisch hinweg die Hände.

»Verzeiht Euer Exzellenz, wenn ich mich zurückziehe. In aller Herrgottsfrühe treten wir morgen den Rückweg an. Euren Haushalt möchte ich mit unserer Abreise zu so früher Stunde nicht in Aufruhr versetzen.«

Wieder verbeugte sich der Markgraf über den bischöflichen Ring und verließ ohne ein weiteres Wort die Halle. An persönlichen Abendgesprächen mit Humbert war ihm nicht gelegen. Dessen Versuch, Anna in die tödliche Nähe der Ketzerei zu rücken, verübelte Rudolf ihm aufs Ärgste. Der Markgraf war kein Träumer. Er wusste, Bischof Humbert würde nicht zögern, sein gesamtes Reich zu annektieren, stünde es denn in seiner Macht. Heute hatten sie nur bezüglich einer bestimmten Sache ein befristetes Bündnis in beiderseitigem Interesse besiegelt. Die Verlässlichsten in Rudolfs Augen!

»Ita, halte dich zurück! Niemand hat dich aufgefordert, deine Meinung kundzutun!«, platzte es aus Anna heraus. Zornig zog sie ihre feinen Augenbrauen zusammen und fixierte Rudolfs Schwester mit drohendem Blick. Berta hatte die köstlichsten Leckereien zum Frühstück auffahren lassen, doch Anna brachte keinen Bissen herunter. Selbst die von ihr so geliebten kleinen Kuchen rührte sie nicht an. Übermüdet und blass saß die Markgräfin alleine am Kopf des wuchtigen Eichentisches im Palas. Nahezu rührend mutete es an, wie sie ihre Rechte in Isabellas Fell versteckte und die Hündin sich eng an ihr Bein schmiegte, so als wüssten beide, wie einsam sie mittlerweile geworden waren und sich mehr denn je gegenseitig brauchten.

»Es sollte selbstverständlich sein für dich, liebe Schwägerin, ein solch liederliches Weibsbild wie Maria aus unserer Mitte zu entfernen. Stattdessen führst du dich auf wie eine gefühlsduselige Bäuerin und unterläufst die Autorität deines Ehemanns.«

Mit schadenfrohem Grinsen stocherte die Freifrau nur zu gern weiter in Annas offener Wunde. Endlich hatte sie ihr Ziel erreicht, Rudolfs Gemahlin in der Oberburg zu isolieren. Erst hatte dieser Hartenfels das Feld räumen müssen und jetzt noch Maria. Das war ganze Arbeit. Ita war sich sicher. Die Stunde bis zur endgültigen Entzweiung von Rudolf und Anna war nun nicht mehr fern und somit nahte auch der Tag ihres eigenen Machtzuwachses in diesem Hause.

»Da du ja nun eine neue Zofe benötigst, will ich dir gerne mit der meinen aushelfen.«

Gönnerhaft deutete Ita auf Rosa, die hochherrschaftlich neben ihr thronte. Anna musterte die beiden Frauen mit wachsendem Unbehagen.

»Du bist Gast in meinem Hause, Ita. Es wäre unverzeihlich von mir, dir solche Ungelegenheiten zu bereiten. Vorübergehend werde ich eine der Küchenmägde mit dieser Aufgabe betrauen.«

Die Markgräfin erhob sich, blieb jedoch am Tisch stehen.

»Nun möchte ich dich bitten, zusammen mit deiner Zofe den Palas zu verlassen. Ich möchte alleine sein.«

Ita wollte aufbrausen, bezwang jedoch ihre Entrüstung. Der Tag, an dem sie dieser eingebildeten Gans jede Demütigung heimzahlte, rückte ja unaufhaltsam heran.

Die Weitläufigkeit des leeren Saales umfing Anna wie eine dunkle Höhle, in deren nachtschwarzer Finsternis sie sich ihrer Einsamkeit nur noch mehr bewusst wurde. Welch trostloser Zukunft sah sie entgegen. Wie würde sie die vertrauten Gespräche mit Maria vermissen, das wohlige Gefühl, eine

Freundin an der Seite zu haben. Es war schon schlimm genug gewesen, Wolf von Hartenstein ziehen zu lassen, aber Maria war wie eine Schwester für sie.

Noch mehr bangte die Markgräfin um Maria selbst. Sie fühlte sich für die junge Frau verantwortlich, die ihren Weg vertrauensvoll mit dem ihren verknüpft hatte. Dort unten jedoch konnte sie ihre Hand nicht mehr genügend über ihre Schutzbefohlene halten. Was sollte nur werden? Bis zum Schluss hatte Anna sich daran geklammert, Rudolf doch noch umstimmen zu können. Aber seit sie heute in der Früh von dessen zeitigem Aufbruch erfahren hatte, begrub sie auch dieses letzte Körnchen Hoffnung. Nicht einmal mehr seine Absichten teilte er ihr mit.

Niedergeschlagen ließ sich die Gräfin auf eine der tiefen Fensternischen sinken, um in deren Enge wenigstens einen kleinen Zipfel Geborgenheit zu ergattern. Vor der Tür zum Treppenhaus erscholl Stimmengewirr. Anna erkannte den stets gehetzt klingenden Ton Nüwenburgs. Darunter vermischte sich das zeternde Gekeife einer Frau, die sich sehr zu amüsieren schien.

»Rosa!«, schoss es der Gräfin durch den Kopf. »Mein Gott, sie jagen Maria davon, ohne mir Gelegenheit zu geben, noch einmal mit ihr zu sprechen.«

Wütend und ängstlich zugleich rannte Anna hinüber und riss mit einem Ruck die Tür auf. Mit hochgeröteten Wangen und zitternden Händen hielt Maria ein kleines Bündel unter dem Arm, in das sie ihr gesamtes Hab und Gut gewickelt hatte. Die ausdruckslosen Augen trafen Anna mehr als alles andere. Sie wollte sie trösten, ihr Hoffnung geben. Nur zu gut wusste sie um Marias Ängste. Anna flog ihr förmlich entgegen und reckte die Arme um Marias Hals.

»Maria, bitte, gib die Hoffnung nicht auf! Alles wird gut werden, ich verspreche es dir. Ich werde von Hartenfels bitten, dort unten ein Auge auf dich zu haben. Er wird es mir nicht abschlagen.«

»Es ist schon gut Frau Gräfin, niemand kann seinem Schicksal entgehen.« Tapfer drehte sich die junge Frau um und schritt hinaus in den Burghof.

»Warte, Maria! Ich werde dich höchstpersönlich nach unten geleiten und damit jedem zu verstehen geben, dass du weiterhin in meiner Gunst stehst. Das ist das Mindeste, was ich für dich tun kann.«

Eisig wandte sie sich an Rosa.

»Hast du nichts anderes zu tun, als dich in Dinge einzumischen, die dich nichts angehen? Geh auf deine Kammer, du wirst uns nicht begleiten!«

Rosa wollte sich widersetzen, die befehlsgewohnte Haltung der Markgräfin jedoch irritierte sie. Immerhin war diese hier die Herrin, zumindest solange der Graf abwesend war. Ärgerlich zog sich die Zofe zurück. Zu gern hätte sie ihren Triumph über diese jämmerliche Kräuterhexe ausgekostet.

Arm in Arm schritten die Landesherrin und Maria den Weg hinab. Manch verwunderte Blicke schielten verstohlen auf das ungleiche Paar. Dass sich die Markgräfin nicht zu fein war, sich mit einer aus ihrer Mitte anzufreunden, rechneten die einfachen Leute ihr hoch an. Und selbst jetzt hielt sie treu zu Maria, obwohl sie sich damit öffentlich gegen die Entscheidung ihres Ehemannes stellte. Es waren zwiespältige Gefühle, die Anna entgegenschlugen, Bewunderung und Verwirrung gleichermaßen.

Auch Wolf von Hartenfels hatte die Neuigkeit bereits erfahren. Noch in der Nacht hatte ihm der Graf von dieser Entscheidung berichtet und ihn gebeten, ein Zimmer für Maria in der Schankstube zu besorgen, wo sie zukünftig als Schankmagd Dienst tun sollte. Es war als hätte man ihm mit einem Stein vor den Kopf geschlagen. Seine Maria, die für ihn bereits die zukünftige Comtesse de Beaune war und über seine burgundischen Ländereien herrschen sollte, mit der er endlich sesshaft werden wollte, um eine eigene Familie zu gründen, sie in einer solchen Stellung zu wissen, brachte ihn nahezu um den Verstand. In den Augen der Männer waren die

Frauen in der Schankstube doch nur bessere Dirnen. Keinen Moment glaubte Wolf den Gerüchten, sie habe sich dem Nüwenburg unschicklich an den Hals geworfen. Er fände die Wahrheit heraus und dann gnade Gott diesem finsteren Edelknecht.

»Von Hartenfels, was verstellt Ihr uns den Weg mit einem Ausdruck, als wolltet Ihr mir gleich an den Kragen?«

Wie immer, wenn er diesem hartgesottenen Ritter begegnete, übermannte Friedrich eine gewisse Unsicherheit, die er nur schwer verbergen konnte. Er räusperte sich und trat dabei unruhig von einem Bein auf das andere.

»Lasst uns vorbei, ich habe Order, diese Frauensperson in der Schankstube abzuliefern!«

»Und ich habe Order, sie in Empfang zu nehmen.«

Dass er damit die Worte des Markgrafen ein wenig ausdehnte, störte Wolf nicht im Geringsten. Er traute dem abgebrühten Kerl nicht über den Weg und hatte seine eigene Sicht der Dinge über das, was sich zwischen jenem und Maria zugetragen hatte. Aber diese Suppe würde er ihm von jetzt an gründlich versalzen. Der Dreckskerl streckte seine widerlichen Finger nicht noch einmal nach Maria aus. Dafür würde er sorgen. Offenbar teilte die Markgräfin seine Auffassung. Daran ließ deren bewusst zur Schau gestellte Vertraulichkeit mit Maria keinen Zweifel. Dankbar schaute Wolf zu Anna hinüber. War die Gräfin bereits über von Hartenfels' Erscheinen überrascht gewesen, so verwunderte sie dessen nicht zu übersehende Gefühlserregung über die Maßen. Forschend verweilte Anna auf seinen Gesichtszügen und allmählich flammte in ihr eine Erkenntnis auf. Natürlich! Sie selbst hatte doch erst vor kurzem vermutet, dass dieser starke Kämpe auf Liebesspuren wandelte. Konnte Maria die Angebetete sein? Ja, dann gäbe alles einen Sinn. Ihre Augen leuchteten auf. Es stand doch nicht so schlecht um Marias Lage. Unter seinem Schutz war sie sicher. Vor Erleichterung eilte sie ihrem ehemaligen Leibritter beflügelt entgegen.

»Guten Morgen von Hartenfels. Wie sehr ich diesen unglücklichen Lauf der Dinge verabscheue, bedarf keiner Erklärung. Leidige Missverständnisse brachten meinen Gemahl wohl dazu.«

Mit einem scharfen Seitenblick auf Nüwenburg fügte sie hinzu: »Die sich ganz sicher aufklären werden. Ich versichere Euch, nicht eher zu ruhen, bis der Wahrhaftigkeit Genüge getan ist.«

Es war unbedingt nötig, mit den beiden alleine zu sprechen.

»Nüwenburg, wir werden den Willen meines Gemahls selbstverständlich respektieren und Maria bereits hier der Verantwortung unseres geschätzten Hauptmanns anvertrauen. Als Herrin der Burg sehe ich mich jedoch verpflichtet, in besonderem Maße die Rückkehr meiner ehemaligen Zofe auf den Pfad der Tugend zu bewirken. Daher werde ich noch einmal unter vier Augen in sie dringen. Hartenfels wird uns die letzten Schritte bis ins Schankhaus begleiten. Ihr wartet hier auf meine Rückkehr!«

Diesen Morgen hatte sich Friedrich ganz anders vorgestellt. Schon die Begleitung der Gräfin war nicht nach seinem Wunsch gewesen. Aber die wäre er vor der Schankstube losgeworden. Eine Edeldame würde sich nie herablassen, ohne Not einen Fuß über die Schwelle eines solchen Etablissements zu setzen. Er hätte das Weib ganz alleine auf ihre Kammer gebracht. Diese aufreizende Vorstellung juckte ihn schon, seit der Graf ihn über die geänderten Umstände informiert hatte. Eine solche Gelegenheit böte sich ihm so schnell nicht wieder. Die ganze Nacht über hatte er davon geträumt, sich auf ihrem weichen Körper zu wälzen. Schon spürte er das pochende Schwellen, mit dem seine lüsterne Mannespracht prompt antwortete. Nein, er würde sich die Beute so kurz vor der Nase nicht abjagen lassen. »Als Euer Leibritter, kann ich Euren Aufenthalt in dem Wirtshaus nicht dulden. Eine Anordnung bezüglich der Überantwortung an von Hartenfels ist mir nicht bekannt. Ich werde daher, meinen Befehl wie gehabt ausführen.«

»Ihr vergesst, wem Ihr Gehorsam schuldet, Nüwenburg.

Sei es, wie es sei, solange mein Mann abwesend ist, bin ich es, die Euch gebietet. Eine Zuwiderhandlung käme Verrat gleich und dass wir uns ein für alle Mal richtig verstehen. Nachdem was Ihr Maria und damit auch mir angetan habt, würde ich nicht zögern, Euch dafür auf der Stelle mit dem Schwert richten zu lassen.«

Nicht von ungefähr drehte sich Friedrichs Kopf fast unmerklich zu Wolf. Er war sich sicher, dort stand der Handlanger für dieses Vorhaben. Er hatte sich wohl schon zu früh gefreut. Noch waren der Gräfin die Hände nicht genug gebunden. Schwerere Geschütze als bisher mussten aufgefahren werden, damit der Graf sie endgültig fallenließ. Dank dessen Verbundenheit zu Friedrichs Vater könnte er dann endlich schalten und walten, wie es ihm beliebte. Innerlich schwor sich der Ritterbürtige, auf der Lauer zu liegen. Ihm würde schon etwas einfallen. Für jetzt blieb nur der Rückzug.

»Wie Ihr wünscht, Hoheit.« Fast erstickte er an seinen eigenen Worten.

Im Innern der Taverne herrschte dämmriges Licht, welches sich nur mühsam seinen Weg durch drei offene glaslose Fensterluken suchte. Zwar standen mehrere Dochtlichter aus Pflanzenölen herum, doch keines war entzündet. Zu sehr benötigte man das Öl als tägliche Nahrung, als dass es nur für ein wenig mehr Helligkeit verschwendet wurde. Nicht der allgegenwärtige Lichtmangel war es, der Anna schockierte, vielmehr ließ sie der penetrante Geruch nach verdorbenen und ranzigen Essensresten und sonstigen Exkrementen angeekelt taumeln. Anna konnte sich nicht erinnern, wann sie das letzte Mal einen Fuß in die Burgschänke gesetzt hatte. Damals jedoch hatte die blitzblanke Sauberkeit sie erfreut und Anna war nicht müde geworden, der Frau des Wirts für ihre Sorgfalt hierin hohes Lob auszusprechen.

Der heutige Wirt besaß keine Frau. Mit hochgekrempelten Ärmeln und vor schmutzstarrendem Gewand stand er hinter dem Tresen und hielt Maulaffen feil. Sein aufgedunsenes Gesicht und Verformungen an den Fingergelenken zeugten von unstetem Lebenswandel und übergroßem Weingenuss. Daher wunderte sich die Markgräfin auch keineswegs über dessen griesgrämigen Ausdruck. Ihr war klar, dieser Mann litt unter den tückischen Schmerzen der Andreaskrankheit. Ein sehr junges Mädchen mit fettigen Haaren eilte herbei und knickste unbeholfen.

Energisch rief die Markgräfin sich zur Ordnung. Es hatte keinen Sinn, noch weiter mit dem Schicksal zu hadern. Sie konnten alle nur versuchen, für Maria die Lage so erträglich wie möglich zu gestalten.

»Wirt, für eine geraume Weile werde ich meine persönliche Vertraute in einem deiner Zimmer unterbringen. Du haftest mir mit deinem Leben für ihre Sicherheit.«

Außer einem fast unmerklichen Nicken brachte der Mann vor lauter Beklemmtheit nichts zu Wege. Ein weiteres Rucken seines schweren Schädels veranlasste die kindliche Schankmagd, den hohen Herrschaften vorauszueilen. Knarrende Treppenstufen wurden erstiegen und am Ende eines langen schmalen Ganges deutete sie zögerlich auf eine niedrige Holztür. Beherzt traten die Drei ein. Beim Anblick dieser winzigen jämmerlichen Behausung verließ Maria der letzte Rest ihrer mühsam abgerungen Beherrschung. Ängstlich biss sie sich auf die Lippen und schmiegte sich noch enger an die Gräfin.

»Maria, du musst dich nicht fürchten. Es sind keine bösen Gespenster, die dir nach dem Leben trachten, nur ganz gemeiner Schmutz starrt dich aus allen Ecken an. Und dem werden wir mit Wasser und Seifenkraut zu Leibe rücken. Ich werde dir einige Mägde schicken, die dir zur Hand gehen können. Ich bin sicher, schon in ein paar Tagen unter deiner Aufsicht wird diese Spelunke in altem Glanz erstrahlen. Alles, was du dafür benötigst, lasse ich dir zukommen.«

Jetzt quollen Marias aufgestaute Tränen machtvoll hervor.

»Ach Frau Gräfin, verzeiht mein zimperliches Benehmen! Es steht mir nicht an, eine Entscheidung meines Herrn zu kritisieren. Und ich habe weiß Gott schon Schlimmeres erlebt, als eine lausige Bettstatt. Eure Fürsorge beschämt mich zutiefst.«

»Ich hingegen verüble meinem Gemahl diese Missstände aufs Äußerste. Rudolf ist ein leidenschaftlicher Mensch und zwar in jeder Hinsicht. Nur weiß er diese in Bezug auf seine Regierungsgeschäfte ins rechte Licht zu rücken, was ihm in Herzensangelegenheiten allzu oft misslingt. Ich liebe meinen Gemahl und werde ganz sicher nicht tatenlos mit ansehen, wie eigensüchtige Gestalten das hitzige Feuer seiner Gefühle für mich ausnutzen und uns alle ihres eigenen Vorteils wegen ins Verderben stürzen. Meine Schwägerin strebt mit Hilfe ihrer maßlosen Zofe schon seit langem nach der häuslichen Schlüsselgewalt und auch dem Nüwenburg stehe ich im Wege. Rudolf fühlt sich schuldig am Tod seines Freundes und zur Sühne überträgt er blindlings seine Treue auf dessen Sohn, obwohl jener keinen Funken Ehrgefühl im Leibe hat. Ich bin es, die sie vernichten wollen, indem sie mir eine unlautere Beziehung zu Euch, von Hartenfels, unterstellen. Und jetzt müsst ihr beide darunter leiden.«

Anna lehnte sich erschöpft an die Wand. Das öffentliche Eingeständnis von Rudolfs Zweifeln an ihrer Ehrbarkeit traf sie bis ins Mark. Von Hartenfels Miene dagegen hellte sich sichtlich auf. Zwar bedrückten ihn die Nöte der Markgräfin schwer, doch als geschulter Stratege war ihm soeben eine Last von den Schultern genommen worden. Immer und immer wieder war er in den letzten Tagen hart mit sich selbst ins Gericht gegangen. Unmöglich konnte doch sein geringes Fehlverhalten zu den weitreichenden gräflichen Anordnungen geführt haben. Jetzt wenigstens wusste er, wo der Feind zu suchen war.

»Frau Gräfin sorgt Euch nicht um mich. Es wird mir eine Ehre sein, dem Fräulein Maria meinen Schutz anzutragen. Und seid versichert, wir werden Euch zur Seite stehen. Jetzt, wo wir den Feind kennen, können wir ihn auch bekämpfen.«

»Frau Gräfin, ich werde ganz bestimmt zurechtkommen. Grämt Euch nicht um mich und wenn Ihr meine Hilfe benötigt, so lasst es mich nur wissen!«

Maria eilte mit feuchten Augen zu Anna und ergriff deren Hand. Dankbar ruhte Annas Blick auf den beiden Menschen, die ihr so sehr ans Herz gewachsen waren. Dieser stattliche und hünenhafte Ritter, der breitbeinig und mit kaum verhülltem Zorn in die Ferne stierte vermutlich im Geiste bereits heftig auf seinen Gegner eindreschend und dieses engelsgleiche Geschöpf, scheu wie ein Reh! Fürwahr, die Beiden waren füreinander bestimmt. Aber wie sollten sie nur zueinander finden? Zu groß war der Standesunterschied.

Innerlich seufzte die Markgräfin erneut auf. Sie musste unbedingt einen klaren Kopf behalten. Vordringlich galt es, mit Rudolf ins Reine zu kommen. Nichts brannte ihr mehr unter den Nägeln. Ein heftiges Verlangen nach ihrem Jüngsten durchzuckte ihre Brust. Ja, was sie jetzt benötigte, waren ein paar friedfertige Stunden mit Wilhelm. Annas aufgewühlte Seele lechzte danach, sich am vertrauten Geruch ihres Kindes zu laben, Ruhe zu finden in der unbekümmerten und reinen Welt eines Dreijährigen. Sie wollte das unbändige Glück genießen, als Mutter einen Platz in jenem Erdenwinkel einnehmen zu dürfen, der dem Paradies am nächsten kam. Nichts schenkte ihr mehr Kraft als die bedingungslose Zuneigung ihres Kindes fernab von allem irdischen Unbill.

Noch einmal nahm sie ihre Freundin in den Arm.

»Maria, wenn uns auch nicht viel Raum trennt, so doch um so mehr die leidigen Zwänge unserer derzeitigen Lebensumstände. Nichtsdestotrotz bin ich in Gedanken bei dir und werde dir helfen, wo ich kann. Es wird nicht für immer sein, das verspreche ich dir. Und du, versprich mir im Gegenzug, dich mit allen Nöten an Ritter von Hartenfels zu wenden. Er genießt mein volles Vertrauen.«

Ein zarter Augenaufschlag traf das ernste Gesicht des Edelmanns wie der flüchtige Duft einer Blume und hinterließ eine verräterische Röte auf Marias milchweißer Haut. Schon seit langem spukte dieser gestandene Ritter als rettender Prinz durch ihre Träume. Aber mit dem Licht der ersten Morgendämmerung sperrte sie diese törichten Flausen in die hinterste Kammer ihres Herzens. Noch immer bezwang sie die Angst vor der viehischen Lust, mit der Männer Frauen Gewalt antaten. Wolf von Hartenfels war Marias Held und ein solcher war zwar über die Maßen lauter, aber eben auch ein Mann und in diesem Fall auch noch ein unerreichbarer. Doch noch während das Netz ihrer widerstreitenden Gedanken sie gefangen hielt, ging ihr Gefühl seinen eigenen Weg.

»Ja Frau Gräfin, ich verspreche es.«

»Gut, dann ist fürs Erste alles gesagt. Sicher begleitet Ihr mich noch hinaus, Hartenfels.«

»Ich werde sogleich zurückkehren Fräulein Maria.«

Als sie das Ende des langen Flures erreicht hatten, blieb Anna stehen. Leise mahnte sie den Hauptmann.

»Ihr gebt mir Euer Ehrenwort, Maria mit Euren Empfindungen nicht zu bedrängen. Keineswegs duldete ich es, sie als Eure Mätresse zu sehen und was sonst könntet Ihr einer einfachen Magd anbieten? Maria soll einmal die Freuden einer Familie genießen und überdies führt sie einen verzweifelten Kampf gegen die Schatten ihrer Vergangenheit. Nach allem, darüber mit Euch zu reden, überlasse ich ihr.«

Es war nicht die Strenge in Annas Stimme, die Wolf erbleichen ließ. Vielmehr fühlte er sich ertappt und entwaffnet wie ein dummer Junge. Unsicher zuckten seine Lippen. Standen ihm seine Gefühle für Maria denn auf der Stirn geschrieben? Beharrlich sträubte Wolf sich gegen jede vernünftige Einsicht. Er wollte nicht besonnen handeln, er wollte nur Maria. Der Markgräfin entging dieser innere Kampf nicht. Zeitpunkt und Ort aber waren ungünstig, eine solch intime Angelegenheit zu vertiefen. Auch brandete in ihrem Herzen Mitleid mit den beiden auf, ein schlechter Ratgeber.

»Hartenfels, ich kenne Euch gut genug, um zu wissen, dass Ihr meiner Bitte nachkommt. Allerdings scheint mir ein weiterführendes Gespräch mit Euch geboten. Bis dahin jedoch werdet Ihr Euch begnügen, Maria Geleit zu geben, wann immer die Situation es erfordert.«

Ein Hoffnungsschimmer keimte auf und schnell gab der Ritter sein Einverständnis, bevor die Markgräfin ihm den Strohhalm, an den er sich klammerte, wieder entziehen konnte.

»Mami, ich will reiten!«, schrie Wilhelm aus vollem Hals und zerrte Gertrud in halsbrecherischem Tempo durch die Tür zur Kemenate seiner Mutter.

»Lass ihn nur los Gerti, ich fange ihn schon auf!«

Dankbar stützte sich die alte Amme auf dem eisernen Türgriff ab. Ihre wackeligen Beine wollten nicht mehr so recht.

»Gerti, du weißt, wie sehr ich dich brauche. Aber längst hast du es verdient, dich auf dein Altenteil hier auf der Burg zurückzuziehen.«

»Ach Frau Gräfin, wozu wäre ich dann noch nütze? Kinder halten mich am Leben und diesen kleinen Wirbelwind werde ich auch noch großbekommen.«

»Ich verstehe dich ja, Gerti. Aber so nutze wenigstens diese Gelegenheit, dich einmal auszuruhen. Wilhelm und ich kommen für ein paar Stunden auch alleine zurecht.«

»Schon lange wollte ich den alten Haslauer in Tumringen besuchen. Seit seine Arme zu sehr schmerzen, um Fische aus der Wiese zu fangen, nörgelt er an allem und jedem herum. Es ist die Untätigkeit, die ihm zu schaffen macht.«

»Das tue nur und hole dir aus der Küche einen Bund Ehrenpreiskraut! Daraus braue für ihn einen Tee und lass diesen lange ziehen! Er wird seine Schmerzen lindern.«

Zärtlich nahm Anna ihren Jüngsten auf den Arm. Die kostbaren Momente allein mit Wilhelm oder Rudolf zerrannen zumeist viel zu schnell. Nur zu gern wäre sie mit ihm ausgeritten. Ein flotter Trab durch den mit würzigen Gerüchen des Sommers geschwängerten Wald hätte auch in ihr Gemüt frischen Wind geblasen. Allerorten vergraulte dieser widerwärtige Nüwenburg ihr das Leben. Er war der Letzte, dessen Anwesenheit sie jetzt ertragen konnte.

»Wilhelm, sobald dein Vater zurückgekehrt ist, reiten wir drei gemeinsam auf den Sausenberg. Vogt Langenhagen freut sich sicher, dich wieder zu sehen. Er mag doch Kinder so gern und hat keine eigenen. Für heute begnügen wir uns damit, deinem Pferd hier drinnen die Sporen zu geben.«

Flugs war der junge Graf auf dem Boden und sauste hinüber zu seinem hölzernen Schaukelpferd. Behände erklomm er den hohen Rücken und versetzte in Windeseile seinen Spielkameraden in gewagte Manöver. Die echten Mähnen- und Schweifhaare wirbelten auf und nieder und kitzelten die weiche Kinderhaut. Wilhelm grölte vor Vergnügen. Auch Anna wurde warm ums Herz. Sie vermeinte die Hand ihrer Mutter zu spüren, die sie zärtlich aufgefangen hatte, als ihr eigenes Schaukelpferd mal wieder drohte, das Gleichgewicht zu verlieren. Seit ihrem letzten Besuch auf der elterlichen Burg Badenweiler war geraume Zeit ins Land gegangen. Am Tag, als Konrad nach Neuenburg am See gezogen war, hatte sie das letzte Mal am Grab ihrer Eltern gestanden. Seither bezog Herzogin Katharina von Burgund dort öfters Quartier, wohl um sich an den heilenden Kräften des Wassers in den vielen Badestuben zu erquicken. Anna nahm sich fest vor, die Stätte ihrer Kindheit baldmöglichst wieder zu sehen. Von ihrem Bruder wusste sie, dass immer noch Wildrich von der Huben sein Amt als Vogt auf der Burg ausübte. Er war ein Lehnsmann Konrads gewesen und ein guter Freund. Sie waren alle zusammen aufgewachsen und Anna erinnerte sich belustigt an dessen Spitznamen »Wirri«.

Isabellas Bellen brachte die Markgräfin zurück in die Gegenwart, und noch ehe Klopfgeräusche an der Tür zu vernehmen waren, hatte ihr die wachsame Hündin die Störung bereits kundgetan. Sie wusste, der Haushofmeister waltete nur seines Amtes, dennoch fiel es Anna nicht leicht, ihren Unmut über dessen Eindringen zu vertuschen. Sie entließ ihn, mit der Bitte, eine der Küchenmägde zu schicken, die ihr beim Umkleiden behilflich sein könnte. Wehmütig sah sie hinüber zu ihrem Sohn. Ihn würde sie jetzt wohl Gerwigs Frau anvertrauen müssen. Sicher wäre Wilhelm froh, mit Hannes zu toben.

Fast hätte Anna die Sache mit dem Hirtenjungen vergessen. Es schien ihr eine Ewigkeit her zu sein, dass Rudolf und sie gemeinsam nach Endenburg geritten waren. Nur zwei Tage, doch die hatten ihr bisheriges Lebensumfeld auf den Kopf gestellt. Jetzt besaß dieser Weitenauer Prior auch noch die Frechheit, das markgräfliche Ersuchen nach Übereignung des Jungen abzulehnen. Soeben hatte ihr Bote die Nachricht überbracht. Weiß Gott, die Ablösesumme war hoch genug bemessen. Der Bursche hatte sein eigenes Leben für sie aufs Spiel gesetzt. Die Markgräfin stand bei ihm im Wort. Es blieb wohl nichts anderes übrig, als diesem sturen Klostervorsteher einen Besuch abzustatten. Mal sehen, ob er sich erdreistete, ihr seine Weigerung ins Gesicht zu sagen. Immerhin unterstand die gesamte Benediktinerabtei Sankt Blasien und somit auch deren Priorate Rudolfs Schirmherrschaft.

Berta hatte der Markgräfin die Sauberste ihrer Mägde gesandt. Freilich, die unbeholfene Art des Mädchens, das sich in der Nähe ihrer Herrin kaum getraute zu atmen, zerrte an Annas strapazierten Nerven. Nun, sie würde sich wohl oder übel mit ihr gedulden müssen. Mit vereinten Kräften war es letztlich geschafft und ein karmesinrotes Reitkleid aus edlem Samt legte sich hauteng um Annas Oberkörper und fiel von der Hüfte abwärts reichlich betucht und faltenreich zu Boden. Bewusst wählte die Markgräfin dieses edle Gewand, denn seine Farbe wurde aufwendig aus speziell gezüchteten Kermesläusen gewonnen und hob den Fürstenstand seiner Trägerin deutlich hervor. Ein gleichfarbiger Schleier von einem rubingeschmückten Schapel befestigt rundete ihre hochherrschaftliche Erscheinung ab.

Dieser eigenwillige Mönch sollte sogleich erkennen, wem er sich zu widersetzen wagte. Nach kurzer Überlegung ergriff sie einen hirschledernen Almosenbeutel und hängte ihn an ihren Gürtel. Liebevoll strich sie über die kleine runde Fibel mit den rubinbesetzten Kettengliedern, welche das seitliche Leder zierte. Dieses Schmuckstück war eins der wenigen Erbstücke, das sie an ihre Mutter erinnerte.

»Arme Mama! Alles andere hat Vater dir zur Befriedigung seiner Gläubiger genommen.«

Das Kloster lag im Tal, und es wäre Unsinn, zuerst noch bergan durch den Wald zu reiten statt gleich hinunter auf die Schopfheimer Landstraße und alsbald den Weg über das Örtchen Steinen. Gleichwohl wann immer die Markgräfin durch eine größere Siedlung ritt, wollte sie den Menschen dort etwas zukommen lassen. Vor der Tür hielt die Fürstin vergebens Ausschau nach ihrem Leibritter. Zum ersten Mal fragte Anna sich, wie es von Hartenfels wohl angestellt hatte, im rechten Augenblick stets zur Stelle zu sein. Auch von dem unwilligen Knappen Richard fand sich keine Spur. Verstimmt schritt sie die Stufen hinab.

»Heinrich, wie gut dich anzutreffen.«

Sofort verneigte sich der Haushofmeister, der sich gerade anschickte, den Burghof zu überqueren, um die Bauarbeiten an der neuen Kapelle zu kontrollieren.

»Neben meinem Gemahl ist doch niemand über unsere Außenstände so gut unterrichtet wie du, da du ja auch den Kämmerer kontrollierst. Könnte es sein, dass uns das Weitenauer Kloster noch etwas schuldig ist?«

Erstaunt hob der Angesprochene eine Braue, gestattete sich ansonsten jedoch keine weitere Verwunderung über das ungewöhnliche Interesse der Markgräfin. Er bedurfte nur kurzen Nachdenkens. Anna nickte.

»Wenn du Wilhelm in die Schreibstube gebracht hast, bitte Ritter Hartenfels um einen geeigneten Bewaffneten als Begleitung für mich für den Ritt zum Weitenauer Kloster und lass mir Annabella satteln!«

Die Magd eilte davon und schnell drückte Anna ihrem Sohn noch einen Kuss auf die Wange. Dem Fernbleiben ihres Leibritters weinte die Gräfin keine Träne nach. Sollte er doch bleiben, wo der Pfeffer wächst. Nicht einen Moment würde sie auf ihn warten. Es dauerte nicht lange und ein voll bewaffneter Reiter ritt durch das Mannstor und zog Annabella hinter sich her. Sogar das Visier seines Helmes war heruntergeklappt. Anna kannte weder das Pferd noch das Wappen auf dem Schwert. Das war nicht weiter verwunderlich. Längst waren ihr nicht alle Ritter in Berenfels' Gefolge bekannt. Nur die kostbare Verarbeitung der Rüstung irritierte sie kurzzeitig. Letzten Endes bemächtigte sich schon am Landschaftsturm die vor ihr liegende Auseinandersetzung mit dem Prior wieder ihrer Aufmerksamkeit. Gedankenverloren galoppierte Anna vorneweg.

Nüwenburg verließ gerade die Schankstube, wo er sich in der Hoffnung auf eine Begegnung mit Maria schon am helllichten Tage eingefunden hatte. Was sollte er sich unnütz vor dem Zimmer der Gräfin langweilen, die ihre Zeit mit dem Balg vertrödeln wollte. Doch genau diese verließ just vor seinen Augen die Burg. Weder Panzer noch Kopfschutz trug er nur sein gegürtetes Schwert. Aber jetzt blieb ihm nichts anderes übrig, als dieser lästigen Person so schnell wie möglich hinterherzusetzen, wollte er seiner neuen Stellung nicht gleich verlustiggehen. An der Landstraße holte Friedrich die beiden ein. Da er das Ziel nicht kannte und sich nicht die Blöße geben wollte, danach zu fragen, übernahm er klaglos die Schlussposition. Hinter Steinen folgten sie dem Klosterbach zur Linken.

Der Geharnischte hatte den Wasserlauf bereits an einer niederen Stelle überquert, als eine Schar Unholde mit ohrenbetäubendem Lärm aus dem dichten Unterholz hervorbrach und mit wilder Entschlossenheit am Bein der Gräfin zerrten. Annabella stieg und wehrte sich mit den Vorderhufen. Wie Kletten hingen die Wegelagerer an Annas Bein. Verzweifelt klammerte sie sich in die Mähnenhaare und trat um sich. Ein metallenes Geräusch drang an ihr Ohr und der nächste Tritt durchschnitt nur noch die Luft. Mit einem einzigen Hieb seines langen Schwertes hatte ihr Anführer drei der Räuber niedergestreckt und durchbohrte gerade die Brust des Vierten. Die beiden Letzten gaben Fersengeld. Friedrich unterließ jeden Versuch, die Zwei aufzuhalten. Er trug keine Rüstung und verspürte nicht die geringste Lust auf eine Fleischwunde durch einen Messerstich. Bleich aber gefasst dankte Anna ihrem Begleiter, der nah zu ihr aufgerückt war.

»Ist alles in Ordnung, Frau Gräfin?«, erkundigte er sich leise.

Diese Stimme, das war doch.., aber das Wappen..? Ungläubig starrte die Gräfin auf das vermummte Gesicht. Mit flüchtiger Geste legte der Mann einen Finger an den Mund. Also doch, niemand anders als Ritter von Hartenfels steckte unter dieser Rüstung. Zu gern wäre Anna der Sache auf den Grund gegangen, aber die Anwesenheit dieses Nüwenburgs verbot auch nur den Gedanken daran.

»Mir geht es gut. Nur mein Almosenbeutel fehlt. Wäre es nicht an Euch gewesen, meinen Schutz zu garantieren, Herr Leibritter? Allerdings, wie ich sehe, fehlt Euch dazu ja schon die Ausrüstung.«

Die Markgräfin bedachte Friedrich mit einem spotttriefenden Lächeln und warf einen letzten Blick auf die Angreifer. Ein paar Knechte aus der Burg würden sich später der getöteten Strauchdiebe annehmen.

Bis zum engen Tal des Klosterbachs waren es nur noch einige Minuten. Schon tat sich der Wald auf und wie auf einer grünen Insel, umgeben von fruchtbaren Auen, reckte sich der Kirchturm des heiligen Gangolfs über den Konventgebäuden in die Höhe. Es war eine malerische Niederung, die zum Verweilen einlud. Direkt vor dem Klosterportal wurde ein frisch abgeerntetes Getreidefeld mit dem Pflug bearbeitet. Fassungslos starrten die Drei hinüber.

»Täuschen mich meine Augen, oder wird dieser Pflug von einem Mann gezogen?«

»In der Tat, Frau Gräfin, Ihr irrt nicht.«

Nicht, dass Friedrich sich um den Geplagten scherte, aber

es gab doch weit schnellere Bearbeitungsmethoden. Am Tor des Klosters erhielt die Markgräfin sofort Einlass. Die Mönche in ihren schwarzen Benediktinerkutten beendeten soeben die Sext und strebten dem Refektorium zu, um gemeinsam das Mittagsmahl einzunehmen. Vom Kreuzgang her eilte der herrschaftlichen Gruppe flotten Schrittes und gebeugten Hauptes der Prior entgegen und bat die Gräfin in ein separates Speisezimmer für Gäste. Anna respektierte das Schweigen während der Mahlzeit und wartete mit ihrem Anliegen geduldig, bis auch der letzte Bissen vertilgt war. Wieder wurde der Raum gewechselt und in der Klosterbibliothek endlich drang sie zum Kern ihres Besuches vor.

»Frau Gräfin, ich kann Euch Kunz nicht überlassen. Er ist ein junger Bursche und wird uns, sobald er vermählt ist, kräftige Kinder schenken, die dem Kloster leibeigen sind. Wir benötigen diese Menschen hier zur Bewirtschaftung unserer Höfe. Immer wieder rafft der Schwarze Tod unsere Leute dahin. Nur mehr halb so viele Eigene wie vor einigen Jahrzehnten nähren uns. Gerade tut einer unserer Gotteshausleute vom Schillighof Buße. Er hat die Unfreie eines anderen Herrn geheiratet, mit dem ich mich jetzt vergleichen musste. Der erstgeborene Sohn geht unserem Priorat verlustig.«

»Ihr lasst diesen Armen wie einen Ochs im Pflug gehen?«

»Wo sollen wir sonst die fehlenden Arbeiter für unser Land hernehmen, wenn nicht aus deren Kinderschar? Daher sind unsere Leute bei Strafe verpflichtet, sich zu vermählen und das innerhalb unserer Herrschaft.«

Anna hatte von diesen drakonischen Richtlinien des Weitenauer Priors gehört. Selbst Witwen wurden gezwungen, sich erneut zu verehelichen, solange sie im gebärfähigen Alter standen. Anna blieb nicht mehr viel Zeit. Schon in wenigen Minuten würde die Glocke zur Non läuten.

»Ja nun, da Ihr es mit der Auslegung der Rechtslage so überaus genau nehmt, wundert mich doch Euer Säumnis gegenüber uns. Als Schirmgeld schuldet Ihr meinem Gemahl mittlerweile 24 Saum Wein und 20 Malter Roggen. Es wäre mir ein Leichtes, dafür drei Eurer Eigenleute zu fordern. Auch dünkt mich, Ihr werdet diese Schuld sobald nicht auszugleichen vermögen. Unglücklicherweise wird uns der außergewöhnliche Hagelsturm ja eine schreckliche Missernte bescheren. Ich befürchte, Abt Johannes Kreutz könnte zwischen der leichtfertigen Verwaltung seiner Sankt Blasien gehörenden Schuppose und Eurer häufigen Abwesenheit einen Zusammenhang erkennen.«

Als er die Markgräfin höchstpersönlich hier einreiten sah, schwante dem Klostervorsteher bereits nichts Gutes. Mit einer solchen Hartnäckigkeit hatte er nicht gerechnet. In der Tat war ihm zurzeit an einer näheren Überprüfung der Verwaltungsbücher nicht gelegen. Einige Unstimmigkeiten brächten ihn persönlich in arge Bedrängnis. Der Prior suchte seine nervösen Finger in der Weite seines Ärmelstoffes zu verbergen. Immerhin war doch auch ein Klosterbruder nur ein Mensch und der Aufenthalt auf den konventeigenen Besitzungen innerhalb der Stadt Basel brachte vielerlei kostspielige Verführungen mit sich. Schon die Erinnerung an das städtische Frauenhaus ließ ihm das Wasser im Mund zusammenlaufen. Jetzt besaß dieses Weib doch tatsächlich die Dreistigkeit, ihm unterschwellig derlei Vergehen zu unterstellen. Sich einer aus Adams Rippe geborenen Frau geschlagen zu geben, nagte am geistlichen Selbstverständnis des Ordensbruders.

»Eure Überlegungen sind irregeleitet, meine Tochter. Ihr versündigt Euch mit solch anzüglichem Gerede. Wenn es des Schafhirten bedarf, um Euch aus Satans Klauen zu befreien, damit Ihr den Weg herausfindet aus derart niederträchtiger Verleumdung, so werde ich mich als Diener Gottes dem Willen des Herrn beugen.«

Anna erhob sich. Sie hatte erreicht, was sie wollte.

»Ich neige mein Haupt in Demut und möchte meine unverzeihliche Schuld nicht noch ins Unerträgliche steigern. Zutiefst beschämt mich bereits jetzt der Gedanke, Euch Geld für den Burschen geboten zu haben; denn gewiss wollt Ihr Euer frommes Tun nicht schmälern, indem Ihr dafür Geld nehmt, eine Sünderin den läuternden Flammen des Fegefeuers entrissen zu haben. Ab morgen also wird Kunz auf Rötteln weilen.«

Dieser unverschämte Heuchler sollte spüren, dass er sich auch als Gottesmann seinem weltlichen Herrscher nicht zu widersetzen hatte. Stand nicht geschrieben: »Gebt dem Kaiser, was des Kaisers ist« ? Anna lächelte feinsinnig. Vor den Augen seiner Mitbrüder würde der anmaßende Klosterobere noch in die Schranken der markgräflichen Vorherrschaft gewiesen werden.

In der sengenden Julisonne machte sich Nüwenburg mit mürrischem Gesicht auf, den Geknechteten aus dem schweren Joch des Pfluges zu erlösen. Es war die Markgräfin selbst, die dem Dürstenden inmitten des Klosterhofes und umringt von den schwarzen Jüngern des himmlischen Vaters das labende Wasser reichte. Die Riemen des Pfluges hatten in dessen Haut blutige Wundmale gescheuert und Anna musste seinen Kopf stützen, damit der vollends erschöpfte Knecht das kühlende Nass begierig schlürfen konnte.

»Ihr solltet das Eigentum Eures Abtes pfleglicher behandeln, gerade in Zeiten der Not. Zum Ackern ist der Ochs gedacht, der hier zum Ernten. Ihr scheint vergessen zu haben, dass wir jeden Mann zur gemeinschaftlichen Beseitigung des Hagelschadens befohlen haben. Wenn Ihr die Leute zu Tode schindet, lauft Ihr Gefahr, für Euer Mehl nächstens selbst handanlegen zu müssen. In diesem jämmerlichen Zustand jedenfalls zeugen die Männer für Euch keine Brut. Wenn Ihr Euch schon auf die Nachzucht von Leibeigenen verschworen habt, solltet Ihr bedenken, dass der Hengst in Saft und Kraft stehen muss und die Stute in gutem Futter. Und jetzt schickt in Gottes Namen nach dem Pater Infirmarius. Die klaffenden Blutmale Eures Eigenen benötigen dringend der Versorgung. Oder wollt Ihr riskieren, zwei kraftstrotzende Arbeitshände durch Wundbrand zu verlieren?«

Schon zeitig in der Früh hatte die Gräfin am nächsten Morgen das Gesinde mit ihrem Erscheinen in Aufruhr versetzt. Wie sie von Heinrich erfuhr, wurde Rudolfs Rückkehr für den Abend erwartet. Die Demütigung, sich über die Pläne ihres Gemahls bei einem Ministerialen Auskunft zu erbitten, nagte immerfort an Anna. Verletzter Stolz und ein wundes Herz gaben sich in ihrem Geist abwechselnd ein drückendes Stelldichein und wucherten über den Tag hinweg bis zu den Ausmaßen eines hünenhaften Ungetüms. So suchte die Markgräfin ihr trübes Gemüt und die ständig steigende Unruhe mit den vielfältigen Aufgaben einer Burgherrin zu betäuben. Zuerst entsandte sie eine Putzkolonne zu Maria in die Unterburg. Die übrig gebliebenen Knechte und Mägde eilten flink umher und schleppten einen Wasserbottich nach dem anderen fürs Großreinemachen heran. Überall in der Burg wimmelte es vor Hochbetrieb wie in einem Ameisenhaufen und selbst Ita konnte nicht umhin, das organisatorische Talent ihrer Schwägerin, mit der diese die unsichtbaren Fäden in diesem scheinbaren Tohuwabohu zog, zähneknirschend anzuerkennen.

Anna selbst hatte sich vom Schreiber bereits die Aufzeichnungen des letzten Monats zeigen lassen und den Kämmerer mit ihren detaillierten Fragen zu den Außenständen verschiedener Pächter fast zur Weißglut gebracht. Auch Bertas Reich war von ihrer Überprüfung nicht verschont geblieben, sehr zum Leidwesen der Köchin, die ihre Küche als eine Art persönliches Refugium betrachtete. Gemeinsam mit Heinrich zählte Anna jetzt die einzelnen Vorräte im Keller und verglich sie mit den entsprechenden Vorgaben der Einlagerungslisten. Einige Ungereimtheiten stachen ins Auge, doch geschicktes Nachfragen brachte die Lösung schnell ans Tageslicht. Zwei Jungknechte trieben einträglichen Handel mit den Lebensmitteln der Burg und bereicherten so ihren eigenen Beutel.

Anna hatte Mitleid mit den Beiden. Sie selbst hatte die Zwölf-jährigen seinerzeit von den Müttern entbunden. Als Söhnen von Schankmägden fehlte den Burschen die strenge Hand eines Vaters, der nicht einmal den eigenen Müttern bekannt war. Es graute sie, die Lausbuben vor ein öffentliches Gericht zu stellen, das ihnen als Diebe sicher die rechte Hand abhacken ließ. Die Bekanntschaft mit dem Pranger und anschließendes Unkrautjäten im Kräutergarten führten sicherlich zu weit größerem erzieherischen Erfolg.

Selbst die Verliese im Malefizturm und Bergfried suchte die Markgräfin höchstpersönlich auf und ließ dort frisches Stroh gemischt mit Kräutern einstreuen. Katzen sprangen überall wild herum und fauchten wütend über die Vertreibung der Ratten und Mäuse.

Anna streichelte gerade beschwichtigend das graue Fell einer alten Jägerin, als das Horn des Wächters am Südtor die Ankunft des Hausherrn mit melodischem Klang über die Weite des Wiesentals blies. Herzenskummer hatte sie heute in der Burg das Unterste zu Oberst kehren lassen. Jetzt würde sie nicht eilen. Wenn Rudolf es ihr gegenüber an Respekt mangeln ließ, würde sie sich nicht hetzen, ihm die gebotene Aufwartung zukommen zu lassen. Gemächlich schritt sie hinunter zum Stall und setzte sich zu Annabellas Hufen ins Stroh. Sehnsüchtig drückte sie ihren Kopf an die hölzerne Einfriedung und schloss die Augen. Das war ihre Welt. Hier brauchte sie nur sie selbst sein. Anna, die das monotone Geräusch der Heu mahlenden Pferdezähne, das zufriedene Schnauben der Rösser, den anheimelnden Geruch nach frischem Heu und Stroh ja sogar den würzigen Duft der Pferdeleiber jedem noch so großen Luxus ihres Feudalstandes mit seinen starren Zwängen und intriganten Gefechten vorzog! Zärtlich schmiegte sie ihr Gesicht an die samtweichen Nüstern ihrer Stute.

Rudolf richtete den Blick in die Höhe. Hoch oben thronte sie, seine Burg Rötteln. Majestätisch und stolz untermauerte die mächtige Feste die Errungenschaften seiner Herrschaft. Kraftvoll zog sie ihn in ihren Bann und mit wildem Galopp preschte er bergan. Das Tor war weit geöffnet. Wolf von Hartenfels erwartete den Grafen auf dem Innenhof. Die Gestalt des Ritters versetzte Rudolfs Euphorie einen Dämpfer. Doch es half nichts. Der Graf hatte es sich zur Gewohnheit gemacht, nach seiner Abwesenheit, sich schon am Tor über die wichtigsten Vorkommnisse berichten zu lassen. Naturgemäß oblag diese Pflicht dem Hauptmann der Burg. Was er hörte, entsetzte ihn. Eine wilde Meute von Bluthunden, die an Annas Bein zerrten. Die bloße Vorstellung ließ ihn unwillkürlich die Zähne blecken. Mit ausgreifendem Schwung eilte er hinauf in die Herrenburg. Rudolf wollte zu ihr, sie in seinen Armen geborgen wissen. Doch jäh verhielt er mitten im Schritt. Wo war sie? Wieso kam sie ihm zur Begrüßung nicht entgegen, wie es die Pflicht jeder guten Ehefrau war? Von einer Verletzung hatte Hartenfels nicht gesprochen. Furcht keimte auf. Hatte ihn der Hauptmann nur nicht beunruhigen wollen? Sorgenvoll ließ er den Blick über seinen engsten Hausstand schweifen. Heinrich, zem Ryn, Ita mit ihrer Zofe und Nüwenburg mit Richard.

»Wo ist sie?«, war das Einzige, was er hervorbrachte und fixierte dabei den Leibritter seiner Frau. Dieser musste es doch wissen.

Ita unterbrach unwirsch das gespannte Schweigen. Ihrethalben bräuchte diese Person überhaupt nicht mehr auftauchen. Nur zu gern war sie bereit, die Stellung der Hausherrin zu übernehmen.

»Ich freue mich, dich wieder zu sehen, lieber Bruder. Sicher wolltest du auch uns begrüßen.«

»Wo ist sie, geht es ihr gut?«, wiederholte Rudolf in gereiztem Ton.

»Ich nehme an, du meinst Anna. Den ganzen Tag über versetzte sie uns alle mit ihrem wirren Tatendrang in ein heilloses Durcheinander. Zu guter Letzt wurde deine Frau dabei beobachtet, wie sie in den Verliesen herumgeisterte. Natürlich geht es ihr gut, Rudolf, wieso auch nicht? Aber wie immer nimmt sie es mit den Pflichten dir gegenüber nicht so genau. Ich vermute, deine Gemahlin hatte schlichtweg Wichtigeres zu tun, als dir die gebührende Ehre zu zollen.«

Erleichtert atmete Rudolf auf und verspürte doch gleichzeitig einen scharfen Stich. Eben noch war ihm Rötteln als glanzvolles Abbild seiner Macht erschienen. Aber ohne Anna empfing ihn nur kaltes Gemäuer. Trotzig stemmte sich der Markgraf gegen das taube Gefühl ohnmächtiger Niedergeschlagenheit. Wenn es nötig war, würde er sie eben an ihre Stellung erinnern.

»Lasst uns hineingehen! Ihr nicht, Nüwenburg! Ihr seid der Leibritter meiner Gemahlin. Es ist an Euch, sie zu finden, auch wenn es bedeutete, die gesamte Burg auf den Kopf zu stellen. Ich will sie sehen, hier und jetzt. Bringt sie ohne Umwege zu mir in den Palas!«

Auf der ersten Treppenstufe wandte der Graf sich noch einmal um.

»Ita, sieh in ihren Gemächern nach!«

Rudolf ließ sich nur schnell von Michael aus seiner Rüstung helfen und stieg alsbald wieder hinunter. Ungeduldig nahm er seinen Platz am Kopf der Tafel ein wütend auf den freien Sitz neben ihm starrend. Auch Berenfels war mittlerweile zusammen mit von Hartenfels eingetroffen und beide erörterten schwierige Streckenabschnitte, die auf dem Weg nach Delsberg zu überwinden waren. Thomas, Berenfels' Knappe, gesellte sich zu Michael. Ita und Rosa saßen unverrichteter Dinge aber mit erstaunlich guter Laune am obersten Rand der Tischlängsseite, direkt neben Rudolf. In angemessener Entfernung erwartete Heinrich den Wink seines Herrn, das Mahl auftragen zu lassen. Nach geraumer Zeit verstummten Wolf und Arnold fast gleichzeitig.

Die Abwesenheit der Markgräfin erweckte ihr Misstrauen. Der einzig verbliebene Laut, das gekünstelte Geplapper der beiden Damen, zerrte an Rudolfs strapazierten Nerven. Schon setzte er an, diesem Gerede ein Ende zu bereiten, als der schwere Flügel des großen Eichenportals aufschwang. Hoch erhobenen Hauptes schritt Anna herein. Isabellas Knurren, als der verhasste Ritter den Stall durchsucht hatte, war ihr zum Verhängnis geworden. Aller Augen richteten sich auf sie.

»Mein Wärter hat mir mitgeteilt, dass Ihr mich zu sehen wünscht«, machte die Markgräfin keinen Hehl aus ihrem Zorn, vorgeführt zu werden wie eine Gefangene.

Rudolf rang nach Fassung. War schon Annas Fernbleiben bei seiner Ankunft ein ungeheurer Affront gegen seine herausragende Stellung, so gipfelte ihr äußeres Erscheinungsbild anlässlich seiner Rückkehr in bodenlose Respektlosigkeit. Aus ihrem Zopf hatten sich mehrere Haarsträhnen gelöst und fielen ungebändigt in ihr Gesicht. Statt funkelnder Edelsteine krönten Strohhalme den kastanienbraunen Schopf. Das Gewand aus braunem Sackleinen, überdies verschmiert mit zahlreichen Flecken, war jenes einer niederen Magd. Mit erhitzten Wangen und kampfeslustig glitzernden Augen funkelte sie ihn an.

»Mein Gott, nie ist sie begehrenswerter gewesen«, durchfuhr es Rudolf siedendheiß.

Anna war sich der intensiven Musterung ihres Aufzugs wohl bewusst.

»Wenn mein Äußeres Euch nicht opportun erscheint, so darf ich Euch daran erinnern, dass Ihr es ward, der mir meine Zofe genommen hat.«

Rudolf wusste, ließe er ihr den öffentlichen Ungehorsam durchgehen, so triebe diese Schwäche aller Orten Keime. Man würfe ihm Versagen als Eheherr vor und manch einer wäre geneigt, ihn auch als Landesfürst herauszufordern. Er sollte sie mit Schlägen züchtigen. Ja, dies war ganz gewiss das, was nicht nur Pater Enkenbruch jetzt von ihm erwartete.

»Nun meine Liebe, ich bin froh, dich wohlauf zu sehen. Wie mir Hauptmann Hartenfels zu verstehen gegeben hat, verdanke ich diese erfreuliche Tatsache deinem neuen Leibritter, der dich den Klauen mieser Schurken mit mutiger Tat entrissen hat. Mich dünkt dies die Bestätigung meiner Wahl.«

Verständnislos suchte Anna nach einer Erklärung in Wolfs' Gesicht, wogegen der ausdruckslos seinen zinnernen Teller ins Visier nahm. Auch Friedrichs Blick war starr. Wie es zu dieser für ihn so vorteilhaften Verkehrung der Umstände kommen konnte, leuchtete ihm nicht ein. Doch dieser unbedeutende Vasall in Berenfels' Dienst bekäme ja nie die Gelegenheit einer Gegendarstellung. Es stünde also sein Wort gegen das der Gräfin und die hatte wohl gerade ganz andere Probleme. Auch Anna zog es vor, die Angelegenheit vorerst auf sich beruhen zu lassen, bis sich die Chance böte, das Geheimnis des fremden Wappens unter vier Augen mit Ritter Hartenfels zu lüften.

»Geh hinauf Anna und bereite mir ein Bad! Ich bin staubig von der Reise und erwarte, dass du dich meiner Bedürfnisse annimmst! Ritter Nüwenburg wird dich begleiten und vor der Badestube Wache halten.«

Anna schluckte. Mühsam suchte sie, den Schein völliger Gleichgültigkeit zu wahren. Doch das erregte Zucken der Lider verriet ihre innere Pein. Vor dem versammelten Hofstaat hatte Rudolf sie gerade zu seiner Magd degradiert mit den Aufgaben einer gemeinen Frau, wusste doch jeder, dass diese Art Genuss zumeist das Vorspiel für weitere Körpergelüste bot. Oh wie peinlich! Und damit nicht genug hatte er sie auch noch unter Aufsicht stellen lassen. Alles in ihr rebellierte. Sie wollte mit den Fäusten auf ihn los, ihm ihre Wut in die Haut kratzen.

Ita grinste schadenfroh. Ja, sie so gedemütigt zu sehen, das traf sicher den Geschmack ihrer Schwägerin. Fort, sie wollte nur noch fort, in aller Ruhe ihre Wunden lecken, dieser unwürdigen Erniedrigung durch Rudolf entfliehen. Aber wie? Es wäre ein gefundenes Fressen für ihren neu erkorenen

Aufseher, sie handgreiflich vor versammelter Mannschaft ihrem schlüpfrigen Dienst zuzuführen. Nein, kein weiteres Schauspiel für diese Intriganten, kein weiteres Amüsement auf ihre Kosten! Ein Ruck durchlief ihren Körper. Ita hielt die Luft an. Wenn jetzt die Freiburgerin eine weitere delikate Kostprobe ihres widerspenstigen Naturells präsentierte, wäre der Bruch zwischen den beiden nicht mehr zu kitten. Selbst das Winseln der bettelnden Jagdhunde erstarb und die beängstigende Ruhe vor einem alles vernichtenden Sturm senkte sich bedeutungsschwer über den Prunksaal des Herrn zu Rötteln.

Unendlich langsam drehte sich Anna zur Tür und schritt in vollendeter Grazie in Richtung des Treppenhausportals. Sie wartete erst gar nicht darauf, dass Nüwenburg ihr die Tür öffnete. Rudolf wollte sie als Magd. Er sollte sie bekommen. Krachend schmetterte das schmiedeeiserne Scharnier ins Schloss und mit zuckendem Aufbäumen loderten die Kerzenflammen der Kronleuchter ein letztes Mal hoch hinauf, bevor sie reich an Zahl mit anklagendem Zischen erstarben. So manch einem bemächtigten sich die bald schmerzhaft bald kitzelnden Pusteln des Erschreckens. Nur der Graf schien die Ruhe selbst. »Lass auftischen, Heinrich!«, kehrte er mit plaudernder Gelassenheit zum Alltäglichen zurück, als hätte er nicht vor wenigen Sekunden noch die tragende Säule seiner inneren Kraft dem Einsturz preisgegeben. Niemand bemerkte die kalkweißen Knöchel seiner Hand, die er unter dem Tisch krampfhaft zur Faust ballte.

Anna suchte zunächst ihr Gemach auf. Benommen bürstete sie das Haar und band es fest in ihren Nacken. Als Frau unter der männlichen Knute ehelicher Gewalt zu leiden, war doch das tägliche Brot der meisten ihrer Standesgefährtinnen. Wieso nur schockierte es sie so? Anna wollte sich selbst nichts vorgaukeln. Die Antwort war einfach: weil bisher Liebe und gegenseitige Anerkennung zwischen ihnen geherrscht hatten, weil sie dem niederschmetternden Gefühl, mit Haut und Haaren dem Willen ihres Ehemannes ausgeliefert zu sein, bisher nicht ausgesetzt gewesen war. Was nutze es? Weiteres Grübeln verdunkelte ihren Sinn nur noch mehr. Aus ihrer Kleidertruhe holte Anna ein hauchdünnes Badehemd hervor und schritt bald darauf zur unvermeidlichen Tat. Mit jeder Stufe ins höher gelegene Stockwerk zersprang ein Stück ihres Herzens, und als sie die Hand auf den Türgriff zur Badestube legte, fühlte sich ihr Inneres an wie abgestorbenes Holz.

Emsige Mägde schürten bereits die Feuer unter den großen Kupferkesseln im Vorraum. Knechte schleppten die nötigen Holzscheite heran. »Guter Heinrich!«, dankte die Markgräfin dem Haushofmeister im Stillen für dessen fürsorgliche Umsicht. Im Baderaum trennte eine mit dichtem Stoff bespannte Wand die Auskleidenische vom verbleibenden hinteren Teil. Dem bäuerlichen Kittel war die Gräfin sogleich entschlüpft. Barfuss betrat sie die Holzbohlen der Wasserstube. Anna hatte kein Gespür für die wohlige Wärme des Kachelofens, der mit seinen Ausmaßen den größten Platz beanspruchte. Auf dem Heizofen lagen schon Kieselsteine bereit, um mit kaltem Wasser begossen zu werden. Schnell entwickelte sich feuchter Dampf. Irgendwann brachten die Mägde in Bottichen das heiße Nass und mischten es mit Kaltem.

Auf der Wendeltreppe setzte Rudolf einen Fuß vor und wollte doch lieber zwei zurückweichen. Warum nur hatte sie ihm keine Wahl gelassen? Aus Sorge um seine Gemahlin hatte er sich vor seinem Hofstaat zum Narren gemacht, während Anna seine Rückkehr völlig ignorierte. Aber schlagen, nein, er könnte sie nie schlagen, er liebte sie doch. Waren denn seine Empfindungen nur noch Luft für sie? Rudolf hasste Unsicherheit. Sie bedeutete im Kampf den sicheren Tod für jeden Ritter und jetzt hatte Anna ihm diesen unwürdigen Zustand aufgezwungen. Eine arg beleibte Magd, die nicht flink genug zur Seite sprang, wurde von ihm achtlos umgerannt, als er vor Wut schäumend in die Nasszelle stürmte und sich noch in der Tür seiner Kleidung entledigte. Wams, Leinenhemd und Beinlinge samt Oberschenkelhose flogen den Mägden in hohem Bogen um die Ohren. Ungeniert begafften sie die ansehnliche Kehrseite des Ritters. So manch eine ließe sich nicht zweimal bitten, sich für ihren Herrn bereitzulegen.

Dichter Dunst nahm ihm die Sicht. Es dauerte eine Weile, bis seine Augen den Nebel durchdrangen. Kerzen standen neben einer Liege auf der Truhe und warfen tanzende Schatten an die Wand. Bänke umrundeten einen Baldachin, der als Sichtschutz die Mitte des Raumes überspann. Überall waren Handtücher ausgelegt. Wieder erwartete Anna ihn nicht. Sein Zorn wuchs ins Unermessliche, als er auf der Rückseite den Stoff des Baldachins teilte. Hier erst fand er sie. Durch die Feuchtigkeit des Wasserdampfs schmiegte sich das mittlerweile durchsichtige Gewebe ihres Hemdes eng an ihren Körper. Sein Glied richtete sich auf und war hart wie Stein.

»Das Bad ist gerichtet mein Herr.«

Die Teilnahmslosigkeit ihrer Stimme hielt ihn davon zurück, sie auf der Stelle zu nehmen. Rudolf stieg in den kreisrunden Holzzuber und das warme Wasser vergönnte seinen verspannten Muskeln Linderung. Anna nahm ein Stück der kostbaren venezianischen Seife aus Olivenöl und der Asche eines Soda enthaltenden Strauches, die den wohltuenden Duft des Lavendels ausströmte und begann, die Haare ihres Gemahls zu waschen. Betörend stieg der intensive Kräutergeruch in Rudolfs Nase und vermittelte ihm die Bilder berauschender Nächte, in denen er sich mit Anna leidenschaftlich in den Laken seines Bettes gebalgt hatte. Anna spülte mit frischem Wasser die Laugenreste aus dem Haar und widmete sich dann der Reinigung des Oberkörpers. Kräftig schrubbte sie zunächst die Haut auf den Armen und ging weiter dazu über, mit den Händen die gezerrten Muskeln seiner breiten Schultern zu kneten. Rudolfs Brust entrang sich ein entspannter Seufzer und die Ärgernisse des Abends verloren sich immer mehr in Bedeutungslosigkeit. Unwillkürlich verfiel er der liebgewordenen Gewohnheit, Anna sein Herz auszuschütten, alle Kümmernisse mit ihr zu teilen. Er erzählte von seiner Sorge wegen des von Lupfen und des Rotbergs, von seinem bei Bischof Humbert gefassten Plan, mit Hilfe des Ritter Marschalks und der Ratsopposition einen Stoß zu verhindern. Doch Annas Miene blieb gleichbleibend unbeteiligt. Kein Rat, keine Anmerkung kam aus ihrem Munde. Sie hatte ihn bereits bis zur Taille gesäubert und wandte sich jetzt seinen Füßen zu. Mit kreisenden Bewegungen arbeitete sie sich an den Unterschenkeln empor bis hinauf zu seiner Hüfte.

»Willst du mir nicht deine Meinung zu dem eben Gesagten kundtun?«

»Darf ich Euch auch noch die weiteren Dienste eines Baders anbieten, und die Fußnägel schneiden? Auch für eine Bartrasur stehe ich zudiensten.«

Anna griff zur Schere und begann ihr Werk.

»Anna, ein gemeinsames Bad sind für uns doch immer die schönsten Stunden gewesen. Es ist doch nicht das erste Mal, dass du mir diesen Gefallen erweist.«

»Aber das erste Mal, dass ich es auf Euren Befehl hin tun muss.«

»Hätte ich dich lieber schlagen sollen?«

»Es hätte gar nicht erst so weit kommen dürfen. Wieso schickt Ihr Euren Bluthund auf meine Spur, statt mich selbst zu holen? Habt Ihr wirklich vergessen, wo Ihr mich finden könnt? Erinnert Ihr Euch nicht an so manche Stunde, in der wir uns gemeinsam weggestohlen haben?«

Rudolf hatte im Eifer des Gefechts nicht danach gefragt, wo Anna gefunden worden war. Schlagartig war es ihm klar. Bei Annabella im Stall, ihr gemeinsames Versteck!

Er streckte seine Arme nach ihr aus und wollte sie zu sich herabziehen. Doch Anna sträubte sich. Enttäuscht sank Rudolf zurück und wieder übermannte ihn der Zorn auf seine unnachgiebige Frau. Vorsichtig führte Anna das Messer und die Prozedur des Rasierens nahm eine geraume Zeit in

Anspruch. Die Knospen ihrer Brüste streiften dabei seine warme Haut und lösten begehrliche Reflexe aus.

»Ihr seid fertig«, murmelte Anna beunruhigt und wich zurück.

Rudolf hielt sie an den Armen fest.

»Du hast noch etwas vergessen.«

Herausfordernd schaute er sie an. Nein, sie würde ihm nicht die Genugtuung geben, wie ein verstörtes Kind zu weinen. Zielsicher beugte sie sich vor und umschloss sein mächtig aufragendes Geschlecht mit ihren Fingern. Rudolf stöhnte auf. Er konnte seinen Drang nicht länger bezähmen. Begierig fuhr er mit den Händen die schlanken Umrisse ihrer Innenschenkel entlang.

»Rudolf, nein! Ihr vergesst Euch. Meine blutenden Tage verbieten Euch den Geschlechtsakt. Es wäre Sünde.«

Hart lachte er auf.

»Wann hätte uns das je gestört?«

Er zog sie ins Wasser, so dass sie rittlings auf seinem Schoß saß, und beugte ihren Oberkörper nach hinten. Mit beiden Händen presste er ihre Brüste. Anna ergab sich in ihr Schicksal. Wie die willenlose Marionette eines Puppenspielers ließ sie ihn gewähren. Fordernd glitt seine Zunge über ihre Lippen und schmeckte den ernüchternden Geschmack schlaffer Versagung. Wütend stieß er sich von ihr ab. Er wollte die heißen Flammen ihrer Erregung fühlen, sehen, wie ihr Körper sich ihm entgegenwölbte, wenn er sich mit ihr vereinigte. Was sie ihm bot, war der gefügige Körper einer Magd.

Rudolf riss ein Handtuch an sich und rannte hinaus.

Mit Angst geweiteten Augen sah Bertas jüngstes Küchenmädchen ihren halbnackten Herrn wie einen rasenden Stier auf sich zugestampft kommen. Vor Schreck wie gelähmt entglitt der randvoll gefüllte Wasserbottich ihren zitternden Fingern. Eine strafende Ohrfeige der altgedienten Bertha krachte gellend in ihr Gesicht, sie verlor das Gleichgewicht und ihr Hinterteil rutschte auf den feuchten Dielen dem vor Unmut schäumenden Grafen unter die stampfenden Füße. Wie in

Trance setzte der über das schreiende Hindernis hinweg und nur dank seines stetigen Kampftrainings verlor er auf einem Bein hüpfend nicht die Balance auf dem schmierigen Untergrund. In berstender Rage stieß Rudolf die Tür auf und Friedrich, der davor stand, einfach zur Seite. Blindlings hetzte er über den mit Wandkerzen nur spärlich erhellten Flur und prallte aus vollem Lauf gegen einen erneuten Widerstand. Der Länge nach stürzte Rudolf vornüber und seine mächtige Gestalt landete auf einem duftenden Polster. Vom Bad mit Anna immer noch aufs Äußerste erregt vergrub er begierig seine Hände in sich ihm entgegenschwellende weiche Brüste. Die prallen Rundungen trieben seine heiße Sehnsucht nach Anna ins Unerträgliche. Endlich wollte er seine unerfüllte Lust, sie zu besitzen, stillen, mit seinem Blick tief in ihre dunklen Augen eindringen, während er sie nahm. Rudolf hob seine Lider und ernüchternde Enttäuschung griff nach seinem Herz. Er war den trügerischen Traumbildern seiner begehrlichen Fantasie erlegen. Nicht Anna lag für ihn bereit, sondern die Zofe seiner Schwester aalte sich genüsslich unter seinen angespannten Muskeln. Mit schmerzhaftem Pochen lechzten seine zu reißen drohenden Glieder nach Linderung und Rudolf wollte seinen bitteren Frust dieser liederlichen Schlampe in den Leib stoßen. Zugleich weigerte sich beharrlich im letzten Winkel seines Verstandes ein kleiner Funke Besonnenheit, in der Asche seiner lüsternen Gier zu verglühen. Er machte sich nicht schuldig, den alten Schultern seines treuen Heinrichs die Schmach und das Schicksal einer gefallenen Tochter aufzubürden. Rudolf sprang auf. Es war dringend nötig, dass er sein Mütchen kühlte und er wusste auch schon bei wem.

Rosa stützte ihren Oberkörper mit einem Arm ab. Der andere fasste bestürzt an ihre Stirn. Was war nur geschehen? Eben noch wähnte sie sich ihrem Ziel so nah, doch dann hatte der Graf sie einfach weggeworfen, wie verdorbenes Fleisch. Dabei schien der Plan der Freifrau doch bestens ausgereift. Diese hatte aufgrund der prekären Geschehnisse des Abends einen weiteren Eklat zwischen dem Grafen und der Gräfin erahnt und ihr heimlich ins Ohr geraunt, in der Nähe des Bads Posten zu beziehen, um die Gunst der Stunde zu nutzen. Alles war wie am Schnürchen gelaufen und um ein Haar hätte sie den Sieg über die Gräfin davongetragen. Sie war sich so sicher gewesen, dass der Graf die triebhafte Begierde ihrer Umklammerung der doch längst überkommenen Kost seiner Gemahlin von nun an für immer vorzöge. Mein Gott, was sollte jetzt aus ihr werden? Würde sie vom Hof gejagt und einem ungewissen Schicksal überlassen? Ihr grauste vor den düsteren Bildern der Zukunft.

Friedrich war neidvoll Zeuge dieser frivolen Szene geworden. Immer wieder von Maria brüsk zurückgewiesen zu werden, versetzte ihn nicht nur in den unbefriedigenden Zustand permanenter Geilheit sondern kratzte auch beständig an seinem Selbstbewusstsein. Welch unwürdiger Zustand für einen Edlen. Da konnte er noch so oft seine Schwarte an den Pforten gewöhnlicher Weiber wetzen, seinem gesteigerten Selbstwertgefühl würden diese billigen Buhlen nie schmeicheln. Aber genau danach gierte Friedrich. Und diese Rosa kam ihm jetzt gerade recht. Eine von Stand, wenn auch von niederem und nicht von Geburt, unter sich zu nehmen, wäre ein Trostpflaster für sein gebeuteltes Ego. Wer weiß, mit ein wenig Glück hielte er sogar jungfräuliches Fleisch in den Händen. Voller Hochgenuss, genau dorthinein seinen Stempel zu drücken, nahm er Rosa auf die Arme und trug die Zofe in die angrenzende Abstellkammer. Der Ritter erschien Rosa wie ein Zeichen des Himmels. Sollte es ihr gelingen, auf Dauer seine Leidenschaft für sie zu entfachen, wäre ihr tiefer Fall abgefedert. Eine Edle von Nüwenburg war nicht das schlechteste Los in ihrer jetzigen Lage, wenn es auch weit unter dem ursprünglich Angestrebten rangierte.

»Besser man hat schon den Spatz in der Hand, wenn man nach der Taube auf dem Dach greift. Wenn alle Stricke reißen, werde ich es schon zu verstehen wissen, diesen Herrn an seine Pflichten gegenüber einer Edlen zu erinnern.«

Anna haderte mit sich. Zu gern hätte sie sich Rudolfs starken Armen anvertraut. Sie war wütend auf ihren Gemahl. Wieso nur verletzte er andauernd ihren Stolz? Das Wasser des Bottichs kühlte bereits merklich ab. Anscheinend hatte Rudolfs herber Abgang die Mägde derart verängstigt, dass sie sich nicht mehr hereintrauten, um das Bad in angenehmer Temperatur zu halten. Fröstelnd trocknete sich die Gräfin ab und kleidete sich an. Unsicher starrte das Gesinde auf ihre Herrin, als diese bald darauf mit langsamen Schritten auf den Korridor hinaustrat. Lautes Gestöhne drang aus der Abstellkammer an ihr Ohr und es traf sie wie ein Faustschlag: Rudolf hatte sich andernorts Erleichterung verschafft. In ihrem ersten Schmerz ergriff Anna die Türklinke, aber der Mut verließ sie. Es fehlte ihr die Kraft, sich einer neuerlichen Erniedrigung zu stellen.

Michael starrte verwundert auf den behaarten mit zahlreichen Narben übersäten Oberkörper seines Ritters. Wie ein schnaubender Bulle hieß der seinen Knappen, sein Schwert zu ergreifen und ihm auf den Hof zu folgen. Die Ritter und Knappen verweilten immer noch im großen Saal und vertrieben sich die Zeit mit Würfelspielen. Jetzt allerdings zog der nur mit Beinlingen bekleidete Anblick ihres Landesherrn jedermanns Aufmerksamkeit auf diesen. Michael war keineswegs ein Feigling. Doch angesichts des massigen Langschwerts in der Hand seines übelgelaunten Dienstherrn wurde ihm angst und bange.

»Ihr wisst, dass ich als Euer Knappe nur ein Kurzschwert mein Eigen nenne«, wagte er kleinlaut einen Einwand.

»Ist es das, was du deinem Gegner erwiderst, wenn der dich fordert? Du bewegst dich auf der Stelle hinaus und wirst mir Gehorsam leisten. Ein Übungskampf mit seinem Herrn hat noch keinem Knappen geschadet. Sei beruhigt, auch ich nehme das Kurzschwert.«

Hurtig entzündeten Diener Pechfackeln, die einen Teil des Hofes erleuchteten und unter den Augen seiner Vasallen begann Rudolf die Treibjagd auf seinen Knappen. Michael war kein Hase und wie sein Vater aus hartem Holz geschnitzt. Davonlaufen kam für ihn nicht in Frage. Mutig parierte er die heftigen Hiebe, was Rudolf nur noch mehr erhitzte. Wie Stunden wirkten die wenigen Minuten des ungleichen Kampfes auf Michael und unter den wuchtigen Schlägen des erfahrenen Ritters schwand seine Kraft dahin. Schon flossen blutige Striemen über seinen Schwertarm aber trotzig hob der Sohn des Hurus von Schönau erneut sein Schwert.

Dies war keine Unterweisung. Hier wurde nicht der Knappe von seinem Herrn gedrillt. Was dieser Mann wollte, war echter Kampf, das packende Duell um Leben und Tod, angesichts dessen sich jedes andere Gefühl in Nichts auflöste. Hatte zunächst noch eine gewisse Rücksicht obsiegt, so donnerten jetzt dem völlig hilflosen Michael die Hiebe nur so um die Ohren. Wolf war klar: Der Junge würde seinem Herrn nie zu der ersehnten inneren Leere verhelfen können. Michael setzte sein Leben umsonst aufs Spiel und das war umso ärgerlicher, als dass er als Rudolfs Knappe ein verbrieftes Recht auf dessen Schutz besaß. Wolf riss sich seine Kleidung vom Leib, bis auch er nur noch in Beinlingen steckte. Schnell sprang er vor Michael, der mehr auf dem Boden kniete, als dass er sich noch auf den Beinen halten konnte und fing geschickt die nächste Attacke des Grafen ab.

»Um zu bekommen, wonach es Euch gelüstet, sollten wir das Langschwert zur Hand nehmen.«

Nur kurz hielt Rudolf inne. Dieser Hartenfels hatte ihn durchschaut. Es wunderte ihn nicht. Einmal mehr zeigte sich eine Art Seelenverwandtschaft zwischen ihnen. Aber die hatte sich keineswegs auf Anna zu erstrecken. Ja, Hartenfels war genau der, dem er jetzt die Spitze seines Schwertes auf die Brust setzen wollte.

Nicht nur einmal wähnte Arnold von Berenfels sich im Laufe des Gefechts glücklich, diese beiden hartgesottenen und teuflisch guten Schwertkämpfer im Ernstfalle nicht vor sich sondern an seiner Seite zu wissen. Das laute Geklirre der aufeinanderprallenden Schwerter hatte auch Ita und Anna auf die Brüstung des Palas gelockt. Kein Wort wechselten die beiden miteinander. Der tödliche Ernst in den Angriffen der Männer war nicht zu übersehen. Anna war beunruhigt. Sie wollte kein Blutvergießen, schon gar nicht Rudolfs. Gleichwohl verstand auch sie, was sich dort unten zu nächtlicher Zeit abspielte. Rudolf bekämpfte sich selbst, richtete das Schwert gegen den Irrgarten seiner Gefühle.

»Rudolf, Liebster, zu gern weilte ich an deiner Seite und führte deinen Arm. Aber ich bin es ja, die du bekämpfst. Du hast mir das Vertrauen entzogen. Den Weg zurück, kannst nur du ganz alleine finden.«

Traurig und bekümmert schaute Anna noch eine Weile auf die schwitzenden muskelbepackten Leiber der ebenbürtigen Kontrahenten, bevor sie sich wehmütig zurückzog.

Längst schon hatte die Turmuhr der von Rudolf erbauten Rötteler Kirche Mitternacht geschlagen und sich erholsame Stille über das Tal der Wiese gelegt. Aber das hellklingende Echo der sich kreuzenden Schwerter schallte noch immer seinen einsamen Hilferuf bis weit hinauf in die leise wogenden Wipfel des schwarzen Waldes.

Reine Sonnenstrahlen durchdrangen den dichten Wimpernkranz der Markgräfin. Sie blinzelte und saß alsbald aufrecht im Bett. Niemand hatte sie geweckt. Auf Dauer ließe sich ein Leben ohne standesgemäße Zofe nur schwer durchhalten.

Das Küchenmädchen war mit dieser Aufgabe heillos über-
fordert. Dennoch weigerte sich Anna, Marias Platz neu zu
besetzen. Schnell wusch die Gräfin sich Gesicht und Hände
in der bereitstehenden Waschschüssel, fuhr sich mit einem
durch Minze getränkten Tuch über die Zähne und rief alsbald nach der jungen Dienerin. Mehr schlecht als recht half
diese ihr in ein zwar gediegenes aber äußerst dezentes blaues Hauskleid, von welchem sich Rudolfs goldrotes Wappen
auffallend distinguierte. Rudolf! Welches Ende mochte die
gewaltige Konfrontation der beiden Kampfkolosse genommen haben? In mancher Hinsicht hatte das Säbelrasseln sein
Gutes gehabt, konnte freilich auch Rudolf nicht an mehreren
Orten zugleich weilen, so dass es vernunftgemäß nicht sein
Liebesgeächze gewesen war, welches die Tür der Rumpel-
kammer durchdrungen hatte. Anna fiel ein Stein vom Herzen.
Im Gegenzug, welch fahrlässige Narretei, als Landesfürst sein
Leben und das des gefürchtetsten Recken der Burg sinnlos
aufs Spiel zu setzen!

Anna stutze. Schauriges Gejohle flutete in Wellen heran.
Was um Himmels Willen war geschehen? Geschwind öffnete
die Gräfin die Tür.

»Wisst Ihr Näheres Nüwenburg?«

»Die Jäger, welche Euer Gemahl noch am gestrigen Abend
auf die Fährte Eurer Angreifer gehetzt hat, haben die Beute
gestellt. Gegenwärtig werden die Halunken bereits ihr Glück
verfluchen, seinerzeit ungeschoren davongekommen zu sein.«

In der Tat! Auf dem Richtplatz der Burg statuierte der Markgraf ein drakonisches Exempel seiner Macht. Immer wieder
ertönten die lauten Stimmen der Ausrufer: »Seht her, ihr Leut
und schaut, wie der Herr zu Rötteln die rächt, welche ihm
lieb und teuer sind!«

Mit infernalischem Gebrüll applaudierte der mordhungri-
ge Pulk. Eiskalte Schauer liefen Anna den Rücken hinunter.
Naturgemäß hatte ein Räuber, der es riskierte, Hand an den
Landesherrn oder dessen Familie zu legen, keine Gnade zu
erwarten und endete zumeist am Galgen. Allerdings war in

ihrem Fall nicht einmal eine körperliche Verletzung gegeben. Überdies hielt sich der Wert des Gestohlenen in bescheidenem Umfang. Hingegen entsprach die von Rudolf befohlene Art der Hinrichtung den schlimmsten Auswirkungen eines solchen Verbrechens. Die Schurken wurden gerädert. Gerade in diesem Augenblick stellten der Scharfrichter und sein Henkersknecht die beiden Wagenräder zur Seite, mit welchen den auf dem Schafott Gefesselten jeder Knochen im Leibe zertrümmert worden war. Umgehend flochten sie die zermalmten Gliedmaßen in die Speichen der Räder, welche im nächsten Schritt mittels eines langen Balkens hoch aufgerichtet wurden. Würgereiz schnürte Anna die Kehle zu. Inständig betete sie, die Männer mögen bereits den Tod gefunden haben und nur deren Leichen wären als Mahnmal noch dem Moder preisgegeben.

Mit unbeugsamem Blick schien Rudolf seine Gemahlin zu durchbohren. Ihm entging keine Regung in Annas feinen Zügen. Er sah, wie sie sich an den Hals griff und davonstürzen wollte. Auf seinen Wink hin, verstellte Friedrich der Gräfin den Weg und betont gelassen schritt der Markgraf zu ihr hinüber. In der vergangenen Nacht hatte er sich selbst die Seele aus dem Leib gerissen. Bis in die frühen Morgenstunden hatte der Waffenlärm angedauert, bevor Hartenfels wie auch er taumelnd und der Bewusstlosigkeit nahe zu Boden gegangen waren. Gleichwohl, es war ihm gelungen. Nichts als vollkommene Leere beherbergte nur noch sein Herz. Keine Ungewissheit, keine Liebesnot rüttelte mehr an seinem Verstand. Bei Gott, sogar wider den Schwur seinem Knappen gegenüber hätte er sich fast versündigt. Es galt, das verschlagene Unterfangen eines Feldzuges zu vereiteln und dies erforderte einen klaren Kopf sowie Gehorsam und pflichtschuldige Hörigkeit von Seiten seiner Gefolgsleute. Auch Anna bildete da keine Ausnahme. Zukünftig nähme er sich, was ihm zustand.

»Guten Morgen meine Liebe. Du hegst sicher nicht den Wunsch, dich mir neuerlich zu entziehen. Sieh nur, was ich für dich zurückerobert habe!«

Schier schmerzhaft bemächtigte sich der Markgraf ihres Armes.

»Dies ist doch dein Almosenbeutel?«

Anna brachte kein Wort heraus. Als ob sie von ihrer Mutter Hilfe erhoffte, starrte sie auf die glühenden Rubine der Fibel.

»Mir scheint in letzter Zeit habe ich die Zügel zu sehr schleifen lassen. Wie sonst erklärt es sich, dass der heutige Tag mich obendrein zu einer weiteren Maßregelung für ungebührliches Verhalten zwingt?«

Anna stockte der Atem. Sie kannte Rudolf nicht wieder. Nie zuvor hatte sie ihren Gemahl derart hartherzig erlebt und bei allen guten Geistern, was deutete er bloß mit dieser Drohung an?

Bleich residierte die Gräfin am oberen Kopf der Tafel, ihr Blick unbewegt versunken auf die in ihrem Schoß ineinandergefalteten Hände. Neben ihr hofierte Rudolf mit beflissenem Wohlgefallen die albernen Scherze seiner Schwester, wo er derart unnützes Gefasel zuvor stets verabscheut hatte. Hier und da erklang Rosas heute besonders schrill anmutendes Gekicher, mit der sie Nüwenburgs ausführliche Schilderung seiner vermeintlichen Heldentat bei der Errettung der Markgräfin beklatschte. Der Augenaufschlag, mit dem Itas Zofe den Ritter bedachte, grenzte an schamlose Impertinenz. Immer mehr verfiel Anna in dumpfes Brüten. Nur Lug und Trug umgab sie, und Rudolf erhob sich zum Rädelsführer. Sein grausamer Gleichmut ob ihrer aufgewühlten Empfindungen kränkte Anna zutiefst. Was bedeutete sie ihm? Gereichte sie ihm einzig noch zu einem weiteren Statussymbol seiner fürstlichen Autorität, bloßer Besitz in den Händen des Markgrafen von Hachberg? Rudolfs furchteinflössende Andeutungen auf dem Richtplatz spukten fortwährend wie giftige Nattern durch ihren Kopf. Nunmehr war sie sich sicher, wessen ungebührliches Betragen er zu ahnden gedachte.

Annas Hände zitterten. Würde Rudolf wirklich Hand an sie legen? Laut und deutlich spendete Ita just dem drastischen Durchgreifen ihres Bruders gegen das hinterhältige Pack hingerissenen Beifall und lobte dessen Großmut gegenüber seiner Ehefrau, der er immer noch seinen Schutz gewährte, wiewohl die ihn so schändlich hintergangen hatte. Wahrlich, Ita nahm kein Blatt vor den Mund. Sie musste sich ihrer Sache überaus sicher wähnen, war es doch ein waghalsiges Unterfangen, die Gemahlin des Markgrafen der Untreue zu bezichtigen, obgleich dieser sie noch nicht verstoßen hatte. Und tatsächlich, Rudolf neigte nur huldvoll das Haupt. Anna vermeinte, innerlich zu gefrieren. Fürwahr, er trieb es zu weit mit seinem Misstrauen. Was hatte sie jetzt noch zu verlieren, zumal devote Zurückhaltung angesichts derart schreiender Ungerechtigkeit das Fundament ihrer Persönlichkeit untergrub.

»Mein Gemahl beliebt, seelenruhig zuzuhören, wie Ihr mir das Brandmal der Hurerei auf die Stirn brennt, und Ihr sprecht von Schutz? Fürwahr, ein makaberer Scherz! Auch preist Ihr die Härte seines Urteils. Wenn schon der Markgraf selbst seine eigenen Gesetze nicht befolgt, wer sollte fürderhin sich noch daran gebunden fühlen? Bis auf den heutigen Tag war es Sitte, dass der Hinrichtung ein Gerichtsverfahren vorausgeht.«

Niemand im Palas getraute sich, auch nur zu schlucken. Mit Besorgnis schaute Wolf in das aschfahle Gesicht der Markgräfin. Wozu hatte sie sich hinreißen lassen? Unvermittelt hielten ihre Feinde die Trumpfkarte im Blatt. Nüwenburg räusperte sich zufrieden:

»Verzeiht Frau Gräfin, diese Galgenbrüder sind schon vor geraumer Zeit zu Gesetzlosen geächtet worden. Als Vogelfreie haben die beiden nicht mehr der Gerichtsbarkeit unterlegen. Hinz und Kunz hätte sie allzeit meucheln dürfen.«

Anna schloss die Augen. Jeder hatte es gewusst, nur sie nicht. Ein ausgekochter Plan von Nüwenburg und Ita! Beide mussten überzeugt gewesen sein, dass Rudolf sie nicht mehr in seine Entscheidungen einband, und obgleich es als ihr Leibritter seine Pflicht gewesen wäre, sie mit all seinem Wissen zu unterstützen, hatte der eigennützige Vasall sie ins offene Messer laufen lassen. Und Ita? Nur zu gut kannte die Schwägerin Annas Hang zu Gerechtigkeit und hatte sie zuvor gezielt mit perfider Brüskierung provoziert.

»Es reicht Anna! Setz dich hin! Ita, du nimmst bis auf Weiteres ihre Schlüssel an dich. Meine Gemahlin wird sich in nächster Zeit nicht um die Belange des Haushalts kümmern können. Es ist ihr vergönnt, in beschaulicher Zurückgezogenheit sich ihres Standes als meine Ehefrau zu erinnern.«

Die Freifrau bemühte sich nicht einmal, ihre Genugtuung zu verbergen. Endlich war sie am Ziel. Dieser Freiburgerin waren die Hände buchstäblich gefesselt worden. Flink eilte Ita und entwand ihrer entmachteten Schwägerin mit hochnäsiger Gebärde das Signum der Burgherrin. »Ich dulde weder Treulosigkeit, Pflichtsäumnis oder gar Ungehorsam. Im vorliegenden Fall soll die Knute die Strafe sein. Ritter Nüwenburg, ich überlasse Euch die Ausführung.«

Also doch! Nach allem traf diese Anweisung Anna nicht einmal mehr wie ein Keulenschlag. Dass Rudolf sie ohne mit der Wimper zu zucken diesem brutalen Leuteschinder auslieferte, schon eher. Es war ihm wohl zuwider, ihr mit eigener Hand die Liebe aus dem Leib zu prügeln. Geräuschvoll öffnete sich die Tür. Klein Wilhelm sauste wie ein Wirbelwind zu seinem Vater. Der Heißsporn war seiner ältlichen Kindsmagd mal wieder entwischt.

»Papi, wann reiten wir denn endlich zur Sausenburg? Mami hat es mir versprochen.«

Fix kletterte der junge Graf auf seines Vaters Knie und vorsichtig legte jener den Arm um seinen Sohn. Wie ein Zaubertrank entführte diese zärtliche Geste Anna an einen anderen Ort, an einen Platz des Glücks, an dem Rudolf und sie mit leidenschaftlicher Hingabe ihren Bund der Liebe besiegelt hatten, der ihnen allzeit wie die Pforte zu ihrem gemeinsamen Himmel erschienen war. Endenburg! Der Rosengarten an der Kapelle! Wie sie wohl dufteten? Noch ahnte Rudolf nichts von dem blütenreichen Ehrenmal ihres innigen Paktes, dem Lustgarten ihrer Begierde. Wie gut dies war. Niemals sollten die empfindlichen Knospen über jene grobe Pranke streicheln, welche ihren Körper sogleich mit Hieben peitschen ließe. Die bittere Erkenntnis der Gegenwart traf Anna wie ein Blitz. Wilhelm! Panisch schnellte sie hoch und mit Getöse knallte die schwere Sitzgelegenheit zu Boden.

»Bitte Rudolf. Schickt Wilhelm hinaus! Tut mir und ihm das nicht an!«

»Es wird ihm eine gute Lehre sein, bevor auch er demnächst einem Herrn Gehorsam schuldet.«

Leichenblass sank Anna zurück auf den Sitz, den ein eifriger Page wieder aufgerichtet hatte. Rudolf hatte sich gänzlich von ihr abgewandt. Sie hatte den Kampf um ihn verloren. Was scherte sie da noch die Schmerzenspein, welche die Rute ihrem Leib und ihrer Seele zufügte. Ergeben bedeckten die Lider die stille Trauer in ihren Augen. Jeden Augenblick schleifte Nüwenburg sie in die Mitte des Saales. Stühle wurden gerückt, Tritte folgten. Narrten sie ihre überreizten Sinne? Deutlich vernahm die Gräfin das Klatschen der Peitsche. Sie schaute auf und gewahrte ihren Leibritter, wie er mit wuchtigem Elan die Birkenrute schwang. Vor ihm kniete in gebückter Haltung Richard und zuckte bei jedem Peitschenhieb, mit dem das biegsame Zweigbündel seinen entblößten Rücken traktierte, schmerzvoll zusammen. Natürlich, wegen seiner Gewissenlosigkeit wäre sie beinah vom Pferd gestürzt und als Nüwenburgs Knappe oblag es jenem, Richard dafür zu züchtigen. Wohl war dieser Kelch an Anna vorübergegangen, hingegen den bitteren Geschmack des Verlustes vermochte die kurzzeitige Erlösung nicht zu mildern.

Mitten hinein in Richards Prügelstrafe tönte der melodische Text eines Minneliedes,

> Wol mich des tages do mir alrerst ist worden kunt
> waz hoher tugende und reiner eren an den frouwen laege!
> Es komm ein wib almitten in mins herzen grunt.
> do rieten mir die sinne min daz ich ir schone pflaege,

Daz mich dekeiner slahte not
von ir troste und von ir gnaden niemer kunde scheiden.
Ez wendet niemand an der tot;
ir minneclichen lip den kann mir nieman wol erleiden:
Si ist mir liep und liebet mir für elliu wip;
sie ist mir iemer lieber dan min selbes lip,
sie ist lieb ane zahl, daz spriche ich offenbar,
sie ist min liehtiu rose rot
und ouch min spilnder summe klar.

gut vernehmbar für jedermann, da die Pforte zum Palas dank
der hochsommerlichen Hitze unverschlossen war. Ein strup-
piger Blondschopf tauchte vom Burghof her auf und blieb wie
angewurzelt auf der Schwelle stehen. Die Töne erstarben ihm
auf der Zunge und mit halb geöffnetem Mund starrte er direkt in Richards gepeinigte Fratze. Dieser wurde weiß wie die
Wand. Ausgerechnet jener Bauerntölpel erblickte ihn nun in
dermaßen schmachvoller Stellung, welcher hier und jetzt die
Früchte seiner Niederlage einheimste. Das sollte dieser Da-
hergelaufene ihm noch bitter büßen.

Mit jedem weiteren schmerzenden Schlag sinnierte Nüwenburgs Knappe über stetig groteskere Rachegelüste. Krampfhaft hielt sich Kunz an dem Stock fest, der sein weniges Gut
schulterte. Was war er nur für ein Einfaltspinsel. Wie ein Herr
hatte er sich gefühlt, als der Geleitbrief der Markgräfin ihm
freien Zutritt in die Oberburg gewährte. Und jetzt? Die düsteren Absichten des jungen Edelmanns waren nur zu offensichtlich. Richard stierte ihn an, als wolle er ihn unverzüglich
aufspießen. Am liebsten wäre Kunz im Boden versunken.
Mit scharfem Gebell schalt sein Grauer solch trübe Gedanken. Das riesige Raubtier fixierte einen goldfarbenen Schatten, der sich unendlich langsam erhob und majestätisch den
oberen Tisch umrundete. Schwanzwedelnd sprang der Wolf
sogleich vor, und Isabellas Gestalt verlor sich unter dem massigen Leib des Rüden. Gleichwohl, deren gute Laune schien

dadurch keineswegs getrübt. Ihre Körper ringelten sich vergnüglich umeinander und verschwanden letztlich aus dem Dunstkreis der innen herrschenden morbiden Anspannung. Kunz wünschte sich nichts sehnlicher, als seinem Grauen folgen zu dürfen. Doch es war zu spät.

»Ah, der tapfere Schafhirte aus Weitenau! Der Saal füllt sich mit lauteren Helden, die gewillt sind, ihr Leben für dich zu geben. Willst du ihn nicht willkommen heißen?«

Anna entging Rudolfs ironischer Zwischenton mitnichten, dem er einen vernichtenden Blick in Richtung Hartenfels anheftete. Trotz ihres eigenen übermächtigen Leids rührte Kunz ihr Herz. Verzagt fand der einfache Knecht nicht einmal mehr sein Gleichgewicht und war der drohenden Situation hilflos ausgeliefert. Wie fremd ihr Rudolf mittlerweile war. Nie zuvor hatte er sich einem Gerechten gegenüber so infam verhalten, egal welchen Standes dieser war.

»Kunz, sei willkommen auf Burg Rötteln! Nochmals möchte ich dir meinen Dank aussprechen für die mutige Tat, mit der du mich aus höchster Gefahr errettet hast. Wie wir alle soeben hören durften, bist du darüber hinaus gar ein begabter Troubadour und zitierst Weisen aus dem Werk des längst verstorbenen Reinmar von Brennenberg aus der Pfalz. Sag, vermagst du auch, uns mit der letzten Strophe zu erfreuen, in der jener das Vermächtnis meines Urahns Rudolf von Fenis zu Neuenburg als hohen Künstler des Minnegesangs preist?«

Kunz blühte auf und mit dem unbekümmerten Selbstbewusstsein eines Lausbuben rezitierte er das Gewünschte in vollendetem Sprechgesang.

»Wie kommt es, dass du solcher Verse mächtig bist?«

Stolz reckte Kunz seine Stupsnase in die Höhe.

»Wenn meine Arbeit mit den Schafen getan war, durfte ich Bruder Benedikt in der Klosterbibliothek zur Hand gehen. Er fand es nützlich, mich dafür im Schreiben und Lesen zu unterrichten. Ich kann sogar Latein«, fügte er gewichtig hinzu.

»Du bist ein braver Bursche. Im Stall erwartet man dich bereits. Annabella wird deine kundige Hand zu schätzen wissen und nun geh!«, schenkte ihm die Gräfin die ersehnte Gelegenheit zum Rückzug.

Er war schon im Umdrehen begriffen, als er sich unvermittelt erneut angesprochen hörte.

»Warte noch Junge!« Anna öffnete den Almosenbeutel, den Rudolf ihr zuvor überreicht hatte, und fand tatsächlich noch einige wenige Münzen darin. »Hier nimm dies aus meiner Hand als Dank für deine mutige Hilfe!«

Das also war der Junge mit dem Pferdeverstand. Froh einen Grund gefunden zu haben, den niederschmetternden Ereignissen des heutigen Morgens zu entfliehen, erhob sich Wolf.

»Gestattet Ihr mir, mich ebenfalls zurückzuziehen? Da der Junge auch auf dem Endenburger Stoffelhof bei den Zuchttieren Dienst tun wird, würde ich ihn gern über diverse Besonderheiten unterrichten.«

Wortlos entließ Rudolf seinen Hauptmann. Überhaupt ihm war das ganze Mahl verleidet. Eben noch hatte der Graf geglaubt, den marternden Schmerz seines Liebeskummers niedergerungen zu haben. Welch ein Irrsinn! Einzig des ungeübten Gesangs eines einfachen Schafhirten bedurfte es, ihn als Narr zu offenbaren, der dem Trugschluss bleierner Müdigkeit eines nächtlichen Kampfes auf Leben und Tod erlegen war. »Sie ist mir noch viel lieber, als mein eigner Leib.« Wollte er Anna vergessen, müsste er sich selbst töten. Was galt schon sein ganzes Reich gegen die simple Wahrheit aus dem Munde eines Viehknechts?

III

NDLOSE Tage waren seit Annas Entrechtung als Herrin von Rötteln ins Land gezogen. Für Rudolf war einer grauer als der andere gewesen. Anna hatte sich vollständig zurückgezogen und verließ kaum mehr ihre Gemächer. Selbst die gemeinsamen Mahlzeiten beschränkte sie auf ein Minimum und ließ sich verdächtig häufig mit irgendwelchen Wehwehchen entschuldigen. Keiner von beiden wusste, den tiefen Graben zwischen ihnen zu überwinden. Obendrein lastete drückendes Schweigen auf den dicken Burgmauern. Selbst in den langen und engen Fluren huschte das Gesinde wie stumme Schatten an der Wand entlang. Alle fürchteten die lose Hand der Freifrau von Dornegg. Jeder verrichtete nur noch seinen unabdingbaren Dienst und suchte alsbald den Schutz einer verborgenen Ecke. Kein gemeinsames Lachen, kein derber Witz lockerte mehr die tägliche Arbeit auf. Breitbeinig und mit vor der Brust verschränkten Armen stand Rudolf vor seinem Arbeitstisch in der Bibliothek und bedachte seine Schwester mit verdrießlichem Stirnrunzeln. Aber und abermals hatte sie ihn mit Vorhaltungen gegen Gertrud nahezu um den Verstand gebracht, bis er letztlich eingewilligt hatte, die Alte fortzuschicken. Zwei Wochen waren seither vergangen, in denen er Anna nicht einmal mehr zu Gesicht bekommen hatte. Und nun trotze auch noch Wilhelm, der es seinem Vater arg verübelte und die neue Kindsmagd schikanierte, wo immer es ihm gelang.

Ita rümpfte die Nase. »Das Gesinde wird immer fauler. Den Arnleder werde ich mir gleich vorknöpfen. Es scheint, er kommt seinen Aufgaben als Haushofmeister nicht nach. Hier ist ja schon seit Tagen nicht mehr gelüftet worden. Pfui, es stinkt regelrecht nach verdorbenem Fisch!«

Rudolf wiegelte ab.

»Du lässt Heinrich in Ruhe, Ita! Diese Art von Aufgaben liegt ja wohl eher in deiner Verantwortung als Burgherrin. Aber du bist sicher nicht gekommen, um deine empfindliche Nase in den Geruch meines Arbeitszimmers zu stecken.«

Ita zog es vor, den zweideutigen Unterton in Rudolfs Worten geflissentlich zu übergehen. Sie durfte den Bogen nicht überspannen, sollte ihre Stellung am Hof auf Dauer gefestigt werden.

»Nun, das stimmt. Rudolf, so kann es nicht weitergehen. Anna wiegelt deinen Sohn gegen dich auf. Er ist bockig und ungezogen. Man muss ihn unbedingt ihrer Einflussnahme entziehen.«

Was verlangte Ita da von ihm? Er sollte die Mutter von ihrem Kind trennen? Zärtliche Bilder längst zurückliegender Tage brodelten gewaltsam an die Oberfläche. Anna inmitten duftender Blumen auf der versteckten Waldlichtung, wie sie ihm neckend die Spitzen ihrer Haare ins Gesicht fallen ließ, wie sie Wilhelm tröstend vom Boden aufhob, als er mit ungeschickten Beinen bunten Schmetterlingen hinterhersauste. Unwillig hob er die Augenbrauen. Es hatte keinen Sinn. In ein paar Minuten träfen die Baseler Gesandten des Ritters Marschalk hier ein. Er musste sich unbedingt auf dieses Gespräch konzentrieren. Es ging um Krieg oder Frieden für sein Land. Natürlich, er wäre sowieso gut beraten, Wilhelm den Wirren einer blutigen Schlacht zu entziehen. Gewiss stieße er damit auch bei Anna auf Zustimmung und gleichzeitig schöbe er Itas penetrantem Nachhaken einen Riegel vor.

»Noch vor Weihnachten wird uns Wilhelm für einige Zeit verlassen. Angesichts der unruhigen Lage werde ich meinen Schwager bitten, ihn auf Schloss Neuenburg am See aufzunehmen.«

Verärgert ließ Ita die Mundwinkel hängen. Gerüchte über neu aufbrandende Streitigkeiten zwischen Basel und den Habsburgern waren auch schon an ihr Ohr gedrungen. Doch was ging das sie an. Politische Unwägbarkeiten waren gang und gäbe und Sache der Männer. Ihr Kampf fand innerhalb der Burg statt. Zwar schwang sie schon mit eisernen Klauen das hiesige Zepter des Regiments. Gleichwohl verweigerte ihr das aufmüpfige Gesinde vehement die gebührende Unterwürfigkeit. Sie machten keinen Hehl aus ihrer Loyalität zu Anna. Gott, wie sie solch gefühlsduselige Treuebeweise hasste. So lange Anna hier weilte, stand ihre eigene Machtposition auf wackeligen Beinen, daran änderten noch so viele Prügel durch die Knute nichts. Aber dieses hinterhältige Biest hatte sein aufbegehrendes Naturell ja eingetauscht gegen das sanfte Schwert der stillen Verweigerung und verschloss sich lieber selbst hinter den Türen seiner Gemächer. Dass diese Schlange ihr aufrührerisches Temperament so lange im Zaum hielte, hätte Ita nicht für möglich gehalten. Aber sie würde die Maus schon aus ihrem Loch hervorlocken. Sobald es um Wilhelm ging, zeigten sich ganz gewiss wieder die scharfen Krallen der Raubkatze. Anna musste sich erneut in aller Öffentlichkeit gegen Rudolfs Autorität stellen, ansonsten würde ihr liebestoller Bruder diese Person nie verstoßen. Aber dessen salomonischer Entschluss köderte Anna nicht sofort und Geduld war etwas, das Ita nicht mehr aufbringen konnte. Die Zeit drängte. Kein Mannsbild hielt es lange aus, ohne auf einem weichen Frauenkörper zu liegen. Es war aber auch zu dumm, dass Rosa trotz aller weiblichen Pracht in ihren Bemühungen um Rudolfs Gunst versagt hatte. Stattdessen warf sich die liederliche Zofe dem Nüwenburg an den Hals. Jetzt konnte Ita sehen, wie es ihr gelang, Rudolf vom Bett seiner Gemahlin fernzuhalten.

»Rudolf, du weißt, ich widerspreche dir ungern. Gleichwohl, nachdem Anna dir bereits mehrfach Leid zufügte, erachte ich es als meine vornehmlichste Pflicht, dir jedweden neuerlichen Kummer zu ersparen. Wilhelms Gebaren offenbart in erschreckendem Ausmaß die Disziplinlosigkeit seiner Mutter. Jeder weitere Tag in Annas Nähe verführt ihn, sich mehr und mehr die berüchtigte Handlungsweise dieser Freiburger Grafensippe anzueignen. Willst du nicht, dass dein eigener Sohn dir eines Tages in den Rücken fällt, gilt es, sofort zu handeln.«

Rudolfs Arm schnellte in einer abwehrenden Reaktion nach vorn.

»Schluss jetzt, Ita! Ich weiß deine Fürsorge zu schätzen. Allerdings neigst du dazu, die Dinge schwärzer zu malen, als sie sind. Auch im Freiburger Grafengeschlecht fließt das Blut der Zähringer, also das unserer Familie. Es war Annas Urahn, der durch die Ehe mit Agnes, der Erbtochter des letzten Herzogs, das Haupterbe unserer gemeinsamen Ahnen antrat und deren Nachkommen es überdies gelang, sich der Herzogsburg unserer Väter in Freiburg zu bemächtigen, wohingegen wir Hachberg-Sausenberger doch lediglich Spross der Markgrafen von Baden sind, einer herzöglichen Seitenlinie auf der Burg Hachberg bei Emmendingen.«

»Aber wir tragen den hohen Titel der Markgrafen aus der Mark Verona«, trotzte Ita auf.

»Und Anna das Wappen der Herzöge von Zähringen! Es reicht Schwesterherz, du hast meine Entscheidung vernommen und jetzt lass mich allein! Es gibt Dringlicheres als den Wettbewerb um das edelste Blut.«

Gespannt hatte Rudolf schon seit Wochen auf die Rückkehr seines Boten gewartet, der in Basel dem Ritter Marschalk seine Nachricht überbringen sollte.

Um den Auftrag so unauffällig wie möglich zu erledigen und keinerlei Verbindung zum Röttler Herrn erkennen zu lassen, hatte sich Hans als Knecht eines Baseler Fischhändlers angedient, in der Hoffnung auf dem zwischen Schiffländle und Marktplatz abgehaltenen Fischmarkt früher oder später den entmachteten Stadtrat auf dessen Weg in die Trinkstube zum Brunnen zu sichten, welche am Fuße des Petersberg gelegen war, wo auf der Höhe so manch nobler städtischer Ritterhof thronte. Denn dass jener sich hier gerne mit seinen Sinnesgenossen traf und auch so manchen Becher hob, war allgemein bekannt.

Unzählige Kästen noch lebender Fische hatte er im Laufe der Zeit in den dortigen Brunnentrog gesetzt und dabei jedes Mal die darüber wachende Jungfrau Maria, den Apostel Petrus und den Evangelisten Johannes um baldiges Glück angefleht. Irgendwann war sein Bitten erhört worden. Marschalk hatte gerade die ersten Treppen zum Petersberg hinauf erklommen, als ihn ein derber Bursche aus vollem Lauf anrempelte und noch bevor sich der Ritter versah, hatte ein versiegelter Brief seinen Besitzer gewechselt mit der Bitte, ein Antwortschreiben schnellstmöglich in dem morschen auf Land liegenden Kahn direkt unterhalb der Rheinbrücke zu hinterlegen. Beständig hatte Hans daraufhin am Schiffländle herumgelungert. Doch noch weitere zwei Tage inmitten glitschiger, grüner Fische waren vergangen, bis der Bote sich endlich mit dem ersehnten Antwortschreiben nach Klein Basel absetzen konnte. Gleichwohl erst als das Riehentor passiert war und damit die Stadtmauern in seinem Rücken lagen, hatte sich Rudolfs Pferdeknecht eine Atempause gegönnt.

Wieder und wieder nahm der Markgraf die Nachricht zur Hand. Bis Ita ihn auf den strengen Fischgeruch hingewiesen hatte, war der üble Gestank dieses Schriftstücks seiner Nase verborgen geblieben. Zu sehr beschäftigte ihn der Inhalt, welcher ihm nichts Gutes verhieß.

Von Verschwörung gegen den Stadtrat ja gar gegen alle Bewohner Basels war die Rede auch von geheimen Treffen des Rotbergs mit dem von Lupfen. Als erklärter Gegner des Bürgermeisters wäre er gefangen im dichten Netz von Spitzeln, auf ihn gehetzt im Auftrag des zem Angen, dem Oberzunftmeister und treuen Gefolgsmann Rotbergs. Er gäbe keinen Pfifferling mehr auf sein Leben, wenn jene Späher ihn bei einem Treffen mit dem Markgrafen von Rötteln erwischten.

Statt seiner schickte Marschalk den Volmar von Jettingen und den Herman Buochpart, beide vom Haus zum Schlüssel in der Freien Straße. Sicher fiele es nicht weiters auf, wenn Vertreter der Schlüsselzunft bei einem reichen Herrn vorstellig würden, um einen satten Auftrag zu erlangen. Ebenso verhielte es sich mit Johann Wiler von der Safranzunft in der Gerbergasse, da doch auch die hohe Herrschaft auf Rötteln diese Art Gewürz für den Festschmaus zu Weihnachten überaus zu schätzen wüsste.

Gedankenverloren blickte der Markgraf zum Fenster hinaus. Die Männer, welche ihm Ritter Marschalk sandte, gehörten allesamt nicht einmal den Baseler Achtburgern an, jenem Kreis von selbsternannten Junkern, die trotz fehlender edler Herkunft den Aufstieg ins Patriziat der Stadt geschafft hatten. Keiner von ihnen war Mitglied der hohen Stube und hatte Zugangsrecht zu einer der Gesellschaftsstuben »zur Mücke« am Schlüsselberg, »zum Brunnen« oder »zum Seufzen« in der Stadthausgasse, aus deren Mitte bislang die beiden höchsten Ämter des Rats besetzt worden waren.

Rudolf schüttelte den Kopf. Er, ein Fürst des Heiligen Römischen Reiches, war im Begriff, sich mit gemeinen Handwerkern und Kaufleuten an einen Tisch zu setzen, um über das Wohl und Wehe eines ganzen Landstrichs linksseits und rechtsseits des Rheines zu beraten. Rudolf zuckte nur lässig mit den Schultern ob dieser Erkenntnis. Sie verwunderte ihn nicht. Denn eingeschlossen hinter dem Wall ihrer eigenen Mauern wütete in Basel schon längst ein erbitterter Kampf zwischen solchen wie dem Ritter von Rotberg, der als oberste Priorität von den Bürgern feudalistischen Gehorsam verlangte und jenen, denen die Sicherheit und ein friedfertiges Miteinander zur Mehrung ihres Wohlstandes mehr wogen, als jeder Standesunterschied. Adlige Herren fand man beidseits dieser Sentenzen, ob Habsburger, Bischöfliche oder Neureiche. Die Zukunft gehörte dem Handel und den freien Zünften. Ob als Bürgermeister einer freien Stadt oder als Landesherr, wer meinte auch fürderhin getreu dem Motto »Quod licet Iovi, non licet bovi«* zu herrschen, den zermalmte auf kurz oder lang der unerbittliche Mühlstein der Zeit.

Der Markgraf lächelte in sich hinein. Heute gäbe er diesem Rad einen gehörigen Schub. Rudolf war so tief in seinen Gedankenspielen versunken, dass er zusammenzuckte, als Heinrich ihm die Ankunft der zünftigen Handelsherren kundtat. Beim Eintritt der Drei verschlug es dem Grafen angesichts des selbstbewusst zur Schau gestellten Wohlstands die Sprache. Besonders Johann Wiler hielt mit seinem Reichtum offensichtlich nicht hinter dem Berg. Der knielange tiefblaue Leinensurcot war mit kostbarster rostroter Seide gefüttert und mit jedem Schritt offenbarte das im Saum aufwendig eingestickte Lilienwappen seinen Träger als Händler, der neben wertvollen Gewürzen auch mit Baumwolle, Leinen und Seide sein Geschäft machte. Das gediegene Wolltuch von Buochpart und von Jettingen zierte dagegen das Emblem eines goldenen Schlüssels. Obwohl die Schatztruhen so manch nobler Fürsten gegen die Vermögen jedes einzelnen dieser Kaufleute wie die leeren Taschen eines Bettlers anmuteten, erschien das Benehmen jener Krämer nicht durch Hoffart geprägt. Zwar entboten sie dem Markgrafen nicht den Kniefall seiner Untertanen gleichwohl zogen allesamt ihren Hut und neigten ehrerbietig die Köpfe bis hinunter zur Taille. Rudolf war es zufrieden. Mit diesen Männern ließ sich reden. Auf eine einladende Geste hin nahm sein Besuch ihm gegenüber am Tisch Platz.

»Wie ich mich selbst überzeugen konnte, füllt die Gewürzroute zu den Inseln Hinterindiens wie auch der Handelsweg nach Flandern die Geldsäcklein der Baseler Herrenzünfte bis an den Rand.«

Irritiert schauten sich die Drei gegenseitig an.

»Nun, nun ich will den Herren nicht an den prallen

---

* »Was Jupiter erlaubt ist, ist dem Ochsen nicht erlaubt.« Ein Spruch des antiken Terenz, der die Privilegien bestimmter Gruppierungen betonen sollte im Sinne von »Was ich darf, dürft ihr noch lange nicht.«

Beutel«, hob der Graf beruhigend die Hand, »vielmehr dünkt mich dieser Umstand die sicherste Garantie dafür, in Euch erklärte Feinde jedweden gewaltsamen Exkurses zu erkennen, wäre doch die Auswirkung auf den Umfang Eurer Börsen beträchtlich.«

Wiler fing sich als Erster. Ihm gefiel die unverblümte Redensart des Rötteler Markgrafen. Bislang hatte er Vorbehalte gegen den benachbarten Reichsfürsten gehegt, dessen Mutter Katharina als geborene Gräfin von Thierstein dem mächtigsten Baseler Fürstengeschlecht angehörte. Ausgerechnet die Ausweitung der Thiersteiner Gebiete war den Expansionswünschen der Stadt in den letzten Jahren zuwidergelaufen. Der Seidenhändler erhob sich und schritt zu den Fenstern. Rudolf blickte ihm nach.

»Wiler, vergesst in Euren Überlegungen nicht, dass es vor drei Jahren dieselben Hitzköpfe waren, die einer friedlichen Lösung mit der Familie meiner Mutter entgegenstanden, welche auch zum jetzigen Zeitpunkt erneut auf Waffengewalt setzen!«

Perplex drehte sich der Ertappte um und schaute mit flackernden Augen unsicher in die des Grafen.

»Erschreckt nicht, Wiler! Nein, Runenleser bin ich nicht. Aber an Eurer Stelle hegte ich dieselben Bedenken.«

Das war es, was den Rötteler so erfolgreich agieren ließ. Er konnte sich mühelos in die Gedankengänge anderer hineinversetzen. Und ja, es stimmte. Auch damals war es dieses Quertreibertrio Rotberg, Erenfels , zem Angen gewesen, welches eine friedliche Einigung mit dem Grafen vereitelt hatte und das Baseler Aufgebot bis hinauf auf den Grat des Blauen führte, um an den Toren der Thierstein-Pfeffinger Burg zu rütteln. Nur dank der beherzten Vermittlung von Rotenbergs Baseler Nachbarn in der Rittergasse, dem Thüring von Ramstein, der in die Familie der Hachbergischen Markgrafen von Emmendigen eingeheiratet hatte, war das Schloss einer erneuten Brandschatzung entkommen.

»Meine Mutter würde sich in ihrer Grablege im Münster umdrehen, wüsste sie von diesem neuerlichen Angriff Rotbergs auf die Burg ihrer Ahnen. Ihr seht also, ich habe keinen Grund, dessen Partei zu ergreifen.«

Wilers Misstrauen schwand mehr und mehr.

»Verzeiht Euere Hoheit, ich wollte Euch nicht brüskieren. Niemand scheint mir besser geeignet als Ihr, einen diplomatischen Ausweg aus dem durch die Torheiten unserer jetzigen Stadtoberhäupter verursachten Dilemma mit Katharina von Burgund und Österreich zu finden. Ihr seid ein Sohn der Stadt und gleichzeitig Reichsfürst, also in beiden Lagern beheimatet.«

Theatralisch wandte sich Wiler wieder dem Fenster zu.

»Und wenn ich mir erlauben darf, es zu erwähnen: Von Euerer Burg aus überblickt Ihr täglich das gesamte Gebiet des Oberrheins am Rheinknie vom Sundgau und Elsass bis weit hinter Basel und tief in den Schwarzwald hinein und erkennt es in seiner territorialen Zusammengehörigkeit ohne die trennenden Linien der miteinander konkurrierenden Mächte. Wer sonst, wenn nicht Ihr, brächte ein so grundlegendes Verständnis für die hier herrschenden Besonderheiten auf und strebte danach, diese im Sinne guter Nachbarschaft zu wahren?«

»Wohl gesprochen Wiler«, stimmten ihm Buochpart und von Jettingen zu.

»Ich danke für Euer Vertrauen. So ist es also wahr, dass Rotberg sein eigenes Spiel in Basel treibt zusammen mit dem von Erenfels und dem zem Angen. Vom Streit um das Ungeld habe ich bereits von Bischof Humbert gehört.«

»Allerdings! Diese Herren vertreten nicht unsere Interessen. Schon das Ausscheren aus dem oberrheinischen Münzbund und das Prägen der neuen Münze brachten uns Händlern wie auch den Handwerkern arge Verluste. Jetzt legen Rotberg und Erenfels es auch noch auf einen Stoß mit der Burgunderin an. Wir müssten unsere Gesellen zum Dienst an der Waffe hergeben. Der Bürgermeister kümmert sich einen feuchten Kehricht darum, wer dann die Arbeit in unseren Kontoren erledigt und wir bleiben auf dem Schaden sitzen.«

Zornesröte schoss dem Safranzünftigen ins Gesicht und die beiden anderen brachten durch eifriges Kopfnicken ihre Billigung deutlich zum Ausdruck.

»Ich kann Euch gut verstehen. Aber zu einem Stoß gehören immer zwei. Wie stellt Rotberg es an, dem von Lupfen einen stichhaltigen Grund für einen Feldzug zu liefern?«

»Pah, nichts einfacher als das. Es ist ja bereits geschehen. Ich weiß, Ihr selbst werdet es nicht gerne hören, aber wie Ihr bin auch ich ein Mann des offenen Wortes. Nur zu gern setzen sich nicht nur Hörige, Leibeigene und sonstige Dienstleute von ihren Herren ab und suchen Schutz hinter den Mauern unserer freien Stadt. Was können wir dafür, wenn es denen bei uns besser gefällt. Wir nehmen sie gern, bürgen sie uns doch für weitere Steuern und Abgaben, sobald die Leute nach Jahr und Tag von niemandem zurückgefordert wurden. Zumeist ist dies nicht der Fall, weil deren neuer Aufenthaltsort ja niemandem bekannt ist und so wollten wir es auch belassen, damit keine Fehden aufbranden. Aber jetzt hat Rotberg neun Münchensteiner Knechte an den von Münchenstein über Geckingen verraten und erklärt, die wären bereits Stadtbürger vor Jahresfrist geworden. Natürlich hat der Münch umgehend einen Absagebrief gesandt und Fehde beschworen. Solche Fälle häufen sich und liefern Katharinas Landvogt die nötige Munition, gegen Basel vorzugehen, indem er der Stadt unterstellt, sich das Eigentum der Burgunderin gegen die Abmachung anzueignen, da zahlreiche Freie wie Eigene von Katharinas Vasallen zu uns überlaufen.«

Rudolf hatte bisher nahezu keinerlei Abwanderung seiner Eigenleute zu beklagen, was ihn mit Stolz erfüllte, zeugte es doch von seiner fürsorglichen Herrschaft und vorausschauenden Politik der Mitverantwortung aller Stände. Im Gegenteil erfreute sich sein Reich der Zuwanderung besonders aus Tirol. Untertanen zu verlieren traf die Obrigkeit in dieser pestgebeutelten Zeit hart. Schweren Herzens war es seinerzeit zu einem Frieden zwischen Basel und Katharina gekommen, der unter anderem besagte, dass die Stadtluft erst nach Ablauf der Frist von Jahr und Tag frei mache und ein generelles Verbot des Fortzugs von Reichen gälte. Der Bruch dieser Übereinkunft war also der perfide Pakt zwischen Rotberg und von Lupfen. Um seinen despotischen Führungsstil als oberster Ratsherr auch in Zukunft zu sichern und einem Aufstand im Rat zuvorzukommen, würfe der Bürgermeister bereitwillig einen Teil der Baseler Besitztümer dem Löwen zum Fraß vor. Rudolf war angewidert, ob eines solches Verrats an der eigenen Bevölkerung!

»Das also haben die beiden ausgeheckt. Ich nehme an, Ritter Marschalk hat Euch berichtet, was den von Lupfen treibt.«

Allseitiges zustimmendes Gemurmel erklang und kurz debattierte man dessen Ambition. »Nun, dann liegen die Fakten auf dem Tisch. Wenn wir nicht handeln, wird sich der Rhein bald rot färben von den Blutlachen unserer eigenen Landsleute. Was gedenkt Ihr dagegen zu unternehmen?«

Der Markgraf musterte eindringlich einen nach dem anderen, erntete hingegen nur betretenes Schweigen und gesenkte Blicke.

Erneut schwang sich der Seidenhändler zum Wortführer auf.

»Solange es an Bischof Humbert ist, den Stadtrat in seinen Ämtern zu bestätigen und den Oberzunftmeister zu ernennen, kommen wir auf keinen grünen Zweig. Es sind seine Getreuen. Mehrfach hat er unser Ersuchen auf selbständige Ernennung des Zunftmeisters bereits abgelehnt.«

Hilflos zuckte Wiler mit den Schultern. Rudolf beugte sich verschwörerisch über den Tisch.

»Bischof Humbert ist kein Mann der Politik. Er stellt sich nicht gerne zwischen die Stühle, weil er fürchtet, sich angreifbar zu machen. Allerdings ist mir aus sicherer Quelle bekannt, dass auch ihm nicht an kriegerischen Abenteuern gelegen ist, denn in den bischöflichen Geldtruhen ist der hölzerne Boden zum Greifen nah. Durch seine Handveste mit der Stadt in diese Unwägbarkeiten verwickelt zu werden, beunruhigt ihn außerordentlich. Woran liegt Euch im Angesicht der Gefahr mehr, daran das Recht auf Selbsternennung zu erhalten oder genügt es Euch, selbst ernannt zu werden?«

»Das sind doch nur Spitzfindigkeiten«, winkte Buochpart stirnrunzelnd ab.

»Wohl wahr, aber von imminenter Bedeutung für Humbert! Verlangt von ihm, seinen vermeintlich Getreuen offiziell in den Rücken zu fallen und Ihr werdet scheitern. Gebt ihm einen zwingenden Anlass, die Euren zu ernennen und Ihr werdet obsiegen.«

Wiler brauchte nicht lange, die Schläue zu durchschauen. Der Rötteler war ein Fuchs. Anerkennend schob er die Unterlippe nach vorn, wogegen die Schlüsselzünftigen verständnislose Blicke tauschten.

»Ob so oder so, bevor der Bischof Nichtachtburger auf die höchsten Ämter hebt, fällt Ostern und Weihnachten auf einen Tag«, meldete sich von Jettingen ungehalten.

»Nur langsam mit den wilden Pferden. Wir müssen es nicht gleich übertreiben. Vielleicht reicht für den Anfang die Besetzung des Oberzunftmeisters mit einem aus Eurer Mitte.«

Von Jettingen ließ nicht locker.

»Solange der Rotberg und die seinen sich im Bürgermeisteramt teilen, wird der Stadtrat nach seiner Pfeife tanzen.«

»Hört mir zu Ende zu, Jettingen, bevor Ihr Euch eine Meinung bildet. Natürlich muss auch der Rotberg straucheln. Aber wir sollten den Bischof nicht überfordern und ihm hier einen Achtburger anbieten. Überstürzte man die Entwicklung wäre schlussendlich nur das Gegenteil erreicht. Ich denke da an den Ritter Marschalk.«

Buochpart mischte sich ein.

»Der Mann ist auf unserer Seite. Die Sache hat nur einen Haken. Er gehört wie Rotberg der Trinkstube zum Brunnen an, und wie Ihr wisst, ist es seit jeher Brauch, den Bürgermeister jährlich aus einer anderen der hohen Stuben zu wählen.«

Rudolf lehnte sich zurück und streckte die Beine aus.

»Ein solcher Brauch ist nicht für die Ewigkeit und rüttelt keineswegs an den Grundfesten adliger Privilegien aus Sichtweise des Bischofs. Auch hier bedürfte es nur eines deutlichen Ansporns durch die Euren im Rat.«

»Wobei wir erneut auf den Punkt kommen«, warf Wiler ein, dem der Funken Hoffnung, auch weiterhin seinen Geschäften nachgehen zu können, statt für anderer Leute Eigennutz mit dem Gesicht nach unten den Dreck seiner Heimat zu fressen, Flügel verlieh.

»Wenn ich Euch recht verstehe, spielt Ihr auf die neuerliche Einführung des Ammeistertums an.«

Gleichzeitig pfiffen von Jettingen und Buochpart durch die Zähne. In der Tat, wie es schon einmal geschehen war, könnten sie auch jetzt erneut ein drittes Stadtoberhaupt küren, welches unabhängig war von jedweden bindenden Einflüssen und dem die Kontrolle der Stadtangelegenheiten oblag, wie die Ratsfinanzen und auch der Einsatz der Truppen.

Rudolf lächelte feinsinnig.

»Ich halte dieses Instrument durchaus für geeignet. Es verschaffte Humbert die Möglichkeit, sich zurückzulehnen und darauf zu verweisen, dass die Stadt ihm das Gewehr an die Brust setzt. Ihr, Wiler, seid dafür der rechte Mann. Euch binden keinerlei Lehensverhältnisse. Ihr seid vollkommen unabhängig.«

Begeistert erhielt der Graf die Unterstützung der beiden Schlüsselzünftigen.

»So machen wir es«, bestätigte von Jettingen, »auf Johannis im Juni wird der Rat neu ernannt. Einige Wochen vorher werden wir Euch, Wiler, zum Ammeister bestimmen. Ha, das dumme Gesicht des Rotbergs, wenn er sich und die seinen der Posten enthoben sieht, ist mir so manchen Ärger wert. Es soll ihm dann freistehen, allein gegen Katharina zu ziehen.« Voller Vorfreude rieb sich Jettingen die Hände.

Rudolf erhob mahnend den Finger. »Bis dahin darf niemand von unserer Verbindung und unserem Plan erfahren.

Um die Monate bis zur Einsetzung des neuen Rats zu über-
brücken, werde ich mich selbst zusammen mit weiteren Fürsten anbieten, in der Sache zwischen der Stadt und Katharina zu vermitteln. Rotberg wie auch von Lupfen müssen ihr
Gesicht wahren und mindestens zum Schein in die Verhandlungen einwilligen. Noch in dieser ersten Woche des Oktobers
soll es ein Gespräch zwischen den vermeintlichen Kontrahenten geben.«

Alle vier legten über dem Tisch die Hände aufeinander.

»Markgraf, Ihr seid uns stets ein willkommener Nachbar«,
verabschiedete sich Wiler im Namen seiner Freunde.

»Ich wiederum schätze Nachbarn, die nicht darben. Solche
neigen nicht dazu, Grenzen zu überschreiten«, erwiderte Rudolf unverhohlen pragmatisch.

Friedrich verließ erneut unverrichteter Dinge die Burgschänke. Immerzu scharwenzelte der Hartenfels um Maria herum
oder einer seiner Wachleute. Jetzt war bereits Herbst und seit
dem Sommer kreuzte Annas Leibritter zur unterschiedlichsten Stunde in der Taverne auf, um diesem Weib eine Lektion zu erteilen, die es lehrte, sich seinen Wünschen zukünftig
zu beugen. Stattdessen hatte er auch heute zusehen können,
wie der Hauptmann honigsüß um den Braten herumschlich.
Nicht einmal diese kindliche Schankmagd war mehr anzutreffen, sobald er einen Fuß in den Raum setzte. Zu dumm
aber auch, dass Maria ihn einst just in dem Moment erwischte, als er dem jungen Ding die Röcke gehoben hatte.

So war ihm heute wieder nichts anderes übrig geblieben,
als in einer stillen Ecke seine harte Latte eigenhändig zu
schrubben. Aber immer noch besser, als sich während eines
wilden Ritts das Gejammere dieser Rosa anzuhören. Das ner-
vige Frauenzimmer drängte ihn seit Wochen zu einer Heirat,
weil sie seinen Balg im Leibe trüge, was sich in Kürze nicht

mehr verheimlichen ließe. Das war ja noch schöner. Erst warf sich ihm dieses Luder an den Hals und jetzt sollte er die Kartoffeln aus dem Feuer holen. Sollte sie doch sehen, wie sie es loswürde. Ganz sicher holte er sich deswegen kein Heimchen an den Herd. Doch die Arnleder ließ sich immer weniger mit Versprechungen hinhalten und verlegte sich seit Neuem auf wüste Drohungen, mit den wirklichen Umständen, die damals auf der Waldlichtung vorgefallen waren, als er sich den Goldengel der Gräfin hatte vorknöpfen wollen, hausieren zu gehen. Seitdem achtete er stets darauf, Rosa nicht über den Weg zu laufen. Zumindest hier war ihm das Glück hold. Da die Gräfin sich größtenteils nur noch in ihren Gemächern aufhielt, verfügte er über viel freie Zeit, die er zumeist in der Taverne verbrachte, ein Ort, der sich für die Zofe als Tochter eines noblen Ministerialen verbot.

So drückte Friedrich sich unzufrieden und ziellos in allen dunklen Winkeln der Burg herum, als eine vornehme Karawane durch das Südtor einritt. Die Leute wurden erwartet, sonst hätten Hartenfels' Torhüter sie nicht nach nur kurzer Überprüfung und ohne weitere Begleitung eingelassen. Da er nichts Besseres zu tun wusste, begleitete er den Zug bis hinauf in die Oberburg, wo bereits das große Fallgitter den Graben überbrückte. Es waren Händler, die kostbare Ware auf Packpferden führten. Der Sprache nach kamen sie aus der hiesigen Region. Arnleder führte die Kaufleute direkt zum Markgrafen. Neugierig inspizierte Nüwenburg die verschiedenen Stoffballen und fragte die Knechte über den Inhalt der großen Lederbeutel aus.

Als nach geraumer Weile immer noch keiner der Gehilfen beauftragt wurde, wenigstens einen Teil des Sortiments hereinzutragen, regte sich Neugier in Friedrich. Er schlich sich durch das persönliche Gemach des Burgherrn bis an die Tür zur Bibliothek und lauschte erwartungsvoll durch das Schlüsselloch. Zunächst verstand er die Bedeutung des Geredes nicht, denn es waren nur einzelne Wortfetzen, die er aufschnappen konnte. Doch nach und nach ergaben die

Bruchstücke einen Sinn. Hier wurde ein Komplott geschmiedet gegen den Baseler Bürgermeister und den Landvogt der Herzogin von Burgund. Hatte ihn sein Riecher doch nicht getäuscht. Am liebsten hätte Friedrich sich selbst auf die Schulter geklopft. Wenn diese Information den Herren nicht viel wert war, fräße er einen Besen, zumindest so viel wert, dass er sich in den freien Ritterstand einkaufen konnte. Auf Biegen und Brechen hechtete der Leibritter mit einem rasanten Sprung hinaus auf den Korridor, bevor die Baseler Stadträte ihn doch noch erspähten. Wie zufällig schritt er daraufhin am Gemach vorbei.

»Nüwenburg, das trifft sich gut. Während ich die Kaufleute hinaus zu ihren Pferden begleite, gebt Ihr Hans Bescheid, mich gleich nach dem Mittagsmahl aufzusuchen.«

»Sehr wohl, Herr Graf«, dienerte Friedrich und wunderte sich sogleich, wieso besagtem Pferdeknecht bereits das zweite Mal eine Privataudienz beim Burgherrn eingeräumt wurde.

Anna streckte ihr Antlitz der goldenen Oktobersonne entgegen. Mit geschlossenen Lidern saß die Markgräfin im Schatten der riesigen Fichte inmitten des Kräutergartens und suchte jeden hellen Lichtstrahl einzufangen, der die grünen Nadeln der ausladenden Äste in ein verwunschenes Meer sprühender Funken verzauberte. Gleichwohl, die Schatten, welche seit Monaten ihr Gemüt bewölkten, vermochten selbst die wärmenden Boten des gelbgleißenden Tagesgestirns nicht zu verscheuchen. Wie mooriges glühendes Pech bedeckte die schwarze Galle der Verlassenheit ihre Seele und heißes Pochen brandete gegen die empfindliche Haut ihrer Schläfen. Mit der Einsamkeit hatten auch die bohrenden Kopfschmerzen in ihrem Körper Einzug gehalten. Anna war zu kundig, um darin nicht die warnenden Symptome einer nahenden

Melancholie zu erkennen. Doch sie durfte sich nicht aufgeben. Wilhelm! Ihr Kind brauchte sie. Er war noch zu jung, um in Itas lieblosen Fängen nicht zu zerbrechen.

Etwas Feuchtes stupste gegen die Innenfläche ihrer Hand.

»Isabella, meine Gute, wo kommst du denn jetzt her? Seit Tagen vermisse ich dich schon.«

Anna schmiegte ihren Kopf an den schweren Schädel der Hündin und sogleich durchflutete eine wärmende Welle des Trostes ihre Haut. Doch Isabella fehlte offenkundig jeder Sinn für Streicheleinheiten. Mit aufgeregtem Gebell sprang sie wild vor und zurück und rannte in Richtung Tor.

»Was ist nur los mit dir? Willst du mir etwas sagen?«

Anna folgte der Hündin bereits, als gellender Lärm von unten heraufscholl. Ihr stockte der Fuß. Dort stand Rudolf und verabschiedete sich von den Männern, welche ihr schon bei deren Ankunft aufgefallen waren. Anna hatte keine Ahnung, was Rudolf von ihnen wollte, aber letztlich war es ihr auch egal. Seit er sie vor aller Augen ihrer Rechte enthoben hatte, mied sie es, ihrem Gemahl zu begegnen.

Anna hatte sich keine Schuld aufgeladen. Es war nicht an ihr, sich zu rechtfertigen. Jedes persönliche Wort umging sie aus lauter Angst vor ihrer eigenen Reaktion, aus Furcht vor dem endgültigen Bruch zwischen ihnen. Aber es war zu spät. Rudolf, der sich bereits wieder auf halbem Weg zurück in den Palas befand, konnte sein Glück kaum fassen. Dort kam Anna. Sie war allein und er war es auch. Er wollte doch schon so lange mit ihr reden. Immer ging sie ihm aus dem Weg. Konnte sie ihn denn nicht verstehen? Nur ein Wort von ihr, welchem Trugschluss er unterlegen war, und er trüge sie zurück auf den Thron der Herrin. Es brachte ihn nahezu um den Verstand. Anna war ihm so nah und doch so fern.

»Darf ich fragen, wo du derart hurtigen Schrittes hineilst? Bedauerlicherweise lässt mich dein bisheriges Benehmen nicht hoffen, dass ich das Ziel bin.«

Mein Gott, was sagte er da? Im Gespräch mit den Baselern war ihm gerade eben erst erneut ein diplomatisches

Meisterwerk gelungen und kaum begegnete er Anna, fehlte ihm jegliche Kontrolle über seine Worte.

»Ich wollte nachsehen, wohin Isabella verschwindet. Seit drei Tagen weilt sie nicht mehr an meiner Seite und jetzt wirkt sie völlig verstört.«

Rudolf war froh um jede Gelegenheit, über etwas Unverfänglichem mit seiner Gemahlin sprechen zu können. Hauptsache, sie wich ihm nicht gleich wieder aus.

»Also werden wir der Sache gemeinsam auf den Grund gehen. Es scheint dort unten sowieso ein rechter Tumult zu herrschen.« Dicht an dicht gedrängt bildete das Gesinde einen Ring auf dem Vorplatz zum Stall und der Zustrom der Schaulustigen ebbte nicht ab. Hubert der Schmied gewahrte das gräfliche Paar als Erster. Hurtig schwang er seinen Hammer und trieb die Leute auseinander.

»Bildet eine Gasse für den Herrn!«, schrie er aus vollem Hals und schaffte es doch kaum, das ohrenbetäubende Gebell aus dem Stall zu übertönen.

Breitbeinig stand dort Richard und hieb immer wieder mit seiner Faust auf Kunz ein. Der arme Knecht blutete aus Nase und Ohr aber getraute sich nicht, seinen Arm gegen einen von Stand zu erheben. Verzweifelt hatte Isabella versucht, einen Durchgang durch diese Menschenmenge zu finden. Jetzt fegte sie wie von Furien gehetzt an Anna vorbei in den Stall und kurz darauf erscholl markerschütterndes Geheul aus dem Innern.

»Isabella!« Anna lief los und entkam nur um Haaresbreite der kräftig ausholenden Faust Richards, unter der es Kunz geschickt gelungen war, sich wegzuducken, dabei aber stolperte und kopfüber im Mist landete. Er hatte sich noch nicht ganz wieder aufgerappelt, als mit einem entsetzten Aufschrei Richard direkt neben ihm in die dampfenden Pferdeäpfel landete. Mit einem einzigen Schlag ins Gesicht hatte Rudolf den Knappen von den Füßen geholt.

»Bursche, wäre sie getroffen worden, du könntest jetzt deinen eigenen Gestank nicht mehr riechen! Ihr rührt euch beide nicht vom Fleck!«

Im Stall hockte Anna auf dem Boden neben Isabella und redete ruhig auf sie ein. Die Hündin hörte nicht auf, ein kleines graues Knäuel zu schlecken, das regungslos vor ihren Pfoten lag. In einigem Abstand war der Graue des neuen Stallknechts an die Wand gekettet und beruhigte sich nur ganz allmählich.

»Es ist tot, Isabella. Du musst dich damit abfinden. Aber schau, dort drüben die anderen drei, sie leben noch. Um die musst du dich jetzt kümmern.«

Rudolf folgte ihrem Finger und jetzt erst begriff er. Annas Hündin hatte Welpen geworfen und eins davon lag tot vor ihr. Energisch trat er wieder ins Helle.

»Was ist hier vorgefallen Richard?«

Überheblich reckte der seinen mit Mist beladenen Kopf und deutete damit in Richtung Stall.

»Die beiden Viecher lassen uns schon seit Tagen nicht ungehindert zu unseren Rössern. Auch eben verstellte diese bösartige Wolfsbestie meinem Herrn den Weg, als er in Eurem Auftrag, dem Hans eine Nachricht überbringen wollte. Er befahl dem Kunz, seinen Hund anzuketten. Währenddessen hat mein Ritter die Welpen entdeckt und meinte, es liefen schon genügend dieser Mordsbande herum. Eins schleuderte er direkt gegen die Wand und gab mir Befehl, mit den übrigen entsprechend zu verfahren, weil noch anderweitige Pflichten auf ihn warteten. Der Knecht da wagte es, sich mir zu widersetzen und stellte sich vor das Hundspack. Da hab ich ihn gepackt, um ihm Manieren einzudreschen.«

Richard unterließ es zu erwähnen, wie froh er gewesen war, dem Stallburschen endlich doppelt so viele Prügel verpassen zu können, wie er seinerzeit unter Nüwenburgs Peitsche hatte hinnehmen müssen. Rudolf schnalzte mit der Zunge. Eine verzwickte Angelegenheit! Nüwenburgs Knappe war nur seinem Befehl nachgekommen und Kunz hätte ihm gehorchen müssen. Er war ein Eigener und es stand ihm nicht zu, sich gegen Richard aufzulehnen. Das war ein schweres Vergehen. Andererseits verspürte der Markgraf nicht die geringste Lust, dem Jungen dafür das Fell gerben zu lassen, war ihm doch Richards provozierende Art nur zu bekannt. Aber es half alles nichts, die Ordnung musste unter allen Umständen gewahrt werden und Richard hatte ein Recht darauf, bei der jetzt anstehenden Bestrafung selbst den Stock zu führen.

Plötzlich trat Michael vor.

»Es ist dem Knappen des Ritters Nüwenburg schweres Unrecht getan worden von Seiten dieses Gemeinen. Es bleibt ihm nicht einmal die Chance auf Genugtuung. Zwar entledigen wir Knappen uns bis zum Ritterschlag aller Rechte unseres Adelsstandes, dennoch zöge es sicher auch der edle Bursche des Herrn von Nüwenburg vor, im ritterbürtigen Kampf mit seinesgleichen Ehre zu finden, anstatt die Zeit mit der banalen Züchtigung eines Unwürdigen zu vertun. Mir ist es eine Ehre, ihm hierfür meine Dienste anzubieten, so er meine Person als ihm gleichrangig erachtet.«

Das war er dem Stallburschen schuldig. Michael mochte den stets lustigen Kunz. Außerdem verdankte er es zu einem gewissen Teil auch ihm, dass sich sein Wunsch so schnell erfüllt hatte, diesen von Lörrach sich unter den Hieben seines Herrn winden zu sehen.

Rudolf bedachte seinen Knappen mit einem anerkennenden Lächeln. Albrecht von Schönaus Sohn hatte viel gelernt bei ihm, nicht nur was den Kampf betraf. Zum einen konnte Richard als zukünftiger Ritter einen ihm angetragenen Zweikampf ohne Gesichtsverlust nicht ausschlagen, zum anderen beleidigte er damit auch die Familie des Hurus von Schönau, eine der mächtigsten seines Reiches. Ihm bliebe keine andere Wahl, als auf Michaels Finte einzugehen. Und so geschah es auch.

»Ich will aber selbst kämpfen!«, begehrte Kunz stolz auf.

»Schweig!«, fuhr der Markgraf ihn barsch an. Konnte der Junge so dumm sein, sein Glück nicht zu begreifen?

»Das steht dir nicht zu!«

»Wenn dieser Lümmel meint, mit den Waffen eines Edlen hantieren zu können, soll es mir recht sein«, warf Richard gönnerhaft ein. Der wäre sicher leichter zu verdauen als der wendige Schönauer.

Jetzt hatte sich der Junge sein eigenes Grab geschaufelt. Aber Rudolf konnte nichts mehr für ihn tun. Michael reichte Kunz sein Schwert und die beiden Gegner stellten sich gegenüber.

Zunächst umrundeten sich die beiden Halbwüchsigen, beide mit etwas vorgebeugtem Rücken. Begleitet von hämischem Grinsen warf Richard seine Waffe geschickt von einer Hand in die andere. Doch schon die ersten Ausfallschritte gegen Kunz bremsten seine Euphorie. Kampflos ergäbe sich der Einfaltspinsel jedenfalls nicht. Richard verlor zusehends den Spaß am Duell. Am besten er bereitete dem ein schnelles und schmerzloses Ende. Seinen Kampfarm hocherhoben rannte er in Kunz hinein und wollte dessen Schädel mit Wucht treffen. Gekonnt hob auch der die Linke und wehrte ab, ließ darauf die Klinge über seinen Rücken hängen und rannte wieselflink mit dem Haupt voraus durch Richards rechten Arm hindurch, stellte seinen rechten Fuß hinter dessen rechten und umklammerte noch im Sprung mit seinem freien Arm des Knappen linke Seite, hob ihn auf die Hüfte und ruck zuck lag der flach auf dem Rücken. Kunz setzte ihm sein Schwert an die Kehle.

Unbemerkt war Ritter von Hartenfels in die vorderste Linie aufgerückt mit Maria an seiner Seite. Jetzt suchte Kunz dessen Blick, und obgleich es nur ein flüchtiges Nicken war, welches jener dem Stallburschen gewährte, verschaffte es dem Markgrafen die nötige Klarheit. Er war soeben Zeuge einer perfekt ausgeführten Schwertkampflist des großen Meisters Johann Liechtenauer geworden. Nur ein anderer Meister konnte dem Jungen diese Kunst gelehrt haben. Amüsiert und erleichtert zugleich fühlte Rudolf sich auf der anderen Seite ein wenig hintergangen. Zu allem Überfluss bedankte sich Anna jetzt noch bei Kunz für dessen Einsatz zur Rettung der Welpen, und statt sich an seine Seite zu stellen, ging sie schnurstracks auf Hartenfels zu.

»Das war Eure Handschrift Hartenfels«, lächelte sie ihren ehemaligen Leibritter an.

»Ja nun, ich dachte, da Kunz doch immer so häufig alleine nach Endenburg reiten muss und solch begnadete Pferdeburschen ... .«

»Hört auf! Ihr mögt ihn, das ist alles. Er wäre ein guter Knappe für Euch. Schade, dass sein Blut es ihm nicht erlaubt.«

»Maria, wie lange habe ich dich nicht gesehen.« Anna küsste ihrer Freundin beide Wangen.

»Sag, geht es dir gut hier unten?«

»Ihr fehlt mir Frau Gräfin. Aber ansonsten habe ich mich eingewöhnt. Herbert, der Wirt, ist jetzt ständig guter Laune und mir wohlgesonnen. Johannisbeertee hat sein Blut in Wallung gebracht und das Wasser ausgetrieben. Aufgüsse aus den Blättern des Wiesenklees haben seine Säfte gereinigt und die Leber angeregt.«

Maria lachte herzlich und strahlte Wolf an.

Anna beugte sich vor und flüsterte der jungen Frau ins Ohr:

»Du bist verliebt Maria. Hartenfels und du, ihr seid euch einig?«

Maria errötete. Es dauerte eine Weile, bis sie nickte.

»Maria, wo soll das enden? Bitte, sieh dich vor!«

Rudolf konnte nicht mehr an sich halten. Eifersucht wallte auf. Wie sehr sehnte er sich nach einer solch zärtlichen Umarmung von Anna, nach einem so vertrauten Miteinander. In Gegenwart dieses Hartenfels fand das Lachen wieder zurück in das Gesicht seiner Gemahlin.

»Anna! Begleite mich hinauf!«

Widerstrebend löste sich die Gräfin von ihren Getreuen. Wie sehr vermisste sie deren Zuspruch.

»Nüwenburg wird die Niederlage seines Knappen gegen einen einfachen Pferdepfleger arg zu schaffen machen. Dieses Debakel rüttelt sicher nicht zu knapp an seinem Ruf.«

Rudolf wollte, dass Anna auch mit ihm lachte.

»Nüwenburg, immer nur Nüwenburg! Ich wünschte, diesen Namen hätte ich nie hören müssen. Seht Ihr denn nicht, wie Euer Freundesmündel alles zerstört, erst mich dann Maria? Selbst ein völlig unschuldiger Hundewelpe fällt seinem Kreuzzug gegen mich zum Opfer. Habt Ihr Euch nie gefragt, ob es nicht auch irgendwann Euch selbst trifft?«

»Was ich sehe ist, dass Hartenfels dich jedes Mal aus der Fassung bringt. Woran liegt das bloß? Nüwenburg dient dir doch nur als Prügelknabe, seitdem er Hartenfels' Stellung bei dir innehat.« Rudolf war maßlos enttäuscht.

Niemand bemerkte das kurze Aufblitzen eines Schwertknaufs im verborgenen Dunkel unter dem tief herunterragenden Dach der winzigen Stallmeisterkate. Nervös zupften Finger am fahlen blonden Barthaar. Dieser von Lörrach war ein Tölpel. Aber was ging es ihn noch an? Künftig pfiffe er auf die Gunst des Rötteler Grafen. Sobald sein geheimes Wissen an den richtigen Mann gebracht war, konnte ihm die ganze Hachberger Sippe mit ihrem ehrenwerten Getue den Buckel runterrutschen. Endlich wäre er frei zu gehen, wohin es ihm beliebte, kein Hund mehr, der seinem Herrn für mildtätige Brocken dankbar zuwedelte. Verächtlich spie er auf den Boden. Es war Zeit, schleunigst dem Wunsche eines heiratswütigen Weibsstücks zu entsprechen, damit ihm nicht zuvor in die Suppe gespuckt werden konnte.

Noch während des Mittagessens empfing Pater Enkenbruch einen seltenen Gast in seiner kleinen Kammer neben der Kapelle, wo er es bevorzugte, sein Mahl alleine einzunehmen, seitdem ihm der Markgraf einst nur allzu deutlich nahegelegt hatte, die Burg zu verlassen. Mit aufgeblähten Nasenflügeln und nach Details lechzenden Augen folgte er begierig der kleinsten Einzelheit in den bildhaften Ausführungen seines unverhofften Besuchers. Dabei schnellte sein Zeigefinger ein ums andere Mal in die Höhe und besserwissende Anmerkungen belehrten den ungeladenen Ankömmling über die von

Gott allein dem Priester gegebene Macht, in der dunklen Tiefe so manch gefallener Seele durch Strafe Heil zu bewirken.

»Einmal mehr ist bewiesen, wie leichtfertig die Weiberleut sind. Hält man sie nicht an der kurzen Leine, frönen sie nur allzu gern der triebhaften Natur ihres lasterhaften Körpers. Es ist Euch hoch anzurechnen, dass Ihr Euch dieses gestrauchelten Geschöpfs annehmt.«

Seit Stunden schlich Friedrich wie ein Kater auf dem Korridor des oberen Sommerhauses herum. Genervt trommelten seine Finger auf das Schwertgehilz. Überall hatte diese lästige Person ihm in den vergangenen Tagen aufgelauert, so dass er sich kaum zu retten wusste und ausgerechnet zu diesem Zeitpunkt, an dem es schnell zu handeln galt, wurde seine Geduld auf eine harte Probe gestellt. Fast unerwartet bewegte sich jetzt der Türknauf, und sobald der Edelknecht den roten Haarschopf aufflammen sah, griff er zu. Rosa schrie erschreckt auf, aber Friedrichs Hand erstickte jeden Laut aus ihrem Mund. Wie eine Katze wand sich die Zofe und konnte gegen die muskelbepackten Arme des Ritters dennoch nicht bestehen. Hastig zerrte er die strampelnde Frau in deren angrenzende Kammer.

»Beruhige dich doch Rosa und schrei nicht gleich das gesamte Gesinde herbei, nur weil ich vor Sehnsucht nach dir vergehe!«

Zur Untermauerung seiner Worte drückte er die Nase fest in ihr Haar und sog begierig den ausströmenden Duft ein. Umgehend wandelte sich Rosas Verhalten. War sie eben noch zu Tode erschreckt, verspürte sie blitzschnell wieder Oberwasser. Siegessicher stemmte Itas Leibdienerin die Arme in die Hüften und kokettierte anmaßend mit ihrem gewaltigen Vorbau.

»Dem edlen Ritter ist der Genuss meiner Vorzüge auf einmal doch lieber, als eine ehrlose Vertreibung aus den schützenden Armen des Markgrafen zu riskieren. Nun, mein Freund, der Preis dafür ist bekannt.«

Friedrich setzte eine betrübte Miene auf.

»Sprich nicht so, Rosa! Du bist doch mein Mädchen. Es ist nur natürlich, dass ein Schwerenöter wie ich ein wenig Bedenkzeit gebraucht hat. Dafür fliege ich jetzt umso leidenschaftlicher in deine Arme. Lass uns heiraten am besten sofort, ohne zuvor uns den ermahnenden Vorwürfen deines Vaters und aller anderen auszusetzen! Sind die Tatsachen erst geschaffen, wiegt die verbleibende Schuld nur noch halb so viel.«

Rosa stampfte mit dem Fuß auf.

»Für wie dumm hältst du mich? Glaubst du wirklich, du könntest mich mit einer Winkelehe abspeisen, geschlossen ohne Zeugen in einer dunklen Ecke? Das könnte dir so passen. Wärst du meiner über, hätte ich das Nachsehen.«

»Schau Rosa, was du nur von mir denkst. Nie im Leben würde ich meinem Mädchen etwas so Schändliches abverlangen. Heimlich soll es schon vonstattengehen um deines Vorteils willen, aber selbstverständlich mit Priester und Zeugen. Stell dir vor, ich konnte sogar Pater Enkenbruch dazu überreden, uns im Haus eines meiner guten Freunde in Basel zu trauen. Natürlich musste ich ihm unsere – hm – besonderen Umstände schildern, aber er war geneigt, dem Teufel ein paar Sünder von der Schippe zu holen, indem er unser verfrühtes Tun im Nachhinein durch den Bund der Ehe heiligt.«

Rosa prustete belustigt.

»Was hast du diesem Heilsprediger denn dafür bezahlt? Na, egal, Hauptsache du bist endlich zur Vernunft gekommen. Zu sehen, wie sehr du dich um mich sorgst, rührt mich geradewegs zu Tränen. Wann soll ich mich bereithalten?« »Zur dritten Stunde!«

»Du überschlägst dich ja fast vor Eile.«

Jetzt stand ihm doch wirklich eine Belohnung zu, besonders bevor sein Vorhaben endgültig in die ernste Phase träte und er die Gelegenheit danach gewiss nicht mehr so verlockend empfände. Friedrich grinste süffisant ob dieses Gedankens. Hart grapschte er nach ihrem Gesäß. Rosa ließ es geschehen. Was machte einmal mehr oder weniger schon aus. In einigen Stunden hätte er sowieso jedes Recht dazu. Nach so viel Gesülze wollte Nüwenburg nur eins: Erleichterung! Grob beugte er Rosa mit dem Gesicht voraus über den Tisch und schaffte es vor Erregung kaum, gleichzeitig ihre Röcke zu heben und seinen Meißel in Stellung zu bringen.

Beschwingt schritt Rosa durch das Mannstor. Auf keinen Fall wollte sie sich so nahe vor dem Ziel verspäten. Von der Freifrau hatte sich die Zofe für den heutigen Nachmittag Ausgang erbeten, um ihre in Schopfheim ansässigen Familienangehörigen aufzusuchen. Ihr Vater besaß neben vielen anderen Lehen auch in dieser alten Markgrafenstadt mehrere Häuser, so dass Ita keinerlei Verdacht geschöpft hatte.

»Wen sehe ich denn dort am Brunnen? Fürwahr heute ist mein Glückstag. Das ist doch dieses hochnäsige Engelsluder.«

Rosa juckte es in den Fingern, auf dem Pfad zu ihrem eigenen gesellschaftlichen Erfolg die hübsche Fratze dieser aufgeblasenen Person im wahrsten Sinne des Wortes den Sumpf des niederen Daseins schmecken zu lassen. Dafür nahm sie gern einen kleinen Umweg in Kauf, kreuzte Marias Weg und stellte der Schankmagd ein Bein. Beide Eimer polterten auf die Erde und kopfüber fiel Maria in den aufgeweichten Matsch.

»Pass doch auf du dummes Ding! Hier nimm das, damit du lernst, einer achtbaren edlen Dame den Weg freizugeben!«

Gezielt trat Rosa der am Boden Liegenden in die Seite, hob betont vornehm die Zierborde ihres erlesenen Gewandes an und stieg hoheitsvoll über Marias Leib hinweg, ohne sich noch einmal umzusehen. Gewiss hätte es ihre Genugtuung getrübt zu erleben, wie die verhasste Rivalin auf den starken und hochnoblen Armen des Ritters Hartenfels davongetragen wurde.

Vor dem Stall warteten bereits drei gesattelte Pferde. Friedrichs Kampfross überragte die beiden Zelter, welche er für Rosa und den Priester hatte zäumen lassen, um mehrere Handbreite. Pater Enkenbruch war ein ungeübter Reiter und vermeinte schon jetzt den am nächsten Tag zweifelsfrei eintretenden Muskelschmerz zu spüren.

»Na endlich! Ich fürchtete bereits, du hättest es dir zu guter Letzt noch anders überlegt, meine Tochter.«

»Niemals Hochwürden!«

Eilfertig half Friedrich ihr in den Sattel.

Es wurde ein schweigsamer Ritt. Am Riehentor nahm Friedrich die Wache zur Seite und nach einem kurzen Hin und Her bedachte der Stadtbedienstete Rosa mit einem anzüglichen Lachen, ließ die kleine Gruppe jedoch passieren. Erst als die Rheinbrücke in Sicht kam, forderte der Geistliche Rosa auf, sich neben ihm zu halten.

»Es war sehr vernünftig von dir, meine Tochter, dich an den edlen Herrn von Nüwenburg zu wenden. Sei versichert, ich verstehe deinen Konflikt. Trotz allem wirft es ein gutes Licht auf dein Innerstes, dass du deinen Vater mit dieser, eh, unglücklichen Fügung nicht belasten willst und in aller Stille den richtigen Ausweg wählst. Du bist ein triebhaftes Weib und hast dich schwer versündigt. Doch ziehe ich den Hut vor reuigen Schafen, die bereit sind, sich durch Buße schon zu Lebzeiten zu läutern. Daher nehme ich es der Liebe Christi willen auf mich, dich auf dem jetzt vor dir liegenden Weg mit meinem Beistand zu stärken.«

Rosa achtete nicht auf das salbige Geschwätz des Dominikaners. Auf dem Marktplatz herrschte noch aufregenderer Trubel als auf dem Fischmarkt. Fremdartige Leckereien wurden feilgeboten, nach der neuesten Mode gekleidete Damen ließen die farbenprächtigsten Stoffe durch ihre behandschuhten Hände gleiten. Aus der Ferne schlug die Turmuhr des Münsters zur sechsten Stunde und trotz der einsetzenden Abenddämmerung drängten sich die Menschen lieber durch die Straßen statt in ihren Häusern. Lebhaftes Stimmengewirr brandete aller Orten auf. Rosa frohlockte.

»Hier schlägt der Puls des Lebens. Bin ich erst die Edle von Nüwenburg, werde ich es schon bewerkstelligen, in der öden Abgeschiedenheit eines Schwarzwälder Landguts nicht zu versauern. In dieser brodelnden Stadt wird mein Hof sein.«

Vor Nüwenburgs großem Schlachtross tat sich im Handumdrehen eine kleine Gasse auf und unbehelligt überquerte der ungleiche Tross den quirligen Umschlagplatz für allerlei exotische Handelsware. Ihr Vater empfand die lasterhaften Versuchungen der größten Rheinmetropole zwischen Konstanz und Straßburg für ein ehrbares Mädchen nicht statthaft und hatte stets darauf bestanden, sie dem Schoß ihrer Schopfheimer Familie anzuvertrauen, sobald der markgräfliche Hof sich in die Baseler Häuser ze Straßburg oder ze Aarberg zurückgezogen hatte. Selbst die Freifrau von Dornegg unterhielt hier eine städtische Zofe. Der Birsig teilte den Platz in zwei Seiten und auf Höhe des Rathauses durchquerten die Pferde an einer niedrigen Furt den Fluss auf die Seite der Handwerksbetriebe.

Gerade erst waren sie in die kleinere Falknerstraße eingebogen, als deren Ende sich auch schon erneut in eine weitere ausgedehnte Stätte verlor. Angewidert hielt sich Rosa die Nase zu. Im Vergleich zu den bisherigen Stationen von Reichtum und Macht erschien ihr dieses Viertel unbedeutsam und schmutzig. Schweine grunzten und aller Orten traten die Menschen mit nackten Füßen in deren Ausscheidungen. Von Kohle geschwärzte Burschen, nicht einmal dem Kindesalter entwachsen, füllten die schwarzen Steine in Säcke und hievten sie sich auf die gekrümmten Rücken, um die Ware für ein lausiges Entgelt in die Häuser der Reichen zu tragen, die sich derartigen Luxus für die bevorstehende kalte Winterzeit leisten konnten. Mönche in braunen sackleinenen Kutten bettelten am Straßenrand und ein besonders Mutiger streckte auch ihr die Hand entgegen. Mit einem Fußtritt beförderte Friedrich den mittellosen Bruder in die stinkende Kloake.

»Es ist eine Schande, dass unser Markgraf diesem Franziskaner Bettelpack in seinem Reich Unterstützung und Zuflucht gewährt, während auf Betreiben meines Ordensbruders und des Bischofs jene nichtsnutzigen Barfüsser aus Basel vertrieben wurden. Stünde er nicht im Bann dieser unseligen Freiburgerin, herrschte unangefochten auch auf der anderen Seite des Rheins die rechte Sitte.«

Kurz wunderte sich Rosa über die ereifernden Worte ihres geistlichen Begleiters, galten doch auch die Prediger des Dominikus als Bettelorden. Doch schnell siegte die bleierne Angst und selbst Arnleders Tochter, die es mit den Lehren der Kirche meist nicht so genau nahm, schlug mit den Händen ein Kreuz, als sie den strengriechenden Ort als Vorplatz des Klosters erkannte, dessen Brüder vom Bischof der Verdammnis preisgegeben worden waren.

Hatte die hochzeitende Frau auf einen geschwinden Wechsel der Szenerie gehofft, so befand sie sich in der erbärmlichen Armut auf dem Kohlenberg geradezu im Mittelpunkt der Ausgestoßenen. Lahme und Blinde lagen in ihren zerrissenen Fetzen an den Straßenrändern und ein Habenichts versuchte den anderen zu bestehlen. Schlachtabfälle färbten den Birsig an mancher Stelle rot und penetranter Gestank nach Moder und Fäulnis lullte alles Leben in den bittersüßen Geruch der Verwesung. Die knorrigen Finger eines elenden Krüppels griffen in die samtigen Falten ihres Saums. Rosa schrie auf und flüchtete dicht an die Seite ihres zukünftigen Gemahls.

»Mein Gott, hier könnte ja der Henker wohnen«, klagte sie ihn an.

Ein verschlagenes Grinsen überzog Friedrichs Miene.

»Heimlichkeit hat ihren Preis«, antwortete er kalt und zügelte sein Pferd.

»Wir sind am Ziel.«

»Nie und nimmer werde ich meinen Fuß in diesen Abfall setzen«, protestierte Rosa und las angeekelt die in roten

Lettern geschriebene Aufschrift »zur Lyss« auf der Fassade des Hauses.

»Nur Mut, meine Tochter, es trennt dich noch ein kleiner Schritt bis zur Wiedergutmachung deiner Schande.«

»Wenn du willst, trage ich dich hinein«, schmeichelte Friedrich.

Was blieb ihr anderes übrig. Würde sie jetzt kneifen, blieb ihr nur der Weg in die Gosse.

Hinter ihnen verriegelte ein bärbeißiger Kerl die Tür und führte sie in einen angrenzenden weitläufigen Saal. Zahlreiche Frauen lümmelten sich auf weichgepolsterten Stühlen und Bänken. Eine trat neugierig auf Rosa zu. Der kurze Rock bedeckte nicht einmal ihre Knie. Und Augen, Mund und Wange schienen seltsam grell zu leuchten. Unwillkürlich wich sie zurück.

»Na, deine schüchterne Scheu wirst du hier schleunigst ablegen müssen«, lachte die Hübschlerin sie aus.

»Lass sie doch!«, gellte es aus einer anderen Ecke. »Manche Freier stehen auf so zaghaftes Getue und stellen sich vor, sie beackern das unerreichbare Edelfräulein ihrer Träume.«

Rosa wollte fliehen, doch unerbittlich hielt Friedrich sie am Arm gepackt. Wild trat und schlug sie um sich. Nüwenburg hatte sie in ein Frauenhaus verschleppt. Das hatte dieser hinterhältige Hurensohn geschickt eingefädelt. Nie würde sie diesem Gemäuer je entfliehen können, um ihm mit ihrem Wissen zu schaden. Wie zur Bestätigung erschien ein bulliger Kerl und füllte mit seiner massigen Gestalt nahezu den gesamten Türrahmen aus. Augenblicklich erstarb das gackernde Gekicher der gemeinen Weiber.

»Das also ist das Früchtchen!«, donnerte seine Stimme an Rosas Ohr. Mit feisten Fingern griff das korpulente Mannsbild unter ihr Kinn und drehte das wachsbleiche Gesicht der jungen Frau gewaltsam in seine Richtung.

»Konntest wohl nicht früh genug einen harten Schwanz zwischen die Beine nehmen. Mit der Einstellung bist du hier richtig. Je mehr desto besser! Damit eins klar ist! Du bedienst jeden und mindestens fünf am Tag, so will es die Hausordnung!«

Ruckartig ließ er Rosa los und geistesgegenwärtig schoss Itas einstige Zofe zur Tür hinaus. Im Vorraum wartete der Hausknecht und bereitete ihrer Flucht ein jähes Ende. Mit Wucht schleuderte der Aufprall die Edelfreie zu Boden. Durch einen Schleier von Tränen gewahrte Rosa den Priester von Burg Rötteln, wie er sich über ihre zusammengekauerte Gestalt beugte und sie mit dem Zeichen des Kreuzes segnete.

»In Demut soll dein Wirken hier dazu beitragen, einen Teil deiner Schuld zu tilgen, indem du der Gier der Männer dienst, damit manch anderer ehrbaren Frau die Geißel der Lust erspart bleibt.«

In der Tür drehte sich Friedrich noch einmal um. Gehässig bleckte der Ritter die Zähne.

»Ihr hattet Recht edle Dame, Ihr befindet Euch im Schattenreich des Scharfrichters, der nun über Euch wacht. Gehabt Euch wohl!«

Spät in der Nacht erst kehrten die beiden Reiter zurück. Wortlos trennten sich im Bughof ihre Wege. Für Friedrich war die Sache noch nicht ausgestanden. Es galt, einen weiteren Schritt zu tun. Ungeachtet der vorgerückten Stunde ließ er sich in einer wichtigen Angelegenheit der Freifrau von Dornegg melden.

»Nüwenburg, Ihr verlangt zu unsittlicher Stunde ein Zwiegespräch. Überdies ist meine unzuverlässige Zofe bis jetzt nicht zurückgekehrt und ich musste zusehen, wie ich mir helfe. Es steht also nicht zum Besten mit meiner Laune. In Eurem Interesse hoffe ich, dass Ihr diese anzuheben imstande seid.«

In der Tat konnte das Äußere der Freifrau nicht gerade als repräsentativ gelten. Die Bundhaube saß schief auf dem Kopf und war nicht gebunden. Es schien, sie war in aller Eile und ohne Übung aufgesetzt worden. Auch trug Rudolfs Schwester nur mehr ein Hemd, das lose mit einem Überwurf bedeckt war. Gleichwohl, Nüwenburg war sich seiner Sache sicher.

»Eigens um Eure Träume zu versüßen, beraube ich mich selbst der Nachtruhe. Zwar bringe ich nicht das Fräulein Arnleder sondern muss im Gegenteil verkünden, dass dieselbe es vorzog, zukünftig -hm- unter anderen Leuten ihre Dienste zu verrichten. Dies ließ sich nicht verhindern, da ihre Gegenwart hier, meinen Plan vereitelt hätte.« Bedeutungsvoll legte Friedrich eine Kunstpause ein.

»In der Nacht ist Rätselraten nicht meine Stärke. Spannt mich nicht länger auf die Folter und erklärt Euch, bevor ich die Wache rufen lasse!«

»Das brächte Euch selbst um das Vergnügen, dauerhaft die Herrschaft über diese zugegebener Maßen schlossartige Feste auszuüben. Ist erst mein Vorhaben in einigen Wochen gelungen, so wird es auf dieser Burg keine Anna von Freiburg mehr geben und niemand macht Euch die Schlüssel mehr streitig. Ich müsste mich sehr täuschen, käme Euch dies nicht gelegen. Dummerweise fand Eure Zofe derartiges Entzücken an meinen, nun sagen wir Mannesleistungen, dass sie auf einer Eheschließung bestand und mich gar mit meinen eher weniger ritterlichen Bemühungen um Maria erpresste. Das konnte ich nicht zulassen, hätte es immerhin unser gemeinsames Ziel gefährdet. Im Hinblick auf den doch erheblichen Vorteil, welchen Ihr aus dieser Situation zieht, ist es durchaus nicht zu viel verlangt, Euch nun um eine kleine Gefälligkeit zu bitten.«

Was hatte sich diese dusselige Arnleder nur eingebrockt? Aber letztlich seit deren Liaison mit Nüwenburg war die ihr sowieso nicht mehr von Nutzen. Demgegenüber erschien Ita jede Möglichkeit auf ein Rötteln ohne die verhasste Schwägerin wie ein Wink des Himmels.

»Die wäre?«

»Nur eine Winzigkeit! Ihr bestätigt meine Aussage, dass die Arnleder sich für einige Tage zu ihren Verwandten begeben wollte und ich sie dorthin geleitete. Dies bringt uns fürs Erste Aufschub. Was danach geschah, entzieht sich unserer Kenntnis. Auf ihren Wunsch hin haben wir die Dame vor der Tür des Hauses abgesetzt, wie sie befahl. Weshalb sie nie bei ihren Verwandten auftauchte, entsetzt uns alle. Ihr könntet die Mutmaßung äußern, es hätte vielleicht etwas mit deren Schwangerschaft zu tun, über die sie Euch um Stillschweigen bat.«

»Wenn Ihr sagt – wir haben sie abgesetzt – wen meint Ihr damit?«

»Pater Enkenbruch sah sich bemüßigt, einer Sünderin seinen priesterlichen Schutz angedeihen zu lassen. Unser Burgpriester ist kein Pharisäer. Bescheiden, wie es seine Art ist, möchte er über seine gute Tat Stillschweigen wahren.«

»Eins noch! Wo liegt für Euch der Gewinn?«

»Ihr meint, die Vermeidung einer aufgezwungenen Ehe mit dieser einfältigen Person, sei nicht Grund genug? Ihr helft mir jetzt, so helfe ich Euch danach.«

Die Freifrau ließ es dabei bewenden. Je weniger sie über die Hintergründe erführe, desto mehr konnte sie ihre Hände in Unschuld waschen. Ita erschien der von ihr geforderte Beitrag kein zu hoher Preis. Letztlich kam es der Wahrheit sogar sehr nahe.

»Nun, ich vermute, Ihr habt dem edlen Fräulein Nüwenburg in einer ausweglosen Lage Eure Unterstützung zuteilwerden lassen. Wer bin ich, dem armen Ding im Nachhinein Übles zu wollen?«

»Ihr seid zu gütig. Dann darf ich mich jetzt zurückziehen und Ihr könnt erleben, wie die Dinge in Eurem Sinne ihren Lauf nehmen.«

»Hans, du hast deine Sache gut gemacht. Sobald die müden Knochen unseres alten Stallmeisters ihn endgültig von der Arbeit abhalten, wirst du dessen Stelle einnehmen.«

Der Stallbursche strahlte wie ein Honigkuchenpferd. Er war aber auch geritten, als wäre der Teufel persönlich hinter ihm her. Ansonsten hielte der Markgraf jetzt die bischöfliche Antwort aus Delsberg wie auch die des Bürgermeisters von Rotberg noch nicht in Händen.

Da würde der Neue nicht schlecht staunen, wie weit er, Hans, es in seinen jungen Jahren schon gebracht hatte. »Stallmeisteranwärter«, wie gediegen sich das anhörte. Pech für Kunz! Der Posten war für ihn jetzt unerreichbar geworden. Aber Kunz hielt es sowieso eher mit dem Ritterskram. Ständig steckte der bei dem Hauptmann und las dem Ritter buchstäblich jedes Wort von den Lippen ab. Na ihm sollte es recht sein. Aber jetzt tat Kunz ihm schon fast leid. Den höchsten Posten im Stall hatte Hans ihm vor der Nase weggeschnappt und ein ritterbürtiges Leben konnte so ein einfacher Knecht wie Kunz sich auch von der Backe schminken. Naja, war er erst Stallmeister, hätte Kunz jedenfalls immer sein Auskommen bei ihm. Denn der Neue war ein Teufelsbraten, was Pferde anbelangte, und reiten konnte er besser als manch einer von den Knappen und überhaupt, seit Kunz diesem Lackaffen von Lörrach einen gehörigen Denkzettel verpasst hatte, war auch ein wenig der Ehre auf ihn als zweiten Pferdeknecht gefallen. Es verlieh seiner eigenen Selbstachtung jedenfalls enormen Aufschwung, als es jetzt mal diesen arroganten Schnösel getroffen hatte, unter dessen höhnischen Streichen Hans schon arg gebeutelt worden war. Außerdem war Kunz sein Freund. Sogleich würde er ihn suchen und sich mit ihm für die Zukunft absprechen. Hans wollte sich nicht eingestehen, dass er über die für ihn so vorteilhafte Fügung des Schicksals einfach nur mit jemandem reden musste, bevor er noch daran erstickte. Schnell knickste er vor dem Markgrafen und sauste davon wie der Wind.

Rudolf strich sich zufrieden durch das volle Haar. Alles lief wie am Schnürchen. Bischof Humbert war tatsächlich bereit, angesichts der bedrohlichen Lage innerhalb der Stadt wie auch in Beziehung auf Katharina, die Vorgeschlagenen bei Ratswechsel in ihren Posten zu bestätigen. Seine Exzellenz betonte ausdrücklich, dass er ausschließlich ob der verfahrenen Situation durch die geplante Ernennung eines Ammeisters, sich zu dieser unüblichen Maßnahme genötigt fühle, um die brisante Stimmung nicht noch über Gebühr anzuheizen. Rudolf schmunzelte. Dass ein solcher Ammeister sich zudem gegenüber dem geistlichen Würdenträger als geiziger Pfennigfuchser erweisen konnte und es daher geraten schien, sich bereits im Vorfeld zu arrangieren, überging der burgundische Neuenburger auf dem Baseler Hirtenstuhl mit geflissentlicher Ignoranz.

Als Zweites brach der Markgraf das städtische Siegel. Auch Rotberg hatte angebissen. Vor lauter Sorge um das Wohl seiner Mitbürger verlangte dieser hinterlistige Bürgermeister noch heute am Samstag nach Michaelstag* die Aufnahme der angebotenen Verhandlungen. Wegen der Dringlichkeit und unabsehbaren Folgen wäre zur Stunde bereits sein Bote auf dem Weg zu Graf Johann von Lupfen. Rudolf lachte hart auf. An ihm sollte es nicht liegen. Als völlig neutralen Ort hatte Basels Stadtoberhaupt Rudolfs Nüwenburg bei Kandern vorgeschlagen.

In Begleitung von Nüwenburg, Richard und zwei weiteren Geharnischten des Hans von Riche aus Inzlingen, der mittlerweile die Berenfelser Mannschaft auf Rötteln abgelöst hatte, stoben die Rösser der Scheideck entgegen.

»Nüwenburg, Ihr seht es mir nach, Euren Lehensbesitz für ein überaus wichtiges Gespräch mit dem von Rotberg und

---

* 29. September 1409, das Treffen war also am 05. Oktober 1409

von Lupfen in Anspruch zu nehmen. Überdies war es nur selbstverständlich, dass Ihr als Hausherr mein Gefolge verstärkt.«

Friedrich lachte sich ins Fäustchen. Das Schicksal war ihm hold, denn unvermittelt erhielt er die Chance, wenigstens einem dieser Herren von der für sie ausgehobenen Fallgrube zu berichten – gegen reiches Entgelt natürlich, das verstand sich ja von selbst.

»Es ist mir eine Ehre, Euch mit Haus und Hof dienen zu dürfen. Mein Vater hätte es nicht anders gewollt.«

An der Eisenhütte gebot der Markgraf kurz Einhalt. Das neue Wasserrad war in Betrieb genommen worden. Rudolf war begeistert. Die monströse Walze schien in ihren gewaltigen Ausmaßen geeignet, einen doppelt so großen Blasebalg anzutreiben, wie die vorherige. Eine heißere Flamme schmölze in der gleichen Zeit erheblich höhere Mengen Eisen aus dem Erz. Welch eine Errungenschaft. Ein solches gab es weit und breit nicht zu bestaunen.

»Ihr könnt Euch glücklich schätzen, Nüwenburg, all diesen Reichtum vor den Toren Eures Landes zu wissen. Über Mangel an Eigenen könnt Ihr fürwahr nicht klagen in Euren Gefilden. Das Werk hier lockt die Bergleute und deren Familien in Scharen an.«

Friedrich nickte nur ungeduldig. Was bedeuteten schon die lumpigen Pfennige mehr, die ihm das Riesenrad einbrachte, im Vergleich zu dem, was er in Kürze sein Eigen nannte.

Ritter Rotberg stand gerade in offensichtlich streitiger Uneinigkeit mit Henman Fröweler von Erenfels und dem amtierenden Oberzunftmeister Peter zem Angen über die wohl passende Strategie während der Verhandlungen. Die Unterredung erstarb sofort beim Eintreten des Markgrafen und des Hausherrn. Respektvoll beugten die Stadträte das Haupt.

»Nun von Rotberg, einerseits erfreut es mich, Euch in voller Rittermontur zu sehen. So hat die Stadtluft Euch noch nicht die Würde unseres Standes vergessen lassen. Meines Erachtens ein nicht zu unterschätzender Vorzug in Anbetracht der vor uns liegenden verzwickten Aufgabe, den Frieden zu wahren. Denn dass dies unser gemeinsames Bestreben ist, darf ich gewiss voraussetzen?« »Selbstverständlich Herr Graf!«

»Nichtsdestotrotz irritiert es mich andererseits, dass Ihr zu diesem gütlichen Tage bis ans Ohr bewaffnet erscheint, als zöget Ihr in die Schlacht. Ihr hegt doch nicht etwa Bedenken, ich könnte in die Fußstapfen meines Vaters treten und einen Baseler Bürgermeister niederstrecken? Bei diesem unglücklichen Ereignis war ich nicht einmal geboren.«

Rotberg verschlang unbehaglich die Finger ineinander.

»Hm, nun, die Straßen sind heutzutage nicht sicher, Raubritter lungern überall herum. Eure Reputation steht außer Frage Herr Graf. Ihr seid aus anderem Holz geschnitzt als Euer Vater.«

»Nun, denn! Obgleich die Erinnerung an alte Tage auch ihr Gutes birgt. Selbst angesichts eines derart drastischen Disputs zwischen den Euren und unseren haben anno dazumal die zahlreichen Stimmen der Vernunft in Adel und Bürgerschaft beidseits des Rheins obsiegt und die Sache ist friedlich beigelegt worden. Das lässt auch für heute hoffen.«

»In der Tat, zumal wir den jetzigen Streit nicht begonnen haben. Katharinas Landvogt führt Beschwerde, wir zögen nicht nur Lehensleute der Burgunderin ein sondern auch deren Vermögen.«

Rudolf fand, der einleitenden Worte waren genug gewechselt. Abrupt drehte er sich seinem Vasallen zu, der hinter ihm stand.

»Entschuldigt einen Moment. Nüwenburg! Im Sinne der Höflichkeit halte ich es für angebracht, Ihr als Hausherr empfangt den Grafen von Lupfen bereits im Burghof. Ein standesgemäßes Willkommen kann für den Fortgang unserer Gespräche nur hilfreich sein.«

Alles schien mit ihm im Bunde. Einfacher konnte es nicht gelingen. Eilig entfernte sich Friedrich. Jetzt stand der Ausführung seines Vorhabens nichts mehr im Wege. Gerade noch rechtzeitig schaffte er es bis vor den Weiher seiner Burg, als auch schon Katharinas Landvogt mit zwei Berittenen auftauchte.

Der Stühlinger Landgraf zügelte rastlos sein tänzelndes Pferd. Dass sich der Rötteler einmischte, behagte von Lupfen ganz und gar nicht. Der Mann galt als äußerst klug und der Stühlinger fürchtete in letzter Sekunde noch ein Misslingen seines Übereinkommens mit Rotberg.

»Wer seid Ihr?«, herrschte er Friedrich an.

»Ich habe das Vergnügen, Euer hiesiger Gastgeber zu sein, Friedrich von Nüwenburg, Edelknecht und Vasall des Markgrafen von Hachberg zu Rötteln. Graf von Lupfen, wie ich annehme?«, Nüwenburg verbeugte sich ehrerbietig. »In der Tat.«

»Bevor Ihr Euch der erlauchten Runde zugesellt, spräche ich Euch gern kurz unter vier Augen.«

Von Lupfen tippte mit dem Finger nervös an seine eingefallenen Wangen. Der andauernde Streit mit dem Smassmann um das Erbe seiner Frau hatte ihn gezeichnet. Das Gelingen seines jetzigen Vorhabens war das Einzige was sein Verderben noch aufzuhalten vermochte, nachdem er gegen Katharinas Bettgefährten in den Krieg gezogen war. Er musste der Herzogin Basel zu Füßen legen, zumindest einen guten Teil davon. Wie ein in die Enge getriebener Wolf witterte er überall Verrat.

»Glaubt mir Herr Graf, Ihr werdet meinen, eh – Rat –, zu schätzen wissen.«

Schaden konnte es jedenfalls nicht. Von Lupfen stieg ab und brachte an Friedrichs Seite einige Schritte zwischen sich und seine Mannen, während er mit wachsender Erregung Nüwenburgs Schilderungen lauschte.

Hatte er es doch geahnt! Erbost stellte von Lupfen sein rechtes Bein auf einen Stein und stütze sich darauf mit dem Ellbogen ab. Der listige Rötteler hatte seinen Plan nicht nur längst erkannt sondern arbeitete gegenwärtig bereits an dessen Vereitelung. Das ganze Gerede über gütliche Beilegung war eine einzige Farce, um Zeit zu gewinnen. Steckte er selbst nicht bis zum Hals in der Bredouille, er würde sich ausschütten vor

Lachen über diesen schlechten Witz. Wenigstens blieb ihm jetzt das vordergründige Bemühen um friedliche Lösungen erspart, die ihm sowieso nichts eingebracht hätten. Je eher er Katharina etwas zu bieten hatte, desto glimpflicher käme er davon.

»Euer Begehren ist also der freie Ritterstand. Wenn Ihr zusätzlich zu der trefflichen Auskunft mit einer Lösung aufwarten könnt, wie ich mich der überaus lästigen Einmischung Eures Lehnsherrn entledigen kann, so soll es Euer Schaden nicht sein.«

»Ihr gesteht mir also entsprechende Belohnung zu?«

Von Lupfen zog verächtlich die Mundwinkel hoch. Verrat war nicht sein Ding. Er stand zu seiner Herrschaft und war im Begriff, an deren und seines eigenen Vorteils zu werken. Aber der hier war ein ausgebuffter Abtrünniger, welcher wohl eher von Judasgeld reden sollte. Bedauerlicherweise befand er sich nicht in der Position, wählerisch zu sein.

»Ihr habt mein Wort.«

Friedrich zögerte. Worte waren brüchig wie Glas. Aber sollte der Landvogt sich als vergesslich erweisen, so bewirkte die Androhung, bei Katharina vorstellig zu werden, zweifelsohne eine sofortige Genesung.

»Wie es der Zufall will, darf ich mich rühmen, der Leibritter Ihrer markgräflichen Hoheit Anna von Freiburg zu sein, der heißgeliebte Augapfel Seiner Hoheit. Die eigenwillige Dame liebt kurzweilige Ausritte über alles. Nun könnte es geschehen, dass die Edle bedauerlicherweise verlustig geht. Zurzeit herrscht nicht gerade das beste Einvernehmen zwischen Graf und Gräfin. Letzteren plagt die Eifersucht auf den wackeren Recken Wolf von Hartenfels. Mit ein wenig Fingerspitzengefühl wird es mir gelingen, die Wut meines Herrn über den Raub seiner Herzallerliebsten auf diesen zu richten. Nichts ist dem Grafen wichtiger als seine Gemahlin. Er wird alles versuchen, sie zurückzuholen und Eure Mauschelei mit dem Rotberg dabei ganz und gar außer Acht lassen. Diese kurzweilige Episode garantierte genügend Spielraum, Euch bei Herzog

Leopolds Eheweib durch die Einverleibung einiger Baseler Kronjuwelen in die vorderösterreichischen Habsburger Lande soweit Liebkind zu machen, dass Euch der Rappoltsteiner Smassmann nicht weiter ans Bein pinkeln kann. Dann seid Ihr wieder der Herr auf der Ulrichsburg.«

Entführung einer Edeldame! Das war nicht nach seinem Geschmack. Freilich ließ die prekäre Lage, in die er sich selbst hineinmanövriert hatte, keinen Raum für edelmütige Anwandlungen. Ein geeignetes Versteck war von Nöten.

Von Lupfen klatschte sich in die Hände. Natürlich! Der Stein bei Rheinfelden. Die kleine Insel mitten im Rhein war als geheime – Übergangsresidenz – ideal. Von allen Seiten brandete Wasser gegen die dicken Burgmauern. Durch Verpfändung an den Baseler Bürger Jakob Zibol war die Burg einst aus österreichischem Besitz entschwunden. Jene Feste war die erste Bastion, die nach dem Willen Rotbergs und des zem Angen durch ihn erobert werden durfte. Die Herren fürchteten die Macht des reichen Jakobs, gegen den der zem Angen sich als Oberzunftmeister vor Jahren nur äußerst mühsam hatte durchsetzen können. Fiele der Stein unter dessen Herrschaft wieder an Österreich zurück, bedächten die beiden Stadtoberhäupter den Zibol wegen verwahrloster Verteidigung städtischen Landes mit einer unerschwinglichen Abgeltungssumme, die diesen ohne Wenn und Aber an den Bettelstab brächte.

Letztendlich kümmerte Graf Lupfen der Grund nicht. Für ihn war nur wichtig, dass die Baseler Oberen auch Krieg führen wollten, ein abgesprochener war umso praktischer wie einfacher. Mehr und mehr freundete sich der Stühlinger mit dem ausgeheckten Vorhaben an. In einer solch abgeschotteten Burg, auf der das Gesinde dem verlorenen Herrn noch nachtrauerte, konnte einer neuen Herrschaft so manches entgehen, wie etwa die verborgene Gräfin Anna in einem entlegenen Verlies. Kein schlechtes Argument für den Fall, dass die Fürstin zu gegebener Zeit wohlbehalten wieder unter die Fittiche des Röttelers schlüpfen sollte. Man wäre so befähigt, die ganze Misere nach vollbrachter Tat ein paar Bauernopfern in die Schuhe zu schieben. Jetzt galt es, schnell zu handeln. Nunmehr zahlte es sich aus, dass Katharina ihm erlaubt hatte, aus eigener Macht heraus, Verbündete für einen Feldzug einzufordern. Nach Einnahme des Steins von Rheinfelden überließe er dem Grafen Herman von Sulz die Verwaltung, um selbst noch weitere Beutezüge in Angriff zu nehmen. Als Landvogt von Katharinas Schwager stand jener sicher Gewehr bei Fuß. Und ebenso lohnte es sich, diesen Anton von Vergy mit ins Boot zu holen. Der Mann war der Marschall von Katharinas Bruder, dem Herzog Johann von Burgund.

Von Lupfen lächelte feinsinnig. Ein wahrhaft familiäres Unterfangen, ohne dass die Verwandten überhaupt davon wussten.

»Ihr bringt mir Nachricht, wann die hochwohlgeborene Dame sich eine neue vorübergehende Bleibe suchen möchte?«

»Der Weg nach Basel zu Euren Mitstreitern ist der Kürzere, also sei es so.«

»Abgemacht!«

Aus der Satteltasche zog von Lupfen ein versiegeltes Pergament.

»Diesen Fehdebrief trage ich seit geraumer Zeit mit mir herum und hielt ihn nur zurück, weil ja der Anstand vor der Schlacht das brüderliche Wort gebietet. Jenen ersten Teil haben wir uns nun erspart. Ihr habt ihn aus der Hand eines Boten empfangen. Überreicht das Schriftstück dem Rotberg. Er wird wissen, was zu tun ist.«

Mit zur Schau gestellter Aufregung platzte Friedrich zurück in die Runde.

»Dieses Schreiben erhielt ich durch einen Boten von Katharinas Landvogt. Es ist an Euch adressiert Ritter Rotberg.«

Erwartungsvolle Stille senkte sich über den Raum. Rotberg erbrach das Siegel.

»Damit Ihr meinen guten Willen erkennt Graf von Hachberg und Euch selbst überzeugen könnt, wie uns diese gewaltsame Auseinandersetzung aufgezwungen wird, verlese ich den Inhalt laut.«

Bedeutungsvoll faltete der Bürgermeister den Brief auseinander und sprach mit klaren Worten.

Rudolf verbarg sein Erschrecken geschickt. Wider Erwarten erteilte Lupfen Verhandlungen eine Absage und stürzte sich lieber Hals über Kopf in kämpferische Gefechte, um sich an Baseler Gebiet für die stetigen Übergriffe in das Eigentum Katharinas im Elsass und Sundgau schadlos zu halten. Das warf seinen Plan, Zeit zu schinden, über den Haufen.

»Ihr seht Markgraf, unsere friedlichen Bemühungen sind gescheitert. Daher fordere ich nunmehr von Euch Bündnistreue. Wir liegen ja nicht mit Euren Lehensherren im Streit, den Herzögen von Österreich sondern nur mit Katharina von Burgund. Ihr seid in guter Gesellschaft, denn die von Bern, Solothurn und Straßburg sind schon mit uns im Bunde.«

»Ihr seid schnell mit der Verwerfung friedfertiger Anstrengungen. Eben weil beide Seiten mit starken Verbündeten aufwarten können, gipfelte diese Fehde in eine Schlacht wahren Blutrausches mit ungeahntem Ausmaß, was es unbedingt zu verhindern gilt. Oder glaubt Ihr, von Lupfen zöge den Landvogt Herzog Friedrichs nicht auf seine Seite. Katharina ist die Gemahlin Herzog Leopolds und somit Friedrichs Schwägerin. So einfach, wie Ihr es darstellt, ist die Sache für mich nicht. Daher dünkt es mich für alle Parteien vorteilhaft, auch fürderhin auf die Politik der Verständigung zu setzen und gar den Sohn des Königs als unbefangenen Vermittler einzuschalten.«

So einfach ließe er die Verschworenen mit ihrem teuflischen Pakt nicht davonkommen. Dem Sohn König Ruprechts von der Pfalz wagte keine der Parteien den Stuhl vor die Tür zu setzen, sobald jener zu einem gütlichen Tag aufforderte. Dieser Geistesblitz schien Rudolf vortrefflich, war doch Ruprechts Sohn, Herzog Ludwig von Bayern, zugleich königlicher Landvogt im Elsass.

»Wir werden also unsere diesbezügliche Unterredung nicht aufheben sondern nur vertagen. Ihr hört von mir oder Herzog Ludwig.«

Rosas Arme umfassten ihre angezogenen Knie. Seit gestern Nacht saß sie auf dem kalten Boden einer dunklen Kammer und schaukelte sich selbst wie ein Kind. All ihr Wehklagen und bitteren Vorwürfe, Opfer einer infamen Entführung geworden zu sein, hatten nichts genützt. Ebenso die Drohungen, ihr Vater als hoher freier Ministerialer des Markgrafen von Rötteln, ruhte nicht eher, bis das Verschwinden seiner Tochter aufgeklärt wäre, waren erfolglos geblieben wie auch sämtliche Versprechungen einer satten Belohnung für den Fall ihrer Freilassung. Wie einen nassen Sack hatte sie der herzlose Frauenwirt mit seinen breiten Pranken gepackt und sich über die Schulter geworfen und dabei jegliche Hoffnung auf Rettung im Keime erstickt.

»Mit so einem Prachtweib wie dir verdiene ich auf Dauer allemal mehr, da bedarf es keiner Belohnung. Du setzt meiner Sammlung die Krone auf. Nur den Betuchtesten meiner Kunden werde ich dich anbieten. Die anderen Weiber werden vor Neid platzen. Wenn du vernünftig bist, kannst du selbst ein hübsches Sümmchen zur Seite legen. Also finde dich mit deinem Los ab. Was immer bisher war, jetzt bist du nichts weiter als eine gemeine Hure. Hast es doch vorher auch nicht so genau genommen. Wenn ich dich so ansehe, füllt sich meine eigene Hose schon mit Leben. Also hör endlich mit der Heulerei auf und benimm dich einsichtig, bevor ich es mir mit meiner Zurückhaltung noch einmal überlege und dich noch zur Stunde deine neuen Aufgaben lehre!«

Wie eine Tigerin war sie zuerst in ihrem Gefängnis herumgeschlichen, Stunde um Stunde mit ihrem ungerechten

Schicksal hadernd, bis ihre Beine sie nicht mehr tragen wollten. Nur mehr gefühlloser Gleichmut bot jetzt ihrem trüben Geist Zuflucht. Niemand hatte seither nach ihr gesehen und Rosa hätte nicht zu sagen vermocht, wie lange sie mittlerweile hier hockte. Nicht einmal ihr Augenlid zuckte, als sich eine Spalte in der Tür auftat und diffuses Licht eindrang. Erneut griffen starke Arme nach ihr und schleppten sie davon. Unsanft fiel ihre Kehrseite bald darauf auf einen Stuhl. Jemand fummelte an den Knöpfen ihres Kleids. Andere Hände zogen Schuhe und Strümpfe aus.

»Gibt's Schwierigkeiten, ich stehe vor der Tür«, vernahm sie wie durch dichten Dunst die brüchige Stimme des Hausknechts.

Mit vereinten Kräften wurde ihr Körper emporgehoben und in dem Moment, wo das warme Nass ihre Haut befeuchtete, kehrten die Lebensgeister zurück. Sie war in einer Badestube und zwei Frauen mühten sich mit ihr ab. Die entspannende Hitze tat ihre Wirkung. Zum ersten Mal seit Nüwenburg sie diesem Frauenwirt ausgeliefert hatte, konnte Rosa einen klaren Gedanken fassen. Nüwenburg! Alles in ihr gierte nach Rache. Sie spürte förmlich, wie das inbrünstige Verlangen nach Vergeltung ihrer Seele neuen Mut gab. Niemals sollte dieser hinterhältige Schurke davonkommen. Gäbe sie sich jetzt auf, dieser Hurenbock hätte das makabere Spiel bereits gewonnen. Tief sog Rosa den stark parfümierten Duft des Wassers ein. Die Mägde waren heilfroh, sich auf keinen Ringkampf mit der Neuen einlassen zu müssen. Der Wirt hatte sie umsonst vor einer bissigen Katze gewarnt. Im Nu trug Rosa ein neues Kleid. Etwas wurde ihr ins Gesicht geschmiert. Als es schien, dass die Sitzung beendet war, erhob sich die junge Frau. Befremdlich strich sie mit ihren Händen über den weichen Stoff an ihrem Körper. Reine Seide, wie es nur Fürstinnen sich leisten konnten. Der Unterschied bestand lediglich darin, dass oben und unten auf einige Lagen des überaus kostbaren Gewebes verzichtet worden war. Ihre Brüste lagen nahezu bloß. Rosa griff nach einem Handspiegel.

Ihr Mund zuckte verräterisch, doch nach und nach bogen sich seine Linien zu einem verhärmten Lachen. Das Edelfräulein Arnleder gab es nicht mehr.

»Es lebe Rosa, die Hure«, sprach sie leise zu ihrem eigenen Spiegelbild, »die als treue Braut nicht eher ruhen wird, bis ihr Verlobter wieder bei ihr ist, in der Gosse.«

Rosa begegnete dem eindringlichen Blick des Bordellwirts mit stoischer Ruhe. Dessen kleine Schweinsäuglein glänzten wie fettige Hühnerbrühe. Lauernd umrundete er sie bereits ein ums andere Mal. Hohe Herren hatten sich für den Abend angekündigt und verlangten nach erlauchter Unterhaltung. Die hier war genau das richtige Täubchen für solch verwöhnte Gaumen.

»Du hast erlesene Kundschaft. So wie du gebaut bist, wird den Hochwohlgeborenen schon bei deinem Anblick das Wasser im Munde zusammenlaufen. Sei nicht dumm und nutze es zum eigenen Vorteil! Befriedigen deine Leistungen, wirst du auch in Zukunft nur den nobelsten Herrschaften zugeführt. Andernfalls teilst du das Los der anderen und bedienst jeden, der zahlt.«

»Seid unbesorgt!«

»Mir scheint, du bist nicht so zartbesaitet, wie ich bereits befürchtet habe. Umso besser! Die liebeshungrigen Edlen erwarten dich in einem Separee. Du wirst durch die hintere Tür hineingehen, welche in das Herzstück der Kammer führt. Sind die Herren bereit, werden sie sich zu dir gesellen.«

Mit klopfendem Herzen saß Itas einstige Zofe auf der breiten mit blauem Samt ausgeschlagenen Bettstatt und starrte unentwegt auf den geschlossenen Vorhang, welcher diese Hälfte des Raumes von einem vorgelagerten Wartebereich trennte. Ihr war angst und bange zumute und verbissen kämpfte sie gegen eine aufkommende Ohnmacht, als ein ganz bestimmter Name den dichten Nebel ihres verwirrten Unterbewusstseins durchdrang. Wie von magischer Kraft angezogen fuhr sie hoch und mit einem Mal waren all ihre Sinne hellwach.

»Kennt Ihr den Mann?«, hörte Rosa einen der beiden Männer fragen.

»Natürlich, was hat Euch denn dieser feine Herr so überaus Interessantes mitgeteilt, dass Ihr mir durch Euren Fehdebrief das Erkennungszeichen zukommen ließet, mich zu jetziger Stunde hier mit Euch zu treffen? Ihr wisst, man sollte uns nicht zusammen sehen.«

Ihre Glieder zitterten vor Anspannung und Rosa lauschte mit den spitzen Ohren eines Luchs'. Nicht nur sie hatte dieser infame Unhold betrogen. Sogar vor seinem wichtigsten Fürsprecher machte dessen verräterische Natur nicht Halt. Nach wie vor waren ihr die Männer im Vorraum unbekannt. Gleichwohl begriff Rosa instinktiv die Signifikanz des Gehörten. Ihr feiner Verlobter plante nichts Weniger als die Entführung der Markgräfin auf den Stein zu Rheinfelden, damit deren Gemahl von Verhandlungsbemühungen zwischen Basel und der Herzogin Katharina abließ. Rosa fasste sich erregt um den Hals. Erführe der Markgraf von Friedrichs brisantem Treuebruch, dessen Abstieg in die Hölle wäre besiegelt.

Der Vorhang teilte sich.

Hastig eilte der Hurenwirt zum Separee. Die Sache mit der Neuen war ihm nicht geheuer. Sollte dieses Luder sich zimperlich anstellen, wollte er lieber gleich zur Stelle sein und anderweitig Abhilfe schaffen, bevor ihm solch vermögende Kundschaft abging. Neugierig horchte er an der Tür. Wollüstige Laute verscheuchten jede Besorgnis und gruben stattdessen einen habgierigen Zug um seinen Mund. Der ein oder andere Gulden mehr füllte noch vor dem Morgengrauen seinen Beutel.

Rosa wachte auf. Sie war allein. Anscheinend hatten ihre Freier sich noch im Schutz der Dunkelheit davongestohlen. Ihr Körper fühlte sich müde und zerschlagen an. Das also war ihre erste Hurennacht gewesen und sie konnte sich beim besten Willen an keinerlei Einzelheiten erinnern. Während die Männer sich an ihr gütlich taten, waren die klaren Konturen eines Plans in ihr gereift, Friedrich ans scharfe markgräfliche

Richtmesser zu liefern. Wie gnädig das Schicksal mitunter sein konnte.

Ungeduldig scharrte das Tier mit dem rechten Vorderbein und schlug schnaubend mit dem Kopf. Wild leuchteten seine großen Augen wie feurige Karfunkel aus den Löchern der eisernen Stirnplatte hervor und fortwährend kauten die Zähne das stark angezogene Stangengebiss, bis weißer Schaum wie pralle Blasen beidseitig der Maulspalte aufquoll. Es fühlte die erregenden Schwingungen der Schlacht noch bevor der ohrenbetäubende Tumult aufeinandertreffenden Metalls und die Schreie der zu Tode Verstümmelten aufbrandeten. Der Rossharnisch schien die Beweglichkeit seiner kraftstrotzenden Muskelstränge an Hals und Brust und Flanken nicht zu beeinträchtigen und auf der Kruppe lag das eiserne Gelieger im Wettstreit mit dem Glanz der Brust- und Rückenplatten auf der Rüstung seines Ritters.

Johann von Lupfen wischte sich mit der Linken weiche Speichelflocken von der Wange, die der Wind immer wieder neu vom Maul seines Pferdes dorthin trieb. Seinen Helm ließe er sich erst unmittelbar vor dem Kampfgetümmel von seinem Knappen reichen. Ungestüm streckte Katharinas Landvogt sein Antlitz der rauen Brise entgegen. Waren die Niederlagen der bis in die entlegensten Winkel der Welt gefürchteten Ritter des Heiligen Römischen Reiches gegen das Schweizer Bauernheer auch von arg bitterer Natur gewesen, so empfand der Graf die daraus resultierende Erfahrung umso angenehmer, konnte er es doch nunmehr besten Gewissens bei der leichteren Brigantine als Panzerung belassen. In der leinenen Jacke mit den innseitig aufgebrachten eisernen Lammellen fühlte er sich frei genug, mit hinreichender Wendigkeit auch das eidgenössische Mann gegen Mann zu bestehen, an dem seine

durch den vollgepanzerten Plattenharnisch zur Unbeweg-
lichkeit verdammten Standesgenossen seinerzeit zu Scharen
gescheitert waren.

Von Lupfen schmunzelte. Natürlich tat auch die Absprache
mit Rotberg das Ihrige dazu, dass er sich so unbefangen auf
die hier und jetzt beginnende gute Wendung seines Schicksals freute. Die Baseler Alarmglocken erklängen erst, wenn
das Kind bereits in den Brunnen gefallen wäre. Der Stühlinger atmete tief durch. Schon lange hatte er sich nicht mehr
so gut gefühlt wie gestern auf dem biegsamen Leib dieses
prallen Hurenliebchens und heute, wo er im Begriff stand,
die Burg Stein zu Rheinfelden und die Schlösser Bottmingen und Binningen Katharina als Tausch für seine Ulrichsburg anzubieten. Rotberg hatte darauf bestanden, erst gegen
die unmittelbar vor den Baseler Mauern gelegenen beiden
Weiherschlösser zu ziehen, damit sich die Stadtbürger auch
wahrhaftig selbst betroffen wähnten und von ihrer unseligen Revolte gegen den Bürgermeister abließen. Ihm war es
einerlei. Wenn er es recht bedachte, gewährte ihm diese Rei-
henfolge sogar einen ungeahnten Vorteil. Nunmehr ließe sich
die Zeit nutzen, die Eroberung des Steins den Bürgern der
nach wie vor habsburgischen Stadt Rheinfelden anzutragen,
die sich im Hinblick auf den bereits begonnenen Feldzug vor
einem Übergriff von Seiten der Baseler Machthaber auf der
Burg schützen müssten. Niemand brächte danach die Entführung der Rötteler Markgräfin auf die Burg Stein mit ihm in
Verbindung. Von der Anhöhe aus ließ er ein letztes Mal seine
Augen zufrieden über den nicht enden wollenden Kriegs-
tross wandern, der sich wie die langen Glieder einer Schlange
durch das Leimental zwängte. Beide waren sie seinem Ruf
gefolgt, der Burgunder von Vergy wie auch Hermann von
Sulz.

Sein Herz klopfte bis zum Hals. Es hielt ihn nicht mehr
hier oben. Sein Ross bäumte sich auf und jagte den Abhang
hinunter an den Reihen seiner Ritter vorbei bis an die Spitze
des Zuges. Dort wo der Fluss sich Birsig nannte, verwüsteten

und plünderten sie, was denen von Basel gehörte. Der prachtvolle Anblick des inmitten eines Weihers gelegenen Bottminger Schlosses verschlug von Lupfen für einen Moment die Sprache. Die ganze Anlage lag inmitten eines verträumten Parks und die getünchten Mauern schimmerten schneeweiß wie die Federn der Schwäne auf dem Weiher. Pfeile surrten und nahezu gleichzeitig trieben die edlen Schwimmvögel auf der Seite, die surrenden Schäfte in den Himmel weisend. Der Stühlinger Landgraf kam zu sich, doch schon loderten die ersten Flammen empor. Jetzt war keine Zeit, sich um diese Narren zu kümmern. Es galt, zu retten, was zu retten war. Ein bis auf die Grundmauern abgebranntes Schloss stimmte Katharina nicht gnädig. Kaum war das züngelnde Feuer unter Kontrolle, berichteten Späher, welche den Kampf um das benachbarte Binningen beobachtet hatten, von gleichen Vorfällen. Wutentbrannt ließ Katharinas Landvogt die Drahtzieher dieser unerlaubten Ausfälle ausfindig machen. Noch zur gleichen Stunde büßten die Brandschatzer am massiven Ast der uralten Platane zu Bottmingen ihre Schändung mit dem Leben. Diese Männer hätten fast seinen Plan zunichtegemacht. Kalt lächelnd blickte von Lupfen auf deren skurril schaukelnde Leichname, die neben dem gewaltigen Umfang des Baumstammes wie Kleinwüchsige wirkten und vor dem eleganten Portal des verwunschenen Schlosses geradezu grotesk anmuteten.

In drei Tagen feierte man das Fest des heiligen Nikolaus. Rudolf hatte sich fest vorgenommen, an diesem Tag eine Beizjagd zu veranstalten. Ein wenig Abwechslung von den trüben Geschehnissen der vergangenen Wochen glätteten vielleicht auch die Wogen zwischen ihm und Anna. Für seine Gemahlin war die Jagd mit ihrem Falken, den sie einst mit gebrochenem Flügel hilflos am Boden liegend gefunden hatte, immer wieder ein absoluter Höhepunkt. Selbst Isabella entwickelte die vortreffliche Eigenart eines Vorstehhundes, nur um ja nicht den Platz an Annas Seite an einen speziellen Vertreter dieser Rasse hergeben zu müssen. Überhaupt schienen alle Tiere in Annas Händen von dem Wunsch beseelt, es ihrer Herrin so recht wie irgend möglich zu machen und so manches Mal hatte die eher zusammengewürfelte Jagdgruppe seiner Gemahlin mehr Hasen und Rebhühner zur winterlichen Nahrungsversorgung beigetragen, als er selbst mit den bestausgebildeten Falken und Vorstehhunden.

Wie lange hatte sie nicht mehr das Bett mit ihm geteilt? Rudolf vermochte es nicht zu sagen. Dafür aber verspürte er umso mehr heftige Sehnsucht nach ihr. Seit Tagen quälten die Gedanken an ihre Nähe seinen Mannessaft. In all der Zeit hatte er nicht ein einziges Mal bei einer anderen Frau gelegen.

»Vielleicht hätte ich es tun sollen«, sinnierte Rudolf ärgerlich, »dann könnte ich mich jetzt mit der gebotenen Eindringlichkeit auf den Verhandlungstag zu Kaisersberg konzentrieren, statt mich mit der drückenden Enge unerfüllter Begierde herumzuschlagen. Es ist ihre verdammte Pflicht als meine Gemahlin, mir in jeder Hinsicht zur Verfügung zu stehen. Nicht einmal auf die Beizjagd kann ich mehr hoffen und das daran anschließende rauschende Fest wird nun auch warten müssen.«

Herzog Ludwig hatte die Baseler und die Landvögte auf den Morgen nach Nikolaus zu einem zweiten Treffen gebeten, nachdem das Erste erfolglos verlaufen war und Rudolf schickte sich an, mit großem Geleit in aller Frühe am morgigen Tag dorthin aufzubrechen. Die Sache war zu wichtig, um sie aufzuschieben. Erst die Schlösser vor den Toren Basels, danach die Burg Stein in den Händen der Österreicher! Prompt hatte auch Rotberg seine städtischen Truppen und Berner Verbündeten durch das Sankt Alban Tor nach Rheinfelden geführt, um sich mit gewichtiger Miene als Verteidiger Basels aufzublasen. Nur einen halben Tag lang hatte das makabre Schaustück angedauert und außer umsonst verfeuerter

Munition anlässlich eines heftigen Schusswechsels geplanter Maßen keinen Erfolg gezeitigt. Nur für den zem Angen ging das Spiel auf. Sein alter Rivale Zibol war eingekerkert und ruiniert. Dass der Münch von Landskron als österreichischer Lehensträger dem Bürgermeister den Isteiner Klotz ohne nennenswerte Gegenwehr ausgeliefert hatte, dürfte selbst den Rotberg überrascht haben. Und schon steckte Rudolf mitten im Schlamassel, denn von der Isteiner Burg war es nur noch ein kleiner Schritt zum gleichnamigen Dorf, als dessen Schirmvogt er selbst agierte. Auch wenn Istein fürstbischöflich war, so fühlten sich die Leute doch sichtlich bedroht von Rachefeldzügen der Habsburger. Würde dem vermaledeiten und abgekarteten Feldzug nicht schleunigst Einhalt geboten, gäbe es wohl kein Zurück mehr von einer ausufernden Schlacht über alle Grenzen hinweg. Es war dringend nötig, in Kaisersberg einen Waffenstillstand zu erreichen, bis um Johannis* ein neuer Rat gewählt werden konnte. Dies umso mehr, als dass Herzogin Katharina seiner Schilderung der Dinge keinen Glauben schenkte und ihrem Landvogt weiterhin freie Hand ließ.

Abermals griff er nach Katharinas Antwortschreiben. Zu sehr nagte das Misstrauen gegen die Baseler Ausdehnungsbestrebungen an Herzog Leopolds Gemahlin, ein Relikt der gemeinsamen Vergangenheit, in der man sich gegenseitig nichts geschenkt hatte. Mitten in der Bewegung verhielt Rudolf abrupt seinen Gang. Die Schritte, welche er in den letzten Monaten ruhelos zwischen seinem Schreibpult und dem Fenster zurückgelegt hatte, reichten sicherlich aus, sein gesamtes Reich mindestens einmal umrundet zu haben. Der rastlosen Unsicherheit musste ein Schlusspunkt gesetzt werden, heute bei Anna und in Bälde zu Kaisersberg.

»Die feierliche Jagdgesellschaft wird warten müssen, aber ich bin des Ausharrens müde.«

* 22. Juni 1410

Michael zuckte zusammen, als sein Herr mit grimmig entschlossener Miene die Tür aufriss.

»Such Fritschmann! Er soll die Markgräfin um die achte Stunde zu Tisch bitten. Ach ja, Michael, eine abschlägige Antwort, aus welchen Gründen auch immer, wird dieses Mal nicht akzeptiert.«

Michael machte auf dem Absatz kehrt und rannte los. Endlich unternahm jemand etwas gegen die trostlose Stimmung auf dieser Burg.

»Moment, Bursche! Alsbald geh hinunter in die Küche und fordere ein köstliches Mahl für die Herrschaft und damit meine ich, ausschließlich die Herrschaft. Haben wir uns verstanden?«

Michael nickte eifrig. Na, wenn das die hohe Frau nicht erweichte. Ein romantisches Nachtmahl bei Kerzenschein! Der junge Schönauer prustete los. So ein gestandenes Mannsbild wie sein Ritter beim verliebten tête-à-tête noch dazu mit einer ihm momentan wenig geneigten Dame. Da würde er doch zu gerne Mäuschen spielen. Immerhin stand er ja in dessen Ausbildung, und nur weil sein Herr auf Freiersfüßen wandelte, war die ja nicht unterbrochen.

Anna betrachtete sich kritisch im Spiegel. Sie legte an diesem Abend viel Wert auf ihr Äußeres. Keine Haube versteckte ihr langes Haar und der tiefe Ausschnitt des Kleides geizte nicht mit ihren Reizen. Bei jedem Schritt formte der hauchdünne Seidenstoff verführerisch die wohlgestalte Rundung ihrer Hüften nach und ließ die Taille so zart wie die einer Wespe erscheinen. Zufrieden legte Anna den Spiegel zurück auf die Anrichte.

Obwohl Fritschmann sich redlich abgemüht hatte, Rudolfs Worten die Schärfe zu nehmen, war ihr deren ursprünglicher Befehlston nicht verborgen geblieben. Gleichwohl eine Ablehnung seines Ansinnens bedeutete einen erneuten öffentlichen Affront gegen ihren Gemahl und gleichzeitig Wasser auf die Mühlen ihrer Schwägerin, die alles daransetzte, die verhasste Konkurrentin um die Macht gänzlich von der Seite des

Bruders zu entfernen. Überdies gierte sie geradezu nach Rudolf. Sie wollte ihn fühlen und mit ihm lachen. Oh, wie sehr ihr seine traute Nähe in den zurückliegenden kalten Nächten gefehlt hatte. Eisern klammerte Anna sich an das winzige Fünkchen Hoffnung, er möge diesen Abend nutzen, Abbitte zu leisten, für das ihr so unberechtigt entzogene Vertrauen. Sie würde ihm im Gegenzug von dem rosigen Lustgarten ihrer Liebe erzählen, welcher der Anlass gewesen war, für jene häufigen verschwiegenen Aufenthalte auf ihrer Morgengabe zu Endenburg in Begleitung des Wolf von Hartenfels. Angestrengt lauschte die Markgräfin hinaus. Da endlich vernahm sie das ersehnte Schlagen der Rötteler Turmuhr. Mit glühenden Wangen und voller Vorfreude stieg Anna hinab.

Rudolf kam sich vor wie ein frisch verliebter Halbwüchsiger, der sein erstes heimliches Stelldichein kaum noch erwarten konnte. Nervös trommelten seine Finger auf den riesigen Tisch im Rittersaal, an dessen Kopfende nur zwei Gedecke aufgetragen waren. Hier und jetzt ließe er sich von Anna nicht länger zurückweisen. Er hatte ihrem eigenwilligen Temperament wahrlich lange genug tatenlos zugeschaut. Rudolf hoffte auf den wohltuenden und entspannenden Effekt des gemütlichen Ambientes. Hingegen erwiese sich jenes wirkungslos, so führte er Anna deutlich vor Augen, dass sie als seine Ehefrau sich seinem Willen zu beugen hatte. Das Portal schwang auf und Rudolf erhob sich unwillkürlich. Wie gebannt starrte er auf ihre liebreizende Erscheinung und sein Körper reagierte sofort. Heute Nacht würde er sie nehmen ob mit oder ohne ihre Einwilligung.

Kaum hatte der Graf seine Gemahlin auf ihren Stuhl geleitet, öffnete sich die Tür erneut. Flotten Schrittes kam Ita zum Tisch und blickte ihrer Schwägerin herrisch in die Augen.

»Was sitzt du auf meinem Platz? Steh auf!«, forderte sie lauthals.

»Ita, was fällt dir ein! Du sprichst mit meiner Gemahlin, der Markgräfin, wähle deine Worte sorgfältig!«

Rudolf stand seiner Schwester erbost gegenüber.

»Deine Gemahlin, dass ich nicht lache! Ha, es pfeifen doch die Spatzen vom Dach, wie verwaist das Bett des Rötteler Herrn ist. Es nimmt mich wunder, lieber Bruder, dass du dir derselben von deinem Weib gefallen lässt. Und Markgräfin, der Titel für diese Person ist ein Hohn in Anbetracht ihrer Entrechtung.«

»Ita, noch ein weiteres Wort und ich lasse dich hinauswerfen.«

»Rudolf, wie das? Bin ich im Unrecht, so tut es mir leid. Doch empfing ich die Würde der Herrin aus deinen Händen und wie mir zugetragen wurde … «

Anna sprang auf. Das war zu viel. Sie wollte sich Itas Schikane nicht weiter aussetzen und das Schlimmste daran war, sie hatte mit jedem Wort Recht.

Rudolfs Faust krachte auf den Tisch.

»Anna, du bleibst! Ich habe dir keine Erlaubnis gegeben, dich zurückzuziehen.«

Zornig und verletzt zugleich bot sie ihm die Stirn.

»Willst du mich etwa mit Gewalt an den Stuhl binden?«

»Wenn es sein muss, ja. Ich rate dir, es nicht darauf ankommen zu lassen.«

Anna wurde abwechselnd heiß und kalt. Welchen Verlauf nahm dieser Abend? Still setzte sie sich wieder hin.

»Also, wie mir zugetragen wurde, ist dieses Essen auf deinen Wunsch hin ausschließlich für die Herrschaft gerichtet worden. Wie kannst du mich jetzt schelten, deine Frau des Platzes zu verweisen? Ich tue wirklich alles Erdenkliche, um die Folgen von Annas Ungezogenheit für dich so gering wie möglich zu halten und dies ist jetzt der Dank. Das ist ungerecht, Rudolf.«

Ita presste sich eine Träne heraus und tupfte mit dem flink aus dem Ärmel gezogenen Taschentuch geziert die Augen.

»Nun ja«, lenkte Rudolf ein, »wenn ich von Herrschaft sprach, habe ich mich in der Tat vage ausgedrückt. Es tut mir leid Ita, dass du dich umsonst hierher bemüht hast, aber nicht du als Burgherrin warst gemeint sondern meine Gemahlin.

Ich bitte dich, nun zu gehen und sei meiner Wertschätzung gewiss.«

Rudolf wollte diese unschöne Episode so schnell wie möglich beenden, um endlich an das Ziel seiner Wünsche zu gelangen. Warum waren Frauen nur immer so kompliziert und legten jedes Wort auf die Goldwaage?

Wachsbleich lehnte Anna ihren Oberköper schwer gegen die hohe Lehne ihres mit Kissen gepolsterten Stuhls. Abbitte, herrje, wie konnte sie nur so unbedarft sein, darauf zu hoffen? Ein »Missverständnis« nannte ihr Gemahl die Unverfrorenheit seiner Schwester und bestätigte überdies deren Anspruch auf die Würde der Burgherrin. An dem Stellenwert, welchen Rudolf ihr zumaß, gab es keinen Zweifel. Den der gehorsamen Ehefrau ohne Rechte! Ihr grauste vor der Zukunft.

Im weiteren Verlauf des Essens brachte Rudolf jedes Thema auf den Tisch, welches Anna unter normalen Umständen zu angeregtem Gedankenaustausch bewegte. Jedoch erntete er nur Schweigen, währenddessen er vermeinte, das anheimelnde Knistern der verbrennenden Holzscheite im offenen Kamin wüchse sich zu geschossartigem Bersten aus. Vehement blendete Rudolf alles aus, was ihn störte. In dieser Nacht sollte niemand wagen, zwischen ihn und seine Gemahlin zu treten, nicht einmal Anna selbst. Um sich der Illusion einstmals inniger Verbundenheit hinzugeben, erzählte er ihr über den Fortgang der Auseinandersetzungen zwischen Rotberg, zem Angen und von Lupfen, von der besonderen Bedeutung des Treffens zu Kaisersberg, vor allen Dingen weil Katharina nicht einwilligte, die Friedensbemühungen persönlich zu unterstützen, indem sie die Gespräche mit den Baselern selbst führte. Keine Regung zeichnete sich auf ihrem Gesicht ab und Rudolf gab es schließlich auf.

»Ich sehe, du hast das Mahl längst beendet. Geh hinauf und erwarte mich!«

Anna senkte den Blick. Ja, genau das hatte sie befürchtet. Aber was blieb ihr anderes übrig, als zu gehorchen. Also konnte sie es auch gleich hinter sich bringen.

Trotz der Dezemberkälte war es dank des Kachelofens wohlig warm in ihrem Schlafgemach. Normalerweise hätte sie sich für Rudolf nackt unter den Bettlaken zurechtgelegt. Aber diese Dämmerstunde war alles andere als eine normale Liebesnacht zwischen ihnen. Rudolf trachtete danach, ihr seinen Willen aufzuzwingen, ihre Liebe, die stets auf gegenseitiger Achtung beruht hatte, unter seinen Füßen endgültig zu zertreten. Ihr fröstelte und Anna zog die Daunendecke hoch bin an ihr Kinn.

Fast vermeinte sie sich schon dem Schicksal entronnen, gegen ihren Willen genommen zu werden, als nach langem bangen Warten die Tür mit Wucht aufgestoßen wurde. Fritschmann eilte, das Versäumnis seines Herrn flugs zu beheben und schloss hinter jenem die Tür.

»Guter Fritschmann«, bedankte Anna sich gedanklich bei dem alten Eigenen, »so bleibt mir wenigstens erspart, vor den Augen des versammelten Hofstaats wie eine angebundene Stute vom Hengst bestiegen zu werden.«

Mein Gott, welchen Ausdrucks bediente sie sich, wenn auch nur im Geiste? Aber gab es denn einen Zutreffenderen für das, was ihr bevorstand? Ihr Gemahl setzte sich neben sie auf die Bettkante und stütze seine Arme links und rechts neben ihrem Kopf ab. Weingeschwängerter Atem blies ihr ins Gesicht.

Rudolf hatte schnell und über die Maßen dem Met zugesprochen, nachdem Anna die Halle verlassen hatte. Ansonsten hätten ihre waidwunden Rehaugen ihn noch umgestimmt. Nach dem Genuss einiger Gläser war er soweit, sich selbst vorzugaukeln, Anna empfinge ihn zu guter Letzt doch mit offenen Armen.

Lavendelduft entströmte ihrem Haar. Augenblicklich fühlte Rudolf sich zurückversetzt an jenen Morgen, an dem sich ihr geschmeidiger Leib das letzte Mal so begehrenswert unter ihm geräkelt hatte. Er führe jetzt einfach dort fort, wo er damals so jäh durch die Nachricht von der Sausenburg unterbrochen worden war. »Rudolf, bitte ... «, versuchte Anna einen letzten Vorstoß.

»Ja, Geliebte, gleich komme ich zu dir.«

Rudolf war zu betrunken. Es hatte keinen Sinn. Mit einem Ruck riss der dünne Stoff des Hemdes und entblößte ihre Brüste. Rudolf konnte sich nicht sattsehen an den rosigen Knospen und zerrte sich das Laken, welches nur lose um seine Hüften geschlungen war, hektisch vom Gesäß. Angesichts der strammaufgerichteten Männlichkeit verließ Anna das letzte bisschen Hoffnung auf einen Ausweg. Es würde unweigerlich geschehen, wonach es ihren Gemahl so offensichtlich gelüstete.

Irgendwann in der Nacht hatte Rudolf jählings von ihr abgelassen und war mit versteinerter Miene davongestürmt, um mit seinen Mannen Hals über Kopf die Burg zu verlassen. Er hatte ihr Stolz und Würde genommen. Gegenwärtig war nur mehr eine leere Hülle übrig, taub und ausgebrannt. Gezeter und Mordio schallte von den untersten Stiegen bis hinauf in Annas Gemach. Wie schon zuvor das Hufeklappern im Burghof vernahm die Markgräfin auch diese lamentierenden Stimmen nur wie in Trance.

»Ihr seid von Sinnen Freifrau von Dornegg, dass Ihr es wagt, mir Bewaffnete entgegen zu senden. Geht in Euch! Auch wenn Ihr seine Schwester seid, dafür wird er Euch vom Hof verweisen.«

Unschlüssig stand Ita auf der Kaminseite des Rittertisches. Das Geschehen war ihr entglitten. Eigentlich hatte sie sich nur ein wenig mit der Stellung der Burgherrin brüsten wollen, jetzt wo Rudolf fort war und die Macht ihr gehörte. Doch er hatte sie nicht ernst genommen und höhnisch lachend zur Seite geschoben, ohne auch nur einen einzigen Moment in seinem Gang nach oben innezuhalten.

»Verena, zurück!«

Mit einem riesigen Ausfallschritt warf sich der Ritter vor die junge Frau und fing in letzter Sekunde einen verirrten Schwerthieb der Wache ab.

»Ita, das kostet Euch den Kopf!«

Außer sich vor Zorn stieß er den zu Tode erschrockenen Wachmann zu Boden, der keinerlei Bestreben mehr zeigte, noch weiter gegen die Ankömmlinge vorzugehen. Sich mit dem Gefolge des Freiburger Grafen zu schlagen, das konnte wirklich nur dieser aufgeblasenen Freifrau einfallen. Der Mann war der Schwager seines Herrn. Die Sache war ihm von vornerein nicht geheuer gewesen.

Ita hielt vor Schreck den Atem an. Um Himmels willen, was war nur in sie gefahren? Fast hätte Rudolfs eigene Wache seine Tochter getötet. Mein Gott, sie hatte den Bogen überspannt.

Beinah stürzte er mit der Tür ins gräfliche Gemach.

»Anna, was geht hier vor? Ich bin gekommen, dem Wunsch meines Schwagers und hoffentlich auch deinem zu entsprechen und Wilhelm mit nach Neuenburg zu nehmen, solange hier die Gefahr einer Schlacht nicht gebannt ist. Dass ich zu diesem Zweck jedoch gezwungen wäre, zuvor eure Burg einzunehmen, hat sich meiner Kenntnis entzogen. Außerdem, was spielt sich dieser Drache da unten als Burgherrin auf? Sie hat nicht davor zurückgeschreckt, Verenas Leben zu gefährden, nur um mich daran zu hindern, zu dir hinaufzusteigen. Überhaupt, was sitzt du am frühen Morgen mit einer Stickerei alleine hier herum? Das sieht dir gar nicht ähnlich. Nur zu gut erinnere ich mich daran, dass ich auf Wunsch unserer Mutter, dich zu dieser Tageszeit bereits das erste Mal im Wald aufgespürt habe, damit du nicht das Mittagsmahl versäumtest.«

Langsam füllten sich Annas Augen mit neuem Leben.

»Konrad, du bist hier! Und du hast Verena mitgebracht.«

»Mutter, du weinst ja!«

Verena flog in ihre Arme.

»Ach Kind. Euch hat heute Morgen der Himmel geschickt. Lass dich ansehen!«

Vor ihren Augen drehte sich Verena mehrfach um ihre eigene Achse.

»Prächtig siehst du aus. Neuenburg scheint dir gut zu tun.«

Verena hockte sich vor ihre Mutter und ergriff deren Arme.

»Wie soll es auch anders sein! Die Burg von Großmutter und Tante Isabell ist ein feudales Schloss. Kunstliebhaber geben sich dort ein Stelldichein und du weißt, wie sehr ich das genieße. Onkel Konrads Hofhaltung ist eines Königs würdig.«

Anna streichelte zärtlich über ihr Haar. Die sprühende Lebenslust der Jugend war Balsam für ihr wundes Gemüt.

»Und Rudolph, wie geht es deinem Bruder? Wieso ist er nicht hier? Konrad, als dein Knappe müsste er an deiner Seite weilen? Ist ihm etwas zugestoßen?«

»Beruhige dich Mutter! Onkel Konrad hat ihm erlaubt, durch die väterliche Burg zu stromern. Er war schon ganz unglücklich, Michael nicht anzutreffen. Sicher wird er dich gleich begrüßen kommen.«

Konrad räusperte sich vernehmlich.

»Schwester, ich störe eure Wiedersehensfreude nur sehr ungern. Aber bevor ich nicht darüber im Bilde bin, was hier vor sich geht, ruhe ich keinen Augenblick.«

Anna musterte ihren Bruder verstohlen. Er hatte das gleiche kastanienbraune Haar wie sie und ähnelte mit seiner schlanken und drahtigen Gestalt ihrem Gemahl mehr als ihr zu diesem Zeitpunkt lieb war. Ebenso die Art, wie Konrads Hand permanent auf dem Schwertknauf lag, wenn er Gefahr für sich und die Seinen witterte, und ununterbrochen umherwanderte, ließen wehmütige Gedanken an Rudolf aufkeimen. Mit einem Mal verspürte Anna den unbändigen Drang, sich jemandem anzuvertrauen, endlich die erdrückende Pein auszusprechen. Zu lange schon ertrug sie die qualvolle Last alleine, all ihrer Vertrauten beraubt. Wie von selbst formten ihre Lippen die kalten Worte der niederschmetternden Wahrheit.

»Was ist denn bloß in Vater gefahren? Wie kann er dir das antun?«

Verena umarmte Anna mit der heftigen Inbrunst einer Tochter, die ihre Mutter abgöttisch liebte und deren Schmerz wie den eigenen erlitt.

»Heimlichtuerei ist keines Mannes Sache, der einen großen Garten zu bestellen hat«, ereiferte sich Konrad. »Mein Schwager sitzt auf Rötteln wie auf heißen Kohlen, umringt von einem dichten Spinnennetz verfeindeter Nachbarn, welches droht, ihm jederzeit die Luft zum Atmen zu nehmen. So jemand kann in seinem Rücken nur eines dulden - absolute Klarheit und Sicherheit.«

»Soll das heißen, du verteidigst ihn auch noch? Er hat Mutter entrechtet, deine Schwester!«

»Das soll heißen, ich kann ihn verstehen. So weit hätte es gar nicht erst kommen dürfen und ich beabsichtige, diesem unglücklichen Zustand ein Ende zu bereiten. Der Freifrau werde ich persönlich das Handwerk legen, nachdem was die sich geleistet hat, wird Rudolf mir uneingeschränkt zustimmen. Und sobald dein Gemahl aus Kaisersberg zurück ist, wirst du, Schwesterherz, von deinem Rosengarten berichten. Wir Freiburger haben einst Endenburg nicht in die Hand der Grafen von Hachberg gelegt, damit dieses Kleinod sich hernach als Schlinge um den zierlichen Hals meiner Schwester zieht.«

Versonnen ruhten Annas Augen auf ihrem Bruder. Für Männer bestand die Welt stets nur aus dem Offensichtlichen. Als ließe sich der Bruch zwischen ihr und Rudolf mit ein paar aufdeckenden Erklärungen kitten. Nein, Rudolf vertraute ihr nicht mehr und hatte sie bis zuletzt noch gehofft, er möge wieder zu ihr zurückfinden, war die vergangene Nacht drastischer Beweis des Gegenteils gewesen. Gehorsam statt Liebe, Macht statt Vertrauen! Die Aussprache mit ihrem Bruder und ihrer Tochter hatten Anna die Augen geöffnet. Der Weg, welchen sie nun zu gehen hatte, lag mit einem Mal klar und deutlich vor ihr.

»Konrad, ich weiß, du meinst es gut. Aber mein Entschluss steht fest. Du hast es selbst gesehen. Um ein Haar wäre Verena dem Misstrauen ihres Vaters gegen mich zum Opfer gefallen.«

Anna hob die Hände.

»Lass mich ausreden, Bruder! Ich weiß, niemals hätte Rudolf das gewollt. Er liebt seine Kinder abgöttisch. Aber wie die Dinge nun einmal stehen, sind wir alle nicht mehr Herr der Lage. Ich werde Rudolf zukünftig aus dem Weg gehen, damit sich solcherlei Unglück nicht wiederholt.«

»Darf ich fragen, wie du das anstellen willst? Nachdem was du mir – hm – soeben berichtet hast, scheint dies augenscheinlich gerade nicht dem Gusto meines Schwagers zu entsprechen.«

»Ich suche Zuflucht in einem Kloster.«

Anna sprach die Worte so gelassen aus, als bespräche sie mit Berta die Zubereitung eines Mahls.

Verena sprang auf.

»Das ist nicht dein Ernst!«

»Doch, Verena, wie ich deine Mutter kenne, steht ihr Entschluss bereits fest. Glaube mir, diesen Ausdruck in ihrem Gesicht kenne ich zur Genüge. Sie war immer schon viel zu eigensinnig für eine Frau.«

Alle schwiegen für einen kurzen Moment, bis Konrad die Untätigkeit nicht weiter ertragen konnte.

»Nun gut! Unter diesen Umständen halte ich es für sinnvoll, an meinem ursprünglichen Vorhaben festzuhalten und gleich morgen wieder nach Neuenburg zurückzukehren. Mir will scheinen, das Wetter schlägt um und mit einem Dreijährigen ist es sicher nicht ratsam, in einer Schneewehe steckenzubleiben. Ich hoffe für dich, Anna, dass du deine Entscheidung nicht irgendwann bereust.«

Den weiteren Verlauf des Tages verbrachten Konrad, Verena und Anna mit unverfänglichen Plaudereien, inständig darum bemüht, Annas düstere Zukunft auszuklammern. Nur Rudolph wollte sich mit der Entrechtung seiner Mutter nicht abfinden. Immerhin war er der Sohn des Markgrafen, welcher einst an die Stelle seines Vaters treten würde. Dies war auch seine Burg. Letztlich brachten es ausschließlich ein paar saftige Backpfeifen seines Oheims auf die nötige Durchschlagskraft, ihn davon abzuhalten, die ungeliebte Tante eigenhändig vor die Tore der Burg zu befördern. Dies wäre eine hervorragende Lektion im Erlernen unbedingten Gehorsams gegenüber seinem Herrn, brannten dessen maßregelnde Ausführungen noch in Rudolphs Kopf wie die roten Striemen auf der Wange. Selbst seine Mutter flehte ihn inbrünstig an, nichts gegen die Anordnungen seines Vaters zu unternehmen. Missmutig verkroch sich der Heißsporn daraufhin in eine stille Ecke und haderte mit dem Schicksal eines Knappen, welches ihn dazu verdonnerte, dieser unleidlichen Gemeinheit tatenlos zuzusehen. Trotzig ignorierte der junge Graf die eisige Dezemberkälte und verharrte selbst noch in der frühen Dunkelheit des Winters auf der hölzernen Bank vor dem Stall, obwohl außer der Tor- und Zwingerwache bereits ein Jeder sich an ein mehr oder minder warmes Plätzchen geflüchtet hatte.

Kunz beobachtete den jungen Herrn schon geraume Zeit, zumindest seit er aufgeschnappt hatte, dass es sich bei diesem um den Erbsohn des Markgrafen handelte, der so überaus merkwürdig den ganzen Tag um den Stall herumschlich. Kopfschüttelnd registrierte der Knecht das leichte Wams des Knappen, in dem jener sicherlich erbärmlich fror. Entschlossen eilte er zurück in den hinteren Stall und reichte Rudolph alsbald mit stummer Gebärde eine warme Decke.

»Dich kenne ich nicht. Du musst neu hier sein«, sprach ihn der junge Markgraf an.

»Ich bin Kunz, der Pferdeknecht. Eure Mutter hat mich und meinen Grauen vor einigen Monaten auf die Burg geholt.«

»Setz dich zu mir, Kunz! Zu zweit erwärmt sich die Decke schneller. Und dann erzähl mir deine Geschichte! Etwas kurzweilige Ablenkung ist genau das Richtige für mich.«

Es dauerte nicht lange und zwei riesige Hunde heizten mit ihren Leibern die kalten Füße der Frierenden und äußerst agile Welpen sprangen abwechselnd auf ihren Schoß. Rudolph genoss das Gespräch mit dem einfachen Burschen sichtlich. Zu schade, dass er die Niederlage dieses von Lörrachs nicht mit eigenen Augen verfolgt hatte. Der Kerl war ihm nie einnehmend erschienen.

»Nein!« Mit unterdrücktem Aufschrei presste Kunz urplötzlich den Arm des jungen Markgrafen.

»Hast du einen Geist gesehen?«, frotzelte Rudolph gutgelaunt.

Kunz schluckte. Das durfte nicht wahr sein. Sollte dieser Nüwenburg sein verruchtes Unterfangen doch noch wahrmachen können? Angestrengt starrte der Knecht in die Dunkelheit. Da, erneut blitzten die weißblonden Haare des Edelknechts im fahlen Mondschein auf und Kunz konnte sich auch nicht erinnern, je einen Sack mit so wippenden langen blonden Haaren gesehen zu haben wie der, welcher über dessen Schultern baumelte.

»Viel schlimmer!«

Die Panik in der Stimme des Burschen ließ Rudolph aufhorchen.

»Was hast du denn gesehen, dass du dich so echauffierst?«

»Den wahr gewordenen Alptraum unseres Fräulein Maria.«

»Kunz, bitte sprich nicht in solchen Rätseln! Wer ist dieses Fräulein Maria?« »Maria war die persönliche Zofe Eurer Mutter, bis sie von dem Fräulein Arnleder und dem Ritter Nüwenburg denunziert worden ist. Sie soll sich ihm unsittlich angeboten haben. Euer Vater hat Maria in die Schankstube hier unten verbannt und seither will ihr der neue Leibritter Eurer Mutter an die Wäsche. Dabei weiß er genau, dass Maria und der Hauptmann ein Paar sind. Bisher ist es Ritter von Hartenfels auch stets gelungen, dem Nüwenburg ein Schnippchen zu schlagen. Aber jetzt im Winter übernachtet unser Hauptmann hin und wieder im Zuchtstall der Gräfin in Endenburg. Vermutlich liegt dort oben schon eine Menge Schnee, das weiß ich von meiner Zeit als Schafhirte, und im

Dunkeln ist der steile Weg zurück dann oft zu rutschig für die Pferde.«

Kunz legte eine nachdenkliche Pause ein und kratzte sich dabei beständig in den Haaren.

»Es gibt nur zwei Menschen auf der Burg mit derart blonden Haaren. Die Weißblonden des Nüwenburg und die Goldlocken unserer Maria! Und genau die wippten gerade wie ein übergeworfener Sack vor der Brust dieses hellen Nordlichts.«

Rudolph konnte sich ein anzügliches Grinsen nicht verkneifen. »So, so, dann hat der gute Nüwenburg also die ganze Zeit auf der Lauer gelegen, um eine günstige Gelegenheit beim Schopfe zu packen. Was regst du dich so auf Kunz, sie ist nicht die erste Magd und wird auch nicht die letzte sein, die einem frierenden und einsamen Recken den Schlafplatz anwärmt.«

Wütend sprang Kunz von der Bank.

»Maria ist nicht irgendeine Magd. Sie ist die Braut unseres Hauptmanns und die persönliche Freundin Eurer Mutter.«

Dass Wolf von Hartenfels sich eine vom niedersten Gesinde als rechte Braut auswählte, schrieb Rudolph eher dem Wunschdenken dieses Burschen zu, der ganz offensichtlich in jene junge Frau vernarrt war. Auf der anderen Seite, wenn diese Maria tatsächlich eine Busenfreundin seiner Mutter war, böte sich ihm hier nach allem eine Möglichkeit, seiner Mutter doch noch etwas von ihrem Ungemach zu nehmen und wer weiß, vielleicht sogar seiner vermessenen Tante wenigstens ein einziges Mal in die Parade zu fahren.

»Also gut! Kunz, du gehst und berichtest meiner Mutter von deiner Befürchtung und ich werde sehen, wie leibhaftig dieses blonde Gespenst sich seinem nächtlichen Unterfangen hingibt und ob deine Maria wirklich so unwillig bei der Sache ist, wie du mich glauben machen willst.«

»Danke Herr Graf!« stieß Kunz über die Maßen erleichtert über dessen Hilfe hervor.

»Ich glaube, ich weiß, wo er Maria hinschleppt. Hinter dem Stallgebäude ist das Dach weit heruntergezogen. Vor kurzem haben wir dort einiges Stroh ausgelagert. Und ich habe diesem Mistkerl auch noch das weiche Nest gerichtet!«

Kunz erschrak. Ängstlich blickte er in das Gesicht des jungen Markgrafen. Hatte er sich zu viel erlaubt, einen von edlem Blut derart zu beschimpfen?

»Jetzt schau nicht wie ein Lamm, das gleich abgestochen wird! Erstens bin ich hier und heute kein Graf sondern nur ein Knappe und zweitens sollte es auch einem Ritter in Ausbildung nicht gleichgültig sein, wenn eine Frau geschändet wird, auch wenn die nur von niederer Geburt ist. Also jetzt hau endlich ab, bevor unser ganzes Gerede doch noch für die Katz ist!«

Behutsam setzte Annas Sohn einen Schritt vor den nächsten, damit nur ja kein zufälliges Knirschen sein Anpirschen verriet. Schon nach halbem Weg vernahm er die harsche Stimme eines Mannes.

»Zeig dich nur weiter so spröde! Die Kratzbürstigen waren mir schon immer die Liebsten. Du ahnst gar nicht, wie sehr deine sinnlose Widersetzlichkeit mein Blut aufpeitscht. Dein feiner Galan hat wohl heute Besseres zu tun, als dich zu umgarnen. Wäre doch zu schade, wenn ein solch goldener Becher in dieser Nacht leer bliebe. Ja winde dich nur noch mehr! Eins der guten Dinge dieser nasskalten Jahreszeit ist es, dass sich alle schon früh schlafen legen. Sei also unbesorgt! Niemand wird unseren Liebesreigen stören.«

Rudolph hörte unterdrücktes Stöhnen und heftiges Rascheln im Stroh. Vorsichtig spähte er um die Ecke. Fast hätte er durch die Zähne gepfiffen. Wirklich, Kunz hatte nicht gelogen. Unter dem vom blassen Mondschein beschienenen nackten Hinterteil des Nüwenburgs strampelten überaus wohlgerundete Waden in aussichtslosem Kampf gegen das Übergewicht des Edelknechts. In ihrem Mund steckte ein Stofffetzen und die nach oben gebogenen Arme wiesen morgen sicherlich rote Striemen auf, so fest quetschte der Leibritter seiner Mutter die Haut der Ärmsten. Wollte er das Schlimmste verhindern, galt es, jetzt zu handeln. Pfeifend, die Hände in die Hosentaschen gesteckt, schlenderte er wie zufällig auf das Strohlager zu.

»Oh verzeiht, ich wollte nicht stören! Aber wenn ich es recht betrachte, scheint Ihr den richtigen Sitz im Sattel ja noch nicht gefunden zu haben. Ist es der Dame vielleicht zu kalt für derartige Aktivitäten?«

Nüwenburg sprang auf und prompt rutschte seine leinene Bruche gänzlich herunter. Dessen ungeachtet holte er bereits zu einem mächtigen Haken aus, ließ hingegen die Faust kraftlos sinken, als er sein Gegenüber erkannte. Kurz arbeitete es in seinem Gesicht, dann besann Friedrich sich auf eine andere Schlachtenlenkung.

»Der junge Markgraf! Ich hoffe, Ihr versteht die Situation nicht falsch, junger Herr. Dieses Früchtchen schleicht mir ständig hinterher. Sogar ihre Stellung bei Eurer Mutter hat sie deswegen bereits eingebüßt. Damit die Sache endlich ausgestanden ist, wollte ich es ihr soeben richtig besorgen. Dieses Gesindel scheint es wohl nur auf eine Art zu mögen.«

Schritte näherten sich vom Burghof her. An Flucht war nicht zu denken. Der junge Graf war ein zu achtbarer Zeuge. Vor lauter Panik vergaß Friedrich sogar, seine Hose wieder an Ort und Stelle zu bringen, so dass er den Ankommenden seinen blanken Unterkörper präsentierte.

Konrad fand als Erster seine Sprache wieder.

»Mann, kommt zur Besinnung und bekleidet Euch! Ihr steht vor der Markgräfin und der Freifrau von Dornegg.«

»Jetzt schaut er wirklich aus wie ein Gespenst«, zwinkerte Rudolph verschwörerisch zu Kunz hinüber.

Anna stürzte zu Maria und nahm den Oberkörper ihrer Freundin in die Arme.

»Hat er dir Gewalt angetan?«

Maria war nicht zu einer Antwort fähig. Sie schüttelte nur leicht den Kopf. Mittlerweile hatte Friedrich zumindest die Bruche wieder über seine Blöße platziert und zu seiner Kaltschnäuzigkeit zurückgefunden.

»Ihr seht, hier ist nichts geschehen, was einen derartigen nächtlichen Auflauf rechtfertigt. Seit wann ist es ein Verbrechen, sich ein wenig mit einer Schankmagd zu vergnügen?«

Im Stillen musste Konrad dem Mann beipflichten, aber mein Gott, es liefen doch genügend willige Weiber herum, warum musste sich der Kerl unbedingt die aussuchen noch dazu, wo jene sich augenscheinlich einer besonderen Beziehung zu seiner Schwester erfreute. Wie eine Furie baute Anna sich jetzt vor ihrem Leibritter auf.

»Nüwenburg, ich habe Euch gewarnt. Jetzt könnt Ihr im Burgverlies über Eure Unverfrorenheit nachdenken. Werft diesen Mann ins Verlies!«

Die Wachen drucksten unsicher herum. Es war ihnen anzusehen, wie gern sie den Befehl ausgeführt hätten, doch die Markgräfin war nicht mehr die Herrin hier. Nüwenburg witterte Aufwind.

»Ihr seid wohl selbst eine ungehorsame Frau und Euer Gemahl hat Euch die Hände gebunden, Hoheit«, verhöhnte er Anna gehässig.

Anna taumelte zurück und schlug vor Scham die Hände vors Gesicht. Ihr Sohn preschte vor, doch Rudolph verlor gegen die Reaktionsschnelligkeit seines Oheims. Schon packte Konrad den dreisten Edelknecht am Schlafittchen.

»Hütet Eure Zunge, sonst reiße ich Euch das lästerliche Stück eigenhändig heraus! Ihr sprecht mit meiner Schwester, der Gräfin von Freiburg und der Markgräfin von Rötteln. Wäret Ihr mein Vasall, ließe ich Euch nur dieses Affronts gegen ein Mitglied meiner Familie wegen um einen Kopf kürzen. Ich bin mir ganz sicher, auch mein Schwager hält es so, wenn es um seine Sippschaft geht. Seht Ihr das nicht ebenso, Ita?«

Deren Augenlider flackerten unter dem bohrenden Blick des mächtigen Grafen von Freiburg und Neuenburg. Einmal bereits hatte sie heute die Dummheit begangen, ihre wahren Absichten zu deutlich ans Tageslicht treten zu lassen. Jetzt bekäme sie Gelegenheit zur Abmilderung ihres morgendlichen Fehltritts und überhaupt, nach dem Frühmahl schon stünde

Anna kein starker brüderlicher Arm mehr zur Verfügung. Mit knapper Handbewegung gab sie der Wache ein zustimmendes Zeichen.

Friedrich verstand die Welt nicht mehr. Wie konnte die Freifrau ihn derart brüskieren? Könnten Blicke töten, Anna wäre ihnen zum Opfer gefallen. So aber wurde der überaus bleichgesichtige Friedrich an der stolz aufgerichteten Markgräfin vorbeigezerrt.

Verena und Rudolph hatten sich nur schweren Herzens von ihrer Mutter verabschiedet. Konrad hatte seiner Schwester das Versprechen abgeluchst, ihn unter allen Umständen über ihren zukünftigen Aufenthaltsort zu informieren, nicht ohne erneut seinen Unwillen über ihre nach seinem Dafürhalten unvernünftige Entscheidung kundzutun. Bis hinunter zum Südtor lief sie nun neben dem aufwendigen Gefolge ihres Bruders her, um so lange wie irgend möglich bei ihren Kindern zu sein. Wilhelm saß im pelzgefütterten Umhang vor Konrad und fühlte sich mächtig wichtig. Als auch der letzte Zipfel der Gruppe ihrem Gesichtsfeld entschwand, sackte Anna in sich zusammen. Selbst das Herannahen des Torwächters gewahrte sie nicht.

»Ist alles in Ordnung Frau Gräfin?«

Tränennasse Augen straften ihr bejahendes Nicken Lügen. Doch wem half schon hilfloses Jammern? Noch nie hatte sie sich zum Opferlamm geeignet. Vielmehr lag es in ihrer Natur, die Dinge selbst in die Hand zu nehmen und mit der einmal gefällten Entscheidung, sich einem Kloster anzuvertrauen, galt es jetzt, die nächsten Schritte sorgfältig zu planen. Auf keinen Fall durfte Ita Wind von der Sache bekommen. Ganz ohne Zweifel stellte ihre Schwägerin sie sonst bis zu Rudolfs Rückkehr unter Hausarrest. Nur Maria sollte in ihr Vorhaben eingeweiht werden. Von ihr wollte die Gräfin nicht ohne ein

Wort des Abschieds scheiden. Die Gelegenheit war günstig, jetzt wo sie schon einmal in der Unterburg weilte und ihr hiesiger Aufenthalt einer noch so argwöhnischen Beäugung nicht suspekt erscheinen konnte. Anna packte sogleich den Stier bei den Hörnern.

Wie ein Schatten huschte die Markgräfin geschwind die Stiegen in der Schankstube empor, so dass der Wirt sich verdutzt die Augen rieb und bereits fürchtete, an Halluzinationen zu leiden, als so manche der Stufen augenscheinlich wie von Geisterhand knarrten. Aus Marias Kammer drang erregtes Gemurmel. Ohne anzuklopfen trat Anna ein. Ihre Freundin saß auf dem einzigen Stuhl in dieser kargen Behausung und hielt die Augen starr auf den Boden gerichtet ungeachtet der sich öffnenden Tür. Dagegen wirkte Wolf von Hartenfels wie ein Tiger im viel zu engen Käfig. Ein gehetzter Blick traf Anna und fast vermeinte sie, so etwas wie Bedauern darin aufblitzen zu sehen, als der Ritter ihrer ansichtig wurde.

»Ich gehe wohl nicht fehl in der Annahme, Euch verlangte eher nach dem Erscheinen eines gewissen blondbärtigen Mannsbilds, an dem Ihr Eure sichtbar aufgeheizte Rage abreagieren könntet. Auch wenn es Euren Zorn nicht zur Gänze besänftigt, so sollte es gleichwohl eine geringfügige Genugtuung bedeuten, diesen Hurensohn im kalten Verlies schmorend zu wissen. Zu dieser Jahreszeit ein unvergessliches Vergnügen der besonderen Art!«

Wenngleich diese Erkenntnis keinerlei mildernde Auswirkung auf Wolfs nahezu berstende Wut zeitigte, beugte er respektvoll das Knie vor der Markgräfin.

»Erhebt Euch Hauptmann! Solch Ehrerbietung steht mir nicht zu, seit mein Gemahl mich der Rechte enthoben hat.«

»Verzeiht! Aber Ihr seid immer noch die Markgräfin und die Gemahlin des regierenden Landgrafen.«

Annas Lachen wirkte wie Galgenhumor.

»Eine leere Hülle ohne Inhalt, nichts weiter. Nur dazu geeignet, Unfrieden zu stiften und die Menschen in meiner Umgebung durch allgegenwärtige Unsicherheit zu gefährden.

Gestern rottete es beinah das Leben meines eigenen Kindes aus und ohne die drängende Aufmunterung durch meinen Bruder hätte ich auch den abscheulichen Übergriff auf Maria nicht ahnden können. Ich glaube gar, jetzt wo Konrads Autorität nicht mehr präsent ist, wird auch der Nüwenburg schon bald auf eine angenehmere Lagerstatt hoffen dürfen. Nein, so geht es nicht weiter. Deswegen bin ich auch hier. Bitte hört mir zu und versucht nicht, mich umzustimmen. Glaubt mir, es ist für uns alle das Beste so. Schon morgen verlasse ich die Burg und reite zu Adelheid ins Kloster Sitzenkirch. Ich beabsichtige, mich den geweihten Frauen über kurz oder lang anzuschließen.«

Maria schrie entsetzt auf.

»Wenn Ihr der Burg den Rücken kehrt, folge ich Euch.«

Mit einem geradezu erschütternden Wimpernschlag zu Wolf von Hartenfels fügte die junge Frau hinzu:

»Hier hält mich nichts mehr.«

Anna hob mit dem Zeigefinger sacht das Kinn ihrer einstigen Zofe.

»Wie kannst du nur so etwas sagen, Kind. Ich dachte, du und der Hauptmann, ihr liebt euch. Natürlich, euer Standesunterschied verbietet eine Ehe zur rechten Hand. Aber Maria, die Liebe ist ein Geschenk Gottes und du solltest ein derart seltenes Gut nicht ausschlagen. Das wäre Sünde. Keinen Augenblick davon darfst du verschenken. Glaube mir, nur die Erinnerung an Jahre voller Zärtlichkeit in Rudolfs Armen lassen mich diese schweren Stunden durchstehen. Auf keine Sekunde an seiner Seite verzichtete ich freiwillig. Und du solltest dein Glück auch nicht zum Fenster hinauswerfen. Ich gebe zu, mein eigenes Dilemma erschwert auch eure Beziehung, habe ich anfänglich doch noch gehofft, Rudolf auf längere Sicht von deiner Unschuld zu überzeugen und ihn zu bitten, dich ledig zu sprechen und zumindest in den niederen Adel zu erheben. Deswegen bat ich Euch Hartenfels seinerzeit auch um Geduld, damit Ihr Maria einst als jungfräuliche Braut vor Gott und der Welt zu Eurer rechtmäßigen Gemahlin nehmen könntet. Aber Maria, wenn du diesen Mann von Herzen liebst, solltest du bei ihm bleiben. Er ist es wert.«

Schluchzend bedeckte die Schankmagd ihr Gesicht mit der Schürze.

Wolf brach es fast das Herz.

»Maria, Liebste, bitte wein doch nicht. Hör auf die Gräfin! Ich liebe dich doch so sehr, bitte verlass mich nicht! Wir werden einen Weg finden, für immer zusammenzubleiben.«

»Ach Wolf, du und ich, wir beide wissen um dein Geheimnis. Jetzt, wo alles in Scherben fällt, brauchst du es auch nicht länger zu hüten, zumindest nicht vor der Gräfin. Sie war uns immer wohlgesonnen.«

»Ja, Maria! Ich bin das Versteckspiel leid. Alles soll ans Tageslicht.«

»Frau Gräfin, Wolf ist nicht der einfache Ritter, für den er sich hier ausgibt. Er ist ein regierender Graf. Seinerzeit rettete er dem Herzog Ohnefurcht das Leben und erhielt als Dank seiner Hoheit die Grafschaft Beaune. Bis heute hat er sich geweigert, die Verantwortung für Land und Leute zu übernehmen, weil er sich unwürdig fühlt. Er meint, es klebe zu viel unschuldiges Blut unter seinen Nägeln, welches auf so manchem Kreuzzug durch sein gottgeweihtes Schwert vergossen worden ist.«

»Dass Ihr mit einem Mysterium behaftet seid, ist mir auf unserem letzten Ritt zum Kloster Weitenau aufgefallen. Eure Rüstung, das Schwert, alles von erlauchter Kostbarkeit. Kein Ritter ohne beständige Einkünfte aus eigenen Ländereien bringt es zu solcherlei wertvollen Schätzen. So hat also der Comte de Beaune als mein Leibritter gedient.«

Erneut sank Wolf mit einem Kniefall vor der Markgräfin nieder.

»Nie ist mir eine größere Ehre zuteil geworden, als in Eurem Dienst zu stehen. In den entlegensten Winkeln der Erde habe ich Ausschau gehalten nach der wahren Ritterlichkeit, die auf den heiligen Schlachtfeldern des Bischofs von Rom tausendfach begraben liegt. Sie in den anmutigen Händen einer Frau so überaus auffällig wieder gefunden zu haben, will mir selbst das größte Wunder erscheinen. Und doch ist es die reine Wahrheit. Eure Ehrlichkeit und Ergebenheit, Eure Gerechtigkeit auch dem Geringsten gegenüber hat mir zu neuem Mut verholfen. Jetzt bin ich bereit, das Schicksal der mir Anvertrauten zu schultern.«

Auf den Knien rutschte Wolf zu Maria und legte ihr sein Schwert vor die Füße.

»Aber ich will es gemeinsam mit dir tun, Maria.«

Gerührt hob die junge Frau die dargebrachte Gabe auf und hielt sie waagerecht vor ihrer Brust.

»Du bist ein herrschender Graf, Wolf. Ich bin eine gemeine Schankmagd, der man nachsagt, sich aus berechnender Hinterlist hohen Herren wohlfeil zu bieten. Was du brauchst, ist eine ehrbare Frau, die dir standesgemäße Söhne gebiert. Was nützten dir die Bastarde aus meinem Schoß? Eines Tages würdest du uns hassen, mich und unsere Kinder. Das würde ich nicht überleben. Und hier bleiben ohne die Fürsprache der Gräfin? Ich wäre doch nur gefundenes Fressen für die Männer.«

»Maria, als Leibeigene meines Gemahls darfst du die Burg nicht ohne seine Erlaubnis verlassen. Und Euch Hartenfels bindet der Treueid.«

»Das Kloster Sitzenkirch liegt bei Kandern. Also innerhalb seines Reiches. Sollte es der Herr anders sehen und meine Bestrafung befehlen, so ziehe ich diese dem elenden Ende meiner Mutter vor. Bitte nehmt mich mit Euch Frau Gräfin!«

Wolf erhob sich. Er wusste, wann ein Kampf verloren war. Mit verbissener Miene steckte er das Schwert zurück in die Scheide.

»Ritter Hartenfels hat den Schwur geleistet und ihn bis zuletzt gehalten. Der Comte de Beaune hingegen ist kein Vasall Eures Gemahls. Die Damen werden es mir nicht abschlagen, sie zu ihrem gewählten Domizil zu geleiten.«

Schier leblose Augen tauchten in Marias.

»Von nun an lebe und arbeite ich ausschließlich für das Wohl der Menschen auf meinem Grund und Boden. Aber eine Dynastie des Grafen von Beaune wird es nie geben, denn mein Herz ist für ewig bei dir.«

»Es steht mir nicht zu Euch zu raten, Herr Graf. Gleichwohl verstehe ich Eure Beweggründe, wie auch die deinen, Maria. Morgen also werden wir ein letztes Mal wie in zurückliegenden Zeiten zu dritt ausreiten. Da mein tüchtiger Leibritter hinter Schloss und Riegel sitzt, wird ein anderer Berittener seinen Platz einnehmen müssen. Eine Aufgabe wie geschaffen für den geheimnisvollen Recken mit geschlossenem Visier. Du, Maria, und ich, wir benötigen dringend neue Heilkräuter aus dem Klostergarten, um die wie üblich bevorstehenden Winterkrankheiten kurieren zu können. Ita wird es uns gern gestatten, fürchtet meine Schwägerin doch nichts mehr als ihr jährliches Winterfieber. Nach dem Frühmahl brechen wir auf.«

Anna spürte die vibrierende Spannung zwischen den beiden Menschen. Taktvoll zog sich die Markgräfin stillschweigend zurück. Maria sollte zumindest den wärmenden Trost einiger Stunden der zärtlichen Geborgenheit und leidenschaftlichen Hingabe in den Umarmungen ihres Geliebten erfahren. Wenig genug für den einsamen Rest ihres Lebens!

Während man dem Morgenmahl zusprach, gab sich Anna äußerst redselig. Wie nebenbei erwähnte die Markgräfin dabei die ersten heftigen Fieberanfälle aufgrund des feuchtkalten Dezembers. Deren Verlauf wäre dieses Mal von überaus Besorgnis erregender Brisanz. Die Bauern beklagten schon in so mancher Kate ihre ersten Toten. Geschickt flocht Anna ihre Bedenken ein, nicht genügend mit stärkenden und fiebersenkenden Heilkräutern gerüstet zu sein.

Kopflos ging Ita ihrer Schwägerin ins sorgsam ausgelegte Netz. Als hinge ihr eigenes Leben bereits an einem seidenen Faden, schalt sie die Gemahlin ihres Bruders ein pflichtvergessenes Subjekt, deren Sinnen und Trachten einzig um den eigenen Lustgewinn buhlte, statt sich mit dem gebotenen Ernst den Belangen der Burgbewohner anzunehmen. Im unterwürfigen Mantel einer sündigen Reuerin erbot sich Anna beflissen, ihr schändliches Unterlassen durch einen sofortigen Aufbruch zum Klostergarten der Nonnen auszumerzen und sich selbst durch den wüstesten Schneesturm nicht von ihrem Bußgang abbringen zu lassen. Um in geschwinder Eile körbeweise das pflanzliche Lebenselixier aufzubereiten, wäre allein Maria geeignet. Wohlwissend dass Ita den Sicherheitsbelangen ihrer Schwägerin mitnichten einen hohen Stellenwert beimaß, erbat Anna zudem deren Vorschlag für einen Ersatz ihres verhinderten Leibritters.

Erwartungsgemäß ergossen sich daraufhin über das Haupt der Gräfin schwallartige Belehrungen bezüglich Itas wirklich gewichtigen Aufgaben als Herrin einer solch bemerkenswerten Feste. Ganz sicher gehörte die Organisation von derlei Kinkerlitzchen nicht dazu. Wie beschämt heftete Anna ihren Blick auf die eigenen Schuhspitzen. In Wahrheit hingegen mühte sie sich, ihre Verachtung ob solch verlogener Dreistigkeit im Zaum zu halten. Hätte ihre Schwägerin nur ein einziges Mal einen Schritt in die Vorratskammern der Burg unternommen, wie es gerade zu Beginn der Winterzeit deren bitter notwendige Pflicht war, Annas Vorhaben wäre bereits an Ort und Stelle gescheitert. Denn Vorräte gab es in Hülle und Fülle. Dafür hatte die Markgräfin eigenhändig gesorgt. So aber waren die Würfel gefallen.

Am Nikolaustag ritt Anna durch das nördliche Haupttor hinaus in den winterweißen Wald. Nichts von Rudolfs überreichen Geschenken hatte sie mit sich genommen als die Kleider, welche ihren Leib wärmten und Annabella. Die weite Kapuze, Ärmelausschnitt und Saum ihres kostbaren Wintercapes waren pelzverbrämt. Vielleicht ahnten ihre beiden einzigen Begleiter, warum die Wahl ausgerechnet auf diesen Umhang gefallen war. In der Farbe der Unschuld floh die Markgräfin von der Burg ihres Gemahls. Und wirklich, ein jeder der ihr begegnete, beugte noch ehrfürchtiger als sonst sein Knie. Wie aus reinem Schnee geformt verschmolz die schlanke Gestalt der Reiterin mit der kraftvollen Silhouette ihres Schimmels zu einer makellosen Figur, die dem kristallklaren Eis eines gefrorenen Bergsees entsprungen schien. Weniger denn je glaubten die Leute dem erhitzten Untreuegefasel weinseliger Tischrunden und fühlten sich selbst betroffen von dem ungerechten Los ihrer geliebten Herrin. Ja, anfänglich hatte das böse Gerede von den alltäglichen Sorgen abgelenkt, aber tief im Innern waren die Rötteler Burgbewohner stolz auf ihre stets gerecht handelnde Markgräfin und wünschten sie sich lieber heute als morgen zurück auf den Platz der Fürstin. Noch bis weit hinein ins tiefverschneite Gehölz eskortierte Isabellas klagendes Geheul die Flucht der Gräfin, von deren Wimpern sich zahlreiche Tränen lösten.

»Ich weiß, meine Gute, du spürst unseren Abschied. Doch dein Platz ist an der Seite deiner Kinder. Jede Mutter hätte so entschieden wie du. Mir hingegen lässt man nicht die Wahl. Wo tödliche Bedrohung und Misstrauen die Herzen der Menschen regieren, zählt kein kindliches Band der Liebe mehr. Lebe wohl!«

»Sagtet Ihr etwas Frau Gräfin?«

»Nein, Maria! Ich habe wohl nur laut gedacht.«

Es wurde ein schweigsamer Ritt. Kein Vogel zwitscherte, kein Reh scharrte nach Essbarem. Selbst die Tritte der Pferde versanken stumm im kniehohen Pulver der weißen Winterpracht. Bis zum Bauch reichte manchen Orts der Schnee und nur mit ärgster Schufterei gelang es den Tieren, sich aus diesen Verwehungen mit kraftvollen Sprüngen zu befreien.

Kurz vor Scheideck trieb Wolf sie unvermittelt unter schneebeladenes Dickicht, um sich selbst mit erhobener Lanze einem vermeintlichen Feind entgegenzuwerfen. Jener entpuppte sich nach näherer Untersuchung als trügerisches Geräusch der weißen Jahreszeit. Einige Tannenriesen vermochten der enormen Schneelast auf ihren hölzernen Armen nicht länger standzuhalten und barsten unter lautem Ächzen, was den Eindruck schleichender Räuber erweckte, welche sich durch dichtes und knarrendes Geäst ihren Weg suchten. Nur mit unsäglichem Einsatzwillen und schlimmsten Strapazen gelang es Annabella, ihre Vorderbeine aus dem weißen Moor zu ziehen und sich auf die Hinterhand zu bäumen, um sich und Anna mit einem gewaltigen Sprung auf festeren Untergrund zu retten. Marias Stute gelang es nicht. Hilflos steckte das Tier bis zum Rücken fest und blies seine Angst mit schrillem Wiehern in die eisige Luft. Wolf kroch hinüber und zog Maria vorsichtig aus dem Sattel. Auch Anna war abgestiegen und mit bloßen Händen gruben sie das verängstigte Tier gemeinsam soweit aus der Schneewehe aus, bis es sich aus eigener Kraft in Sicherheit bringen konnte.

»Frau Gräfin, Maria, Ihr müsst Euch der Kleidung entledigen. Bis zum Kloster ist es zu weit. Bis dahin holt Ihr Euch den Tod bei diesem erbarmungslosen Frost. Ich werde ein Feuer entzünden, derweil Ihr Euch in Decken hüllt.«

»Ihr habt Recht Graf de Beaune. Maria, unsere Überkleider sind so durchnässt, dass wir es alsbald auf der Haut spüren werden. Das Lungenfieber ließe nicht lange auf sich warten.«

Beherzt halfen sich die Frauen hinter einem mannshohen Geröllbrocken gegenseitig beim Auskleiden, behielten jedoch die weniger feuchte Unterwäsche am Leib. Wolf hatte unterdessen bereits ein Feuer entzündet, was dank des mitgeführten trockenen Reisigs keine allzu große Mühe bedeutete.

»Zumindest mangelt es uns nicht an Wasser«, schlug der Ritter einen aufmunternden Ton an und fuhr kurzerhand mit einer Kanne durch den Schnee, um alsbald über der heißen Flamme mit dem Schmelzwasser und den Zusätzen schmackhafter Kräuter ein wärmendes Getränk zu bereiten.

»Man könnte meinen, Ihr seid gar ein kräuterkundiges Weib«, feixte Anna, um die Stimmung hochzuhalten.

Plötzlich hechtete Maria, die gerade den Umhang der Gräfin auf dem Holzgestänge über dem Feuer ausgebreitet hatte, mit einem unterdrückten Aufschrei hinter Wolfs Rücken und deutete mit ausgestrecktem zittrigen Zeigefinger auf irgendetwas augenscheinlich Furchteinflößendes. Mit dem Schwert in der Hand stürzte Wolf vor, konnte jedoch außer den sprunghaften Schatten von Eschen, Ahorn, Eichen, Linden, Ulmen und Fichten nichts Bedrohliches erkennen. Bis jetzt hatte Anna ruhig auf dem Stumpf eines abgestorbenen Baumes verharrt. Nun allerdings griff sie zielstrebig nach einem langen und lodernden Holzscheit und schritt behände voran, den glimmenden Stängel vor sich her schwenkend.

»Bleibt hier Frau Gräfin!«

Wolf schnellte vor. »Ruhig Blut, Herr Graf! Nur ein paar Euerer Namensvettern können ihre Neugier nicht bremsen und umkreisen unseren Lagerplatz. Ich habe das Gelb ihrer Augen aufleuchten sehen. Die grauen Gesellen zollen meiner brennenden Fackel weit mehr Achtung als Eurem Schwert.«

Und wirklich, die unbeirrt auf sie zuschreitende Frau mit dem wirbelnden Feuer vertrieb das Rudel. Fünf Wölfe trollten sich in die Wildnis zurück.

»Meinen Respekt Frau Gräfin, aber bitte, sollte sich demnächst gar ein bäriger ungeladener Gast einstellen, so überlasst es mir, ihn des Weges zu verweisen.«

»Ach Herr Graf, ich bin ein Kind der Wälder und werde doch auch zukünftig mein Leben ohne Euren Schutz meistern

müssen. Da tut es not, mich meiner ungezwungenen Streifzü-
ge durch die Haine Badenweilers zu erinnern.«

Dicht beisammen drängten sie sich um das Lagerfeuer und
wärmten ihre frierenden Glieder von außen wie von innen
mit dem stark dampfenden Gebräu.

»De Beaune, jetzt wo wir alle am Scheideweg stehen und
Ihr nicht länger der Vasall meines Gemahls seid, fühle ich
mich frei, Euch etwas zu fragen, was mir schon lange auf
dem Herzen liegt. Es ranken sich die vielfältigsten Gerüchte
um die erste Ehe des Markgrafen. Ita will mich glauben machen, Rudolfs Heiratspläne beruhten ausschließlich nur auf
Berechnung, mit mir ebenso wie mit Adelheid von Lichtenstein. Ebenso wie er seine erste Frau fallengelassen habe, weil
sie ihm keinen Erben geschenkt hatte, stieße er nun auch mich
fort, nachdem mein Soll in dieser Hinsicht reichlich erfüllt ist.
Rudolf weigert sich, mit mir über Adelheid zu reden. Ihr seid
ein Freund von Adelheids Bruder, dem Grafen Johann von
Lichtenberg. Damals sind wir Euch auf dessen Burg begegnet.
Bitte, wenn Ihr Näheres über das Verhältnis meines Gemahls
zu seiner ersten Frau wisst, sagt es mir. Trägt Rudolf wirklich
Mitschuld am frühen Tod Adelheids, wie es hin und wieder
gemunkelt wird?«

»Diese Behauptungen sind mir auch schon untergekommen. Und es ist wahr, Adelheids Familie trägt heute noch
schwer an deren Tod in jungen Jahren und selbst Johann
macht dafür die lieblose Beziehung zu Eurem Gemahl verantwortlich.«

Annas schreckgeweitete Augen beflügelten Wolf, schnells-
tens fortzufahren.

»Ihr fragtet nach meiner Meinung. Nun, ich kannte Adelheid schon, bevor sie die Gemahlin des Markgrafen wurde.
Sie war eine stille, in sich gekehrte junge Frau, die keinen
Hehl daraus machte, ihr Leben Gott weihen zu wollen. Stattdessen zwang man sie zu einer Ehe mit dem Hachberger Grafen. Auch für Euren Gemahl handelte es sich damals nicht um
eine freie Ehe. Sie wurde schon zu seiner Kinderzeit für ihn

arrangiert. Wenn Ihr mich fragt, waren es beidseitig nicht die besten Voraussetzungen für eine glückliche Verbindung. Insoweit mag es schon stimmen, dass Adelheid in der Ehe ihren Lebensmut verloren hat, aber sicher nicht durch die Schuld des Markgrafen sondern wohl eher durch die jener, welche sie zu dieser weltlichen Heirat gedrängt haben. Lasst mich noch eines hinzufügen, Frau Gräfin! Glaubt mir, Euer Gemahl liebt Euch, auch wenn er sich im Moment in den Fallstricken der Eifersucht nicht zurechtfindet. Hört nicht auf jene, die Euch aus Hinterlist anderes berichten!«

Gedankenverloren nippte Anna beidhändig an ihrem kochenden Kräutersud. Nur ein Jahr nach Adelheids Tod hatte Rudolf sie zur Frau genommen. Es mochte also stimmen, dass Rudolf nicht mit dem Herzen bei seiner ersten Gemahlin geweilt hatte. Immerhin hatte er sich Adelheid auch nicht selbst erwählt und als Möchtegernnonne war es ihrer Vorgängerin sicher nicht daran gelegen, die Gefühle ihres irdischen Gemahls zu erobern, geschweige denn, ihm eine willige Bettgefährtin zu sein. Je mehr Anna darüber nachdachte, desto gewisser schloss sie sich der Auffassung de Beaunes an. Dass Adelheid den größten Teil des Tages in der Burgkapelle verbracht hatte, war immerhin eine bekannte Tatsache. Ihre Schwägerin hatte Unrecht. Auch wenn sie selbst gerade einen qualvollen Schlussstrich zog, so war Rudolfs bisheriger Bund mit ihr keine Lüge gewesen und ganz bestimmt nicht zu vergleichen mit seinem unterkühlten Verhältnis zu Adelheid.

»Noch etwas brennt mir unter den Nägeln. Ihr wisst um die vor kurzem aufgebrandeten Stöße zwischen den Baselern und dem Landvogt der Herzogin Katharina.«

Wolf nickte zustimmend.

»Nun mein Gemahl vermutet den Bürgermeister und den von Lupfen als gemeinsame Drahtzieher.«

Ausführlich schilderte Anna die Befürchtungen des Markgrafen und sein Bestreben, den von Lupfen von den Verhandlungen auszuschließen.

»Leider schenkt Katharina ihm keinen Glauben. Könntet Ihr Euren Freund, den Herzog Johann von Burgund, nicht überzeugen, seiner Schwester diesbezüglich zuzureden? Ihrem Bruder wird sie es nicht abschlagen, sich selbst in die Vermittlungsgespräche einzuschalten. Ich weiß, ich verlange viel von Euch. Mein Gemahl hat den Ritter von Hartenfels wahrlich schlecht behandelt und jetzt soll der Graf de Beaune für ihn zum Bittsteller werden.«

Flehentlich schaute die Markgräfin ihrem ehemaligen Leibritter in die Augen. Wolf nahm Wangenknochen und Kinn zwischen Mittelfinger und Daumen und stütze beide Ellbogen auf seinen Oberschenkeln ab. Gleichzeitig trat er mit seinen pelzgefütterten Stiefeln ein abstraktes Muster in die puderige Schneeoberfläche. Anna fürchtete schon, abgewiesen zu werden.

»Euer Groll ist nicht unbegründet. Ich bitte Euch, mein unverschämtes Ansinnen zu entschuldigen.«

»Es gibt nichts zu entschuldigen, Frau Gräfin. Mich rührt nur Eure unverbrüchliche Treue zu Eurem Gemahl, obwohl er auch Euch nicht gerade mit Samthandschuhen angefasst hat. Kein Mann kann sich eine bessere Gefährtin wünschen.«

Betrübt schweifte sein Blick hinüber zu Maria, die ergriffen das Haupt senkte.

»Fürwahr, Ihr seid eine edle Fürstin, die das Wohl ihrer Untertanen über ihr eigenes Schicksal stellt. Wie könnte ich Eurer Bitte nicht entsprechen, zumal ich selbst von den Rückschlüssen des Markgrafen überzeugt bin. Euer Gemahl war schon immer ein überragender Denker und Feldherr. «

Dankbar legte Anna ihre rechte Hand auf die des Ritters.

»Hätte Rudolf doch nur Euch sein Vertrauen geschenkt und nicht diesem Nichtsnutz von Nüwenburg. Uns allen wäre viel Verdruss erspart geblieben.«

Maria steckte der Schreck, inmitten wilder Bestien zu lagern, immer noch in den Knochen. Abgespannt schweifte ihr Blick unruhig über jeden winterkahlen Baum und Busch. Ein kleines Rotkehlchen ließ sich mit leisem Flügelschlag auf dem einladenden Tannenzweig über ihrem Kopf nieder und feiner Schneestaub rieselte der Geliebten des Ritters über den Nacken bis unter die Decke. Mit einem Hechtsprung warf sie sich in Wolfs Arme. Er hielt sie fest umschlungen und schmiegte zärtlich seine Wange auf ihr Haar.

»Ließest du mir die Wahl, Maria, ich zöge es vor, den Rest meines Lebens mit dir durch die unwirtlichsten Wälder zu streifen, anstatt an gebrochenem Herzen langsam aber sicher dahinzusiechen.«

Gewaltsam stieß sie sich von ihm ab.

»Hört auf, alle beide! Uns einfachen Leuten fordert das Leben ständig aufs Neue die Einsicht in bittere Notwendigkeit ab. Vielleicht ist das sogar ein Vorteil gegenüber Euch Vornehmen. Uns lässt die Arbeit nicht in Trübsinn fallen. Tag für Tag rackern wir uns ab für nichts mehr als das nackte Überleben. Lernten wir nicht von Geburt an, die Dinge von der nüchternen Seite anzugehen, die wenigsten von uns erreichten ihren zehnten Lebenslenz.«

Schluchzend stürzte sich die junge Frau in allerlei Aufräumarbeiten, löschte das Feuer mit Schnee, säuberte Kanne und Becher mit dem gefrorenen Wasser und verstaute alles in die Satteltaschen. Anna stellte sich ihr in den Weg und drückte ihre einstige Zofe unvermittelt an sich.

»Wein dich nur aus, Maria! Ich weiß, wie sehr du ihn liebst. Auch mir will scheinen, wir sollten aufbrechen. Die Kleidung ist soweit getrocknet und du hast Recht, wir können unser Schicksal nicht ändern, wir können ihm nur mutig entgegenarbeiten.«

Von Scheideck nach Kandern schlängelte sich der enge Pfad steil bergab. Mit bedächtigem Schritt fußten die Pferde auf die unwägbare Pulverschicht. Aber und abermal stieg Wolf fluchend ab, um mit seinem Messer die Schneestollen zwischen den Hufeisen der Pferde auszukratzen. Wollte er noch heute zwischen sich und Maria größeren Abstand schaffen, um ihr Leid zu mindern, so käme man nicht umhin, Antonius im Kloster die störenden Eisen abnehmen zu lassen.

Als hätte Anna seine Gedanken erraten, schlug sie vor, schon in der Eisenschmiede zu Minderkandern Halt zu machen, da ihr Weg sowieso dort vorbeiführte. Kurz bevor sie die Talsenke erreichten, kreuzte eine Rotte Wildscheine nur um Pferdeslänge den vereisten Steg. Marias Stute war von zu nervigem Blut für derlei Ausritte und scheute. Hätte Wolf nicht geistesgegenwärtig fest in die Zügel gegriffen, das Tier wäre auf dem glitschigen Untergrund gestrauchelt und Maria unter seinem schweren Leib begraben gewesen. Endlich gelangten sie in die Flussebene der Kander, wo die Schneeschicht deutlich niedriger war und zudem festgetreten, vom eifrigen Hin und Her der Hüttenarbeiter. Trotz aller Sorgen, die auf seinen Schultern lasteten, entging Wolf das riesige Wasserrad nicht.

»Ein solch leistungsstarkes Wasserrad ist mit Gold nicht aufzuwiegen. Euer Gemahl denkt in die Zukunft. Dieser Nüwenburg ist ein verflixter Glückspilz, eine derart ausgerüstete Hütte auf seinem Lehen vorzufinden.«

Verächtlich rümpfte Anna die Nase.

»Ein Mann wie er, der sich kurzsichtiger Vorteile wegen in Intrigen verstrickt, weiß ein solches Kleinod nicht zu schätzen. Ihr werdet es gleich mit eigenen Augen sehen, wie die Nüwenburg samt der Ländereien unter seiner Hand gelitten haben.«

Der Schmied ließ sofort alle Arbeit fallen, um den hohen Herrschaften zudiensten zu sein. Antonius und Marias Stute standen bereits barfuss, als in der Tür der kleinen Holzhütte die Frau des Mannes erschien mit ihrer Jüngsten auf dem Arm. Die beiden Älteren rissen sich von ihrer Schürze los und jagten neugierig auf Anna zu. Eine so vornehm gekleidete Dame hatten die Kinder zuvor noch nicht zu Gesicht bekommen. Der Schmied ließ Annabellas Hinterhuf fallen und schalt seine Frau wegen ihrer Unachtsamkeit. Krachend sausten Backpfeifen in die Gesichter seiner Söhne. Anna erbleichte.

»Halt ein, Mann! So junge Burschen müssen neugierig sein. Wie sonst sollen sie lernen?«

Aus ihrem Almosenbeutel drückte die Markgräfin jedem der beiden eine Münze in die Hand. Vor ungläubigem Staunen bewegten sich die Knirpse nicht vom Fleck, bis sie von ihrer Mutter unsanft an den Ohren gezogen wurden. Anna entging die Absicht des Mannes nicht, seinen Sprösslingen nachzusetzen. Um den Kleinen weitere Maulschellen zu ersparen, verstrickte sie den aufgebrachten Vater kurzerhand in ein Gespräch.

»Die gestiegene Verhüttung von Eisenerz bringt doch gewiss auch florierende Einkünfte in das Säckchen des ortsansässigen Schmieds?«

Wie vom Donner gerührt blieb der auf der Stelle stehen und stieß seine schon lange angestaute Wut heftig heraus.

»Schön wär's! Ja, Ausbesserungen gäbe es zuhauf. Aber die kosten Geld und das steckt der von Nüwenburg lieber in seine eigene Tasche, statt es für Instandhaltungen auszugeben. Was morgen ist, scheint den hohen Herrn heute nicht zu interessieren, schon gar nicht die sich häufenden Unfälle und das Leid der Arbeiter, die dessen Gier mit dem Leben bezahlen. Wüsste sein Lehnsherr, der verehrte Markgraf, von den hiesigen erbärmlichen Zuständen, er hätte gewiss kein solch fulminantes Wasserrad angeschafft sondern zunächst die täglichen Gerätschaften erneuert. Erst letzte Woche brachen die Holzgriffe einer Schubkarre und das Erz zerschlug das Bein eines Arbeiters. Wer stopft jetzt die Mäuler seiner Kinder mit Brot? Die arme Familie wird den Hungertod sterben, wenn sie nicht zuvor erfrieren.«

Besorgt fiel ihm die Frau ins Wort.

»Hör auf Mann! Du bringst uns noch um das letzte Hemd.«

Anna wurde wachsbleich. Anscheinend war Nüwenburgs Sinnesart im ganzen Reich hinlänglich bekannt, hingegen ihr Gemahl das Wort dieses Wendehals' sogar über das Ansehen seiner Gemahlin stellte. Wie wenig sie Rudolf doch bedeutete. Erschüttert und beschämt zugleich ob ihrer eigenen Hilflosigkeit griff sie nach Annabellas Zügeln, saß auf und galoppierte grußlos davon. Erschreckt sank der Schmied in den nassen

Schnee und flehte verzweifelt um Erbarmen, damit seine Kinder nicht zu leiden hätten aufgrund der losen Zunge ihres Vaters. Wolf winkte nur kurz ab, half Maria in den Sattel und jagte hinterher. Mit schlotternden Knien sank die Frau zu Boden und bekreuzigte sich. Wie lange mochte es dauern, bis der Herr von der Nüwenburg seine Schergen sandte, um ihren vorlauten Ehemann zu holen?

In halsbrecherischem Tempo durchmaßen Annabellas Hufe die Felder Schütte und Burggärtlein, und als die beiden weißen Gestalten den Schafacker erreichten, waren ihre Umrisse im aufwirbelnden Schneetreiben der Hinterhufe von ihrer Umgebung nicht mehr zu unterscheiden.

Wie immer, wenn sie im Portalshäuschen ihrem himmlischen Herrn diente, vertrieb Eugenia sich die Zeit mit erbaulichen Gebeten. Mit jedem Winter mehr, den sie in dieser zugigen Stube verbrachte, hatte sich in ihrer Brust eine höchst eigenwillige Art des Gottvertrauens gefestigt. Gehörte es schon zu den vorrangigen Pflichten irdischer Männer, für ihre Frauen zu sorgen, um wie viel mehr musste dann ihrem göttlichen Eheherr ihres, Eugenias, Wohlergehen am Herzen liegen. Nun trug es sich aber zu, dass jener mit Bräuten und deren vielfältigen Nöten reichlich gesegnet war. Was lag da näher, als ihrem angebeteten Vermählten ein wenig seiner übergroßen Sorge abzunehmen und sich selbst um genügend eigene innere Wärme während dieser unseligen Jahreszeit zu kümmern. So stand allzeit ein dampfender Becher heißer Würzwein auf dem kleinen Tischchen und nach jedem zehnten »Ave Maria« und beendendem »Ehre sei dem Vater« legte die alte Ordensfrau den Rosenkranz zur Seite und berauschte sich an der labenden Flüssigkeit, die eine heiße Spur von der Kehle bis in ihren Magen zog.

Gerade legte sie die Finger um den köstlichen Trunk, als heftiges Pochen von der eindringlichen Begehr eines Einlasssuchenden zeugte. Ob vor Schreck oder aus schlechtem Gewissen, Eugenia hätte es nicht zu sagen vermocht. Jedenfalls verschüttete sie einige Tropfen auf ihr Habit und schlurfte verärgert zur Mauerseite, wo eine handgroße Sichtluke in den Stein eingelassen war. Bedächtig schob die Klosterfrau die Holztafel zur Seite. Doch noch ehe sie den Ankömmling sichtete, erkannte sie die Stimme.

»Beeil dich Eugenia, lass mich herein! Es ist dringend!«

»Was um Himmels willen treibt Euch in dieser Kälte hierher und noch dazu ohne Begleitung?«

Als die Nonne Anna gegenüberstand, glaubte sie gar an einen Überfall auf die Markgräfin, so bleich war deren Gesicht und so verstört wirkte die hohe Frau. Auch das trotz der Kälte schaumnasse Fell des Pferdes verstärkte diesen Eindruck. Ängstlich spähte die Ordensfrau nach etwaigen Verfolgern. Und wirklich, in einiger Entfernung tauchten zwei weitere Reiter auf.

»Schnell, schließt Ihr die schweren Flügel, ich lasse sofort die Alarmglocken läuten!«, beschwor Eugenia die Gräfin nahezu angsterstickt.

»Das sind nur Maria und der Comte de Beaune.«

Gerade noch rechtzeitig erwischte Anna einen Zipfel des Nonnengewandes. »Eugenia lass das Tor und die Glocken! Der Graf wird es schließen. Eile du und melde mich der Äbtissin. Es ist von äußerster Wichtigkeit.«

Die Ordensschwester schlug das Kreuzzeichen, tat dann aber wie ihr geheißen. Ungeduldig schritt Anna vor dem Refektorium auf und ab. Das Stundengebet zur Sext war bereits beendet und die Nonnen nahmen gemeinsam ein Mittagsmahl ein. Inbrünstig betete die Markgräfin, Adelheid möge nicht lange auf sich warten lassen und trotz des heiligen Brauches noch vor Beendigung des Mittagessens zu ihr herauskommen. Sie bebte am ganzen Körper und ihre Knie waren so weich, dass sie drohten, jederzeit einzuknicken. Keinen

Augenblick länger vermochte Anna, ihre schwere Bürde zu ertragen.

Endlich, endlich könnte sie Trost suchen an der Schulter ihrer Freundin. Mit aller Macht überkam die Gräfin die ganze Tragweite ihres Handelns, und just als die Äbtissin aus der Tür trat, sackte Anna in sich zusammen. Gerade noch rechtzeitig schaffte es die Kirchenfürstin, den schlaffen Leib vor einem harten Aufschlag zu bewahren.

»Adelheid, ich bin geflohen. Hilf mir!«

Anna schloss die Augen. Dunkle Schwärze trug sie auf starken Schwingen in erlösende Leere.

»Mein Gott, Anna! Was ist mit dir?«

IV

EMAND jonglierte mit Feuerbällen mitten in der Nacht. Gelbe und purpurne Sternenlichter! In flottem Stakkato brandeten sie auf und ebbten ab mit dem Goldregen, der sich in so mancher Sommernacht einen kurzen Herzschlag lang vom Firmament ergießt. Anna weidete sich an den lustvoll tanzenden Lichtreflexen unter ihren schweren Lidern. Frei und leicht wie ihr Jagdfalke schwebte sie selbst in den kurvigen Bahnen der quirligen Leuchtpunkte. Plötzlich spürte sie etwas Schweres auf sich lasten. Ihre Flügel waren nicht stark genug. Sie spürte Schwindel. Unweigerlich näherte sie sich dem Boden. Gleich der Aufprall! Wie konnte sich ein Fall aus solcher Höhe so weich anfühlen? Ihre Lider zuckten und blinzelten. Immer bewusster nahmen sie die klaren Linien eines Frauengesichts wahr: klassische Nase, hohe Stirn, sinnlich gewölbter Mund unter hohen Wangenknochen umrahmt vom weißen Wimpel und gekrönt vom schwarzen Weihel. Das, was sie so zärtlich zurück auf die Erde geholte hatte, war Adelheids Hand, die samtweich über Annas Haar streichelte. Nur flüchtig dauerte die Weile der Geborgenheit. Wie eine dunkle Wolkenwand erkannte Anna den bitteren Boden der Tatsachen unter ihren Füßen.

»Adelheid, was habe ich getan? Jetzt bin ich wirklich zur Ehebrecherin geworden.«

Anna schlug beide Hände vors Gesicht. Tränen zwängten sich unter ihren Lidern hervor und nässten den dichten Wimpernkranz.

»Pst Anna! Feuchte Wangen sind schon häufig der erste Schritt zur Genesung gewesen. Gräme dich nicht. Ruh dich aus! Hier in meiner kleinen Zelle hast du alle Zeit der Welt, deine Wunden in Ruhe heilen zu lassen.«

Anna stütze ihren Brustkorb mit beiden Armen hoch. »Adelheid, das kannst du nur sagen, weil du nicht weißt, was ich wirklich getan habe. Mit List und Tücke bin ich meinem Gemahl davongelaufen. Ich ... «

Sanft drückte die Benediktinerin ihren Schützling zurück auf die weiche Matratze und legte ihren Zeigefinger auf Annas Lippen.

»Während du dich der Welt entzogen hast, habe ich das große Vergnügen der Zusammenkunft mit deinem ehemaligen Leibritter genossen, jener der wie durch Zauberhand zum Comte de Beaune aufgerückt ist.«

»Wohl eher durch die irdische Schwerthand des Herzogs Johann von Burgund, die von Harten ... , ich meine der Comte de Beaune gerettet hat.«

»Ich sehe, dein Verstand weilt in gewohnt scharfer Brillanz wieder unter uns Lebenden. Umso befremdlicher dünkt es mich, dass eine so vernunftbegabte Markgräfin wie du, von ihrem Tun als Ehebruch spricht.«

Mit der rechten Hand beschattete Anna ihre Augen.

»Seit einem halben Jahr beschuldigt Rudolf mich einer Liebschaft mit de Beaune. Monate schwelenden Misstrauens, öffentlicher Anprangerung bis hin zur völligen Entrechtung! Zudem die beständigen Hofintrigen durch Ita und Nüwenburg. Die beiden haben es geschafft, mich in meinem eigenen Heim völlig zu isolieren. Nicht einmal Maria kann ich mehr vor diesem schmierigen Hundskerl schützen. Und als dann dieser einfache Mann, der Schmied aus Minderkandern, mit so unverblümten Worten die Wahrheit über Nüwenburg ausgestoßen hat, eine Wahrheit, die Rudolf nicht sehen will, stattdessen mein Gemahl lieber mich opfert, ist es um mich geschehen gewesen. Ich glaube, ich habe Eugenia einen rechten Schrecken eingejagt.«

Wieder bedeckte die Hand der Kirchenfürstin sachte Annas Mund.

»Eugenia hat sich schon wieder abgeregt. Der heiße Würzwein hat dabei geholfen. Und was dich angeht, nun, ich kehre gerade von der Matutin zurück, das heißt, dein ehemaliger Ritter hat bis in die Nacht Gelegenheit gehabt, mich minutiös über die verquerten Umstände auf Burg Rötteln zu unterrichten. Fürwahr, wenn man die beiden Liebestäubchen, ich meine de Beaune und Maria, auch nur kurz beobachtet, wundert es mich doch, dass Rudolf nur einen Moment einer derart aberwitzigen Idee verfallen ist.«

»Auch mir ist es erst aufgefallen, nachdem Maria bereits auf die Vorburg verbannt war. Und seither haben die politischen Missbilden zwischen Basel und Herzogin Katarina oder eher, deren Landvogt, Rudolf völlig im Griff. Ach Adelheid, alles hat sich gegen uns verschworen.«

»Du verteidigst ihn ja immer noch. Im Übrigen, bisher erkenne ich nichts weiter als zwei voneinander abhängige unglückliche Liebespaare und mit ein wenig gesundem Menschenverstand wird ›Tristan und Isoldes‹ tragisches Ende wohl zu vermeiden sein.«

»Wie sehr habe ich deine geradlinige Art vermisst. Aus deinem Mund klingt alles so einfach. Wenn es doch nur so wäre! Aber Rudolf ... . Adelheid, ich kann nicht wieder zurück zu ihm, er ... er hat mich zuletzt in sein Bett befohlen.«

Schamesröte brachte feinaderige Linien zu Tage, die Annas Teint rosa anhauchten. Peinlich berührt von ihrer ureigensten geheimen Offenbarung wendete sie sich ab. Hingegen ihr offenes Eingeständnis erntete bei Adelheid nur belustigtes Lachen. Verlegen und gleichwohl ein wenig gespannt, was ihre Vertraute aus Kindertagen wohl derart zu erheitern schien, während sie qualvoll ihr Innerstes nach Außen kehrte, schielte Anna skeptisch zu ihr hinüber. Allein, Schmollmund und übergroße Augen, wie die eines staunenden Kindes, amüsierten die Nonne umso mehr.

»Verzeih Anna, was bist du doch für eine Gans! Zwar teile ich solch irdische Freuden mit meinem himmlischen Bräutigam nicht, dennoch bin auch ich nicht gänzlich unwissend in diesen Dingen. Und ich kann dir sagen, so manch andere Frau beglückwünschte dich zu deinem Schicksal. Ein Gemahl, der dich auf Händen trägt, selbst nach zig Ehejahren noch der Eifersucht anheimfällt und statt über die nächstbeste Magd herzufallen, monatelang auf die freiwillige Hingabe seines Eheweibes hofft ... Ehrlich Anna, schau dir doch die armen Dinger an, die wir hier mit Gottes Hilfe und unter unsäglichen Mühen dem Tod entreißen, was sagt dir das über die gewöhnliche Manneslust? Bei allem Respekt Anna, du versündigst dich in deinem Stolz. Letztendlich hat dein Mann nichts weiter als sein eheliches Recht gefordert.«

Annas Mundwinkel erbebten heftig und zeugten von ihrer inneren Gegenwehr. Zornige Widerworte wollten flugs den zusammengepressten Lippen entschlüpfen. Dies hier sollte ihr Zufluchtsort werden. Adelheids Arme sollten ihr Trost spenden. Immerhin war sie das unschuldige Opfer von Rudolfs ungerechtfertigtem Misstrauen. Sie hatte sich nichts zuschulden kommen lassen und was hatte es ihr eingebracht? Schmähliche Erniedrigungen! Stolz! Anna war nicht bereit, über diesen Gesichtspunkt weiter nachzudenken. Zu lange hatte sie auf ihrem einsamen Posten ausgeharrt und jetzt schwelten die brandigen Blessuren ihrer Verletztheit wie Feuer in ihrer Brust. Anklagend beschwor sie ihre Freundin:

»Adelheid, Rudolfs schändliches Verhalten mir gegenüber hätte selbst Verena beinah das Leben gekostet. Wie kannst du ihn nur verteidigen?«

Resolut winkte die Äbtissin ab.

»Jetzt hör auf zu trotzen! Selbst die alten Götzenanbeter haben in Justitias Waagschalen nicht Recht sondern Gerechtigkeit auspendeln lassen. Hättest du deinem Gemahl zur rechten Zeit von deinem duftenden Garten für ihn berichtet, lägest du heute in seinem Arm, statt mir mein Bett zu stehlen und alles Ungemach wäre vermieden worden. So aber hat die stolze Rose sich an ihren eigenen Stacheln wundgerieben. Mach die Augen auf Anna und sieh den Tatsachen ins Gesicht! Auch du trägst einen Teil der Verantwortung für das, was geschehen ist.«

Wie geschlagen fiel Anna zurück auf die Kissen. Wenn Adelheid Recht hatte? Wieso nur hatte sie nicht schon viel eher auch diesen Blickwinkel bedacht? Mein Gott, welch große Schuld hatte sie womöglich auf sich geladen mit ihrem falschen Hochmut? Ja, es war Hochmut gewesen, der sie aus verletzter Eitelkeit hatte handeln lassen. Rudolf hatte sie mehrfach nach dem Grund für ihre Heimlichtuerei mit Wolf von Hartenfels gefragt. Aber darin allein hatte sie ihr Ehrgefühl bereits gekränkt gesehen. Hätte sie in diesem Moment ihren Stolz fahren lassen und Rudolf von ihrem Endenburger Rosengarten erzählt, als Zeichen ihrer großen Verbundenheit … Anna griff sich haltsuchend an die Stirn. Wieder drohte Schwindel ihren Geist zu übermannen. Doch duftendes Öl kitzelte ihre Nase.

»Nein, meine Liebe, ich lasse nicht zu, dass du dich der Wahrheit erneut entziehst.«

Adelheid hantierte mit einer stark riechenden Essenz unter Annas Nasenflügeln.

»Ich muss zu ihm. Sofort!«

Ruhig aber bestimmt drückte die Klosterfrau den Kopf der Markgräfin zurück auf das Lager.

»Mitten in der Nacht? Und soweit ich weiß, weilt dein Gemahl zurzeit in Kaisersberg. Er wird dein Fortlaufen also noch nicht bemerkt haben. Ita muss sich mit wetterbedingten Erklärungen zufriedengeben und wird überdies, da bin ich mir ganz sicher, nach deiner längst überfälligen Aussprache mit Rudolf, wohl auch sehr bald keine Rechtfertigung mehr von dir verlangen dürfen. Es gibt also keinen Grund für überstürztes Handeln. Im Gegenteil, bevor du deinem Gemahl unter die Augen trittst, solltest du dich unbedingt etwas gefasst haben. Im Übrigen freue ich mich ohnehin, mich wieder einmal mit meiner besten Freundin unterhalten zu können.«

Anna schlang die Arme um den Hals ihrer Vertrauten.

»Ich bin dir so dankbar, Adelheid. Du hast die erbauliche

Gabe der sachlichen Betrachtung. Ich liebe Rudolf doch so sehr und du hast mir den Weg zurück zu ihm geebnet. Jetzt habe ich wieder Hoffnung. Danke, für deinen tadelnden Beistand!«

Gerührt wiegte Adelheid die Fürstin wie ein Kind in ihren Armen.

»Na, na, wozu unterjochen wir Kirchenschwestern uns sonst den schweren Gelübden, wenn nicht daraus viel Gutes für unsere Mitmenschen entsteht? Glaube mir, sie prägen den Sinn für das Wesentliche.«

Ein zaghaftes Lächeln erhellte Annas Miene.

»Bei dir trifft dies unbedingt zu und ich könnte mir keine bessere Freundin wünschen. Aber nimm es mir nicht übel! Mir sind auch schon die eigensüchtigsten Gottesdiener untergekommen, jene welche sich mehr um ihre Pfründe als um ihre Weihe scheren.«

»Gott weidet auch seine schwarzen Schafe, bei den Weltlichen wie auch bei den Kirchlichen. Deswegen wird etwas Gutes nicht schlecht.«

Geschickt lenkte die Äbtissin Annas Aufmerksamkeit auf ein Thema, welches die Gräfin noch immer in ihren Bann gezogen hatte.

»Ich plane eine Erweiterung unseres Klostergartens. Ganz im Sinne meiner längst verstorbenen Ordensschwester Hildegard von Bingen möchte auch ich noch weitere Erkenntnisse über die Heilkraft bisher unbekannter Pflanzen erzielen. Ich weiß in dir eine fachkundige Mitstreiterin vor mir.«

Adelheids Schachzug war gelungen. Anna ließ sich auf das unverfängliche Gespräch ein und nach eifrigem Überdenken vieler neuer Theorien saß endlich wieder die entschlussfreudige und selbstbewusste Markgräfin vor der Äbtissin.

»Warum in die Ferne schweifen, wenn das Gute doch auch so nah sein könnte? Einst hielt mein Bruder die Feste auf dem Isteiner Klotz als Unterpfand in seinen Händen und überschrieb diese meinem Heiratsgut. Bald schon hat jenes Gebiet einen speziellen Reiz auf mich ausgeübt, habe ich doch einige

Pflanzen entdeckt, von denen ich bisher nur aus südlicheren Ländern gehört habe. Auch ist mir die Luft auf jenem Hügel und in der Umgebung von besonderer Milde erschienen. Es sollte mich nicht wundern, wenn wir dort einige seltenere Kräuter fänden. Ein Versuch wäre zumindest der Mühe wert. Allerdings gilt es, damit zu warten, bis der beißende Schießpulverruß der Baseler Belagerung von den sanften Klotzenwinden verweht worden ist. «

»Der Sache werden wir auf jeden Fall nachgehen. Aber nun gönne dir wenigstens noch einige Stunden Schlaf. Mich ruft die Glocke gleich zur Laudes.«

Adelheid war schon in der Tür, als Anna sie nochmals zurückhielt.

»Bevor ich es vergesse. Meinst du, eine der Schwestern könnte einmal bei dem letzte Woche in der Eisenschmiede Verunglückten vorbeisehen? Der Schmied hat befürchtet, die Familie könnte den Winter nicht überstehen. Ich bin dir und deinen Mitschwestern so dankbar. Euer Klostergarten ist unseres Bauern Apotheke. Was hältst du davon, wenn euer Hospiz einen Anbau bekäme? Ich werde mich dafür bei Rudolf einsetzen.«

Ein weiches Lächeln zauberte kleine Grübchen in das Gesicht der Äbtissin. »Du kennst doch unsere Benediktinerregel: ora et labora! Auch Dir steht Tatendrang erheblich besser zu Gesicht. Unser Reich darf also wieder auf seine Markgräfin hoffen und unser Markgraf vermutlich auch?«

Verschämt verbarg sich verräterischer Glanz unter dichten Wimpern. Aufgewühlt von den bitteren und gleichwohl so tröstlichen Wirren ihrer Erkenntnis lag Anna noch lange wach und sandte unsichtbare Boten hinauf zu den Sternen, eine Verbindung zu schaffen zu dem Mann, für den sie bereit war, über ihren eigenen Schatten zu springen. Endlich, ihr Geist entspannte. Keine zermürbende Irrfahrt mehr durch die erdrückende Weite des Himmelsgewölbes. Rudolf, er reichte ihr die Hand.

»Ja Rudolf, ich komme zu dir zurück, Liebster.«

Wie einen kostbaren Schatz bettete Anna diese Eingebung in ihren Schlaf, der so ruhig war, wie lange zuvor nicht.

Spöttisch blickte Ita ihrer Schwägerin nach, wie diese mit anmutiger Haltung durch das Burgtor trabte.

»Ja, eile meinen Auftrag zu erfüllen wie eine Dienstmagd!«

Jedoch den zahlreich so ehrfürchtig gekrümmten Rümpfen am Wegesrand und bewundernd offenen Mündern jener, die vor Staunen den dienernden Knicks versäumten, hielt Itas Häme nicht stand.

»Dummes Gesindel, ihr werdet schon noch sehen, wie eure Fürstin eines Tages den Rücken vor mir beugt.«

Es mussten weitere Pläne geschmiedet werden, welche den Erhalt und die Erweiterung ihrer eigenen Stellung am Hof ihres Bruders begünstigten. Nur einer kam dafür in Frage. Friedrich von Nüwenburg! Gott sei Dank weilte dieser tonangebende Graf von Neuenburg aus derselben Freiburger Brut wie ihre Schwägerin nicht mehr vor Ort. Das erlaubte ihr, nach Herzenslust zu schalten und zu walten.

Geschwind begab sich Ita auf die Suche nach dem Haushofmeister. Seit dem unerklärlichen Verschwinden seiner Tochter wich Heinrich nahezu jeglicher Geselligkeit aus und verzog sich in seine Kammer, sobald sein Dienst es ihm ermöglichte. Nur aus ehrlicher Zuneigung zu seinem Herrn hielt er noch an seiner Stellung fest. Doch bei jedem Zusammentreffen mit dessen unerträglicher Schwester spielte Heinrich Arnleder aufs Neue mit dem reizvollen Gedanken, in eines seiner noblen Schopfheimer Anwesen umzusiedeln. Dementsprechend finster blickte er zur Tür, als die Freifrau von Dornegg sich unwirschen Schrittes Einlass verschaffte.

Ungehalten fuhr sie den verdienten Ministerialen an:

»Allmählich geht mir deine ständig mürrische Miene auf die Nerven. Deine Tochter war ein Luder und hat es verstanden, all deinen Nachforschungen auszuweichen. Sieh es endlich ein! Sie will ihrem lasterhaften Schlendrian ohne deine Einmischung frönen. Mir gebührt Mitleid. Wie habe ich mich für dieses undankbare Geschöpf eingesetzt, so viel Zeit vergeudet, ihr den letzten Schliff einer Edeldame zu verpassen. Als Dank hat sich dieses Biest bei Nacht und Nebel davongeschlichen, nachdem sie sich hat schwängern lassen wie eine Gemeine. Und trotzdem habe ich ihr die Stellung als meine Zofe bis heute freigehalten. Doch jetzt ist Schluss! Meine Geduld ist am Ende. Ich werde mich nach einer geeigneteren Dame von gebürtigem Stand umsehen. Und nun zu dir! Beauftrage den Wärter mit der Freilassung des Nüwenburg! Ich wünsche, den Mann augenblicklich in meinen Gemächern zu sehen. Es ist ja lachhaft, einen ehrenhaften Edlen hinter Schloss und Riegel zu sperren, nur weil er sich an einer dusseligen Magd vergreift.«

Ita drehte sich auf dem Absatz um, ohne eine Antwort abzuwarten.

Zähneknirschend fixierte Friedrich den kleinen vergitterten Ausschnitt in der massiven Holztür. Oder war es sein Unterkiefer, der vor Kälte schlotterte? Seit man ihn in der Nacht wie einen räudigen Hund am Kragen geschnappt hatte, um ihn in dieses nasskalte Loch zu stoßen, jagte ein Wechselbad aufreibender Empfindungen wie im Fieberwahn abwechselnd eisige und heiße Schauer durch seinen Körper. Zuerst hatte er versucht, mit den spärlichen Decken, die ihm wahrscheinlich von Itas Gnaden zugestanden worden waren, dagegen anzukämpfen. Doch hatte er sich dabei nur unnütz verausgabt. Seither hockte er in reichlich unbequemer Stellung auf dem einzig verfügbaren Möbelstück und zwang seinem Atem einen regelmäßigen Rhythmus auf. Ein Akt, der zunächst höchste Willensstärke erfordert hatte, da er dem Nachtfrost damit auch freien Einzug in seine Gliedmaßen gewährte.

Gleichwohl, je mehr sein Torso sich durch die fortschreitende Taubheit in Zehen und Fingern vom anfänglichen Schmerz befreit fühlte, desto schärfer arbeitete sein Gehirn. Jedes einzelne Quäntchen seiner erlittenen Marter würde er der vermaledeiten Freiburgerin zurückzahlen und zwar doppelt und dreifach. Ein Nüwenburg war kein Knauserer und ließe sich nicht lumpen. Bisher hatte er kein persönliches Interesse an der Entführung der Markgräfin gehabt. Dem hatten eher so etwas wie geschäftliche Interessen zugrunde gelegen. Ein Zustand, den die klirrende Eisluft zwischen gestern und heute gründlich geändert hatte. Dieses Weibstück sollte sich vor ihm im Dreck wälzen und um Gnade flehen. Langsam aber sicher bräche er ihre Widersetzlichkeit.

Abwegigste Fantasien heizten Friedrich ein. Willkommene Verbündete im schwelenden Machtkampf um ein wenig Wärme! Lediglich dieser verschlossene Zugang trennte ihn von seinem Ziel. Er befand sich im Verlies des Bergfrieds, welches nur vom Wohngebäude her zugänglich war. Sobald er dieser Gruft entkäme, diente er bloß noch einem Herrn, nämlich sich selbst. Kein Katzbuckeln mehr vor nichts und niemandem! Was war das? Friedrich horchte auf. Schlüsselklimpern, schwere Schritte! Endlich! Knirschend drehte sich das Gewinde. Die beiden Wärter konnten sich ein schadenfrohes Grinsen nicht verkneifen. Hin und wieder ein solcher Denkzettel wäre ihrer Meinung nach durchaus geeignet, diesen Prahlhans auf ein erträgliches Maß zurechtzustutzen.

»Ihr sollt sofort ins Sommerhaus zur Burgherrin, der von Dornegg.«

Der Freifrau diese Stellung zuzugestehen, fiel dem einfachen Dienstmann sichtlich schwer. Die war doch nicht besser als der hier.

Friedrich wollte hochschnellen. Hingegen seine starren Knie versagten ihm den Dienst. Mit angewinkelten Beinen landete er rücklings im Stroh und begrub obendrein den kantigen Schemel unter sich. Jetzt strampelte er wie ein hilfloser Käfer und letztendlich sahen sich die beiden Aufseher genötigt, den sonst so hochfahrenden Leibritter der Markgräfin mit vereinten Kräften wieder auf die Beine zu stellen. Schwankend bemühte sich Friedrich um Balance und schüttelte die Arme seiner Helfer wie Schmeißfliegen von sich. So bedächtig, wie seine tauben Füße ihn trugen, stapfte er über die Schwelle seines Gefängnisses. Da die Order der beiden Wachleute nicht besagte, den Edelknecht vorzuführen, schlenderten sie zwar noch ein Stück des Weges hinter jenem her, kümmerten sich jedoch nicht weiter darum, als Friedrich statt zum Sommerhaus schnurstracks Richtung Küche eilte.

»Die Freifrau hat sich auch nicht gerade überschlagen, mich aus dieser misslichen Lage zu befreien. Überhaupt nehme ich nur noch Befehle von mir selbst entgegen. Die Dame wird sich gedulden müssen«, sinnierte Friedrich, entschlossen seinen Vorsätzen aus der Grotte der Finsternis Taten folgen zu lassen.

Bertha wunderte sich nicht schlecht, als der Leibritter in schäbiger Verfassung auftauchte und ungehalten nach Elsa verlangte. Getreu ihrem Motto, sich niemals auf einen Händel mit einem Höhergeborenen einzulassen und schon gar nicht mit einem rechten Quertreiber wie dem hier, wies sie mit ausgestrecktem Zeigefinger auf den angrenzenden Nebenraum.

Die Hände links und rechts gegen den Türrahmen gepresst lugte Friedrich durch die Kammer. Es war dämmerig hier drin. Dennoch erkannte er am hinteren Ende das adrette Hinterteil der Magd. Kopfüber wühlte Elsa, ihre Arme bis zu den Schultern versenkt, in getrockneten Schweinelenden, die der Küchenjunge am Morgen aus dem Vorratskeller heraufgeholt hatte. Just lagen sie gehäuft in ihrer Ellenbogenbeuge, als ein harter Schlag auf die Kehrseite sie nach vorne schleuderte, samt Schweinefleisch in die Truhe.

Friedrich lachte gehässig auf. Endlich gingen die Dinge wieder ihren ordnungsgemäßen Gang und er war der Herr des Geschehens. Das rote Haar der Unglücklichen tat ein Übriges, rief es doch auf befriedigende Weise Erinnerungen an eine Person wach, der er sich mit einem findigen Plan entledigt hatte, genauso, wie es jetzt der hochwohlgeborenen Markgrafengemahlin bevorstand. Die Vorstellung, wie Rosa die schwitzenden Leiber ihrer Freier beackerte, bescherte ihm ein wohliges Glücksgefühl. Genüsslich sog er die Luft zwischen die Zähne.

»Elsa, rasch fülle den großen Bottich mit heißem Wasser. Ich brauche ein Bad!«

Das Dienstmädchen war nicht aus Zucker und erholte sich zügig von ihrem Schreck. Außerdem wusste sie aus leidvoller Erfahrung nur zu gut, dass mit dem von Nüwenburg nicht gut Kirschen essen war. Gott sei Dank dampfte in der Küche gerade das Wasser für die Suppe. Der riesige Topf würde wohl fürs Erste reichen und ergäbe mit drei Teilen kaltem Wasser vermengt zumindest eine lauwarme Mischung. Den blauen Lippen nach zu urteilen, wohl eher noch zu warm für den Halberfrorenen!

Friedrich fühlte sich wie neugeboren. Die Starre in seinen Zehen und Fingern hatte sich mit schmerzhaftem Pochen gelöst und einer um ein Vielfaches angenehmeren Steife eines anderen Gliedes platzgemacht. Auch dieser Körperteil war dank Elsas kundigen Händen letztlich erweicht, so dass er jetzt mit neuem Elan vor dem Sommerhaus auf Eintritt in das Gemach der Freifrau wartete.

»Das wurde aber auch Zeit, Nüwenburg! Was erlaubt Ihr Euch, mich derart lange hinzuhalten?«

Keine unterwürfige Verbeugung, kein gesenkter Blick antworteten ihr.

»Über meine Zeit verfüge ausschließlich ich. Ich suche auf, wen ich will und wann ich will. Gewöhnt Euch daran! Zufällig war es auch mir angelegen, mit Euch zu sprechen.«

Schleunigst wich Ita einen Schritt zurück.

»Was ist in Euch gefahren? Besinnt Euch darauf, wer vor Euch steht!«

Verräterisches Zucken der Mundwinkel strafte die Bestimmtheit ihrer Worte Lügen. Vielmehr ließ das selbstgefällige Grinsen des Mannes sie in Gänsehaut erzittern. Hatte sie sich mit dem Teufel eingelassen?

Um mehr als zwei Haupteslängen überragte Annas Leibritter ihre kleine etwas gedrungene Gestalt und trieb sie immer tiefer hinein in das Gemach, bis ihre Waden gegen einen gepolsterten Stuhl trafen und Ita unfreiwillig darauf Platz nahm.

»Wer vor mir steht, weiß ich sehr wohl. Eine Verräterin, die aus lauter Ichsucht nicht davor zurückschreckt, gegen ihre eigene Familie zu intrigieren. Bedenkt, ein Wort aus meinem Mund und Ihr statt Eurer Schwägerin verschwindet hinter Klostermauern!«

Friedrich weidete sich am erbleichenden Teint der Freifrau.

»Also, kommt herunter vom hohen Berg!«

Da Rudolfs Schwester keine Anstalten machte, gegen seinen Ton aufzubegehren und wie ein Häufchen Elend wirkte, änderte auch Friedrich seine Taktik.

»Dies wäre nunmehr geklärt. Doch grämt Euch nicht allzu sehr. Sobald Ihr meinen Plan vernehmt, bessert sich Eure Laune. Da bin ich gewiss. Wie mir zugetragen worden ist, hält sich unsere geschätzte Markgräfin zu Sitzenkirch auf. Ich bedaure, Euch mitteilen zu müssen, dass Ihre Hoheit nie wieder einen Schritt in diese Feste setzen wird.«

Ita stieß einen unterdrückten Schrei aus.

»Also Ihr seid schuld an Annas Ausbleiben. Ich dachte schon ... «

Hellhörig geworden fiel ihr Nüwenburg ins Wort.

»Was dachtet Ihr? Soll das heißen, sie ist bereits verschwunden?«

»Naja, gleich nachdem Anna aufgebrochen ist, erhielt ich Bericht, dass unser Hauptmann nicht auf der Burg weilt. Zunächst ist es mir nicht zu weit hergeholt erschienen, eine gemeinsame Flucht der beiden anzunehmen, zumal Anna längst hätte zurückgekehrt sein müssen und, wie mir mittlerweile bekannt ist, der Vorwand für ihren Besuch bei der Äbtissin nur vorgetäuscht gewesen ist. Unsere Vorräte an Heilkräutern reichen nahezu für zwei Winter. Allerdings hat sich meine Vermutung als Trugschluss erwiesen. Ich habe sogleich einige Männer, ihren Spuren folgen lassen. Ein Schmied aus Minderkandern hat tatsächlich den von Hartenfels als Begleiter der Gräfin beschrieben. Wie es scheint, hat der jedoch das Kloster bereits wieder verlassen und zwar alleine, jedenfalls nach Auskunft der Nonne am Eingangstor.«

Hochgezogene Augenbrauen zeugten von Friedrichs Erstaunen. Während der Günstling des Markgrafen angestrengt über die Lösung des Rätsels brütete, nagte er gedankenverloren auf seiner rechten Unterlippe. Plötzlich beugte er sich nach vorn und ergriff mit derbem Druck beide Stuhllehnen. Beinah schien seine Nase die der Freifrau zu berühren.

»Ein Geschenk des Himmels! Wie es aussieht, hat unser ruhmreicher Held die Nase voll von seinem unwürdigen Stand auf Rötteln und sucht neues Glück in der Ferne. Die holde Gräfin hingegen hofft auf Trost und Schutz im heiligen Schoß von Mutter Kirche. Es bleibt bei meinem Versprechen. Ihr werdet Eure Schwägerin nie wieder zu Gesicht bekommen und ganz besonders dürfte es Euch erfreuen zu hören, dass auch meine Wenigkeit beabsichtigt, zur Gänze aus dem ungesunden Dunst des Rötteler Reiches zu verschwinden. Zuvor müssen wir nur die Schnecke ködern, ihr Haus zu verlassen und derweil Euren Bruder ein wenig beschäftigen, damit uns der verliebte Gockel nicht ins Handwerk pfuscht.«

Dass damit auch eine politische Niederlage des Rötteler Fürsten zugunsten des von Lupfen und des von Rotberg herbeigeführt werden sollte, ließ Friedrich bewusst unerwähnt. Gewiss hätte die Freifrau vehement jedes Unterfangen abgelehnt, welches Gefahr brächte, auch nur den Hauch eines Schattens auf die gesellschaftliche Anerkennung ihres

Bruders zu werfen, in deren Licht die Schwester sich nur zu gern sonnte.

»Wie gedenkt Ihr, das anzustellen?«

Tiefgründiges Schmunzeln bewegte die weißen Barthaare des Edelknechts.

»Ich habe da so eine Idee.«

Aufmerksam lauschte Ita den Ausführungen. Dieser Mann war ein Meister der Hinterhältigkeit und sie war froh, dass sich ihre Wege alsbald trennen würden. Die Freifrau war schon lange wieder allein, verblieb aber immer noch stocksteif auf ihrem Stuhl. Nur ihr Adamsapfel rutschte unentwegt auf und nieder.

Zur gleichen Stunde hetzte Nüwenburg sein Pferd gen Basel. Hier im Rheintal lag kein Schnee und auf den gefrorenen Holzbohlen des schmalen Wiesenbrückchens in Kleinbasel trommelten die Hufe wie Donnerhall. Die geheime Mission duldete keinen Aufschub. Hals über Kopf schlitterte sein Ross über die Pflastersteine im Hof des zem Angen. Der Oberzunftmeister staunte nicht schlecht über den unerwarteten Besuch. Andererseits hatte Rotberg vor seiner Abreise nach Kaisersberg so etwas ja schon angedeutet und ihn aufgefordert, mit diesem Taugenichts zu paktieren, wenn ihm seine Haut teuer wäre. Bisher hatte ihm der Bund mit dem Bürgermeister ausschließlich Vorteile beschert, zuletzt ihm gar seinen alten Widersacher, den Zibol, vom Hals geschafft. Männer für etwaige halsbrecherische Unterfangen standen ebenso bereits Gewehr bei Fuß, ausgewählte Raufbolde aus dem Söldnerheer der Stadt. Er würde also in den sauren Apfel beißen und tun, was dieser Ränkeschmied von ihm erwartete. Welch abstruser Plan und an Feigheit kaum zu überbieten!

Nun ja, als ihr Leibritter, stand der Mann vermutlich mit den Eigenheiten seines Schützlings auf vertrautem Fuß. Es war durchaus denkbar, dass die Beute ins Netz ginge.

Drei Tage später drängten sich im Schutz der Dunkelheit unheilvolle Kriegsmannen auf den Rücken ihrer Streitrösser durch das Riehentor. Sie folgten dem Flusslauf des Rheins nach Norden und kamen in der Ebene schnell voran. Der Weg über die Höhenzüge des schwarzen Waldes wäre zwar deutlich kürzer gewesen, aber gleichzeitig zu dieser Jahreszeit auch beschwerlicher und führte überdies an der Höhle des Hachberger Löwen vorbei. In Untermüllheim wandte sich der tödliche Tross bergauf in östliche Richtung, um in der Verborgenheit der ersten seichten Hügelhaine des Südschwarzwaldes im grauen Licht des Morgens ein Lager aufzuschlagen.

»Sag was du willst, Adelheid! Ich kann nicht untätig hier herumsitzen, während die Baseler den Hort meiner Kindheit brandschatzen. Wir Freiburger sind tief verwurzelt mit den Leuten aus Badenweiler, auch wenn Konrad die Burg wegen der Schulden unseres Vaters an Herzog Leopold hat verpfänden müssen. Weder Rudolf noch Konrad kann einschreiten und auf Itas Hilfe aus Rötteln zu hoffen, ist wohl mehr als Träumerei. Ich muss wissen, ob Wirri die Burg hat halten können. Wer weiß, vielleicht kann ich auch bei der Versorgung der Verletzten helfen. Als Bauersfrau verkleidet, wird mich niemand erkennen. Außerdem stehe ich ja im Geleit meines Leibritters.«

Die Augen der Äbtissin verrieten deutlich, was sie von dem gefährlichen Unterfangen hielt. Rein gar nichts! Der sogenannte Leibritter war wohl eher ein Schurke und hatte bereits hinlänglich bewiesen, wie wenig ihm Annas Wohlergehen am Herzen lag. Es waren vier Tage vergangen, seit Anna völlig aufgelöst im Kloster Zuflucht gesucht hatte. Eigentlich hatte die Markgräfin heute nach Rötteln zurückkehren wollen, um die Ankunft ihres Gemahls vorzubereiten.

Doch unvermittelt war dieser bewaffnete Rötteler Vasall vor der Klosterpforte aufgetaucht. Angeblich weil er seiner Herrin die Nachricht vom heimtückischen Überfall auf Badenweiler so schnell wie möglich kundtun wollte. Deren Verbundenheit mit der elterlichen Burg wäre letztlich für jedermann kein Geheimnis. Stein und Bein hatte er geschworen, der Gräfin die durchaus unerfreuliche Nacht im Burgverlies nicht vorzuhalten. Im Gegenteil, er wäre ihr von Herzen dankbar. Noch nie hätte er sich so geläutert gefühlt wie jetzt. Was also sollte sie tun? Die Markgräfin in Ketten legen? Anna bemerkte sofort den schwindenden Widerstand und flugs drückte sie der verdutzen Nonne einen Kuss auf die Wange.

»Du wirst sehen Adelheid, morgen schon werde ich wohlbehalten und sicher hinter den schützenden Mauern von Rudolfs Feste weilen und mich ihm in der Nacht seiner Heimkehr … «

Lächelnd wiegelte die Klosterfrau ab.

»Das behalte nur für dich und jetzt geht mit Gott! Nein, warte noch Anna! Um die größte Not zu lindern, könntest du den Heimatlosgewordenen hier und da eine Münze zustecken. Unter deiner Bauernkutte wird dein Almosenbeutel nicht auffallen.«

Anna nickte und sauste wie der Wind in den Klosterhof, wo Friedrich sich in den einfachen Wollmantel eines Landmannes gezwängt hatte und sie ungeduldig erwartete. Bis zum Schluss hatte er befürchtet, irgendetwas könnte sein Vorhaben doch noch vereiteln.

»Nur einen Moment noch, Nüwenburg!«

Der blickte ihr nervös hinterher. Seine Nerven waren zum Bersten gespannt, was Annas Aufmerksamkeit entging. Geschwind eilte sie hinüber zur Kapelle. Ihr war nach Trost und Zuspruch. Wem, wenn nicht dem Begründer von

Rudolfs Fürstengeschlecht läge das Fortbestehen seiner Familie mehr am Herzen?

Ehrfürchtig verhielt sie den Schritt vor der eher schlichten aber umso massiveren Steinplatte mit den goldenen Lettern: Heinrich von Hachberg-Sausenberg. Wie um den Machtanspruch seiner Nachfahren für alle Zeit zu bekunden, strahlte das Purpur und Gold des Wappens selbst im faden Schein der wenigen brennenden Kerzen seinen hellen Glanz ins Antlitz der Lebenden. Selbst der marode Einfluss von nahezu zwei Jahrhunderten hatte es nicht vermocht, den lichten Schein mit dem dunklen Schriftzug des Niedergangs zu verfemen. Anna spürte die Kraft dieses heiligen Ortes. Bedächtig doch ohne Zögern berührten ihre Fingerkuppen die formvollendete Inschrift. Ein Strom der Ruhe zog sich ihren Arm hinauf und gleich darauf füllte das Kind der Zuversicht ihren ganzen Leib.

Seit die Sonne ihren Scheitelpunkt erreicht hatte, lungerte zem Angen im dichten Schutz der Bäume untätig herum. Bei der eisigen Witterung nicht gerade angenehm. Um die Kälte aus den Knochen zu treiben, hüpfte er wieder und wieder von einem Bein aufs andere und rieb sich mit gekreuzten Händen die Oberarme. Was gäbe er jetzt für ein Lagerfeuer? Aber der Rauch hätte nur den Argwohn der Betschwestern entfacht und noch viel schlimmer, eventuell den Sausenburger Vogt auf den Plan gerufen, neugierig zu erfahren, wer sich da so unverfroren am Fuße seiner Burg verschanzte. Was fand der Rötteler nur an diesem Flecken Erde, der sich im Winter in eine höllische Schneewüste verwandelte? Der Oberzunftmeister sehnte sich zurück an die Ufer des Rheins, wo Väterchen Frost nur mit lauem Griff an die Fenster der Häuser zurrte.

Wenigstens war dieser Nüwenburg pünktlich erschienen. Ein Zeichen dafür, dass Rotbergs Häscherbande ihr mörderisches Handwerk vollbracht hatte. In Bälde zeigte sich, inwieweit auch sein Ausharren in eisiger Kälte der Mühe wert gewesen war. Zumindest hoffte er das inbrünstig. Denn lange wären seine frierenden Gefolgsleute nicht mehr bei der Stange zu halten. Deren Murren nahm bedenkliche Züge an. Einer davon winkte ihn jetzt energisch heran. Zem Angen musste tief in die Hocke gehen, um einen Blick durch das vorsichtig beiseitegeräumte Zweigwerk zu erhaschen. Tatsächlich! Offenbar hatte es sich gelohnt, Badenweiler in Schutt und Asche zu legen, um das Vögelchen aus dem sicheren Nest zu locken. Und all das, während zu Kaisersberg die hohen Herren vermeintlich kniefällig um Frieden rangen. Wie perfide!

Als er sich erhob, war sein Hosenboden vom Schnee durchnässt. Ein Grund mehr, sich schleunigst zum verabredeten Treffpunkt zu begeben, deutlich abgelegner als der hier und außerhalb des Sichtfeldes der Sausenburger Späher. Sie waren als Handelsreisende getarnt und zur Untermauerung trugen ihre Packpferde allerlei Waren, ein hinderlicher Umstand an den schneebedeckten Hängen. Die Sonne hatte sich längst hinter die Hügelketten der Vogesen gesenkt und wie aus Absicht versteckte die Sichel des Mondes ihr Angesicht hinter trüben Wolkenblasen. Schon mehr als einmal hatten sie sich verirrt, waren in eine Waldschneise eingebogen, wo die Schneemassen ihnen einen Pfad vorgaukelten und hinterher mussten sie sich durch unwegsamstes Gelände zu Fuß zurücktasten. Unzählige Male war er dabei über querliegende Baumstümpfe gestolpert und hatte sich im Labyrinth von Wurzelwerk den Knöchel verstaucht. Aberglaube hätte zem Angen jederzeit weit von sich gewiesen, aber allmählich blendeten die gruseligsten Vorstellungen seinen Sinn. Vielleicht war dies alles ja Hexenwerk und hinter dem nächsten Rindengewächs spränge der leibhaftige Gehörnte hervor vor Ekstase mit dem Schwanz zuckend, um ihnen die verderbten Seelen aus dem Leib zu reißen. Wie zur Bestätigung erhob sich markerschütterndes Geheul und bald darauf dröhnten aus allen Himmelsrichtungen unmenschliche Laute. Den Männern gefror das Blut in den Adern. Wie angewurzelt blieben sie stehen und hielten sich die Ohren zu, den Blick hinauf zur göttlichen Wohnstatt gerichtet, bereit in ihrer letzten Stunde doch noch den Segen der Heiligen Jungfrau zu erflehen. Hingegen der tröstliche Anblick war ihnen verwehrt. Unheimliche Baumkronen bogen sich im böigen Luftzug eines aufkommenden Sturmwinds und steckten ihre bedrohlichen Köpfe verschwörerisch zusammen. Zem Angen verfiel dem nackten Grauen. Jetzt hatte die Angst ihn im kalten Griff. Trudelnd wankten seine Beine und rissen seinen Körper in einen kreiselnden Strudel.

»Ihr seid wohl vom Weg abgekommen?«

Als niemand antwortete, trat die schlaksige Gestalt noch näher.

»Habt Ihr die Sprache verloren?«

Immer noch verharrten die Angesprochenen in ihrer starren Haltung. Augenscheinlich waren diese Leute noch verwirrter, als er ursprünglich angenommen hatte. Ein dunkler Schatten löste sich von seiner Seite und sprang lauthals kläffend auf die schemenhaften Umrisse zu. Reflexartig wichen die Männer aus, und wie es schien, kehrte mit der Bewegung auch der Verstand zurück. Schwerfällig, ihm war, als hätte er seinem eigenen Tod in die Augen geschaut, raffte sich der Oberzunftmeister auf. Immer noch benommen von dem schauderhaften Schreck betrachtete er sein Gegenüber, so gut es das spärliche Licht in den Wolkenlücken zuließ. Aus echtem Fleisch und Blut! Das war beruhigend. Ein Jüngling, kurz vor dem Mannesalter, seiner Kleidung nach zu urteilen aus einfachen Verhältnissen. Er führte ein kräftiges Pferd am Zügel. Kein edles aber auch keines von der Sorte, wie sie normalerweise zur Feldarbeit herangezogen wurden. Selbst in dieser vermaledeiten Düsterkeit leuchtete das Weiß der Mähne und des Schweifes, wohingegen sich das Fell im schummrigen Schein nicht von der Farbe der Erde abhob.

»Du hast Recht, wir haben uns verlaufen. Wir haben Handel betrieben auf der Sausenburg und wollten noch vor Einbruch der Dunkelheit die Rötteler Feste erreichen. Aber sag, wer bist du, dass du dich zu nachtschlafender Zeit in diesen verwunschenen Wald wagst, noch dazu alleine?«

Die Männer sahen nicht, wie Kunz vergnügt die Lippen schürzte. Seit er denken konnte, waren die Bachauen und Waldwiesen, jedes Dickicht, ja sogar jeder einzelne Busch zwischen dem Weitenauer Kloster und den hochliegenden Weilern Kirchhausen und Endenburg bis hinunter nach Kandern sein zu Hause. Hier in dieser Flur inmitten seines geliebten Gehölzes fühlte er sich geborgen wie im Born einer Familie, die er nie gehabt hatte. Mit den hiesigen Wölfen und Bären hatte er bereits als kleiner Junge so etwas wie einen Nichtangriffspakt geschmiedet. Und wenn einer von denen es doch mal nicht so gut mit ihm meinte, was sollte es! Er kannte deren Lieblingsplätze und hatte vorsorglich in jenem Umkreis einige Baumhäuser gebaut. Allemal bequemer als der kalte Boden im Kloster! Aber die, nein für die war das hier nichts. Zwar wirkten die Männer verwegen und kampfstark, aber dadurch ließ sich sein wilder Wald nicht beeindrucken. Wer sich in seinen verwobenen Fängen nicht auskannte, war hoffnungslos verloren. Der Graue hatte ihn auf dem Rückweg von Endenburg auf die kleine Gruppe aufmerksam gemacht, die sich nun bereits eine ganze Weile lang kreuz und quer, bergauf und bergab in offensichtlicher Unkenntnis durch das Unterholz zwängte.

»Ich bin der Kunz und kümmere mich im Stall des Markgrafen um die Rösser. Die Markgräfin züchtet hier oben in Endenburg zünftige Pferde und eine der Zuchtstuten hat erst vor kurzem gefohlt.«

Kunz grinste über das ganze Gesicht.

»Ein dummer Zufall! Eigentlich sollte sie erst im kommenden Frühjahr zum Hengst. Aber wie's halt so ist. Sind die Weiber in Stimmung gibt's kein Halten mehr.«

Mit dem lockeren Spruch traf Kunz genau den richtigen Ton. Die Anspannung fiel von den Männern ab und Hände klopften ihm gönnerhaft auf die Schulter. Auch zem Angen lachte befreit auf.

»Was weiß ein Bartloser wie du denn schon davon? Aber Schluss mit dem Palaver! Kannst du uns zur Scheideck führen? Von dort finden wir unseren Weg alleine.«

Stolz warf sich Kunz in die Brust.

»Klar kann ich das. Ist doch ganz leicht.«

»Stimmt dein Hund immer so ein Gezeter an bei Nacht?«

»Ihr meint den Singsang von eben?

Einer der Begleiter nickte.

»Das war nicht mein Grauer, das war Luna. Sie leitet das Wolfsrudel, welches hier sein Revier hat. Sie wollte mir nur mitteilen, dass Fremde herumschleichen. Aber das wusste ich schon durch ihn.« Liebkosend tätschelte Kunz den schweren Kopf seines Kameraden.

»Luna und mein Grauer, sie mögen sich, obwohl seine große Liebe Isabella heißt.«

Zem Angen runzelte die Stirn. Offensichtlich war der Verstand des Jungen durch den ständigen Aufenthalt in diesem bedrohlichen Forst ein wenig in Mitleidenschaft gezogen. Es wunderte ihn nicht nach dem Entsetzen des eben Erlebten. Noch immer fühlte er die Nebelschwaden der Todesahnung wie ein Damoklesschwert über seinem Haupt. Hurtig schwang Kunz sich auf den Rücken seines stämmigen Reittieres und verschwand zielstrebig im Pflanzendschungel.

»Nicht so schnell Bursche! Wir müssen laufen, die Hufe unserer Pferde sind für derart pfadloses Gelände nicht geschaffen.«

Zem Angen mühte sich, den Anschluss nicht zu verlieren. Neidvoll stierte er auf den Rücken des bequem im Sattel schaukelnden Jungen und fasste einen stillen Entschluss.

»Nach den Strapazen ihrer bevorstehenden Entführung werde ich der Markgräfin meine Aufwartung machen. Ihre

Pferde könnten für den Handel in diesem Gelände von unschätzbarem Wert sein.«

»Au! Verdammter Mist!«

Fluchend hielt sich das Baseler Ratsmitglied den lädierten Knöchel, der nach einem Prall gegen die herausragende Spitze eines abgestorbenen Baumstumpfes erneut schmerzvoll pochte. Ärgerlich richtete er sich auf. Wo war jetzt dieser Pferdebursche? Eben ritt er doch noch einige Pferdelängen vor ihm. Kunz war wie vom Erdboden verschluckt. Zem Angen schwor sich, in Zukunft einen riesigen Bogen um diesen magischen Teil des Baseler Umlandes zu machen. So schnell brächten ihn keine zehn Pferde mehr hierher. Unsicher stapften die Männer bis an die Stelle, an der sie Kunz verloren wähnten. Sie hielten die Luft an. Hier schien die Welt zu Ende. Ein gähnender Abgrund tat sich auf, nicht besonders lang dafür aber von besorgniserregender Neigung. Zu steil für die Packpferde! Mitten im Hang schulterte der Robuste gerade das schiebende Gewicht seiner Hinterhand und das des Jungen auf den kompakten und kurzen Röhren des unteren Teils seiner Vorderhand. Es gab nur eine Möglichkeit, wollten sie nicht von den massigen Leibern ihrer Tiere zerquetscht werden. Sie mussten sie vor sich hertreiben. Rutschend überwanden die Pferde den eisglatten Hang. Kunz verfolgte das halsbrecherische Manöver mit wachsendem Vorbehalt. Bei Gott, es war sinnlos.

»Vielleicht ist es ratsam, Ihr machtet Quartier für die Nacht und rittet erst am Morgen weiter. Ganz in der Nähe wohnt der Glashüttenmeier. Dort könntet ihr einen trockenen Schlafplatz finden.«

Die Aussicht auf ein warmes Lager umgeben von sicheren Wänden gegen die grausigen Unbilden dieses gottverlassenen Waldes war zu verlockend. Seine Männer und er waren nass bis auf die Haut. Der Nachtfrost machte ihnen den Garaus. Außerdem, das Angebot auszuschlagen, schürte nur den Argwohn dieses aufgeweckten Pferdeknechts. Dankend willigte der Anführer ein.

»Wer ist da?«

»Ich bin's, der Kunz. Mach auf Glashüttenmeier!«

Alle Wälderleute kannten Kunz von Kindesbeinen an und überall war er gerngesehen. Nie ließ er sich auch nur zweimal bitten, mit anzupacken, wenn Not am Mann war. Was mochte den Jungen in diesem elenden Wetter vor die Tür getrieben haben? Der Riegel schnappte hörbar zurück und ohne Vorwarnung erlosch das Talglicht seiner Grubenlampe. Eine frostig aufbrausende Sturmbö fegte mit heftiger Wucht herein und drückte ihm die Tür gewaltsam gegen die Nase.

»Hier sind Händler, die sich im Wald verirrt haben. Sie wollen zur Burg. Aber ihre Pferde schaffen es im Dunkeln nicht.«

Der Meier war von diesem Ansinnen nicht recht angetan. Fremde zu beherbergen war stets ein Spiel mit dem Feuer noch dazu welche, deren Gesicht man im Stockfinstern nicht einmal erkennen konnte. Andererseits als Christenmensch war ihm Nächstenliebe Pflicht und schließlich, bei einem solchen Sauwetter jagte man keinen Hund vor die Tür. Münzen klimperten in seiner Hand und zerstreuten die letzten Zweifel. Letztlich müsste er die Verirrten ja nicht unter sein Dach einladen. Die Scheune war voll mit Heu und Stroh. Einige Decken und ... Abwägend rollte der Meier das Geld mit seinem Daumen durch die Handfläche. ... Und ein Teller heißer Suppe genügten, um seiner Seele am Jüngsten Tag den Weg ins Paradies nicht zu verbauen.

»Gleich nebenan ist die Scheune. Das Vordach ist windgeschützt. Ein geeigneter Platz für ein großes Feuer, über dem Eure Sachen schnell trocknen werden. Meine Frau bringt Decken und heiße Suppe. Was ist mit dir Kunz?«

»Du weißt doch, Meier. Ich finde den kleinsten Trampelpfad auch noch im Tiefschlaf und mein Dicker hier braucht kein Licht, um seine Hufe zu setzen. Hab Dank und Gott zum Gruße, Ihr Herren!«

Hilde kehrte stehenden Fußes zurück hinter die Ecke und zwar so abrupt, dass etwas heiße Brühe überschwappte. Vor Schmerz biss sie sich auf die Lippen. Nur ja nicht ihre Anwesenheit preisgeben, bevor auch der letzte ihrer unverhofften Gäste seine Blöße bedeckt hatte. Beinah wäre sie geradewegs in das nackte Rückteil eines dieser Mannsbilder gerannt. Der Kerl hätte es ihr sicher arg verübelt, wenn sich die heiße Brühe nicht in seinen leeren Magen sondern über seinem empfindlichsten Körperteil ergossen hätte.

»Nur gut, dass wir erst im Morgengrauen unsere Ware abholen müssen. Bei allen Heiligen, kein noch so hübsches Sümmchen brächte mich dazu, in dieser Stunde gen Rheinfelden zu reiten, um die Lieferung aufs Inseli zu schaffen.«

Hilde schmunzelte in sich hinein. Das glaubte sie den Männern aufs Wort. Im Schwarzwald ritt man nicht im Dunkeln herum, ohne sich auszukennen, schon gar nicht im Winter. Das war mehr als leichtsinnig. Jetzt durfte wohl genug Zeit verstrichen sein. Hilde wagte einen erneuten Anlauf.

Über den Höhenzug der Sausenburg waren die Markgräfin und ihr Edelknecht in nur weniger als zwei Stunden vor der Stadtmauer Badenweilers angekommen. Bei ihrer Ankunft hatten sich die Reisigen bereits zurückgezogen. Sie war heilfroh, die elterliche Feste noch Stein auf Stein vorgefunden zu haben. Wirri war ein guter Vogt und keine Belagerung konnte so unverhofft seine Tore bedrohen, dass er kopflos reagierte, auch nicht die nahezu tausend Baseler Fußknechte und vierhundert Berittenen. Trotzdem hatte auch er sich über das vergleichsweise zügige Aufgeben der Angreifer gewundert.

Der Sinn dieser Nacht und Nebel Schlacht blieb Anna verborgen. Was mochte die gewappneten Landsknechte bewogen haben, hinter dem Rücken ihres Oberbefehlshabers, dem

Baseler Bürgermeister, ausgerechnet Badenweiler zu schleifen? Noch dazu während Rotberg bei Herzog Ludwig vorgab, einem Waffenstillstand nicht entgegenstehen zu wollen.

Während sie bis tief in die Nacht hinein Wunden ausgewaschen hatte und notdürftig Verbände angelegt hatte, war ihr keine Zeit geblieben, Ordnung in ihre Gedankenwelt zu bringen. Und es war schon nach Mitternacht gewesen, als sie sich todmüde ein wenig Schlaf gegönnt hatte.

Jetzt ritten sie in die Morgendämmerung hinein. Wirris Eskorte hatten sie abgelehnt, um nicht die Aufmerksamkeit von Marodeuren auf sich zu ziehen, die lohnende Beute erhofften.

Und der Abzug eines größeren Trupps hätte die Verteidigung der Burg im Falle eines neuerlichen Angriffs stark beeinträchtigt.

Auch wollte sie nicht länger in Badenweiler verweilen. Rudolf konnte zu jeder Zeit zurückkehren und es sollten ihre Augen sein, in die er als Erstes blickte. Dichtes Schneetreiben behinderte die Sicht. Der schneidende Wind trieb ihr die Eisflocken in Ohren und Nase und schon bald kroch frostklirrende Feuchtigkeit unter jede Falte ihres derben Wollumhangs.

Die Markgräfin bemerkte es kaum. Ihre Gedanken arbeiteten fieberhaft in der klaren Winterluft. Gleichwohl, je mehr sie ihr Gehirn zermarterte, desto irrsinniger erschien ihr das Geschehene.

Auch ihr Leibritter schien auf wundersame Weise verwandelt. Zu keinem Zeitpunkt hatte er sie aus den Augen gelassen und sogar helfend Hand angelegt. Welche Erscheinung mochte ihn im Verlies des Bergfrieds heimgesucht haben, die in der Lage war, einen Menschen derart zu verändern? Mehr denn je sehnte sie sich nach Rudolf. Er war ihr Fels in der Brandung. Hätte sie sich doch nur schon mit ihm ausgesprochen. Wie viel leichter wäre ihr jetzt ums Herz.

Sie hatten den Anstieg von Kandern zur Scheideck bereits zur Hälfte erklommen, als plötzlich schepperndes Klappern und donnerndes Gebrüll von links und rechts aufbrandeten. Annas Stute mochte zäh und stark sein. Gleichwohl ein tapferes Gemüt besaß sie nicht. Kopflos stob sie davon. Das verstörte Tier verweigerte sich der energischsten Parade und raste an der Abbiegung zur Burg vorbei. Ein Kesseltreiben setzte ein. Wie bei einer Treibjagd wurde Anna in eine bestimmte Richtung getrieben. Sie legte sich flach auf den Mähnenkamm und umklammerte den Hals des durchgehenden Pferdes, um nicht von einem der vorbeifliegenden scharfkantigen Hölzer aufgespießt zu werden. Annas Herz raste beinah noch schneller als die wirbelnden Hufe der Stute.

Ihr wurde angst und bange. Das war kein zufälliges Unglück. Nein, jemand legte es gezielt darauf an, sie in eine Falle zu treiben. Das mörderische Tempo ließ ihr keine Gelegenheit, nach ihrem Leibritter Ausschau zu halten. Die Hetzjagd führte hinauf nach Endenburg bis zu einer Verflachung und wieder hinunter Richtung Kirchhausen. An der »Stelle« jagte man sie gen Süden. Ein enger Pfad schlängelte sich steil bergab, bedeckt von losem Geröll. Gottlob gewährte schon das erste trübe Licht des anbrechenden Tages spärliche Sicht. Ansonsten wäre das scheuende Tier unweigerlich gestrauchelt und hätte sich und ihre Reiterin auf der schroff abschüssigen Halde zu Tode gestürzt.

Immer noch konnte sie keinen Blick auf die Verfolger erhaschen, vermeinte jedoch, Nüwenburgs keuchenden Atem in ihrem Rücken zu vernehmen. Schon hatten sie die Senke erreicht und preschten mitten hinein in den finsteren Grund der felsigen Höllschlucht, als wie von Geisterhand eine pechschwarze Silhouette unmittelbar vor ihnen in den Himmel ragte. Anna schrie entgeistert auf. Nur dank äußerster Wendigkeit tarierte sie den Drehschwung ihres Pferdes im Sattel aus, als sich die Stute panikartig auf der Hinterhand herumwarf. Anna hörte das Platschen aufspritzenden Wassers gefolgt von fluchenden Verwünschungen, konnte jedoch im fahlen Zwielicht des Morgengrauens bloß undeutlich hin- und herhuschende Gestalten erkennen.

Nüwenburg tauchte neben ihr auf.

»Ist etwas geschehen?«

Die Markgräfin zweifelte am Verstand des Vasallen, der ihr angesichts dieser ausweglosen Lage eine solche Frage stellte. Immerhin saßen sie wie die Maus in der Falle, eingekreist vom Ring ihrer Jäger, ohnmächtig im Angesicht der Übermacht. Hingegen Antwort erhielt jener von anderer Seite.

»Ihr konntet wohl keinen noch heidnischeren Ort als diesen hier auswählen, um die Beute zu stellen? Dieses verfluchte Miststück ist geradewegs in mein Pferd hineingerast und mich hat es zu Boden gerissen, rücklings in diesen teuflischen Bach. Es ist Euer Glück, dass mein Rücken außer einigen Schrammen noch aus einem Stück ist. Sonst wäre Euer feiner Plan jetzt mit mir ins Wasser gefallen. Aber was Ihr nicht vermochtet, schafft auf kurz oder lang die räudige Kälte. Ich gehe wohl recht in der Annahme, dass zu diesem Zeitpunkt kein Aufenthalt am wärmenden Lagerfeuer vorgesehen ist? Mir frieren die nassen Kleider auf der Haut und das bereits zum zweiten Mal in einer Nacht. Aber solch geringfügige Zwischenfälle habt Ihr zweifelsfrei nicht einkalkuliert. Wäret Ihr so freundlich, der Dame endlich die Augenbinde umzulegen. Zu dieser Unzeit bin ich nicht auf eine Bekanntschaft mit der Holden erpicht.«

Zem Angen war wütend. Wenn er überhaupt mit dem Leben davonkäme, so bescherten ihm plagende Frostbeulen für den Rest seines Lebens alptraumhafte Erinnerungen an den schauderhaften Aufenthalt in diesem schwarzen Wald des Grauens. Er wollte nur noch eines – fort! Ein Gefolgsmann brachte sein Pferd zurück und beschwerlich saß er auf.

Zwei Männer bemächtigten sich der Markgräfin und fesselten ihre Arme, während ein Dritter ein Tuch um ihre Augen schlang und ein weiteres in ihren Mund presste.

»Mir war nicht bewusst, dass Ihr so leicht vom Pferd fallt. Lasst die Packpferde hier, dann kommen wir schneller vom Fleck und Ihr an den heimischen Ofen!«

Friedrich konnte sich die gehässige Bemerkung nicht verkneifen. Danach herrschte Grabesstille zwischen den Komplizen.

Die gleichmäßigen Bewegungen des Pferdes vertrieben allmählich den bleiernen Schreck aus Annas Gliedern. Gab es auch noch so viele Ungereimtheiten, eines war jedenfalls klar. Nüwenburg hatte sich keinen Fingerbreit geändert. Im Gegenteil, jetzt machte er keinen Hehl mehr aus seiner Niedertracht. Offenbar war er der Drahtzieher ihrer Entführung und hatte sie deswegen zuvor in Sicherheit wiegen wollen. Vermutlich erhoffte sich der Edelknecht prall gefüllte Münzbeutel. Aber wer waren seine Handlanger? Der eine sprach die Mundart der Baseler Städter.

Angestrengt horchte Anna auf. Die Geräusche dieses Ortes waren ihr bekannt. Hier vereinigte sich der Klosterbach mit dem Aubächle. Sie ritten gen Schlächtenhaus. Im Geiste suchte die Markgräfin, der eingeschlagenen Route zu folgen. Zuerst passierten sie Steinen und hielten sich nach links. Nur kurz darauf ertönte das Krähen eines Hahnes, der den Tagesanbruch verkündete. Also wieder eine Ansiedlung! Es gab nur einen Weiler in so unmittelbarer Nähe zu Steinen und das war Höllstein. Ihr müdes Pferd stemmte sich schwer bergan. War ihr nächstes Ziel Hüsingen? Anna war sich nicht mehr sicher. Zu oft wechselten sie den Weg und anscheinend mieden die Männer von jetzt an jede noch so winzige menschliche Behausung. Augenscheinlich war die Dämmerung dem Licht des Tages gewichen und ihre Entführer zogen es vor, im Verborgenen zu bleiben. Anna haderte mit sich selbst. Wie hatte sie eine wundersame Wandlung ihres Leibritters auch bloß ansatzweise in Erwägung ziehen können?

»Oh Adelheid, hätte ich mir doch deine Warnung zu Herzen genommen! Jetzt erleidet Rudolf durch mich noch mehr Ungemach.«

Rudolf! Sieben Tage war er mittlerweile fort. Sicher hatten die Verhandlungen bereits ein Ende und er befand sich auf dem Rückweg. Wie ungerecht das Schicksal doch war. Auf Nikolaus erst war sie vor ihrem Gemahl geflohen und bei Gott, es wäre ihr einerlei gewesen, dabei sogar den Tod zu finden. Ausgerechnet jetzt, wo sie sich nichts mehr wünschte, als in die Arme ihres Gemahls zurückzukehren, riss man sie gewaltsam von seiner Seite. Anna sandte ein Stoßgebet zum Himmel.

»Rudolf, Geliebter, hilf mir!«

Ihr Pferd blieb stehen. »Darf ich Eurer Hoheit aus dem Sattel helfen?«

Das stinkende Tuch in ihrem Mund erstickte Annas Antwort im Keim. Knirschendes Schaben lenkte sie ab. Etwas Schweres wurde über den Boden geschleift. Gleichzeitig das Rauschen von stark fließendem Gewässer! Sie kamen von Hüsingen und waren knapp zwei Stunden geritten. Eine geraume Weile schon dämpfte kein Schnee mehr das Klappern der Hufe. Der Rhein! Offenkundig sollte sie mit einem Kahn übergesetzt werden. Hufgetrappel entfernte sich rasch. Ließ man sie alleine zurück? Hände legten sich um ihre Taille und schleppten sie rückwärts davon. Hilflos schleiften ihre Beine über den Boden. Spitze Dornen rissen an ihrem Umhang und bohrten sich in ihre Unterschenkel. Wie einen Sack schleuderten die Grobiane Anna auf die harten Planken. Einer, zwei, drei stiegen hinzu. Jemand setzte sich neben ihren Kopf.

»Liegt Ihr auch bequem, edle Dame? Verzeiht, wenn ich Euch jetzt etwas unsanft berühren muss!«

Nüwenburg lachte höhnisch auf. Ein derber Faustschlag landete auf Annas Kinn.

»Das dürfte unsere gräfliche Fracht eine Weile außer Gefecht setzen.«

Friedrich schnürte Sackleinen um den leblosen Körper, während die beiden anderen sich kräftig in die Ruder legten, flussaufwärts der kleinen Rheininsel entgegen. Das winzige Eiland umfasste nicht einmal die Fläche eines Tagwerks, gleichwohl ragten die wehrhaften Türme einer Feste so imposant über dem Wasserspiegel auf, wie die Spitzen eines Himmelsdoms. Ihre Grundmauern schienen in den tiefen Fluten des Rheins verankert, so exakt hatten die Steinmetze die schweren Bruchsteinfelsen am äußersten Rand des Inselgesteins der Form des Geländes angepasst. Von der schmalen

Uferböschung der Nordseite her winkte jemand mit verhaltener Gebärde. Einige Münzen wechselten den Besitzer. Niemand schenkte dem Wachmann besondere Beachtung, als er alsbald darauf mit einem schweren Sack über seiner Schulter durch das Tor schritt. Die Wachposten grüßten kurz zu ihm hinüber. Unbehelligt erreichte er die gegenüberliegende Seite und war im Nu in der dunklen Pforte eines Rundturms verschwunden.

Rudolf richtete sich in den Steigbügeln auf und warf einen prüfenden Blick zurück in die müden und ausgezehrten Gesichter seiner Gefolgsleute. Es hatte sich nicht vermeiden lassen, das erste Stück des Rückwegs gemeinsam mit den Waffenknechten des Rotbergs zu reisen, nachdem man sich in Kaisersberg auf einen Waffenstillstand bis Martini* geeinigt hatte. Wenigstens dieser aalglatte van Lupfen hatte sich schon frühzeitig abgesondert, angeblich weil seine Anwesenheit vor den Toren Basels ja nicht mehr von Nöten wäre. Wie auch immer, diese zäh errungene Übereinkunft allen Widerständen des Rotbergs und Erenfels zum Trotz, verschaffte genügend Zeit, die Absprache mit den Baseler Zünftigen in die Tat umzusetzen. Jetzt war Zeit geschunden, den Wiler zum Ammeister zu bestellen, so dass auf Johannis Bischof Humbert Ritter Marschalk im Amt des Bürgermeisters bestätigte und den von Jettingen als Oberzunftmeister.

Nur von Lupfen bereitete dem Markgrafen immer noch Sorge. Solange Katharina nicht von den hinterhältigen Absichten ihres Landvogts überzeugt war und statt seiner selbst verhandelte, war die Gefahr eines Krieges nicht gebannt. Im Gegenteil, fiele von Lupfen weiterhin in Baseler Gebiet ein, so wäre das Gemetzel auf beiden Seiten vermutlich deutlich

* 11.November 1410

blutrünstiger, da der neue Rat ja nicht mit dem Stühlinger im Bunde war. Soweit durfte es nicht kommen. Vorerst aber blieb ihm nichts anderes übrig, als sich in Geduld zu üben. Als Rotberg gestern Nacht lagerte, hatte Rudolf seine Leute angespornt. Auch wenn noch kein Belfern die Linien seiner Getreuen aufbrach, so erkannte Rudolf doch, dass es höchste wurde, das Tempo zu drosseln, wollte er seine Vasallen wie auch die Pferde nicht zu Schanden reiten. Die ganze Nacht über waren sie scharf geritten und jetzt, wo seine Feste zum Greifen nah vor ihnen lag, hatte er sich den banalen hingegen unausweichlichen Sachzwängen der Natur zu beugen.

Tief atmete Rudolf ein und schwer presste der Fürst den warmen Lebenshauch hinaus. Mit bizarren Gebilden lockerte sein heißer Odem die Starrheit der gefrorenen Luft. Gedankenverloren folgte er dem spielerischen Flug der ausgehauchten Wölkchen. Anna! Schon seit Tagen peinigte rastlose Unruhe sein Gemüt. Sogar Herzog Ludwig hatte er noch am Tag seiner Ankunft um die Erlaubnis gebeten, ihn sogleich wieder ziehen zu lassen. Hätte Hans von Riche nicht mit Engelszungen auf ihn eingeredet, er wäre auch ohne herzögliche Einwilligung stehenden Fußes umgekehrt. Ob sie ihn erwartete? Es war ihm gleich, nur sehen wollte er sie, wissen, dass es ihr gut geht.

Sein Inzlinger Heerführer holte zu ihm auf. Ritter von Riche spürte die innere Anspannung seines Lehnsherrn und mühte sich redlich, dem Grafen das letzte Stück des Weges so kurzweilig wie irgend möglich zu gestalten. Übergangslos hob Rudolf die Hand und augenblicklich verharrte der ganze Tross in Bewegungslosigkeit. Schnuppernd hielt der Graf seine Nase in die Luft.

»Riecht Ihr das auch, Riche?

Der tat es ihm nach und nickte beklommen.

»Bei Gott, das ist Rauch!«

Weit und breit gab es kein Anzeichen einer brennenden Behausung. Besorgt ließ Rudolf wieder anreiten.

»Wenn der Rauch einem aus so weiter Entfernung noch derart beißend in die Nase steigt, muss es sich schon um ein ordentliches Feuer handeln.«

Kurz vor Untermüllheim sahen sie, wie sich ganze Menschentrauben auf den Ort zu bewegten. Die meisten der einfachen Holzhütten waren abgebrannt. Immer noch kämpften ein paar Entschlossene mit dem Mut der Verzweiflung aber unzulänglichen Hilfsmitteln gegen auflodernde Flammen, welche längst das wenige Hab und Gut der Dorfbewohner in ihrer feuerroten Glut versengt hatten. Mancherorts wühlten ein paar Frauen mit bloßen Händen in der glimmenden Asche auf der Suche nach den geringsten Überresten, die der verheerenden Feuersbrunst womöglich entronnen waren. Schreiende Kinder rannten barfuß über glühende Holzscheite, um in der verstörten Betriebsamkeit den Rockzipfel ihrer Mutter nicht zu verlieren.

Über all dieser Verwüstung lag der süßliche Geruch verbrannten Fleisches. Einige Tiere waren in ihren Pferchen bei lebendigem Leib ein Opfer der Flammen geworden. Beim Anblick der Gepanzerten verfielen einige der leidgeprüften Menschen in heillose Flucht. Sie fürchteten einen neuerlichen Angriff auf ihre Ansiedlung. Rudolf hielt auf eine kleine Schar von Männern zu, die sich um den Brunnen gruppiert hatte und zumindest den Anschein erweckte, eine gewisse Leitung in die zügellose Hast zu bringen. Eigentlich verspürten jene infolge des Geschehenen wenig Lust zu katzbuckeln. Aber nach einem eiligen Blick auf das Rötteler Wappen entschieden sie sich anders. Das war der Eheherr der Gräfin Anna, mit der nicht wenige von ihnen während der gemeinsamen Kinderzeit gespielt hatten, wenn die junge Adlige mal wieder von der Burg ausgerissen war. Zwei von ihnen waren einfache Hörige aber der dritte trug einen Umhang aus besserer Wolle. Rudolf vermutete in ihm einen freien Bauer und sprach ihn an: »Was ist hier geschehen?«

»Wüssten wir selbst auch gern. Das sind Baseler Landsknechte gewesen. Erst haben sie Badenweiler niedergebrannt und auf ihrem Rückzug auch die zur Burg gehörenden Weiler. Unsereins wird ja nicht eingeweiht, wenn die Herrschaften in Fehde liegen. Die da oben wechseln doch so häufig, dass wir hier unten manchmal nicht wissen, wer gerade das Sagen hat.«

Rudolf verstand die Bitterkeit des einfachen Landmanns nur zu gut und sah ihm den despektierlichen Tonfall nach. Badenweiler trug schwer an den kriegerischen Schulden seines Schwiegervaters und sein Schwager Konrad hatte die Last geerbt und immer wieder aufs Neue versucht, die elterliche Herrschaft zu erhalten, war aber zum Schluss gezwungen, der erdrückenden Geldnot zu weichen und den Besitz an Herzog Leopold von Habsburg zu versetzen. Außerdem hatte der Mann Recht. Genau daran hatte er selbst zeit seines Lebens gearbeitet – an einem in sich geschlossenen markgräflichen Reich, ohne ständigen Herrschaftswechsel. Ihm läge viel daran, eines Tages auch Annas Heimat Badenweiler mit seinem Reich zu vereinigen.

»Herr Graf, sagt Ihr es uns! Liegt unser Herzog mit denen von Basel in Fehde? Werden die erneut zuschlagen?«

Rudolf hätte den Mann gern getröstet. Aber was sollte er ihm sagen? Dass die Tinte unter dem Waffenstillstandsabkommen nicht einmal getrocknet war und bereits jetzt feststand, jenes war nicht einmal das Papier wert, auf dem es geschrieben stand?

»Jetzt, wo ich wieder auf Rötteln weile, werden sie es nicht wagen. Sie müssten fürchten, dass ich ihnen den Rückweg abschneide.«

Das schien dem Bauern einzuleuchten, denn er nickte eifrig. Rudolf gab seinen Berittenen Befehl, beim Löschen zu helfen und stellte sich selbst in die Reihe der Wasserträger. Nicht nur einer der Umstehenden wünschte in jenem Moment, dem Rötteler Markgrafen untertan zu sein.

Im Palas streckte Friedrich die Beine zufrieden von sich. Eben erst war er von Rheinfelden zurückgekehrt gerade rechtzeitig, um sich am vorzüglichen Mittagsmahl zu laben. Die leeren Stühle der Burgherrschaft hatten ihn gereizt, sich darauf niederzulassen und jetzt thronte er wie der Hausherr vor dem Kamin und ließ sich ein ums andere Mal vom Pagen Wein nachschenken.

»Ihr solltet es nicht übertreiben, Nüwenburg«, mahnte die Freifrau, »jeden Moment ist mit der Heimkehr meines Bruders zu rechnen.«

Der ließ sich jedoch seine offensichtlich gute Laune nicht verdrießen, und während Ita in banger Erwartung nervös an ihrer Haube zupfte, schwelgte Friedrich in wonniger Vorfreude. In den leuchtendsten Farben malte er sich aus, wie er Schritt für Schritt den Stolz seines gefangenen Pfaus bräche, bis sich ihm die vornehme Gräfin freiwillig an den Hals würfe. Niemand ahnte seinen wirklichen Plan. Pah, dieser aufgeblasene Lupfen und Rotberg. Alle dachten sie, etwas Besseres zu sein als er, waren sich zu fein, einen edlen Schwan aus dem eigenen Stand zu rupfen. Sollten sie doch glauben, die Freiburgerin kehrte wohlbehalten zurück, sobald sich die Wogen geglättet hätten und ihre Ziele erreicht wären. Er wusste es besser. Er nähme das Geld und der Hochwohlgeborenen das Leben. Diese Schwester Evas brächte es noch fertig, ihren Gemahl so zu rühren, dass jener ihn bis ans Ende der Welt jagte. Warum sollte er dieses Risiko eingehen? Und die Freifrau? Auch dieser graue Vogel steckte doch lieber den Kopf in den Sand und wollte keinesfalls das Blut ihrer Schwägerin an ihren machtgierigen Händen kleben haben. Als ob diese nörgelnde Natter sich nicht denken konnte, welches Schicksal der verhassten Widersacherin bevorstünde. Lauthals verkündeten die Torwächter die Ankunft des Burgherrn. Ita zuckte zusammen und drohte, bewusstlos zu Boden zu sinken.

Nüwenburg packte sie hart unter die Schultern und schüttelte sie heftig.

»Kommt zu Euch! Wenn Ihr jetzt schlappmacht, ist alles umsonst gewesen und Ihr habt Euch selbst die Fallgrube ausgehoben.«

Mühsam beherrscht sank Ita zurück auf den Stuhl. Sie bräuchte Rudolf ihr Entsetzen nicht einmal vorzugaukeln.

Als der Graf den Rittersaal betrat, konnte er seine Gereiztheit kaum mehr bezähmen. In nächster Umgebung loderten die Flammen blutiger Schlachten, doch an den Toren seiner Burg widmeten die Wächter ihre Aufmerksamkeit dem Würfelspiel und den Weibern.

»Warum lassen wir die Falltür nicht gleich unten und laden unsere Feinde auf ein Glas Würzwein am gemütlichen Feuer ein? Wo ist Hartenfels? Was denkt er sich, meine Feste derart ungeschützt zu lassen?«

Betretenes Schweigen lastete schwer über der Halle. Friedrich stand stocksteif hinter dem Stuhl der Freifrau und hatte in beschützender Pose seine linke Hand auf Itas Schulter platziert. Beide erweckten den Eindruck, sich weit fort von diesem Ort zu wünschen.

»Guten Tag Ita. Du siehst aus, als sei dir der Teufel persönlich begegnet. Was ist geschehen?«

Deren bänglicher Blick bohrte sich nur einige Handbreit vor Rudolfs Zehen in den Boden.

»Dass die brennenden Überreste Badenweilers euer beider Knie derart zum Schlottern gebracht haben, steht meiner Einschätzung nach nicht zu befürchten. Also heraus mit der Sprache!«

Wie ein bösartiger Wurm wand sich in seinem Innern eine leise Ahnung immer tiefer hinein in seine Wahrnehmung. Anna! Wo war sie? So sehr hatte er sich danach gesehnt, sie möge ihm bei seiner Heimkehr entgegeneilen.

»Nüwenburg, geht und holt ... «

Mitten im Satz brach der Fürst ab. Nein! Er hatte seine Lektion gelernt. Er suchte selbst nach Anna. Das letzte Mal hatte sich seine Gemahlin bei Annabella versteckt. Überhaupt, allmählich überkam ihn die Überzeugung, dass Annas neueste Gepflogenheit durchaus ihren Reiz bot. Sie in aller Verschwiegenheit ausgiebig zu begrüßen, erschien auch Rudolf äußerst verheißungsvoll. Vielleicht sollte er diesen neuen Brauch einfach zur offiziellen Konvention erheben.

»Ich sehe selbst nach ihr.«

Drängend zwickte Friedrich der Freifrau in die Schulter. So sehr Ita auch der unmissverständlichen Aufforderung abhold war, so treffend leuchtete ihr dennoch die Notwendigkeit unverzüglichen Handelns ein. Unwirsch schüttelte sie die zudringliche Berührung ab und schritt zur Tat, bevor die vertrackten Umstände vollends eskalierten.

»Rudolf! Du wirst Anna nicht finden.«

»Was soll das heißen? Ist sie ausgeritten? Ohne Euer Geleit Nüwenburg? Das ist unverantwortlich und wird Euch teuer zu stehen kommen.«

Ita legte ihrem Bruder zaghaft die Hand auf den Arm.

»Rudolf, ahnst du den Zusammenhang nicht schon längst? Vorhin hast du dich nach Hartenfels erkundigt. Ja, auch der ist unauffindbar, verschwunden zur gleichen Stunde wie Anna und übrigens auch Maria.«

Vorsorglich trat sie einen Schritt zurück, um bei einem eventuellen Tobsuchtsanfall ihres Bruders nicht zu Schaden zu kommen. Doch nichts dergleichen geschah. Unbeweglich harrte der Fürst auf demselben Fleck. Blutleere Gräue bleichte Rudolfs Haut und in seiner regungslosen Starre erinnerte er Ita an den leblosen Stamm eines abgestorbenen Baumes, der, seiner Wurzeln beraubt, von der seichtesten Brise gefällt zu werden drohte. Stammelnd und heiser zwang der Graf die unaussprechlichen Worte aus seinem Mund.

»Wollt ihr damit andeuten, Anna ist freiwillig mit Hartenfels geflohen?«

Nüwenburg und Ita nickten.

Wie konnten sie so etwas behaupten? Nie und nimmer glaubte er daran. Sein Herz weigerte sich. Die starken

Empfindungen der letzten Tage, die Nähe, welche er zu ihr empfunden hatte, echter und prickelnder als … . Nein, an jene unheilvolle Nacht, in der er Anna seinen Willen aufgezwungen hatte, wollte er nicht zurückdenken. Wie hatte er ihr solch erniedrigende Beleidigung nur antun können? Einst, als sie das erste Mal bei ihm gelegen hatte, oben bei der Endenburger Kapelle, da hatte er geschworen, sie mit all seiner Macht und Kraft zu schützen. Wie eidbrüchig er doch geworden war. Genau diese Stärke hatte er in seiner Eifersucht gegen sie gewandt, ihr das Vertrauen entzogen, ja sogar sie von ihrem rechtmäßigen Platz als Herrin der Burg gestoßen. Welches Recht besaß er noch, sie aufzuhalten? Es war, als risse die Erkenntnis ihm das Herz bei lebendigem Leibe heraus. Keins! Jedenfalls keines, welches durch Liebe gerechtfertigt war, denn die hatte er auf dem Schlachtfeld gärender Hintergedanken vertan. Aber er konnte sie nicht gehen lassen, nicht so, nicht ohne sie um Verzeihung anzuflehen. Er wollte dieselben Fehler der letzten Monate nicht wiederholen, den Worten anderer keinen Glauben schenken, bis er es aus ihrem eigenen Munde vernähme. Wenn Anna ihm ins Gesicht sagte, dass er ihre Liebe verloren habe und sie Hartenfels folge, dann ließe er sie ziehen aber auch nur dann.

»Wohin bringt er sie?«

»Dieser Ohneland?«, verächtlich spie Friedrich den Namen aus. »Wo kann sich ein solcher Habenichts schon verkriechen?«

»Rudolf, niemand weiß es genau. Manch einer munkelt, Hartenfels will sich hinter den Mauern seines Freundes Johann von Lichtenberg verbergen. Auch wenn dein ehemaliger Schwager nie etwas geäußert hat, so sind die bösen Gerüchte um den frühen Tod deiner ersten Frau gewiss auch an sein Ohr gedrungen. Mag sein, dass Johann den beiden auf Burg Lichtenberg Zuflucht gewährt.«

Erstaunt hob Nüwenbrug die Augenbrauen. Die Freifrau war listiger als er ihr zugetraut hatte. Der Graf wäre auf

Wochen hinaus abwesend. Höchste Zeit, den Stühlinger Landvogt um die versprochene Belohnung zu ersuchen.

Zweiflerisch rieb Rudolf sich das Kinn. Die Mutmaßung seiner Schwester erschien ihm höchst abstrus. Hingegen welch anderer Anhaltspunkt bot sich ihm? Sollte er ziellos kreuz und quer herumjagen? Letztlich müsste seine Suche irgendwo beginnen. Burg Lichtenstein war dafür genau so gut geeignet wie jeder andere Ort auf dieser Welt.

»Ich werde nicht ruhen, bevor ich dich gefunden habe, Anna«, schwor Rudolf innerlich. »Und dieses Mal werde ich meinen Schwur nicht brechen.«

Seit der Sache mit Isabellas Welpen war Kunz stets auf der Hut, seinen Grauen schnell genug in sicheren Gewahrsam zu nehmen, sobald er auch nur den Schatten jenes Tierquälers erspähte. Kunz hatte ihn an einem kurzen Seil angebunden und jetzt rollte der riesige Wolf schaurig mit den Augen. Die Richtung seines Blickes ließ keinen Zweifel aufkommen, wen er dabei im Visier hatte. Schnell zog der Stallbursche den Sattelgurt an und überließ dem Edelknecht das Pferd, bevor es seinem Hund zu guter Letzt doch noch gelänge, sich mit entblößten Reißzähnen in das Fleisch jenes Schurken zu verbeißen. Weniger das Wohl des Leibritters lag Kunz am Herzen als das seines Grauen, dem man aufgrund einer solchen Attacke sicherlich das Fell vom Leibe risse.

Wie immer ignorierte Friedrich auch heute das grollende Knurren. Vorfreude beschwingte seinen Schritt. Ob die Gräfin bereits in geeigneter Stimmung schwelgte, ihn mit gebührender Ergebenheit zu empfangen? Kopfschüttelnd sah Kunz dem Edelknecht eine Weile nach. Dem Mann war nicht zu helfen. Der ritt fröhlich pfeifend davon und hatte in seinem stolzen Mut nicht bemerkt, wie knapp er mit dem Leben davongekommen war. Sein Grauer war ein halber Wolf und fast wäre es Kunz heute nicht gelungen, das wilde Tier noch rechtzeitig zu bändigen. Wie hatte Bruder Benedikt ihn aus der Bibel rezitieren lassen?

»Superbientum animus prosternet.«

Augenscheinlich gehörte das Zitieren von Sprüchen kluger Bibelmänner aber nicht zur Ausbildung eines jeden Edlen. Wie unbedacht! So konnte so manch einer von denen ja nicht wissen, dass Hochmut vor dem Fall kam.

V

VOR der einsamen Herberge zügelte Rosa die alte Mähre und sprang von dem wackeligen Karren. Von hier aus hatte man freie Sicht auf die Rheinbrücke und die Insel, ja selbst auf Rheinfelden am gegenüberliegenden Ufer. Es war gar nicht so leicht gewesen, die Brücke zu passieren. Die Wachposten vor der Burg kontrollierten jeden mit außergewöhnlicher Umsicht. Es wunderte sie nicht, war doch die Inselburg im Süden wie ein Brückenpfeiler mit dem Flusssteg nahtlos verwachsen. Überdies fürchtete der neue Habsburger Herr wohl, die Baseler könnten einen zweiten Versuch unternehmen, die Burg zurückzuerobern.

Eher verblüffte es Rosa, wie abgebrüht sie selbst bei dem Wachmann zu Werke gegangen war. Offensichtlich war sie im Hurenhaus eine gelehrige Schülerin gewesen. Ganz selbstverständlich hatte Rosa zur rechten Zeit ihren tiefen Ausschnitt entblößt und geziert an ihrem Rocksaum genestelt. Der Posten hatte die Botschaft sogleich verstanden und als sie ihm versprochen hatte, sich am Abend zu einem Schäferstündchen einzustellen, sie unbehelligt vorbeigelassen. Rosa lächelte süffisant. Ihre delikaten Leistungen mussten in der Tat überzeugend sein, denn auch der Hurenwirt hatte sie ziehen lassen nur auf das Versprechen hin, in ein paar Tagen zurückzukehren. Jetzt galt es, so schnell wie möglich herauszufinden, ob Nüwenburg die Markgräfin bereits hierher verschleppt hatte. Bei dem Gedanken an Friedrich rümpfte Rosa angeekelt die Nase.

»Du wirst noch den Tag verfluchen, an dem du mich kennengelernt hast.«

Rosa pochte an die Herbergstür. Mit deutlicher Missbilligung nahm die Wirtin jede noch so winzige Kleinigkeit von Rosas unschicklichem Aufzug in Augenschein.

»Du hast Glück, dass wir hier jeden Pfennig brauchen. Aber dein liederliches Handwerk wird bei uns nicht ausgeübt. Haben wir uns verstanden?«

Nachdem ihr Pferd versorgt und die wenigen Habseligkeiten verräumt waren, spazierte Rosa ein ums andere Mal über die Brücke, unsicher über ihr weiteres Vorgehen. Die Männer am Toreingang zur Burg schäkerten anzüglich zu ihr herüber, dass es bis zum Sonnenuntergang doch noch ein wenig daure. Gerade stützte Rosa ihre Unterarme auf das Holzgeländer, als ein Kahn zwischen dichtem Ufergestrüpp auftauchte, weit abseits vom Herbergshaus. Ein Mann hob und senkte die Ruder. Rosa schlug die Hand vor den Mund, um den Schrei, der ihrer Kehle entfahren war, zu unterdrücken. Friedrich! Sie hätte ihn auch aus noch weiterer Entfernung erkannt. Keine Nacht, seit er und dieser vermaledeite Burgpriester sie hinterhältig aus Rötteln fortgelockt hatten, war vergangen, in der Nüwenburgs weißer Haarschopf ihr nicht mit Alpträumen die wenigen Stunden, welche ihr zum Schlafen blieben, vergellt hatte. Offensichtlich wurde er am Ufer der Burg erwartet.

»Macht Euch keine Sorgen! Ich habe den alten Hermann als Wächter im Verlies abkommandiert. Er hört und sieht fast nichts mehr und ist froh, sich ein wenig verdingen zu können. Die anderen sind darüber mehr als glücklich. Die hüten sich, Fragen zu stellen. Der Dienst in den dunklen Gewölben ist nicht gerade beliebt. Es gibt noch zwei weitere Insassen, aber die hausen in einem anderen Turm.«

Der Mann hatte nicht gelogen. Direkt hinter dem Eingang erhob sich das stoßartige und knatternde Geräusch eines Schnarchenden.

»Hermann, wach auf!« Grob stieß ihm der Befehlshaber in die Seite. »Der Ritter hier will die Gefangene befragen.«

Friedrich wartete nicht, ergriff den Schlüsselbund und die Dochtleuchte aus Talg und stieg durch das Angstloch die Leiter hinunter. Muffige und feuchte Luft schlug ihm entgegen. Überall fraß sich der Schimmel durch den Stein und hinterließ glitschigen Schleim an den Wänden. Mit einer Mischung aus Neugier und Schadenfreude öffnete er die massiven Eisenbeschläge an der Tür zum Kerker.

»Ich habe mich schon gefragt, wie lange Ihr noch auf Euch warten lasst. Gewiss hegt Ihr doch die Absicht, Euch an meiner – nun sagen wir – unvorteilhaften Lage zu weiden.«

Dieser schauderhaften Umgebung zum Trotz von der Markgräfin derart selbstsicher angefahren zu werden, versetzte Friedrichs Hochgefühl einen derben Dämpfer. Augenscheinlich bedurfte es mehr als nur einer Nacht auf einem feuchten Strohlager, um der Freiburgerin das Fürchten zu lehren. Nun gut, er war gekommen, genau das zu bewirken.

»Wie ich sehe, habt Ihr Euch im neuen Heim bereits trefflich eingelebt.«

Mit den Händen wies Friedrich auf das orangerotglühende Kohlebecken, dessen unzureichende Wärme vergeblich gegen die modrige Kälte anheizte.

»Eine kleine Aufmerksamkeit meinerseits. Es wäre doch jammerschade, wenn unsere neue Beziehung durch Euer zu frühes Dahinsiechen allzu schnell endete.«

Anna erschrak bis ins Mark. Bis jetzt hatte sie sich an die Hoffnung geklammert, gegen ein Lösegeld diesem stinkenden Loch bald wieder zu entkommen, so wie nach einer Schlacht die gefangen genommenen Fürsten zumeist wieder ausgelöst wurden. Aber Nüwenburg führte wohl anderes mit ihr im Schilde, etwas, an dessen Ende ihr Tod lauerte.

Friedrich frohlockte. Der wehrhafte Schild der Gräfin bröckelte. Noch ein paar solcher Bemerkungen und der stolze Panzer zerbräche unausweichlich in tausend Stücke.

»Solltet Ihr die Hilfe Eures Gemahls in Erwägung ziehen, so muss ich Euch enttäuschen. Als der Graf bei seiner Rückkehr aus dem Munde seiner Schwester erfuhr, dass Ihr Euch mit dem werten Ritter von Hartenfels aus dem Staub gemacht habt, ist der erwartete Tränenausbruch ausgeblieben. Ich muss sogar gestehen, er hat direkt erleichtert gewirkt. Nun, wer kann es dem Mann verdenken? Ihr führt ihn ja schon seit einem halben Jahr an der Nase herum und Eure kapriziöse Verweigerung zermürbt auf Dauer auch den Ehrenhaftesten von uns. Habe ich übrigens schon berichtet, dass Rosa wieder am Hofe weilt? Heute Morgen eilte sie geradewegs aus dem Bett Eures Gemahls. Aber die Freifrau sah ihr die Verspätung nach. Auch sie hat Verständnis für die Bedürfnisse ihres ausgehungerten Bruders.«

Anna wollte sich die Ohren zuhalten und nichts mehr hören. Aber selbst das war ihr nicht vergönnt. Ihre Hände waren immer noch auf dem Rücken gebunden. Schmerzliche Erinnerungen an die Nacht vor Rudolfs Abreise tauchten unvermittelt auf. Am eigenen Leib hatte sie gespürt, wie er mit seiner Geduld am Ende war. Vielleicht war Rudolf wirklich erfreut, sie los zu sein. Anna spürte die tiefe Schlucht, deren gieriger Schlund sich mit dieser Einsicht vor ihrem Geist auftat.

»Na, na!«, Friedrich tätschelte ihr das Gesicht. »Ihr könnt nicht auf Dauer durch eine Ohnmacht dieser Erkenntnis entrinnen. Glaubt mir! Je eher Ihr Euch damit abfindet, Euren Herrn zukünftig in mir zu sehen, desto nachsichtiger werde ich mich erweisen.«

Seine Hand glitt ihren Hals hinab und fuhr unter den groben Bauernkittel.

»Bedenkt wie viel Ihr mir bedeutet. Selbst eine Schlacht habe ich angezettelt, um mit Euch an diesem schmucken Ort allein verweilen zu dürfen.«

Das brachte Anna zur Besinnung. Rücklings floh sie vor ihrem Kerkermeister, bis sich ihre Haut an der klammen Ummauerung ihrer Gefängniszelle blutig rieb.

»Ihr habt was?«

Kaltes Entsetzen lähmte ihren Pulsschlag. Sie spürte, wie die Wärme des Lebens ihren Körper verließ.

»Ihr habt gewusst, wie viel mir Badenweiler bedeutet, was mir die Menschen dort bedeuten. Nur um mich aus dem Kloster zu locken, habt Ihr sie abschlachten lassen wie Vieh. Es schert Euch einen Dreck, wenn als Folge davon unter den donnernden Hufen gewaltiger Habsburger Ritterheere und den unerbittlichen Fußsohlen derer, die Basel die Treue halten, alles Leben entlang des Rheins zu blutigem Brei zermalmt wird. Ihr widert mich an Nüwenburg.«

Annas Glieder zitterten. Was hatte dieser Mensch in seiner bodenlosen Selbstsucht nur angerichtet? Jetzt standen sie alle am Rande eines tödlichen Abgrunds. Rudolf! Er musste es erfahren. Es blieb nicht mehr viel Zeit, dem Rotberg das Handwerk zu legen. Wenn doch nur Katharina sich einsichtig zeigte. Anna dachte an ihren ehemaligen Leibritter. Als Comte de Beaune besaß er großen Einfluss am burgundischen Herzogshof von Katharinas Bruder. Das entsetzliche Ausmaß der Katastrophe schnürte Anna die Brust ab. Röchelnd rang sie nach Luft. Das Wohl und Wehe ihres gesamten Reiches bis weit über die Grenzen hinaus lag ausgerechnet auf den Schultern zweier Männer, deren Verhältnis zueinander durch bösartige Verleumdungen bis auf den Grund erschüttert war. Nun musste Anna es auch noch als glückliche Fügung erachten, dass ihrem Gemahl offensichtlich nichts mehr an ihr lag. Im anderen Fall würden den Comte jetzt bereits Rudolfs Häscher jagen und hinderten ihn womöglich daran, bei Herzog Johann vorzusprechen. So bitter es für sie selbst war, so ausschlaggebend mochte es auch für den Erfolg von Rudolfs Friedensbemühungen sein.

»Wenn Ihr für den Rest Eures Lebens nicht im unterirdischen Verlies des Bergfrieds auf dem Stein zu Rheinfelden verfaulen wollt, tätet Ihr gut daran, von Eurem hohen Ross herunterzusteigen. Ihr seid tief gesunken und weilt nur noch mit den Fischen des Rheins auf Augenhöhe. Andere wie der Baseler Oberzunftmeister fanden mein Vorgehen eher hilfreich. Was mischt sich der Markgraf auch ständig in Dinge, die ihn nichts angehen. Mir soll's recht sein. Für meine Dienste werde ich reich entlohnt. Bald schon bin ich ein freier Ritter und die Mildtätigkeit Eures Gemahls kann mir von jetzt an den Buckel runterrutschen.«

Der mit der Baseler Mundart war also zem Angen, Rotbergs Helfershelfer.

»So also dankt Ihr dem, dessen Gunst Ihr von Kindesbeinen an genossen habt. Ihr könntet noch so hoch hinaufsteigen und bliebet doch nur, was Ihr seid, Nüwenburg. Ein Knecht, ein Handlanger Eurer eigenen Habgier!«

Wütend baute sich Friedrich vor der Gräfin auf. Sein stoßender Atem strich ihr über das Gesicht.

»Mal sehen, ob die Eintönigkeit in der Gesellschaft von Ratten Eure Meinung über mich nicht zum Besseren kehrt. Glaubt mir, des Nachts, wenn Euch der Schlaf übermannt hat, verlieren die biestigen Nager ihre Scheu und trippeln in Scharen auf Euren Schoß. Bedenkt wohl! Es liegt in meiner Hand, Euch hier unten lebendig begraben zu lassen. Wollt Ihr nicht dabei zusehen, wie Euer Körper Stück für Stück verrottet, solltet Ihr anlässlich unseres nächsten Treffens die Worte mit mehr Bedacht wählen.«

Der Schlüssel quietschte im Schloss, da beugte sich Anna vor und würgte. Immer noch roch sie die fauligen Ausdünstungen des Verrats.

Nie hätte Kunz sich vorzustellen vermocht, dass eine so riesige Burg sich einmal als beengte Örtlichkeit erweisen könnte. Doch jetzt schien sie förmlich aus allen Nähten zu platzen.

Nur ein Tag, nachdem der Markgraf den meisten seiner Vasallen und Lehensleuten die Aufforderung hatte zukommen lassen, sich in vollem Harnisch auf Burg Rötteln einzufinden, wimmelte es nur so von blinkenden Rüstungen und Platz suchenden Waffenknechten. Bar der allseits unangefochtenen Autorität des Hauptmanns rannten sich die Ankommenden zusehends pöbelhafter gegenseitig über den Haufen. Zigmal war Kunz nur mit List und Tücke den groben Anfeindungen so mancher Knappen entkommen, die nicht einsehen wollten, dass ausgerechnet die Streitrösser ihrer Ritter außerhalb der Burg in behelfsmäßig errichteten Pferchen untergebracht werden sollten. Mittlerweile wussten Hans und er nicht mehr, wo ihnen der Kopf stand, doch die Schlange der Hereinströmenden riss nicht ab. Wieder drohte ihm einer der Edelsprösslinge mit gezielten Fausthieben, sah sich aber unvermittelt am Hosenboden in die Luft gezerrt.

»Dir hat man wohl vergessen, Disziplin einzubläuen. Lass den Burschen seine Arbeit tun und schau zu, dass du für deinen Herrn noch einen freien Platz in der Halle ergatterst! Sonst bist du es nämlich, dem die Ohren lang gezogen werden.«

Vor zwei Stunden war der Herr von Burg Schwörstadt eingetroffen und seitdem umwölkten Sorgenfalten die Stirn des mächtigen Hurus von Schönau. Gleich nach seiner Ankunft hatte der Markgraf ihm persönlich den Grund für den eiligen Ruf zu den Waffen erläutert und es war keiner, der ihm gefiel. Nur auf eine vage Vermutung hin das gesamte Ritterheer des Reiches bis vor die Tore von Burg Lichtenberg zu führen, konnte bei Leibe nur der Plan eines Liebeskranken sein. Nicht dass es ihm an Verständnis für den Markgrafen mangelte, aber im Angesicht sich bekriegender Nachbarn das Markgrafenland ohne ausreichenden Schutz zu lassen, entbehrte jeglicher Vernunft. Wer weiß, wie lange sie die Suche nach der Gräfin und Ritter Hartenfels von heimischem Boden fernhielte. Derweil beherrschten Rotberg, Erenfels und von Lupfen das hiesige Spielfeld um Krieg und Frieden. Alle bisherigen Bemühungen wären vergebens. Er hatte sich bei Gott den Mund fusselig geredet, war aber beim Fürsten nur auf taube Ohren gestoßen. Der Mann schien durch und durch erfüllt vom Gedanken an seine Gemahlin und dem innigen Verlangen, von Hartenfels um jeden Preis zu stellen. Letztendlich hatte sich der Schönauer in das Unvermeidliche geschickt. War der Feldzug schon nicht zu vermeiden, so sollten jedenfalls die nötigen Vorkehrungen mit Sinn und Weitsicht vonstattengehen.

Es war schon dunkel, als das hektische Treiben endlich in geordneten Bahnen verlief. Mit gekreuzten Beinen hockte der Pferdeknecht in der hintersten Stallecke inmitten der Pferdeeinstreu und schaukelte das wertvolle Kleinod auf den Beinen. Mit einer Hand fingerte Kunz an einem Strohhalm, während die andere andächtig den scharfen Konturen der blankpolierten Schwertschneiden folgte. Was hatte sich der Hauptmann nur dabei gedacht, ihm einen solchen Schatz zu überlassen, und dann einfach zu verschwinden? Jeder wusste doch, dass einem Burschen wie ihm ein so kostbarer Besitz nicht zustand. Ja, in Gegenwart des Hauptmanns hatte niemand sich getraut, ihn deswegen zu schelten. Er hatte sich sogar in aller Öffentlichkeit mit seinem Ritter im Kampf üben dürfen. Aber jetzt! Kunz kräuselte enttäuscht den linken Mundwinkel. Besser wär's gewesen, Ritter Hartenfels hätte das Schwert mitgenommen, statt es ihm in die Kammer zu legen, wenn er doch sowieso nie wieder davon Gebrauch machen dürfte.

Wieso war der Hauptmann überhaupt verschwunden? Er hatte sich doch nichts vorzuwerfen gehabt. Sein Ritter jedenfalls war so vernarrt in das Fräulein Maria, da war jegliche Anspielung auf eine sündige Buhlschaft mit der Markgräfin reiner Blödsinn. Dass ausgerechnet dieser Nüwenburg und die hochnäsige Freifrau alles daransetzten, jenes Gerücht zu schüren, gestaltete die Sache durchaus nicht glaubwürdiger. Beim Gedanken an diesen Schuft lief Kunz beinah die Galle über.

»Mist, verflucht!«

Schmatzend stopfte er sich den blutenden Finger in den Mund. Was war er nur für ein Bauerntölpel, sich vor lauter dummem Sinnieren an seinem eigenen Schwert zu schneiden. Kunz hatte die Nase voll davon. Irgendetwas musste er unternehmen. Kurz entschlossen hob er das todbringende Vermächtnis seines Lehrmeisters auf und ging zu seinem Dicken. Er würde jetzt einfach in die Nacht hinaus reiten und von einem aufregenden Leben als Ritter träumen. Allemal besser, als sich in Trübsinn zu verlieren!

Richard hatte es schon seit längerem aufgegeben, nach seinem Kriegsherrn Ausschau zu halten. Nicht, dass er je über die Maßen bestrebt gewesen war, dem Nüwenburg ein rechter Knappe zu sein. Aber mittlerweile war es doch augenfällig, wie wenig jener seine Dienste in Anspruch nahm. Weitestgehend war der junge von Lörrach den lieben langen Tag sich selbst überlassen und seitdem es auch keinen teuflischen Drill unter den Habichtsaugen dieses Ritters von Hartenfels mehr gab, verblieb Richard mehr Zeit zum Grübeln als einem Burschen seines Alters gut tat. Irgendwie betraf ihn die umtriebige Hetze der zusammengetrommelten Rötteler Vasallen nicht. Was scherten ihn die Kümmernisse dieses Hachberger Grafen, der Richards Familie einst Burg Lörrach genommen hatte? Seinetwegen war er heute der Stiefelputzer eines dahergelaufenen Unfreien, statt sich vom noblen Glanz eines hochgeborenen freien Ritters ein gewaltiges Stück für sich selbst abzuschneiden. Genervt trat er mit dem Absatz nach einem Stück Holz. Gerade als er sich umdrehte, um zu schauen, wie weit es wohl geflogen sein mochte, erspähte er Kunz. Was sich dieser wandelnde Misthaufen einbildete? Wie einer von ihnen ritt er ständig herum. Wenigstens dessen weit gespreizte Beine über dem ausladenden Rücken des trampeligen Gauls verschafften Richard schadenfrohe Genugtuung. Mit der scharfen Klinge eines Dolchs stieß er seine Augen in den abgewetzten Wollumhang des Knechts. Dem aufgeblasenen Hartenfelsgünstling war er noch eine saftige Abreibung schuldig. Mal sehen, was dieses Früchtchen ohne Schwert seines Gönners draufhatte. Wenn er es sich recht überlegte, war jetzt genau die richtige Stunde. Am Hof herrschte Aufruhr. In der überreizten Aufbruchstimmung fiele ein fehlender Stallbursche nicht weiter ins Gewicht und selbst jetzt in der undurchdringlichen Finsternis kamen und gingen die Menschen wie in einem emsigen Bienenschwarm. Niemand würde sich später daran erinnern können, wer sich an den Rücken dieses Bastards geheftet hatte.

Richard brauchte keine Viertelstunde, um Kunz nachzusetzen. Aber spätestens am Ende des hohen Waldpfads war ihm klar, dass er das Pferd des Stallburschen weit unterschätzt hatte. Es machte auf diesem eisglatten Erdreich erstaunlich viel Boden gut. Was sollte es? Wo wollte so einer wie der schon hin?

»Zum edlen Zuchtstall von Frau Gräfin natürlich«, ergötzte sich Richard am eigenen bissigen Ton. Ihm bliebe alle Zeit der Welt, sich in Muße ein nettes Plätzchen für einen listigen Hinterhalt zu erwählen.

Kunz hatte sich in so manchem Abenteuer als wackerer Ritter bewährt, als er schließlich vor den Pferdestallungen in Endenburg seinen Dicken zügelte. Einmal nur auch in Wirklichkeit ein wagemutiger Held sein! Was gäbe er dafür? Aus dem Innenhof hallten Stimmen zu ihm herüber. Normalerweise wärmte Helmut zu dieser nächtlichen Stunde doch bereits seine kalten Füße am offenen Feuer in seiner Kate und ließ sich von seiner Frau bekochen. Was mochte nur vorgefallen sein? Drei Pferde tänzelten nervös um ihn herum. Keins davon kam aus ihrem Stall. Das erkannte Kunz sofort. Und der, mit dem Helmut sich unterhielt, war doch einer vom Schillighof, ein Eigener vom Kloster Weitenau. Dem Mann war Ärger sicher, wenn er sich ohne Erlaubnis des Priors hier aufhielt. Davon wusste Kunz aus eigener Erfahrung ein Liedchen zu singen. Die beiden stockten einen Augenblick in ihrer eifrigen Plauderei, bis sie Kunz erkannten.

»Was tust du hier oben, außerhalb des Klosterbanns? Willst du dir wieder Prügel einheimsen?«

»Tag Kunz. Niemand hat mich gesehen in der Dunkelheit und … und.«

»Du brauchst nicht so herumzudrucksen. Ich werde dich bestimmt nicht verraten. Hab den Stock im Kloster oft genug selbst zu spüren bekommen.«

»Er hat die Drei hier gebracht«, mischte sich Helmut ein.

Kunz zog eine Grimasse, als hätte ihm jemand erzählt, der Teufel betete in der Kirche.

»Der Prior schenkt der Markgräfin drei edle Rösser? Wie ich gehört habe, ist das letzte Zusammentreffen der beiden nicht ganz nach seinem Geschmack verlaufen. Warst du es nicht, dessen Quetschungen die Gräfin damals eigenhändig verbunden hat?«

Dass sich die Reichsfürstin höchstpersönlich um ihn gesorgt hatte und ihn aus dieser elenden Plackerei vor dem Pflug errettet hatte, war wie ein Lauffeuer bis in die hintersten Winkel des Schwarzwaldes gedrungen. Auch wenn er arm war, seine Selbstachtung ließe er sich nicht nehmen und ebenso wenig das Recht, sich dankbar zu erweisen.

»Ja, das stimmt. Und deswegen bringe ich die Pferde hierher, statt sie dem Kloster zu übergeben.« Der Trotz in seiner Stimme war nicht zu überhören. »Ich habe sie in der Höllschlucht gefunden.«

Kunz wiegte bedenklich seinen Kopf. Die Geschichte war mehr als fragwürdig. Rösser standen nicht einfach so in der Gegend herum und wuchsen wie Grashalme aus dem Boden. Waren sie gestohlen, saßen sie ganz schön in der Tinte. Skeptisch ging er um die Tiere herum, unentschlossen was jetzt zu unternehmen wäre. Eines erschien ihm merkwürdig bekannt. Schwarz wie die Nacht mit vier weißen Fesseln! Diese auffälligen Abzeichen hatte er erst vor kurzem irgendwo gesehen. Sein Grauer heulte auf.

»Still doch, Großer! Luna muss auf deine Antwort warten. Ich kann sonst nicht nachdenken.«

Das war's! Luna! Die Nacht, als er den Händlern den Weg gewiesen hatte! Natürlich, die hier gehörte zu den Packpferden. Der Sache ginge er auf den Grund.

»Ich glaube, ich weiß, wem die gehören. Helmut, kannst du mir eine Grubenlampe mitgeben? Ich sehe mich mal in der Höllschlucht um.«

Dem Bauer kam es gelegen, dass der Junge sich der Angelegenheit annahm. Auf ihn wartete schon seit einer Stunde eine warme Suppe. Besser er stellte keine Fragen mehr.

Kunz rief nach seinem Grauen, aber der war dem Ruf der Wölfin gefolgt. Es war stockfinster, gleichwohl fand Kunz mühelos die Abbiegung, wo es steil zur Schlucht hinabging. Vor dem Höllbach stieg er ab und entzündete das Licht. Sofort glitzerten unzählige Eiskristalle wie im Schnee verborgenes Geschmeide. Kunz hob die Leuchte über seinen Kopf. Hufspuren! Der Schnee war am Rande bereits harsch. Das waren keine frischen. Mindestens ein Nachtfrost hatte die Kanten bereits gewetzt. Warum nur hatten sich die Händler mit ihren wenig geländegängigen Rössern hierher begeben? Kunz hatte den Schillighofeigenen nicht noch weiter in Verlegenheit bringen wollen und daher die reiche Ware nicht erwähnt, welche den Packtieren aufgeladen war. Sollte er sie doch verwenden, wie es ihm beliebte. Kunz erschien es vielmehr seltsam, dass Kaufleute ihre kostbare Handelsware einfach zurückließen. Irgendetwas stimmte hier nicht. Dort nur einige Fuß weit von ihm entfernt, unmittelbar am Rande des Baches, war die Schneedecke übersät mit Pferdeabdrücken und regelrecht festgetrampelt.

Kunz ging näher und leuchtete den Boden genau ab. Etwas Rotes gleißte auf. Geschwind kniete er nieder. Der Gegenstand war zur Hälfte von Schnee bedeckt. Vorsichtig grub er ihn aus und hielt ihn nahe an die Lampe. Ein kleiner Beutel aus feinstem Leder lag in seiner Hand. Wäre nicht die rote Schmucknadel daran befestigt, sie wäre ihm gewiss nicht aufgefallen. So aber … ! Das Ding sah aus, wie die kleinen Säckchen, aus denen manches Edelfräulein mildtätig eine Münze spendierte. Er selbst war in diesen Genuss gekommen, als die Markgräfin ihn am Tag seiner Ankunft auf der Burg für ihre Rettung belohnt hatte. Auch auf dem Beutel der Fürstin hatte eine solch alte Nadel mit Rubinen geprangt. Merkwürdig, dabei gab es derlei Fibeln heutzutage doch nur noch selten. Früher wurden sie als Gewandnadel benutzt. Er hatte sie an den kostbaren Roben auf den Wandgemälden im Kloster gesehen.

Kunz glaubte nicht an Zufälle. Aber auf der anderen Seite, wie sollte der Almosenbeutel seiner Gräfin in diese verlassene Schlucht gelangt sein? Manch einer mied die finstere Höllschlucht, weil sie angeblich einigen Waldgeistern als Rückzugshort diente. Hingegen sooft er sich an deren Felsen und Wurzeln vorbeigeschlichen hatte, war ihm nie eines dieser magischen Wesen begegnet, welches sich durch geheimnisvollen Zauber die wertvollsten Dinge in sein Heim schaffte.

Nein! Es musste einen überaus irdischen Grund geben, weshalb ausgerechnet hier sowohl die Packpferde der Händler als auch der Beutel der Gräfin gefunden wurden. Den Beutel steckte Kunz in den Gürtel. Er würde den Glashüttenmeier aufsuchen. Vielleicht wusste der mehr. Immerhin waren die Leute dort untergekommen in jener Nacht.

Wie um ihn für seinen Unglauben an Geister zu strafen, spiegelte sich plötzlich im matten Licht der Lampe ein flüchtiger Schatten im Schnee. Schnell trieben die vagen Umrisse immer längere Formungen und Kunz ließ sich unwillkürlich zur Seite fallen. Dicht an seinem Ohr vorbei sauste mit Brachialgewalt die Schneide eines Schwertes nieder und säbelte eine tiefe Furche in die dickwandige Eisschicht. Wie eine feine Pulverfontäne stäubte das gefrorene Nass empor und nahm dem heimtückischen Angreifer die Sicht. Wieselschnell griff Kunz nach einem abgebrochenen Ast und sprang katzengleich auf die Füße. Vor ihm kreiste mit ausgebreiteten Armen Richard von Lörrach und schnauzte ihn mit verzerrter Mine an:

»Wollen doch mal sehen, wie das tapfere Söhnchen sich mit dem hölzernen Schwert des Pöbels schlägt! Ha, schwingt die raue Rinde etwa nicht so hurtig wie das geliehene Heft deines edlen Beschützers? Was für ein Pech aber auch, dass der tollkühne Ritter Hartenfels uns verlassen hat. Das Blatt hat sich gewendet für dich, Bursche. Deine Nase riecht jetzt nicht mehr den frischen Wind der Unsrigen sondern den vertrauten Dung von Pferdemist.«

Abwehrend hielt sich Kunz mit beiden Händen den Ast vor die Brust. Im Geiste hatte er schon mit seinem Leben abgeschlossen. So oder so, sein Tod war besiegelt, ob hier und jetzt durch Richards Hand oder später am Galgen, dafür dass er Nüwenburgs Knappen erschlagen hatte. Aber Kunz war keine Memme. Wenn die Würfel augenscheinlich bereits gefallen waren, so wollte er wenigstens noch das Spiel als wagemutiger Kämpe bestehen. Allerdings gereichte ihm der Ast dabei sicher nicht zur Ehre und wäre bald entzweigehackt. Mit drei wendigen Rückwärtssprüngen erreichte er sein Pferd und zog in Windeseile von Hartenbergs Geschenk unter dem Überzug hervor.

Das höhnische Grinsen verging Richard schlagartig, als er das harte Metall in der Hand seines vermeintlich unbewaffneten Gegners erblickte. Völlig überrumpelt stolperte er zurück und es kostete Kunz nicht einmal größere Anstrengung, Richard die Spitze seines Schwertes soweit in die Kehle zu drücken, dass ein hauchdünnes Rinnsal feiner Blutstropfen den Schnee rot färbte.

»Wenn du dich ergibst, lasse ich von dir ab.«

Völlig verdattert rollte Richard mit seinen Augen. Dieser Stallbursche sollte hier liegen, nicht er. Allmählich dämmerte ihm, welch Glück im Unglück er hatte. Der Einfaltspinsel wollte offensichtlich von besonders edler Gesinnung sein. Richard nickte wie ein reuiger Sünder und Kunz schöpfte neuen Mut, dass sich sein Schicksal noch zum Guten wendete. Das Gesicht seinem Angreifer zugewandt legte er die kurze Wegstrecke zu seinem Dicken zurück. Jedoch als er das Bein über den Sattel schwang, sackte er rücklings aus dem Steigbügel und landete hart auf dem Kreuz. Sein linkes Bein schmerzte höllisch von dem Hieb, den Richard ihm versetzt hatte. Der junge von Lörrach schnellte vor, um Kunz den tödlichen Stich mitten durch den Leib zu treiben. Geistesgegenwärtig rollte der Knecht sich fort und streckte gleichzeitig seine Stichwaffe hoch in die Luft. Eine derart immense Körperbeherrschung ging Richard ab. Seine Beine waren außer Kontrolle. Der Versuch, seinen gewaltigen Anlauf abzubremsen, würde unweigerlich scheitern. Jäh erkannte er das Unfassbare. Ein durchdringender Schrei gellte durch die Nacht.

Fassungslos schloss Kunz die Augen. Erst als auch das letzte keuchende Röcheln erstorben war, getraute er sich, dem Grauen von Angesicht zu Angesicht gegenüberzutreten. Richard war leblos über ihm zusammengebrochen und die Klinge von Hartenfels' Schwert ragte ellbogenlang aus seinem Rücken. Er hatte sich selbst am harten Stahl aufgespießt.

Vor blankem Entsetzen war Kunz minutenlang wie gelähmt. Mit weit aufgerissenen Augen stierte er in das flackernde Licht der Grubenlampe. Das kleine Lichtchen wärmte seine Seele. Doch aus heiterem Himmel griff blitzartig grausame Nachtschwärze mit rabenartigen Krallen nach seinem Herz. Wie einen Fremden hörte Kunz seine eigene Stimme die unheimliche Stille zerreißen:

»Wer ist da?«

Irgendwer verdunkelte das Licht und bewegte sich schleichend auf ihn zu. Kraftvoll stieß Kunz Richards Leichnam von sich und kaum, dass er aufrecht stand, lag er auch schon wieder flach im eisigen Schnee mit einer feuchten Zunge im Gesicht, die seine frierende Haut angenehm wärmte. Mit beiden Händen wuschelte Kunz die Halskrause des Hundes.

»Was bist du nur für ein Untier? Aber ehrlich, es ist verdammt schön, dich zu sehen.«

Grübelnd wiegte Kunz im Sattel vor und zurück. Selbst das Pochen in seinem dürftig verbundenen Bein spürte er nur wie hinter einer verschwommenen Nebelwand. Was er von Hilde erfahren hatte, beunruhigte ihn zutiefst. Noch im Dunkeln waren die Händler seinerzeit bereits wieder aufgebrochen und anscheinend nicht nach Burg Rötteln, so wie sie es ihm weisgemacht hatten, sondern zur Burg Stein. Die Frau des Glashüttenmeiers war sich ganz sicher gewesen, dass die Kaufleute Ware aufs Inseli verbringen wollten.

Mittlerweile war Kunz felsenfest davon überzeugt, dass diese Leute sicher nicht der Safranzunft angehörten. Nie im Leben transportierten die ihre Ware derart ungeschützt zu nachtschlafender Zeit. Es sei denn ... Kunz pfiff durch die Zähne. Es sei denn, es handelte sich um etwas höchst Verwerfliches, etwas was nur bei Nacht und Nebel geschehen durfte. Wie zum Beispiel die Entführung der Markgräfin! Immer wieder hatte er sich selbst einen Narren gescholten, so etwas Abwegiges auch bloß in Erwägung zu ziehen. Aber letztlich, zählte man eins und eins zusammen, ergab nur diese Schlussfolgerung einen Sinn, wollte man nicht einer Häufung von Zufällen das Wort reden. Fest jedenfalls stand, dass die Markgräfin verschwunden war und er jenes Ammenmärchen der Freifrau und des Nüwenburgs für pures Hirngespinst hielt. Neben dem Schwert hatte er in seiner Kammer ein kleines Stück Pergament vorgefunden, auf dem Ritter Hartenfels sich von ihm verabschiedete und zugleich erwähnte, dass er Maria und die Gräfin zuvor noch zum Kloster nach Sitzenkirch geleitete. Er hatte Kunz gebeten, dies für sich zu behalten, da ansonsten nur neuerliche Vorwürfe gegen die Gräfin zu Tage träten. Nun, die gab es ohnehin. Aber warum sollte sich der Ritter die Mühe machen, nur für ihn, Kunz, so etwas zu erfinden? Wenn es aber stimmte, was hatte die Gräfin davon abgehalten zurückzukehren? Freiwillig hatte sie sicher nicht ihren Almosenbeutel verloren.

Kunz war wild entschlossen, das Rätsel zu lüften. So leichtfüßig wie sein aufgeschlitztes Bein es zuließ, hüpfte er vom Pferd und klopfte kühn an das Eichenportal des Klosters in Sitzenkirch. Seine Geduld wurde auf eine harte Probe gestellt. Mehrfach musste er den schweren eisernen Griff gegen das Holz donnern, bevor sich langsam schlurfende Schritte näherten. Zu dieser Nachtstunde hielt sich Eugenia nicht mehr in ihrem Torhäuschen auf sondern in ihrer etwas entfernter liegenden Zelle. Ein eigenes, wenn auch winziges Obdach, das war einer der wenigen Vorteile, die sie als Pförtnerin genoss. Sie liebte ihre eigene Kammer, war sie auch noch so winzig. Jedenfalls blieb es ihr erspart, dicht zusammengedrängt mit den anderen Schwestern im großen Saal des Dormatoriums zu nächtigen, dem Hühnerstall, wie Eugenia ihn heimlich und nicht gerade respektvoll bei sich nannte. Hier in ihrer eigenen kleinen Welt konnte sie in Muße Zwiesprache mit ihrem himmlischen Herrn halten. Und das hatte sie auch gerade ausgiebig getan, bis dieser Störenfried sie penetrant aus ihrer stillen Kontemplation herausgerissen hatte. Miesepetrig öffnete sie die Sichtluke.

»Wer stört zur christlichen Unzeit?«

»Ich bin es, ehrwürdige Schwester, der Kunz. Ich muss unbedingt mit Maria sprechen.«

»Verschwinde Bursche! Wegen einer solchen Lappalie nächtens ein derartiges Szenario zu veranstalten! Du bist wohl nicht bei Trost! Komm wieder, wie es sich für einen Christenmenschen geziemt!«

Knurrig schickte sich Eugenia an, die Luke zu schließen, hatte aber nicht mit der Aufdringlichkeit des nächtlichen Eindringlings gerechnet. Denn unvermittelt hätte sie Kunz auf ihrer Seite der Mauer die Hand reichen können. Dieser freche Kerl blockierte mit seinem Arm die gesamte Tiefe der Öffnung.

Maria war also tatsächlich im Kloster. Jetzt stand er kurz davor, das Geheimnis um die Markgräfin zu enthüllen. Vielleicht brauchte die Herrin ja wieder seine Hilfe. Und davon abgesehen war er selbst dringend auf Marias Beistand angewiesen. Immer noch floss der Blutstrom aus seiner klaffenden Wunde. Außerdem getraute er sich nicht zurück auf die Burg. So sehr hatte er sich fortwährend nach einem richtigen Abenteuer gesehnt, aber doch nur eines, bei dem er zum guten Schluss der strahlende Held wäre und nicht als baumelnde Verlängerung des Galgenstricks auf dem Richtplatz endete.

»Ich bin schwer verletzt. Ihr schickt mich in den Tod.« Demonstrativ hievte Kunz sein lädiertes Bein. Eugenia war von robuster Natur und zog es stets vor, ihr weiches Herz hinter einer rauen Schale zu verbergen. Ruppig fuhr sie Kunz an:

»Was fällt dir ein, meine Zeit zu verschwenden und erst jetzt mit der Sprache herauszurücken?«

Betretenes Schweigen zerrte an den Nerven der drei Menschen, die sich verschwörerisch um die einsame Flamme einer Kerze herum zusammengefunden hatten. Tief atmete die Äbtissin ein und der Seufzer, welcher die Qual vom Grunde ihrer Brust auspresste, schallte wie Donnerhall durch die obskure Schattenwelt des nächtlichen Klosterkapitels.

»Ich mache mir die größten Vorwürfe. Nie hätte ich Anna der Obhut dieses Nüwenburgs anvertrauen dürfen. Nachdem was du in Erfahrung gebracht hast Kunz, steht zu befürchten, dass er mit jenen Leuten im Bunde ist. Und so ungern ich es zugebe. Selbst Ita hat ihre Finger im Spiel. Warum sonst fand mein Bote bei ihr kein Gehör, geschweige denn zum Markgrafen vorgelassen zu werden? Es passt der feinen Dame wohl nicht in den Kram, dass ich ihren Bruder mit meinem Wissen konfrontiere. Nüwenburg fände sich unvermittelt in der Rolle des Rechtfertigenden wieder. Ich fürchte fast, es ist wahr.

Irgendwo in den Verliesen von Burg Stein fristet Anna ein kümmerliches Dasein, während Rudolf beabsichtigt, auf der Fährte des Comte de Beaune selbst in den entlegensten Landstrichen jeden Stein einzeln umzudrehen, unwissend dass er ausgerechnet zur Jagd auf den Mann bläst, auf dessen Unterstützung er unabdingbar angewiesen ist, will er an Herzogin Katharina persönlich herankommen.«

Ehrfurchtsvoll küsste Adelheid den kleinen Kreuzanhänger ihrer Kette.

»Gott hat uns mit diesem Wissen eine schwere Verantwortung aufgebürdet. Es zu ignorieren wäre Sünde. Ich werde meine Hände nicht untätig in den Schoß legen, währenddessen meine Freundin elendig krepiert und unser Reich an den Folgen fataler Intrigen zerbricht. Kunz, Maria, wir müssen uns Gewissheit verschaffen, bevor es zu spät ist. Noch heute Nacht!«

Sein Ritter war ein burgundischer Graf, der am Herzogshof ein- und ausging. Am liebsten hätte Kunz sich in eine stille Ecke verzogen, um sich jedes Detail seines Zusammenseins mit dem Grafen wie einen kostbaren Schatz noch einmal in Erinnerung zu rufen. Doch dafür blieb jetzt keine Zeit. Nur zu deutlich hatte die ehrwürdige Äbtissin ihnen vor Augen geführt, welch heikle Mission vor ihnen lag. Und an ihm, Kunz, sollte das Reich gewiss nicht zugrunde gehen. Er würde dem Comte keine Schande bereiten. Zum x-ten Mal überprüfte Kunz die Knoten der Lederbänder, welche eine eingerollte Wolldecke an den Ösen des hinteren Sattelzwiesels befestigten. Die Rettung der Markgräfin lag im wahrsten Sinne des Wortes eingeschlagen in ein derbes Gewebe. Und er, Kunz, würde es mit seinem Leben verteidigen. Maria hatte die Blutung seiner Wunde gestoppt. Dass ein paar unscheinbare Kräuter eine derart schmerzstillende Wirkung erzielten, grenzte für Kunz an ein Wunder.

»Habe ich dir eigentlich schon gedankt Maria?«

»Schwester Maria, Kunz! Du solltest dich schleunigst daran gewöhnen.«

Flüchtig überrollte den gescholtenen Knecht eine Welle des Bedauerns. Der Comte sähe es gar nicht gern, dass ein schwarzes Schleiertuch die goldblonden Locken bedeckte.

Annabella durchkreuzte seinen aufkommenden Hang zum Trübsinn. Überschäumend buckelte sie an Kunz vorbei, bis das Führseil zum Zerreißen gespannt war. Jetzt stand sie quer unter dem Hals des Dicken und für beide gab es weder ein Vor noch Zurück.

Kunz fluchte. So etwas durfte ihm nicht passieren. Ein solch unbedachter feaux-pas im falschen Moment und das Leben der Gräfin wäre keinen Pfifferling mehr wert. Er musste sich zusammenreißen. Wütend über seine eigene Ungeschicklichkeit entwirrte der Knecht die verhedderten Pferde.

»Kunz, wir sind bald da. Sieh nur, die Rheinebene liegt bereits vor uns.«

Ein schöner Held war er. Da zog er aus, das Reich zu retten, und hätte vor lauter Luftschlössern in seinem Kopf doch glatt die Burg aus wirklichem Fels übersehen. Degernfelden lag bereits ein gutes Stück weit hinter ihrem Rücken. Sie konnten unmöglich mit Annabella schnurstracks hinunter zum Inseli reiten. Dafür war die Schimmelstute der Gräfin viel zu auffallend. Angestrengt hielt er nach einem geeigneten Versteck Ausschau. Aber nur Felder und Unkraut boten sich diesseits des Rheins an.

»Schwester Maria, es ist noch dunkel genug. Ich denke, wir können uns mit Annabella unbemerkt bis zum Wirtshaus vorwagen. Es liegt in unmittelbarer Nähe zur Brücke.«

Maria war zu nervös, um Einwende zu erheben, auch wenn solch billige Absteigen ihr nie geheuer waren und sie tausendmal lieber unter freiem Himmel auf den Anbruch des Morgens gewartet hätte.

Eigentlich hatte Kunz mit Zeter und Mordio gerechnet, wenn er die Wirtsleute aus dem Schlaf risse und sich schon so manche mehr oder weniger plausible Erklärung zurechtgelegt. Vor Verblüffung brachte er daher zunächst kein Wort heraus, als bereits nach dem ersten zaghaften Klopfen das Gesicht der Wirtin durch die Türspalte lugte. Die konnte ihr Glück kaum fassen. War sie zunächst über die Ankündigung dieser Gemeinen, noch vor Tagesanbruch abreisen zu wollen, ausgesprochen ungehalten gewesen, so schien aber genau dies, ihr jetzt doppelten Gewinn einzubringen. Denn nur gegen teuere Entlohnung hatte sie sich darauf eingelassen und jetzt bescherte ihr die frühe Morgenstunde darüber hinaus zwar nicht das sprichwörtliche Gold aber immerhin eine vom Kloster und die Kirche war alle Male für einige Silbermünzen gut.

»Ehrwürdige Schwester, wärmt Ihr Euch nur in der Stube auf, derweil ich die Pferde unterstelle.«

Noch immer kam Kunz die ungewohnte Anrede für Maria nur zögerlich über die Lippen.

Verlegen wies die Herbergsfrau mit dem Finger durch einen langen Gang.

»Ehrwürdige Schwester, ich hoffe, es plagt Euer Gewissen nicht allzu sehr, den Gastraum mit einer – hm – vom unehrenhaften Gewerbe teilen zu müssen. Wir sind sehr beengt und heutzutage auf jeden zahlenden Gast angewiesen. Auch wird Euer peinlicher Notstand nicht von langer Dauer sein. Sie will gerade abreisen.«

Hätte die beflissene Wirtin sie nicht darauf hingewiesen, die junge Frau am Schanktisch wäre Maria nicht einmal aufgefallen, so sehr war sie erfüllt von zehrender Sorge um die Gräfin. Trotz der eisigen Kälte waren deren Knie weder vom grellgelben Kleid noch vom Mantel derselben Farbe bedeckt. Unwillkürlich schüttelte Maria den Kopf. Früher oder später, vermutlich mehr tot als lebendig, würde auch diese hier bei Adelheids barmherzigen Schwestern um Hilfe betteln. Und dann gehörte sie noch zu den Glücklichen, die nicht im Morast der Straße wie eine streunende Hündin ihr Leben aushauchten.

Unerwartet, als hätte sie sich an Marias durchdringendem Blick die Haut verbrannt, fuhr die junge Frau herum. Unwillkürlich schrie Maria auf und torkelte zurück. Die Wirtsfrau, an das Gewicht etlicher Weinfässer gewöhnt, packte tatkräftig zu.

»Schwester, ich hatte ja keine Ahnung, dass Euch dieses Aufeinandertreffen derart ... . Himmel! Ihr seht aus, als wäre Euch ein Gespenst begegnet.«

Wie Recht sie hatte, konnte die Frau nicht wissen. Hinter ihnen polterte die Tür und mit gezogenem Schwert in der einen und der eingerollten Zudecke in der anderen Hand stürmte Kunz herein. In Windeseile forschte er in allen Winkeln nach der tödlichen Bedrohung. Aber außer den drei Frauen war die Schenke leer.

Augenscheinlich schlief der Wirt noch den Schlaf der Gerechten. Kurz streifte er Marias Gesichtszüge und folgte der Richtung ihrer schreckgeweiteten Pupillen. Was er sah, war eine Frau, die vor Bestürzung ihren Rücken derart eisern an den Wirtstresen presste, dass kein Blatt mehr dazwischen Platz fand. Ihre Oberarme drückte sie fest an den Körper und stütze sich mit zurückgelegten Ellbogen auf dem Ausschank ab. Das Weibsbild war ausgesprochen anstößig gekleidet, aber ansonsten ging offensichtlich keine Gefahr von ihr aus.

»Kennt Ihr die?«, wandte er sich an Maria.

»Ja, wir kennen uns«, antwortete statt ihrer die andere.

»Aber damals trugst du, Verzeihung Ihr ehrwürdige Schwester, noch kein Nonnengewand. Es stimmt, ich bin kein Geist sondern tatsächlich Rosa Arnleder.«

Verständnislos runzelte Kunz die Stirn. Wie konnte das sein? Er hatte die Tochter des Haushofmeisters nie kennengelernt. Aber allgemein hielt man sie für tot, nachdem die Zofe der Freifrau nie bei ihrer Familie in Schopfheim aufgetaucht war. Jedenfalls hatte er das Getuschel des Gesindes so verstanden.

»Starr mich nicht so an, Maria! Ich bin, was du siehst. Uns beide haben doch schon immer Welten getrennt. Die Dirne und die Nonne! Ich könnte mich totlachen. Nüwenburg ist wahrlich eine Höllenbrut, dass ihm dies gelungen ist. Die eine ins Hurenhaus, die andere ins Kloster, je nachdem, welche ihm vorschnell zu viel feilbot und welche zu wenig. Wie aberwitzig! Aber es gibt ja noch eine Dritte, die mit uns im selben Boot sitzt, naja, fast jedenfalls. Nie hätte ich geglaubt, einmal nicht darauf erpicht zu sein, mit der Markgräfin zu tauschen. Derweil wir uns pikiert in die Augen gaffen, schmort die Hochwohlgeborene im tiefen Geröll der Erde. Gerade war ich auf dem Weg, den Markgrafen über den Verbleib seiner Gemahlin und die dunklen Machenschaften seiner Schwester und seines Günstlings zu unterrichten. Aber sag Maria, was tut eine Gottesfrau wie du in einer solch heruntergekommenen Spelunke?«

Mit fahrigen Bewegungen ließ sich Maria auf einen Stuhl nieder. Merkwürdige Winde sausten durch ihre Ohren und wie aufgepeitschte Flocken im Schneegestöber wirbelten in ihrem Kopf die Gedanken durcheinander. Entwürdigung, Kränkung, Verletzung, Verleumdung! Sie durchlitt sie aufs Neue, all die diffamierenden Demütigungen durch Itas Zofe, deretwegen sie den letzten Funken Hoffnung auf ein Leben an Wolfs Seite hatte begraben müssen und seither nur noch ein Schatten ihrer selbst war. Rosa, die Maria jenes frevelhafte Schicksal zugedacht hatte, dessen ruchlose Aura augenscheinlich heute die gesamte Erscheinung der Zofe prägte. War es die hehre Laune des Zufalls oder Fatum der Gerechtigkeit? Nüwenburg als Retter der Geknechteten? In einem Anfall von Galgenhumor lachte Anna auf. Wie hatte Rosa gesagt? Aberwitzig! Ja, das traf die Sache genau.

»Offensichtlich sind wir in derselben Angelegenheit unterwegs, wenn auch aus unterschiedlichen Motiven. Dich treiben Rachegelüste, während mich die Sorge um die Gräfin plagt. Wir ... «

Blitzschnell legte Kunz den Finger vor den Mund.

»Pst!«

Bedächtig öffnete er die Tür zum Gang und kehrte erleichtert zurück.

»Die Wirtin hat sich verzogen. Wir sollten unser Vorhaben nicht in aller Öffentlichkeit ausbreiten«, monierte er und presste dabei die weiche Deckenrolle fest unter seine Armbeuge.

Gestikulierend forderte er Rosa auf, sich ebenfalls an den Tisch zu setzen und verlangte im Flüsterton, jede Einzelheit zu erfahren, die sie über den Aufenthaltsort der Gräfin herausgefunden hatte. Gleichwohl mussten sich beide in Geduld üben. Denn Rosa war sichtlich froh, endlich jemandem ihr Herz ausschütten zu können.

»Maria, ich weiß, mir steht es nicht einmal mehr zu, dich um Verzeihung zu bitten. Doch das Leben hat mir meine Schandtaten böse heimgezahlt. Es stimmt, was Pater Enkenbruch gesagt hat. Bis ans Ende meiner Tage werde ich dafür Buße tun.«

Rosa schien wie ausgewandelt und trotz allen Anfeindungen keimte Mitleid mit dem einstigen Edelfräulein in Maria auf.

»Unser Burgpriester hat schon so manches dumme Zeug von sich gegeben, wenn der Tag lang war. Ihn sollte man zur Rechenschaft ziehen, für das, was er dir angetan hat.«

Dankbar legte Rosa eine Hand auf Marias Arm.

»Ich werde alles tun, um euch zu helfen. Was habt ihr vor?«

Kunz überlegte nicht lange. Sie waren auf jede Unterstützung angewiesen und als er endete, konnte Rosa vor Unternehmungslust schier nicht mehr still sitzen.

»Dann ist mein Leidensweg zum guten Schluss doch noch zu etwas nütze. Verlasst euch nur auf mich! Eine gehörige Kostprobe meiner Vorzüge und die Wachen werden nicht mehr wissen, ob sie gerade bis zwei oder bis drei gezählt haben werden. Es ist mir schon einmal gelungen, als ich herausfinden wollte, wo man die Markgräfin in der Burg versteckt hält.«

Dank Rosas Erkundigungen konnten sie jetzt viel zielstrebiger zu Werke gehen und wussten genau, was sie im Verlies erwartete. Der greisenhafte Wärter bereitete Kunz dabei deutlich weniger Kopfschmerzen als die Torwachen, an denen er beim Hinausgehen zwei statt einer Frau vorbeischleusen musste. Rosas Vorschlag könnte sich schnell als Zünglein an der Waage herausstellen. Um ihren Auftritt so glaubwürdig wie möglich zu gestalten, entschieden sie, erst bei Tagesanbruch aufzubrechen und zu Fuß die Brücke zu überqueren, was wohl eher dem Stand einer einfachen Nonne in Begleitung eines Knechts entsprach. Aber vorsorglich sollten die Pferde bei ihrer Rückkehr bereits gesattelt sein.

Es kostete Kunz erhebliche Überredungskünste, seinen Grauen davon zu überzeugen, bei den Pferden zu warten. Aber der riesige Hund hätte unnötige Aufmerksamkeit auf sie gezogen. Maria nestelte gerade noch das letzte ihrer Kräutersäckchen an den Gürtelstrick, mit denen sie sich Einlass in die Burg verschaffen wollten. Das Winterfieber grassierte in diesen Tagen aller Orten und zumeist waren geeignete Heilkräuter heißbegehrte Mangelware. Damit die Wärter sich nicht über Gebühr mit ihnen beschäftigten, wollte Rosa in einiger Entfernung mit ihren Reizen die Gemüter der Männer auf sinnesfreudigere Bahnen locken.

Es fiel Kunz schwer, sein Schwert am Sattel stecken zu lassen. Aber die Gefahr, dass man es entdeckte, war bei Weitem größer als der Nutzen, den die Waffe innerhalb einer stark bewachten Burg böte. Er griff nach der Tuchrolle und fast beschwörend schauten sich die Drei ein letztes Mal in die Augen. So Gott wollte, befände sich die Markgräfin in weniger als einer halben Stunde auf dem Weg zu ihrem Gemahl, um die Verfolgung des Comte in letzter Sekunde zu verhindern.

»Ja, ja, schon gut. Ein Wunder, dass gegen die Hundskälte überhaupt ein Kraut gewachsen ist«, winkten die beiden

Bewaffneten sie ungeduldig durch die kleine Pforte. Die andere dahinter hatte schon gestern mehr Hitze in ihre Leiber getrieben, als es ein grüner Pflanzenstängel je vermochte. Unbewusst kratzen sich die Waffenknechte den Hosenlatz nahezu gleichzeitig.

Das klappte ja wie am Schnürchen. Auf dem kleinen Innenhof herrschte für eine Burg ungewöhnliche Ruhe, so dass die seichten Wellen, mit denen sich der Rhein am Stein brach, im Gegensatz dazu wie tosende Schläge aufbrandeten. Zwar erledigte die Dienerschaft die gleichen Arbeiten wie auf jeder anderen Feste, aber offenbar hatte der erst kürzliche Wechsel ihrer Herrschaft ihnen noch immer die Sprache verschlagen. Es war aber auch zu verrückt. Einmal habsburgisch, dann bei denen von Basel, obwohl Rheinfelden selbst immer noch den Herzögen unterstand, dann erneut habsburgisch! So schnell konnte man ja nicht einmal das jeweilige Burgfähnlein nach dem Wind richten. Für ihr Vorhaben jedenfalls entpuppte sich die allgemeine Ignoranz als Glücksfall. Niemand nahm Notiz von einem Knecht und einer Nonne, die flugs im Eingang des Rundturms verschwanden.

Die Verlockung war groß, den runden Schlüsselring einfach an sich zu nehmen und sich an dem seelenruhig schlafenden Wärter vorbei zu stehlen. Was aber, wenn der vorzeitig doch noch erwachte? Dann säßen sie ganz schön in der Patsche und hätten ihre liebe Not, eine triftige Erklärung abzuliefern. Entschlossen rüttelte Kunz an dessen Schulter. Als wollte er eine lästige Fliege verjagen, schlug Hermann um sich. Immerhin, der Alte blinzelte, und Kunz beugte sich dicht über dessen Gesicht. Von billigem Wein geschwängerter Atem vermengte sich mit dumpfigen Körperausscheidungen zu einem ekelerregenden Gemisch. Angewidert rümpfte Kunz die Nase.

»Euer neuer Burgherr, der Graf von Sulz, lässt Gnade walten angesichts der bevorstehenden Ankunft des himmlischen Herrn zu Weihnachten. Er erlaubt der ehrwürdigen Schwester, den Gefangenen eine zusätzliche Decke gegen die Kälte auszuhändigen.«

Maria indes hielt sich mit dem stumpfsinnigen Gelalle des Betrunkenen nicht auf. Nur eine Leiter trennte sie noch von der Gräfin. Obwohl am ganzen Leib bebend und zitternd war der Schlüssel geschwind über ihr Handgelenk gestreift. Noch zwei große Schritte und schon glitt ihre zierliche Gestalt durch das dunkle Angstloch hinunter in die höhlenartige Gruft. Kunz standen die Haare zu Berge, als er aus der Grabkammer der Erde von einer hohlen Stimme beim Namen gerufen wurde.

»Kunz! Schnell, wirf mir die Rolle herunter! Bleib du oben, damit es keine böse Überraschung gibt, wenn wir nachher unsere Köpfe durch das Loch stecken!«

Da, fast hätte er das Aufblitzen des weißen Nonnenwimpels in dieser teuflischen Finsternis übersehen. Er zielte, und vernahm alsbald den trippelnden Klang sich eilig entfernender Füße.

Ruckartig kam Leben in die steifen Glieder der Gräfin. Diese Stimme, das konnte doch nicht … Das war doch nicht möglich.

»Maria! Himmel Maria, sag dass du es bist und ich nicht nur einen flüchtigen Tagtraum erlebe!«

Durch Eisenfesseln immer noch ihrer Hände beraubt stieß Anna heftig mit dem Fuß gegen die Tür ihrer Henkergrube.

»Ja, Frau Gräfin, aber bitte seid leiser. Niemand darf wissen, dass Ihr mich kennt.«

Im Eifer des Gefechts hatte Maria nicht an eine Lampe gedacht. Blind fingerte sie nach Schlüssel und Loch.

»Maria beeil dich! Ich kann es nicht erwarten, in dein vertrautes Gesicht zu sehen.«

Endlich, sie hatten Glück. Bereits der Zweite entriegelte das Schloss. Ungestüm ließ sich Anna einfach gegen die Schulter ihrer Freundin fallen, und ihre viel zu lang aufgestauten Tränen benetzten Marias Wange.

»Maria, dass ich dich wieder sehe! Nüwenburg und zem Angen, der Baseler Oberzunftmeister, haben mich hierher verschleppt. Sie haben Rudolf belogen. Wenn er in die Falle tappt und den Comte verfolgt, ist sein ganzes Reich verloren.«

Mitfühlend nahm die Magd ihre Herrin in die Arme.

»Ich weiß, und deshalb dürfen wir auch nicht zögern. Ihr müsst flugs zu Eurem Gemahl. Der Fürst steht bereits auf dem Sprung, mit einem stattlichen Trupp auszurücken.«

Sanft schob sie Anna von sich und entfaltete im schummrigen Licht der einzigen Kerze die verschnürte Tuchrolle.

»Ein Geschenk der Äbtissin!«

»Der Habit einer Nonne?«

»Die Äbtissin meinte, wer in Gottes Gewand wandelt, trotzt jedem Feind. «

Maria strich mit der Hand über den schwarzen Stoff ihres Skapuliers. »Mich jedenfalls hat es gut beschirmt an den Torwachen vorbeigeleitet. Nun ja, ich will es nicht leugnen. Rosas Hurendiensten gebührt wohl der größere Dank.«

Angesichts des skeptischen Blicks ihrer Herrin hob Maria begütigend die Hand.

»Bitte eilt Euch! Ich werde währenddessen alles erklären.«

Glücklicherweise hing nur ein kleinerer Schlüssel vom Bund herab, der auch sofort die Handfessel löste.

»Maria, vernähme ich es nicht aus deinem Munde, ich hielte es für reines Hirngespinst. Rosa lebt also und hegt ebenso viel Groll gegen Nüwenburg wie wir?«

»Ja, und gegen unseren Burgpriester.«

»Ts, ts, dieser Zyfridus von Enkenbruch. Welch ein Heuchler und Lügner vor dem Herrn.«

Nacheinander entstiegen zwei Ordensschwestern mit umgebundenen Kräutersäckchen dem erdigen Nadelöhr, bei deren Anblick Kunz ein ganzer Felsbrocken vom Herzen fiel. Mit dem Finger mahnte er sogleich zur Ruhe und wies auf Hermann, der längst wieder im Reich der Träume weilte und mit geöffnetem Mund seinen Rausch ausschlief.

Obwohl dicke Wolken die Sonne bedeckten, hatte Anna Mühe, sich an die ungewohnte Helligkeit zu gewöhnen. Für eine kurze Weile bedeckte sie die schmerzenden Augen mit ihrem Handrücken. Es sollte die einzige Schwierigkeit bleiben, welche es beim Gang durch den Burghof bis zur kleinen Pforte hinaus zu überwinden galt.

Gezielt hatte Rosa den Platz in der Wachstube des Rundturms ausgewählt, weil er gute Sicht auf die Stelle vor der Pforte bot. Während ihr Rücken in taktmäßiger Abfolge gegen die kantigen Steinquader der Außenwand stieß, schielte sie wieder und wieder durch die längliche Schießscharte. Fast wäre ihrer Kehle ein Schrei entschlüpft, als zwei Nonnen und ein halbwüchsiger Knecht aus dem Tor heraustraten. Es kostete Rosa arge Beherrschung, sich ihrer Kundschaft nicht augenblicklich zu entziehen. Doch den Dreien käme ein gewisser Abstand zur Burg sicher gelegen, bevor die Wachleute ihre Posten wieder bezögen. Bis zur Hälfte der Brücke schien es eine Ewigkeit zu dauern. Die Kerle wussten nicht wie ihnen geschah, als sie von der Gemeinen barsch zurückgestoßen wurden.

»Tut mir leid, aber wenn ich nicht schleunigst zurückkehre, verderbe ich's mir mit dem Hurenwirt, der es gar nicht gerne sieht, wenn ich außer Haus arbeite. Und ein blauer Hintern wird euch danach auch nicht mehr entzücken.«

Eigentlich stand Rosa der Sinn nur danach, möglichst zügig zu der kleinen Gruppe aufzuschließen. Warum sie dennoch ihren Schritt verhielt und nach links auf die Fluten des Rheins blickte, sie hätte es nicht zu sagen vermocht. Gleichzeitig mit ihr hatte auch der Ruderer die hölzernen Stangen ruhen lassen. Beide Gesichter wirkten wie versteinert. Der Edelknecht ließ seine Augen prüfend über die Brücke schweifen und verharrte bei Kunz. Es gab keinen Zweifel. Er hatte ihn erkannt; denn hektisch wurde das Boot im Wasser gewendet.

»Lauft, lauft! Friedrich hat Lunte gerochen!«, schrie sie aus voller Kehle.

Alle schauten in die gewiesene Richtung. Der weiße Haarschopf war nicht zu übersehen. Nüwenburg hatte alle Hände voll damit zu tun, den mächtigen Strudel unweit der Brücke zu umschiffen. Er wäre nicht der Erste, den dieser sagenumwobene Wasserwirbel in ein feuchtes Grab auf den tiefen Grund des Rheins gerissen hätte. Enttäuscht seufzte die Markgräfin auf.

»Jammerschade, dass er nicht ersoffen ist. Welch wunderbarer Eintrag hätte die Annalen von Rudolfs Chronik geschmückt: Gräfin Annas Entführer ertrank im Sog des Sankt Anna Lochs ... «

Auf wundersame Weise erklang hell die Glocke der Burgkapelle vom Inseli herüber. Anna richtete ihre Augen zum Kirchturm empor.

»... Und die heilige Anna erhob ihre Stimme zum Gebet... «

Energisch riss Anna sich aus ihrer andächtigen Vision.

»Aber jetzt los! Wir werden es vor ihm zu den Pferden schaffen. Ich kann nicht riskieren, dass wir ihm alle zugleich in die Hände fallen. Zu viel steht auf dem Spiel. Niemals darf Rudolf den Comte aufhalten. Es wäre unser aller Ende. Ihr werdet das um jeden Preis verhindern. Nüwenburg will mich. Er wird mir folgen.«

Das gefiel Kunz nicht.

»Aber ich könnte ... «

»Schluss jetzt! Du willst doch deiner Herrin nicht widersprechen.«

Kleinlaut gab er bei.

Bevor sie davonpreschten, wandte Rosa sich noch einmal um.

»Frau Gräfin, es tut mir leid. Könnte ich es nur ungeschehen machen. Bitte sagt meinem Vater nicht, dass ich lebe. Es ist besser, er hält mich für tot.«

Es wäre unmöglich für Rosa, noch einmal am Hof Fuß zu fassen, und es hätte nur zur Folge, dass Heinrich erst recht an Herzeleid stürbe.

»Was bist du nur für ein Kindskopf gewesen, Rosa? Und was hat es dir gebracht? Jetzt musst du damit leben. Aber ich werde deinem Wunsch entsprechen. Er ehrt dich.«

Eine kurze Weile später forderte auch Anna ihre Stute zu einem gemäßigten Trab auf. Zunächst ritt auch sie gen Rötteln. Als aber Annabella die Öffnung ihrer Ohren aufgeregt zurückdrehte, begann Anna ihr Ablenkungsmanöver. Sie bog rechts ab mitten hinauf auf die weithin einsehbare Anhöhe eines freien Feldes. Selbst einem Schlaftrunkenen wäre Annabellas weiße Mähne nicht verborgen geblieben. Schnell wie der Wind und geschickt wie ein Hase schlug sie nahezu Haken auf ihrem Zickzackkurs durch wabernde Nebelfetzen, die sich auf der Höhe Adelhausens zu einer dichten Wolkendecke zusammenbrauten. Friedrich hatte Annabella gesichtet und nahm die Verfolgung auf. Als er mal hier und mal dort im Nebelwald den vagen Umriss eines Pferdes erheischte, glaubte er gar alle Vier vor sich. Anna hatte es geschafft.

»Annabella, jetzt reiten wir um unser Leben.«

Als wäre es ein jenseitiger Fingerzeig, öffnete sich der milchige Brei und am fernen Horizont wiegte die Felsnase des uralten Köpfle die bauschigen Nebelschwaden auf seinen bewaldeten Knien, bevor das netzartige Gewebe sich zu einer Wand auftürmte, um den steinernen Zeitzeugen in ihrem blickdichten Rachen zu verschlingen.

»Und zwar nach Endenburg!«, folgte die Gräfin dem Schauspiel der Natur wie einer Offenbarung.

Um so viel Abstand wie möglich zwischen sich und ihre Gefährten zu bringen, wählte Anna den Weg an der Stadt Schopfheim vorbei. Annabella flog über gefrorene Wiesen und Auen dahin, übersprang geschickt so manche Unebenheit, doch den mächtigen Sätzen von Nüwenburgs kräftigem Streitross entkam die Stute nicht. Beim Hof des Farnbucker Bauern fehlten Friedrich nur noch einige Armlängen, um Anna im fliegenden Galopp vom Rücken ihres Pferdes zu hebeln.

Jetzt gab Anna ihrer Stute die Zügel vollends frei. Schon längst hatte Annabella die wilde Hatz zu ihrer eigenen gemacht. Nie gäbe sie sich freiwillig auf im Angesicht drohender Lebensgefahr, die sie instinktiv spürte. Kaum wähnte sich Friedrich am Ziel seiner Wünsche und streckte bereits in angespannter Erwartung die Hand nach Anna aus, da änderte die Stute auf engstem Raum ihre Bewegungsrichtung und schlug ihrem Verfolger ein ums andere Mal ein Schnippchen.

Auf dem steilen Anstieg nach Kirchhausen erreichten sie die Schneegrenze und der Vorteil, den das gewaltige Kampftier in der Ebene auf seiner Seite hatte, verlor sich endgültig. Wie eine Bergziege durchpflügte Annabella den Schnee und ließ selbst auf schwierigsten Kletterabschnitten nicht von ihrer Geschwindigkeit ab. So steil zur Rechten des gerade einmal mehrere handbreiten Passes eine Felswand hinaufragte, so schroff fiel zur Linken der Berghang in eine enge Erdspalte hinab und der kleinste Fehltritt würde sie unweigerlich das Leben kosten.

Als sie das Plateau erreichten, war es Annabella gelungen, die Kluft zwischen sich und dem Hengst deutlich zu verlängern. Doch das gerade ergatterte Oberwasser floss auf den seichten Kämmen der nächsten Bergkette dahin wie Eis in der Sonne. Anna wollte niemanden gefährden und wich den spärlichen Katen der Wälderleute aus. Wie lange mochte Annabella der mörderischen Strapaze noch standhalten? Es gab nur eins. Sie musste sich irgendwo verbarrikadieren, solange ein gewisser Vorsprung ihr überhaupt noch eine Möglichkeit ließ. Die Kapelle! Seitdem sie die Herrin von Rötteln geworden war, hatte dieses kleine Kirchlein ihr Kraft gespendet. Dort, neben ihrem Rosengarten, würde sie Rudolfs Nähe spüren und dem Schicksal mutig seinen Lauf lassen. Der Nachklang des zuschnappenden Riegels schwang noch durch das kleine Kirchenschiff, da rüttelte Friedrich bereits unter wüsten Flüchen am Portal des Gotteshäuschens.

»Kunz halt ein!«

Rosas Pferd war ausgebrannt. Das mörderische Tempo unter dem ungewohnten Reitergewicht hatte dem Karrengaul so zugesetzt, dass seine Rippenbögen bei jedem verkrampften Hustenanfall die magere Haut stoßartig aufblähten. Aber was einzig zählte war, dass sie es geschafft hatten. Wenn hämmerndes Waffengeklirre sogar die dicken Ringmauern durchdrang, lagerte der gräfliche Suchtross auch noch im Innern.

»Ich werde nicht hineinreiten.«

Maria verstand Rosas Beweggründe auch ohne Worte.

»Natürlich Rosa! Wir beide werden uns auf dem Waldweg nach Binzen postieren. Sollte Kunz in der Burg scheitern, so werden wir zwei versuchen, unser aller Geschick zu retten. Der Markgraf will zur Burg Lichtenberg und wird sein Heer über diesen Weg führen.«

Während des gesamten Rittes hatte Kunz sein Hirn zermartert, wer persönlichen Zugang zum Fürsten genoss und am ehesten geneigt sein würde, ihm zu glauben. Schlussendlich war immer wieder dasselbe Gesicht vor seinem inneren Auge erschienen. Michael von Schönau! Der Knappe war ihm gegenüber stets freundlich und gerecht gewesen. Nie würde er vergessen, wie Michael für ihn in die Bresche gesprungen war, als Richards Fausthiebe ihm den Magen umdrehten. Als Kunz den Halsgraben zur Oberburg überschritt und am Mannstor Gerhard gedankenverloren grüsste, durchfluteten düstere Bilder von Richards leblosem Körper seinen Geist. Er hatte ihn in der Höllschlucht einfach liegengelassen.

Im Nu schnürten ihm die abwegigsten Einbildungen über die Art seiner Bestrafung die Kehle zu und zu spät erst bemerkte er die Freifrau, welche er geradewegs umrannte. Ganz im Gegensatz zu Ita! Sie hatte den Zusammenprall provoziert. Dieser Pferdeknecht war einer von denen, welche sie seit Hartenbergs Verschwinden überwachen ließ. Denn das besondere

Vertrauensverhältnis zwischen den beiden war auch ihr nicht entgangen. Und dies war nicht die Stunde, sich Unaufmerksamkeiten zu gestatten.

Plötzlich stieg Kunz der kalte Hauch des Todes in die Nase. Entströmte der Leichengeruch seinen eigenen Gewändern oder klebte er am Herzen dieser Lügnerin? Jeder einzelne seiner Gedanken trug schwer wie Blei an den verrottenden Überresten des jungen von Lörrach, und bevor Kunz einen befreienden Weg hinaus aus den Irrungen seiner Empfindungen fand, drehte man ihm grob die Arme auf den Rücken und schleifte ihn in den Giller. In schier unendlicher Zeitlosigkeit nahm Kunz wahr, wie sein eigener Kopf gegen die Bruchsteinwand schleuderte.

Man hatte Ita über das Ausbleiben des Stallburschen informiert. Sie traute dem Braten nicht. Das Letzte was sie jetzt gebrauchen konnte, waren Nachrichten des Hauptmanns an ihren Bruder. Mit unmerklichem Nicken dankte sie den Wachen, während ihr berechnender Blick bereits an ihrem Bruder haftete, der in der Mitte des Burghofes gerade sein Pferd bestieg. Graziös hob die Freifrau den Saum ihrer Robe und wandelte, mehr als sie schritt, zu ihm hinüber.

»Rudolf, lieber Bruder, Anna ist nicht würdig, deine Gemahlin zu sein. Je eher du das einsiehst, desto besser für dich und dein Land.«

Unverständnis zeichnete Rudolfs Gesicht. Ohne sein schlagendes Herz war er doch nur eine leere Hülle, ein Toter unter Lebenden.

»Maria, sieh nur! Sie haben Kunz nicht geglaubt. Weshalb sollte einer Toten und einer abtrünnigen Leibeigenen mehr Glück beschieden sein? Alles ist umsonst gewesen.«

Maria nahm Rosas Schultern fest in die Hände. Es war nicht weiter schwierig, sich vorzustellen, wie sehr die junge Frau sich gewünscht hatte, der jetzt unvermeidlichen Beschämung zu entgehen. Sich all den Männern und Edlen, die ihnen aus der Burg entgegenritten und sie als Tochter des Haushofmeisters in Erinnerung hatten, als Hure zu präsentieren, war zweifelsohne der Gipfel ihrer Erniedrigung.

»Vielleicht ist Kunz aber auch daran gehindert worden, sich Gehör zu verschaffen. Denk doch nur an die Freifrau! Hör zu Rosa! Alleine schaffe ich es nicht, genügend Aufmerksamkeit zu erringen. Niemand würde mir ins Gesicht sehen und es könnte geschehen, dass ich einfach über den Haufen geritten werde. Sobald zu erkennen ist, dass der Markgraf innehält, springst du in den Wald zurück und ich versuche, ihn zu überzeugen.«

Dankbar nickte Rosa der warmherzigen Magd zu.

»Maria, wie konnte ich dir nur je so etwas Schändliches antun? Du ahnst nicht, wie sehr es mich dauert.«

»Geschehen ist geschehen! Wer weiß, ob die Zukunft uns beide nicht noch einmal zusammenführt an einem anderen Ort zu einer anderen Zeit. Aber jetzt lass uns nicht länger zögern, uns den stampfenden Hufen der Kriegsknechte entgegenzuwerfen, bevor die ihre Rösser nicht mehr parieren können!«

Gemeinsam mit dem Grafen preschte Arnold von Schönau an der Spitze der Horde wild entschlossener Waffenknechte über die Waldstraße gen Binzen. Jäh ließ er die Zügel fahren und legte seinem Herrn in vollem Galopp die Linke auf die eisengepanzerte Hand, während sein Schwertarm nach vorne wies. Das Bild, welches sich ihnen bot, war aber auch zu befremdend. Unzucht und Keuschheit verstellten ihnen den Weg, woran die jeweils stark augenfällige Kleidung der beiden keinen Zweifel ließ. Hand in Hand schoben sich die ungleichen Schwestern dem Tross schwitzender Pferdeleiber entgegen und schienen unverbrüchlichen Willens, die Wut nackter Gewalt nur mit der bloßen Kraft ihrer wunderlichen Vermählung aufzuhalten.

Vorsorglich fiel Rudolf zurück in einen langsamen Trab. Als aber die Dirne sich augenblicklich in den Wald schlug, sprang er aus vollem Lauf vom Pferd und Arnold tat es ihm gleich.

»Was geht hier vor?«, herrschte er die Nonne an. Rudolf suchte ihren Blick und wich perplex zurück.

»Maria!«

Marias Wangen erglühten mittlerweile feuerrot.

»Bitte Herr Graf, Ihr müsst mich anhören, bevor es zu spät ist. Jetzt ist nicht die Zeit für lange Erklärungen. Das Leben Eurer Gemahlin ist in Gefahr. Nüwenburg trachtet der Gräfin nach dem Leben.«

Er konnte dieses Gerede nicht mehr ertragen. Mit Annas Leibritter hatte er noch vor dem Morgengrauen die Sicherheitsbelange der Burg während seiner Abwesenheit besprochen. Wie sollte der Mann jetzt hinter Anna her sein?

Blitzschnell erfasste Rosa die brenzlige Situation und trat in den Halbschatten heraus.

»Herr Graf, ich bin es, Rosa Arnleder.«

Verblüfft ging Rudolf auf die Frau zu. Heinrichs Tochter war doch vor einigen Monaten verschwunden. Aber tatsächlich!

»Wie kann das sein?«

»Alles, was Maria gesagt hat, ist wahr. Nüwenburg hat mich in ein Frauenhaus nach Basel verschleppt, nachdem er mir zuvor die Ehe versprochen hat. Ich stand ihm bei seinem Vorhaben im Wege. Rotberg und Graf von Lupfen haben Friedrich mit hoher Belohnung und dem Ritterstand bestochen, wenn er die Gräfin auf den Stein zu Rheinfelden verschleppt. Sie wollten Euch von den Verhandlungen fernhalten. Die Gräfin hatte seine Verderbtheit längst durchschaut und war ihm sowieso zuwider. Eure Schwester steckt mit Friedrich unter einer Decke. Ich weiß, wovon ich rede. Burgherrin wollte sie sein, immer schon. Erinnert Euch daran, wie Ihr im Gang vor der Badestube über mich gestolpert seid! Nicht zufällig! Nein, das hat die Freifrau ausgeheckt. Ich sollte mich Euch an den Hals werfen. Als alles nichts nutzte, kam ihr Friedrichs Hilfe gerade recht. Ihr müsst eilen Herr Graf. Um Euch und das Reich zu schützen, hat die Gräfin Friedrich kurz vor Adelhausen auf ihre Spur gelockt, damit wir es noch rechtzeitig hierher schaffen.«

Er wollte sich auf die Frau stürzen, die das ganze Ausmaß seiner eigenen schweren Verfehlung entlarvte, wollte den gepanzerten Handschuh seiner Faust sich selbst ins Gesicht schmettern. Doch als griffe bereits ein Vorbote des Höllenpfuhls nach seinem verpfuschten Leben, verweigerten ihm seine Glieder den Gehorsam. Arnold von Schönau gewahrte die seelische Bestürzung des Fürsten und sprang für ihn ein.

»Die Sache mit dem Rotberg und dem Stühlinger! Woher willst du das wissen? Nüwenburg wird es dir sicher nicht gezwitschert haben, nachdem er sich deiner wenig galant entledigt hat.«

»Aus dem Munde der hohen Herren persönlich, während sie im Hurenhaus meiner besonderen Aufwartung entgegenharrten. Die Aussicht auf eine gehörige Rauferei mit einer von uns löst die Zungen der Herren geschwinder als süßer Wein.«

Gefährliches Zischen durchschnitt die Luft direkt vor Arnolds Gesicht und entlud sich mit sausendem Schlag im Stamm des Baumes neben ihm. Wie eine Kampfansage hieb die zweischneidige Klinge des Dolches eine tiefe Kerbe in die Borke bis hinein in das lebende Holz. Die Furchen in seinem Gesicht schienen wie eingemeißelt und mit maskengleicher Starre verfolgte Rudolf den Flug seiner Blankwaffe, deren goldene Klinge zuckend im gebrochenen Licht der Tannen flimmerte. Er hatte den Fehdehandschuh geworfen.

»Von Schönau, führt meine Leute zurück in die Burg und wartet dort! Nein, Michael, dieses Mal bleibst du bei deinem Vater!«

Auf zwei Dinge vertraute Rudolf bei seiner Suche, darauf dass sich Anna in die sicheren Grenzen seines Reiches flüchtete in ein Gebiet, das ihr vertraut war, und auf Isabella. Anfänglich stromerte die Hündin noch auf abschweifenden Wegen und Rudolf war nahe daran, die Fassung zu verlieren. Selbstvorwürfe trübten seinen Verstand. Anna, die seinetwegen wie ein verängstigtes Reh durch die Wälder gehetzt wurde! Was hatte er ihr nur angetan mit seinen haltlosen Verdächtigungen und Herabsetzungen? Nie würde sie ihm verzeihen können.

Endlose Trauer nistete sich in sein Herz. Er hatte sie verloren. Aber niemals, niemals ließe er zu, dass sie auch noch ihr Leben für ihn hingab. Die pure Vorstellung, dass Nüwenburg sie immer weiter in die Enge trieb, bis er sich rücksichtslos Annas feingliedriger Gestalt bemächtigte und seine groben Pranken ihre weiche Haut verletzten, versetzte Rudolf in wilde Raserei. Doch seitdem Isabellas Lauf geradlinig verlief, war in ihm die überlegene Gesinnung des Jägers erwacht. All die bitteren Gefühle hatte er hinter einer unsichtbaren Wand verschlossen und jetzt konzentrierte er sich ausschließlich auf die vor ihm liegende Pirsch, jederzeit auf der Hut, seine jagende Beute zu stellen.

Unbeirrt folgte die Dogge dem Ruf ihres Gefährten. Zu oft hatte Kunz den Grauen davon abgehalten, seinem Widersacher das Fleisch von den Knochen zu reißen. Jetzt hatte der Junge keine Zeit gehabt, auf ihn zu achten, und der Wolfshund war dem verhassten Geruch auf den Fersen geblieben. Sobald Rudolf die Endenburger Höhe erreichte, hätte er Isabellas Führung nicht mehr bedurft.

Nunmehr war er sich sicher. Nirgendwo anders als in ihrer gemeinsamen Kapelle hatte Anna Schutz gesucht. Als hätte sie seine Gedanken erraten, verschwand die Dogge still und heimlich im Unterholz. Noch bevor Rudolf den bergenden Waldrand durchdrang, vernahm er das ächzende Bersten von Holz. Eine winzige Lücke zwischen den letzten Tannen gab den Blick frei auf die schneebedeckte Lichtung. Wieder splitterte das Holz unter Nüwenburgs wuchtigem Schwinger und sein Schwert spaltete die Gottespforte. Krachend brach sie entzwei. Rudolf stockte der Atem, als er Anna gewahrte. Es war, als hielte er ihr hämmerndes Herz in seinen Händen. Wie ein eingesperrtes Vögelchen kauerte Anna auf dem Boden zu Füßen dieses tobsüchtigen Kriegers.

»Nüwenburg! Die Hand, welche Ihr gerade gegen meine Gemahlin erhebt, wird die erste sein, die Ihr verliert. Jene andere, mit der Ihr es gewagt habt, sie zu berühren, trennt mein Schwert hernach von Eurem Körper. Euer eigener Vater aber wird es sein, der sich meiner bedient, Euch den Kopf abzuhacken.«

Als entlüde sich der Zorn Gottes über seinem Haupt, erzürnt über die Schändung seiner heiligen Wohnstatt, fuhr Friedrich in hitziger Panik herum. Es war genau in diesem Augenblick, dass sich der Himmel auftat und die schimmernde Glorie seines hellsten Sterns über die Waldlichtung ergoss. Scharf sog Friedrich die Luft ein und vergaß im blendenden Schein der Rüstung, sie wieder freizugeben. Der Fürst war gekommen, von ihm Tribut zu fordern. Würde es ihm nicht gelingen, sich auf sein Pferd zu retten, sein Leben wäre unumstößlich verwirkt. Diesem gewaltigen Kämpfer war er hoffnungslos unterlegen.

»Anna, ist dir etwas geschehen?«

Rudolf verging fast vor Sorge um seine Gemahlin.

Mit dem Trieb des Verlierers ahnte Friedrich, dass sich ihm keine zweite Gelegenheit zur Flucht bieten würde. Er nutzte die Ablenkung des Markgrafen. Schnell rannte er mit weiten Ausfallschritten an dessen breitbeiniger Gestalt vorbei. Rudolf hatte nur noch Augen für Anna. Er wollte zu ihr, sie nie mehr alleine lassen.

»Nüwenburg, wohin Ihr auch geht, Euch erwartet das Ende eines Feiglings.«

Wolfsklagen schallte durch die Flur und von allen Seiten stimmten sie ein, bis die Luft von ihrem Geheul pulsierte. Doch Rudolf und Anna unterlagen ihrem eigenen Bann. Nahezu hilflos stand der eben noch furchterregende Markgraf vor seiner Gemahlin und traute sich nicht, sie auch nur anzusehen. Auch Anna verweilte still im schmalen Gang vor dem Presbyterium.

»Du lässt ihn entkommen?«

»Ja! Ich kann nicht von dir weg.«

»Man wird sich fragen, ob du versagt hast.«

»Zu Recht!«

»Ich verstehe nicht.«

Jetzt erst richtete Rudolf den Blick auf. Anna glaubte, in dem waidwunden Abgrund hinter seinen Augen zu ertrinken.

»Habe ich denn nicht versagt? War es nicht genau an diesem Flecken, an dem ich schwor, dich zu lieben und mit meinem Leben zu schützen? Und wie viel Leid habe ich dir stattdessen zugefügt? All die Schmach! Nie wirst du mir verzeihen können. Ich habe dich verloren und kann mir selbst nicht mehr in die Augen sehen.«

Liebkosend bedeckte Anna seinen Mund mit ihrem Zeigefinger.

»Nein! Du hast mich nicht verloren. Rudolf, ich war auf dem Weg zu dir, als Nüwenburg und zem Angen mich gewaltsam verschleppten.«

»Zem Angen, der Oberzunftmeister?«

Grimmig spannte Rudolf die Muskeln seiner Wangen an.

»Es wird ihn das Leben kosten.«

»Später! Zuerst folge mir in unser Paradies!«

Rudolf war wie betäubt. Er wäre Anna auch in den sicheren Tod nachgegangen, als ihre schmale Hand nach der seinen griff.

»Meinst du, es wäre ein zu waghalsiges Abenteuer für den Silbernen Ritter, seiner Gemahlin ohne Panzerhandschuh gegenüberzutreten?«

Als sprengte er die Ketten, welche sein Herz gefangen hielten, lachte Rudolf laut auf. Das war seine Anna. Wie hatte er sie vermisst, ihre humorvolle Art, ohne deren frappierende Leichtigkeit ihm selbst so mancher Erfolg als Landesherr versagt geblieben wäre.

»Gegen deine Pfeile ist kein noch so hart geschmiedeter Panzer gerüstet. Wenn du mir hilfst, entledige ich mich gleich meines ganzen Brustharnischs.«

Es war ihm einerlei, wie sehr die Kälte ihm zusetzen würde. In Wahrheit hatte Annas kurze Berührung bereits genügt, ein Flammenmeer in ihm zu entfachen, und als der breite Spann seiner Hand endlich die ihre umfing, wusste er, dass nur Anna seine Feuersbrunst zu löschen vermochte. Wie ein Traumwandler ließ er sich von ihr hinausführen an die Stelle ihrer ersten Vereinigung und staunte nicht schlecht. Genau dort erhoben sich zahlreiche Buchssträucher aus dem Schnee und formten mit ihrem immergrünen Bewuchs die deutlichen Konturen eines Pentagramms. Zwischen den doppelreihig angeordneten Ziersträuchern wuchs Rosengehölz in den unterschiedlichsten Anordnungen. Hand in Hand standen sie zwischen den beiden unteren Spitzen umrankt von kletternden Bögen einer orientalischen Art.

»Sieh Rudolf! So wie du die gegenüberliegenden Spitzen meines Gartens mit deinen Schritten geradlinig verbinden kannst und ohne einmal umzukehren doch wieder am Ausgangspunkt ankommst, so finden auch wir immer wieder zueinander. In diesem Sinn gleicht keine Blume der Liebe mehr als die Rose, in deren Innerem das Geheimnis des fünfzackigen Sterns verborgen liegt. Wenn das Frühjahr den Schnee taut und die Sonne uns neues Leben schenkt, wirst du dieses Mysterium sehen und fühlen und riechen können, sobald sich die jungfräuliche Knospe öffnet und dich der Duft ihrer fünf Blütenstände umgarnt. So wie du in den Schriften deiner

Chronik wollte auch ich Zeugnis ablegen von der Kraft unserer Liebe. Deswegen ritt ich so häufig mit Hartenfels hierher. Verzeih Rudolf, dass ich es dir nicht schon früher gesagt habe! Aber dein Misstrauen hat mich so gekränkt. Fast hätte mein Stolz nicht nur uns sondern auch das ganze Reich vernichtet.«

Ihre Worte hatten sein Begehren ins Uferlose gesteigert. Mit jeder Faser seines Körpers sehnte er sich danach, ihr zu Füßen zum zweiten Mal sein feierliches Ehrenwort abzulegen.

»Bei allen Heiligen Anna, zieh diese Kluft aus, bevor ich mich vergesse und dir diesen Stoff der Enthaltung vom Leibe zerre!«

Auch Anna fürchtete sich nicht vor dem Frost. Als Rudolf wie damals ein Wollgewebe auf der geschützten Stelle unter dem Dachvorsprung des Kapellchens auslegte, spürte sie die feuchte Hitze der Erregung auflodern. Das einfache Hemd klebte an den Formen ihrer Haut und zwischen ihren Brüsten bildeten sich feine Schweißperlen. Eine ganze Weile lang berauschte Rudolf sich am Anblick seiner glühenden Frau. So lange hatte er sich nach ihrer Willigkeit verzehrt, jetzt genoss er jeden Zoll ihres brennenden Körpers. Annas Herz schlug bis zum Hals, und je heftiger sich ihr Brustkorb hob und senkte, desto stärker rieb der raue Stoff über ihre empfindsamsten Stellen. Rudolf schluckte. Endlich war Anna für ihn bereit. Mit unendlicher Zärtlichkeit bettete er sie auf den tuchbeschirmten Grund und bedeckte ihre durchscheinende Blöße mit seinen mächtigen Gliedern. Die Weichheit, mit der ihr Schoß ihn aufnahm, raubte ihm den letzten Halt. Er gehörte ihr wie sie ihm. Mit dem Siegel seines Mundes umschloss er den ihren und erneuerte seinen Schwur.

Ihre Läufe schnellten vor und zurück im anfeuernden Takt behaglichen Gleichklangs. Er hatte sie gerufen und Luna war gekommen. Drüben im Dickicht des Südhangs preschte die Wölfin am Kopf ihres Rudels nach vorn, während er und Isabella auf den flachen Rücken der Berge diesseits des Weges dahinstoben. Er war frei geboren und aus freiem Willen hatte er sich Kunz angeschlossen. Die Unterwürfigkeit des Opfertieres war wider seine Natur. Und jene Kreatur, welche jetzt in ihrer Mitte eingekesselt war, hatte ihm den Kampf angesagt. Verbrüdert im Blute ihrer Ahnen hetzten die Räuber die Beute und folgten der uralten Weisheit des Waldes.

Friedrich wusste nicht, was um ihn herum geschah. Er hörte nichts, er sah nichts und doch kroch ihm die Angst ins Gedärm. Sein Pferd war kaum noch zu bändigen. Wie sollte man sich eines unsichtbaren Feindes erwehren?

»Wer da?«

Auch die Menschlichkeit seiner eigenen Stimme vertrieb nicht die beklemmende Furcht vor dem Unbekannten. Irgendwo in diesem Fichtendickicht lauerte tödliche Gefahr. Und sie wollte ihn. Eisige Klauen griffen nach seinem Verstand. Mit dem ruhelosen Blick eines Schwachsinnigen streiften seine Augen immer hektischer über die hölzernen Gestalten. Der Schrei blieb ihm in der Kehle stecken, als es ihn rücklings aus dem Sattel hieb. Immer noch bäumte sich der Hengst mit weißverdrehten Augen über Friedrich auf und zertrümmerte dabei den Fuß des Edelknechts. Im Gegensatz zu seinem Herrn hatte das Tier ihn gesehen, den Grauen, der mit gebleckten Zähnen und hochgezogenen Lefzen wie aus dem Nichts über ihm auf dem Felsvorsprung aufgetaucht war. Nüwenburg spürte keinen Schmerz. Abwechselnd kriechend und laufend entfloh er diesem Hexenkessel. Gleichwohl die wirren Stränge des Wahns spukten bereits in seinem Kopf. Sein Vater! Er drohte ihm mit der Faust.

»Verräter, Feigling! Wie konntest du mich so hintergehen?«

Nüwenburg schlug die Hände vors Gesicht und stolperte. Sein hinkender Fuß hatte sich im holzgefassten Bachzulauf des Wasserrades seiner eigenen Eisenhütte verfangen. Bäuchlings schlug er nieder und die herabdrehende Schaufel des Rades verklemmte sich in seinem Genick. Ruckartig verstummte das monotone Geräusch des Blasebalgs, als Friedrich ertrank.

Noch hatte Ita nicht aufgegeben. Aufgewühlt schritt sie im Palas hin und her. Arnold von Schönau hatte sie mit abfällig verzogener Miene von Kopf bis Fuß gemustert und kein Sterbenswörtchen mit ihr geredet, als sie sich nach dem Grund für die Rückkehr erkundigte. Aber Marias Erscheinen war ihr Antwort genug gewesen, und als der Ritter seinen Vasallen befahl, nach Kunz zu suchen, hatte sie vorläufig klein beigegeben und gemeint, dass der Stallbursche auch ihrer Meinung nach lange genug für seine Unachtsamkeit im Verlies gesessen habe.

Aber solange Anna ausblieb, war sie noch nicht mattgesetzt. Wer weiß, vielleicht gelang es Rudolf nicht, Nüwenburgs und Annas habhaft zu werden. Jetzt! Sie hörte es deutlich an den Stimmen der Männer. Rudolf kehrte heim. Ihre Zähne klapperten, aber sie musste sich Gewissheit verschaffen. Gerade hob Rudolf seine Gemahlin vom Pferd und trug sie auf seinen Händen in die Halle. Ita fasste sich an die Brust. Vielleicht war Nüwenburg ja nicht mehr dazu gekommen, sie zu bezichtigen. Was Hartenfels anging, nun sie war eben genau demselben Irrtum erlegen wie ihr Bruder. Angriff war die beste Verteidigung. Zielstrebig schritt die Freifrau hinunter. Neben dem prasselnden Feuer des Kamins saß Anna und wurde so liebevoll von Rudolf umsorgt, dass es Ita schüttelte, hingegen ihre Stimme Süßholz raspelte.

»Liebste Schwägerin! Lass dich umarmen! Wie habe ich mich gesorgt, als du nicht … «

Rudolf stellte sich vor Anna. Kalte Wut stand ihm ins Gesicht geschrieben.

»Geh mir aus den Augen Ita! Dass dein Leben verschont bleibt, verdankst du nur Anna. Es ist nicht mein Wille. Aber der Wunsch meiner Gemahlin ist mir Befehl. Verlass mein Reich, bevor ich es mir anders überlege!«

Auf seinen Wink hin geleiteten die Wachen Ita hinaus. Draußen wurden bereits zwei ihrer Truhen auf ein hölzernes Fuhrwerk gehoben, das Einzige, was Rudolf seiner Schwester zugestand und die beiden Knechte, welche sie in den zugigen und öden Felshort ihres verstorbenen Gemahls geleiten sollten. Am Burgtor hielt Gerhard das ärmliche Gespann an. Ohne viel Federlesens tastete er über den Leib der Freifrau.

»Du wagst es, mich anzufassen?« Ita war empört.

»Befehl vom Markgrafen, als er soeben zurückgekommen ist!«, grinste Gerhard frech. »Ihr habt noch etwas, das unserer Herrin gehört.«Schlüssel klimperten an einem Ring, als der einfache Soldat die Burgschließen mit schadenfroher Wonne in die Höhe hielt.

Epilog

AS stotterst du da? Wieso kriegst du deine Zähne nicht auseinander? Ich sage es dir zum letzten Mal, diese elende Sauferei in den frühen Abendstunden muss aufhören, sonst kannst du deinen Hintern irgendwo anders wärmen.« Angesichts der bacchantischen Drohworte des Hurenwirts knirschte der Hausknecht nur noch mehr mit den Backenzähnen und deutete eingeschüchtert auf die Tür zur Straße. Im sterbenden Licht des Tages hoben sich klar die gebieterischen Umrisse eines tiefschwarzen Gewandes vom schmutzigen Einheitsgrau des Elendsviertels ab.

»Ihr?« , war das einzige, was der Dirnenmeister hervorstieß.

»Welch seltsamer Freier! Treibt Euch die Neugier oder die Lust?«

Rosa machte gar nicht erst den Versuch, ihre Geringschätzung zu verbergen.

»Nun, in beiden Fällen wird es Euch sicher gefallen, die Bekanntschaft meiner Mitstreiterinnen zu machen, die mit ihrem sündigen Treiben für rechtschaffene Ehebetten außerhalb unseres Domizils bürgen, ganz im Sinne der Kirche, wie mich einst ein Diener Gottes aufklärte.«

Rosa lehnte sich zufrieden an die Wand und beobachtete die Szene in der Empfangshalle mit hintergründigem Kopfschütteln. Ihr überraschender Besuch genoss das obszöne Bad in der Mitte der Huren aus vollem Herzen. Ob aus lüsterner

Stimmung oder zur Beruhigung plagender Gewissensbisse, jedenfalls ergriff er willkürlich einen Becher nach dem anderen.

Verspielt streichelten ihre Füße das warme Fell des Hengstes und Anna bettete verträumt den Kopf an Rudolfs Brust. Heute Morgen hatte er sie im Burghof kurzerhand vor sich aufs Pferd gehoben und war mit ihr nach Endenburg geritten. Der Sommer war in diesem Jahr schon früh ins Land gezogen und hatte mit seinen warmen Strahlen bereits an die Knospen so mancher Rose geklopft, ihren samtigen Blütenkelch zu spreizen. Die herrlichen Duftwolken ihres Gartens umschmeichelten immer noch Annas Sinne, obwohl sie die Mauern von Rötteln fast wieder erreicht hatten.

Seit jenen schlimmen Geschehnissen des vergangenen Winters hatte Rudolf sie jeden Tag auf Rosen gebettet. Gestern erst führte er sie mit verbundenen Augen in seine Rötteler Kirche, wo sie sprachlos vor Staunen ihres und Rudolfs steinernem Abbild gegenüberstand. Ein Meister des Meißels musste sie erschaffen haben, so vollendet trat jedes Detail zu Tage, ein wahrhaft fürstliches Bekenntnis seiner Liebe zu ihr, gemacht für die Ewigkeit. Anna schmunzelte verschmitzt, als sie an die beiden Hundefiguren zu ihren Füßen dachte.

»Rudolf, die Hundefiguren unter meinen behauenen Sohlen, sind sie Sinnbild meiner Treue zu dir oder Mahnmal der Erinnerung an die Bestrafung Nüwenburgs?«

Sinnend schaute der Markgraf in die Ferne und erneut fühlte er die befriedigende Genugtuung über die Umstände von Friedrichs Tod, wie sie ihm von den Arbeitern der Kanderner Eisenhütte geschildert worden waren.

»Warum sollte ich mich entscheiden, da doch beides zutrifft?«

Lachend küsste er ihr auf den Mund, als plötzlich Staubwolken sie einnebelten. An beiden Seiten donnerten Pferdehufe an ihnen vorbei. Behütend zupfte Rudolf ein paar aufgewirbelte Grashalme aus Annas Haar und fegte sich ärgerlich den Staub von den Beinen.

»So geht es nicht weiter, Anna. Kunz benötigt die starke Hand seines eigenen Ritters. Seit er sich mit Michael in die Aufgabe teilt, schießen die beiden ständig übers Ziel hinaus.«

»Lass sie doch, Rudolf! Kunz und Michael lieben es, sich nicht nur mit dem Schwert sondern auch im Wettreiten zu messen. Ich kann mir einen schlechteren Zeitvertreib für zwei junge Burschen von Stand vorstellen.«

Wie Maria, die nun als Gräfin zu Sitzenkirch Itas ehemalige Gemächer bewohnte, hatte Rudolf als regierender Markgraf auch Kunz als Dank für Annas Rettung einen Adelsbrief ausgestellt. Seither steckten der junge Schönauer und Kunz ständig die Köpfe zusammen und heckten so manchen Unsinn aus, wie damals, als sie nächtelang nach Richards Leiche gesucht hatten, ohne zuvor Rudolf um Erlaubnis zu bitten. Eine Hundertschaft von Rudolfs Männern hatte tagelang den Wald nach den beiden durchforstet. Wenn aber Kunz in seinem Waldreich nicht gefunden werden wollte, so spürte man ihn auch nicht auf. Allerdings hatte auch der Wald die Überreste des jungen von Lörrach nicht wieder hergegeben.

Gerti, der die Unterstützung durch die neue junge Kindsmagd sichtlich gefiel, wartete mit Wilhelm am Tor der Oberburg auf die Rückkehr des Markgrafenpaares, konnte aber Wilhelm nicht zurückhalten, als der Kleine seinen Vater erblickte. Gerade erst hatten sie den Rittersaal betreten, da überreichte Fritschmann zem Ryn seinem Herrn einen versiegelten Brief.

»Nanu Fritschmann, seit wann landen solcherlei Dinge bei dir und nicht bei unserem Haushofmeister?«, wunderte sich Rudolf.

Der Diener deutete mit vielsagendem Blick auf den Umschlag.

»Er ist einer Nachricht für mich beigefügt worden. Rosa Arn-leder bat mich darin, ihn Euerer Gemahlin auszuhändigen.«

Das erklärte den ungewöhnlichen Weg des Schriftstücks.

»Was will diese Frauensperson von dir, Anna?«

Zwar erkannte der Markgraf Rosas Hilfestellung bei Annas Flucht an, aber nie würde er Heinrichs Tochter deren vorherige böswillige Intrige je vergessen.

»Das werden wir nur feststellen, wenn wir das Schriftstück lesen.«

Angespannte Stille herrschte im Saal, während die Gräfin sich in eine Fensternische zurückzog und schweigend las:

»Frau Gräfin, ich muss Euch berichten, dass Euer Burg-priester, Zyfridus von Enkenbruch, das Zeitliche gesegnet hat. Ihr werdet verstehen, dass ich darüber kein Bedauern empfinde. Warum er mich gestern aufsuchte, kann ich Euch nicht sagen. Im Anblick geballter willfähriger Weiblichkeit um ihn herum griff er zu unbedacht nach den Freuden des Weines. Ihr wisst, wie unsereins sich vor der Frucht des Le-bens zu schützen pflegt. Nicht immer sind diese Kräuterzu-sätze, die wir unserem Wein beimischen, bekömmlich, schon gar nicht in diesen Mengen. Gottes Wege sind unergründlich. Lebt wohl! *Rosa*«

Stumm reichte Anna den Brief ihrem Gemahl.

Rudolf überflog die Zeilen und hielt ihn sodann über eine Kerze. Während er zusah, wie die Flamme am Papier züngel-te, ließ er seinen Gedanken freien Lauf.

»Besser man verbrennt bei Zeiten solcherlei Zeilen als hin-terher den Empfänger. Anna, du weißt, wie brandgefährlich das Wissen um derlei Tun ist. Hexenwerk nennt es die Kirche und ihr Reden darüber wird immer vehementer, auch wenn sie noch damit hinter dem Berg hält. Aber irgendwie muss ich Rosa zustimmen. Denk doch nur an den plötzlichen Tod des zem Angen! Nur zwei Wochen nach deiner Flucht hat ihn das Lungenfieber dahingerafft und vorbei war es mit Rotbergs Hoffnung, sein Söldnerheer gegen die Habsburger wiederum in Marsch zu setzen. Marschalk und seinen Getreuen ist es gelungen, den Buochpart vorübergehend zum neuen Oberzunftmeister zu bestimmen, und der entzog dem Bürgermeister die alleinige Macht über die Gewappneten, und nachdem der Wiler jetzt das Amt des Ammeisters bekleidet, hat Bischof Humbert sogar tatsächlich den Marschalk zum Bürgermeister ernannt und den Jettingen zum Meister der Zünfte. Was war es für ein Tag, als die Baseler den Rotberg und den Erenfels wie Hunde aus dem Tor gejagt haben. Gottes Wege sind wirklich unergründlich.«

Mit hinter dem Rücken verschränkten Armen stand Rudolf vor dem Fenster und stierte in die Nacht. Anna kannte diese Geste. Immer wenn ihn Sorgen drückten, suchte Rudolf die Lösung in den Weiten des Horizonts. Und seine jetzige Bürde hieß – Graf Johann von Lupfen. Herzogin Katharina hatte bis heute zu nicht eingewilligt, Rudolf in dieser Angelegenheit zu empfangen, und noch immer war die Gefahr eines neuerlichen Stoßes durch ihren Landvogt nicht gebannt.

Anna dachte an den Comte de Beaune. Sie hatte Rudolf nie über dessen wahren Namen aufgeklärt. Zum einen wollte sie ihren Gemahl nicht unnötig an sein Fehlverhalten erinnern, denn sie wusste gut genug, wie sehr er daran litt. Zum anderen aber hatte sie sich davor gescheut, Hoffnungen zu wecken, die sich vielleicht nie erfüllen würden. Auch Kunz und Maria hatte die Gräfin zu Stillschweigen verpflichtet und, wie sich jetzt herausstellte, wohl zu Recht.

Seit der Comte sie vor einem halben Jahr im Kloster Sitzenkirch verlassen hatte, war nie wieder eine Nachricht von ihm eingetroffen. Besonders Maria empfand darüber tiefe Trauer. Selbst in Zeiten, als ihre Freundin als Schankmagd gedient hatte, war mehr Lebenslust in ihr gewesen, als heute, wo sie als Gräfin ein höfisches Leben führte. Anna erhob sich von ihrem Stuhl und schmiegte sich an Rudolfs Rücken.

»Lass uns zu Bett gehen! Morgen ist ein neuer Tag mit neuen Möglichkeiten.«

»Vater was tust du hier? Du kannst nicht einfach . . . «

Mit einem Handstreich schob Arnold von Schönau seinen Sohn zur Seite.

»Und ob ich kann!«

Schon stand der Ritter im Schlafgemach des Markgrafen mit einem verdutzt zappelnden Michael am Arm. Der Lärm hatte Rudolf geweckt und mit einem Laken bekleidet und dem Schwert bewaffnet stand der Markgraf bereits kampfbereit vor dem Bett. Anna hielt verkrampft die Daunendecke unter ihrem Kinn fest.

»Ihr wisst Schönau, Euere Familie ist mir stets willkommen, aber es gäbe durchaus geeignetere . . . «

»Es ist keine Zeit für Höflichkeiten. Herr Graf, wir sind umzingelt.«

»Wollt Ihr etwa andeuten, dass die Burg belagert wird?«

»Ja! Still und heimlich im Schutze der Nacht sind sie gekommen. Noch nie habe ich erlebt, dass ein ganzes Heer es schafft, so lautlos ein Lager aufzuschlagen.«

»Wer ist es?«

»Das Wappen auf ihrem Banner ist mir nicht bekannt.«

»Fritschmann, Michael schnell meine Rüstung!«

Auf dem Weg zum Wehrgang an der Außenmauer überdachte Rudolf in Windeseile die Verteidigungslage der Burg. Sie waren gut gerüstet. Von Schönau war hier und ebenso der Inzlinger mit seinen tüchtigen Männern. Sollte gar der von Lupfen sich soweit versteigen, ihn anzugreifen? Aber dessen Wappen hätte Arnold schon aus weiter Ferne erkannt. Mann an Mann bildeten die Fremden einen Schilderwall rund um die Mauern seiner Burg. Aber bisher war keine Attacke geritten worden, was Rudolf überaus irritierte. Weshalb verspielten die Angreifer einen so wesentlichen Vorteil wie den der Überrumpelung? Auch ihm sagte das Emblem auf dem mitgeführten Banner nichts. Ein einzelner Reiter löste sich von der Gruppe und hielt ein weißes Tuch hoch, das an seiner Lanze befestigt war. Dicht vor dem Nordtor in unmittelbarer Nähe zu Rudolf hielt er an.

»Der Comte de Beaune verlangt ein persönliches Gespräch mit der Markgräfin Anna von Hachberg zu Rötteln. Er weiß, dass sie auf der Burg weilt.«

Rudolf wurde blass. Was war das für ein Ansinnen und wozu? Dieser unbekannte Comte konnte doch nicht ernsthaft glauben, dass er Anna den Wölfen zum Fraß vorwarf.

»Normalerweise klopft man dazu friedlich an meine Pforte und bittet mich um Erlaubnis?«, gewitterte Rudolfs Stimme herunter.

»Mein Herr hegt die Befürchtung, Ihr könntet es ihm abschlagen, wenn seiner Bitte die nötige Überzeugungskraft fehlt.«

Welch kaltschnäuzige Unverfrorenheit! Gerade setzte der Markgraf zu einer passenden Erwiderung an, da gewahrte er Anna, die sich durch seine Soldaten zwängte. Er wollte sie abfangen, bevor sie sich über die Brüstung lehnte und sich den Belagerern zeigte. Aber zu viele seiner Männer standen zwischen ihnen. Als er sie endlich erreichte und mit heftigem Ruck zurückzog, lachte seine Gemahlin über das ganze Gesicht.

»Rudolf entweder du öffnest dem Comte die Tore, so weit wie es geht, oder ich gehe barfuß zu ihm hinaus. Er ist es, Wolf von Hartenfels, und mit ein wenig Glück, bringt er dir gute Nachricht von Herzogin Katharina.«

Rudolf verstand kein Wort und sah dabei so unglücklich aus, dass Anna ihm vor den Augen aller vermeintlichen Feinde und inmitten ihrer Landsknechte einen herzhaften Kuss gab. Das gab den Ausschlag. Dieses Mal würde er Anna vertrauen. Rudolf trat an die Mauer.

»Der Comte wird verstehen, dass sich meine Gemahlin nicht wie eine gewöhnliche Bauersfrau zu ihm begibt. Dagegen steht es ihm frei, sie mit seinem Gefolge in meiner Burg aufzusuchen. Wachen lasst das Fallgitter herunter!«

Rudolf ließ sich seinen Hengst bringen und ritt zum Haupttor. Ein einzelner Reiter preschte vor und gab seinen Geharnischten die Anweisung zurückzubleiben. Dieses Pferd! Rudolf kannte es. Ein so imposanter Rappe war auffallend. Antonius! Seine Frau hatte Recht.

»Wie ich höre, nennt Ihr Euch jetzt Comte de Beaune. Seid also willkommen, Herr Graf.«

»So seht Ihr mir mein heimliches Verschwinden nach?«

»Ich hatte nie einen Anspruch auf den Treueid des Grafen von Beaune.«

Als Zeichen seiner Gastfreundschaft stieg Rudolf als Erster vom Pferd. Im Rittersaal hatte Anna bereits Wein und Gebäck auftischen lassen und eilte Wolf mit ausgestreckten Armen entgegen.

»Ich kann Euch gar nicht sagen, wie sehr ich mich freue, Comte. Aber sagt, ist es in Burgund üblich, zu einem Freundesbesuch gleich das gesamte Heer mitzubringen?«

»Verzeiht! Aber eine gewisse Vorsicht schien mir aufgrund der Vorkommnisse geboten. Versteht mich nicht falsch Graf Hachberg … «

»Schon gut. Ich bin es, der sich bei Euch entschuldigen muss.«

»Schluss jetzt! Vorbei ist vorbei! Ich möchte Euch jemanden vorstellen. Bitte kommt herein Gräfin.«

Anna öffnete Maria die Tür und winkte Rudolf beharrlich zu sich. Leise schlossen sie den Eingang hinter sich und ließen Wolf und Maria allein.

»Anna, ich finde, die beiden hatten wirklich genügend Zeit, sich auszusprechen. Wir haben ja schon das Mittagsmahl alleine auf unseren Gemächern eingenommen. Ich will jetzt wirklich wissen, ob de Beaune bei Katharina etwas erreicht hat.«

Anna hatte ihm alles berichtet und Rudolf brannte darauf, sich mit dem Burgunder zu unterhalten.

Wolf hatte seine Hand auf Marias gelegt, die nur noch Augen für ihn hatte. Beim Eintreten der beiden erhob er sich.

»Nachdem Ihr mir die Gräfin Sitzenkirch zugeführt habt, darf ich Euch nun die zukünftige Comtess de Beaune vorstellen, meine Braut.«

Anna nahm Maria in die Arme.

»Ich freue mich für dich Maria, denn ich weiß, wie sehr du ihn liebst, auch wenn es für mich bedeutet, dich zu verlieren.«

»Burgund ist nicht aus der Welt. Anna wir werden uns besuchen. Nicht wahr, Wolf?«

Die beiden Männer schauten sich über die Köpfe der Damen hinweg an.

»Nur wenn dein Gemahl nicht jedes Mal meine Burg belagert Maria.«

»Versprochen!«

»Aber sagt Graf de Beaune … «

»Da wir uns ja offensichtlich zukünftig häufiger begegnen nennt mich beim Vornamen! Und ja, Katharina hat eingewilligt. Sie will keinen Krieg mit denen von Basel und bittet Euch um eine Unterredung. Das war es doch, was Ihr wissen wolltet?«

Rudolf klopfte dem Grafen auf die Schulter.

»Jetzt bin ich Euch noch mehr zu Dank verpflichtet, Wolf.«

Vor der Tür wurden Stimmen laut. Heinrich klopfte an und hinter ihm stand ziemlich kleinlaut Kunz. Seit sein Ritter die Burg betreten hatte, erhoffte er eine Gelegenheit, ihm zu begegnen. Jetzt stand er im Büßerhemd vor ihm wie ein dummer Junge, der an der Tür gelauscht hatte. Am liebsten wäre Kunz im Boden versunken. Rudolf wandte sich mit gestrenger Miene an Wolf.

»Dieser junge Edelknabe bedarf dringend einer strengeren Hand als der meinen. Er ist ein besonderer Heißsporn und keiner meiner Ritter ist erpicht darauf, ihn zu erziehen. Wie steht es mit Euch Wolf? Ihr suchtet doch immer nach einem Knappen.«

Der lächelte Kunz an. »Wenn das so ist. Ich opfere mich gern.«

Kunz schluckte vor Aufregung. Jetzt war er der Knappe eines richtigen Grafen. Rudolf nickte zufrieden.

»Was haltet Ihr davon, wenn wir anlässlich so vieler freudiger Ereignisse ein Turnier austragen? Ich muss sagen, Wolf, einer Wiederholung unseres damaligen nächtlichen Duells bis in die Morgenstunden wäre ich nicht abgeneigt.«

»Nein!« , schrien Anna und Maria wie aus einem Munde.

Einblick in die Historie

Markgraf Rudolf III von Hachberg-Sausenberg sollte recht behalten. Nach zähem wochenlangem Ringen mit Herzogin Katharina, die extra in die spätere vorderösterreichische Hauptstadt Ensisheim angereist war, und dem neuen Rat der Stadt Basel erzielte der Rötteler Markgraf im November 1410 einen Friedensvertrag. Graf Johann von Lupfen musste sich für immer damit abfinden, den Titel des »Herrn zu Rappoltstein« an seinen Gegenspieler im Kampf um die Ulrichsburg, Maximum I Smassmann, verloren zu haben. Trotzdem führte er die Streitigkeiten gegen Smassmann über Jahre hinweg fort. Doch immer blieb Graf von Lupfen erfolglos gegen diesen »felix nube« der Geschichte, welcher es nicht zuletzt durch seine spätere umstrittene Heirat mit Herzogin Katharina von Burgund zu enormem Einfluss gebracht hatte. Ob ein ehebrecherisches Verhältnis zwischen den beiden zu Lebzeiten von Katharinas Gatten, also vor 1411, bestanden hat, ist fraglich. Noch im Todesjahr des Grafen von Lupfen, 1436, nahm Smassmann dem Erben seines alten Widersachers auch die Herrschaft Hohenack.

Das eigennützige Verhältnis des Bürgermeisters Rotberg mit dem Oberzunftmeister Erenfels ist dokumentiert wie auch das gesamte Geschehen um den Baseler Ratswechsel im Jahre 1410, der Tod des zem Angen (die Umstände allerdings sind frei erfunden), die Einführung des Ammeistertums und die Verbannung Rotbergs und Erenfels aus der Stadt. Ebenso deren wie auch von Lupfens kriegstreibendes Verhalten während gütlicher Verhandlungen und die Schauplätze der Kampfhandlungen sind authentisch. Eine Beziehung des militärischen Pokers um die Ulrichsburg und Rotbergs Eigeninteressen im Rat mit dem Aufbranden der damaligen Fehden ist nicht belegt, aber immerhin denkbar. Hier liegt eine der Triebfedern zu diesem Roman und folgerichtig ist die Art und Weise eines solch angenommenen Wechselspiels in allen beschriebenen Facetten wie u. a. die Entführung der Markgräfin reine Fiktion meiner Feder. Genauso sind die dargestellten persönlichen Beziehungen aller Personen untereinander frei erfunden. In Bezug auf Johann von Lichtenberg, Äbtissin Adelheid Zekin, Heinrich Gerwig, Fritschmann zem Ryn, Rudolfs Rittervasallen, Niklaus Langenhagen, Wirri und Heinrich Arnleder (seine Hofmeisterstellung entspring meiner Fantasie) habe ich mir die Freiheit erlaubt, deren geschichtlichen Wirkenszeitpunkt zu verändern. Die Gerüchte um den Tod von Rudolfs erster Frau entspringen ausschließlich meiner Fantasie. Doch wer kann bestreiten, dass solch politisch motivierte Ehen nicht häufig katastrophale Auswirkungen auf die Beteiligten hatten?

Nun aber zu meinen beiden Hauptfiguren Rudolf und Anna! In der Tat war der Markgraf ein Mann des Friedens, des Rechts und der Worte, dessen Rolle als diplomatischer Unterhändler zwischen der aufstrebenden Stadtrepublik Basel und dem feudalistisch geprägten Habsburger Hochadel einmütig geschrieben steht, wie auch in diesem Fall. Allerdings, seine initiatorische Beteiligung am Umsturz des Baseler Stadtrates findet ausschließlich in diesen Buchseiten statt. Ich meine jedoch, es ist nicht allzu weit hergeholt, dass er als Abkömmling der Thiersteiner Grafen, einem mächtigen Baseler Adelsgeschlecht, das Ohr zum richtigen Zeitpunkt am richtigen Ort hatte und über genügend Einfluss innerhalb der Baseler Stadtmauern verfügte.

Sein fortschrittliches Denken und Handeln im Hinblick auf die Beteiligung seines Volkes an der Gesetzgebung und Rechtsprechung hob ihn sicherlich weit heraus aus dem Kreis der Fürstengeschlechter seiner Zeit und war nicht zuletzt maßgebend für den Erfolg seiner Bemühungen um ein fest gefügtes Territorium. Insoweit gab mir sein reales politisches Tun im Hinblick auf den Erwerb vieler neuer Gebiete, das Gericht der Sieben, die Einführung der Landschaft und der geburṣami genügend Nahrung und bedurfte keinerlei Verschönerung. Ist auch der Gegenstand des beschriebenen Gerichtsverfahrens bloße Imagination, so ist es doch wahr, dass solche auf dem Kapf der Rötteler Burg abgehalten wurden und der beschriebene Fall durchaus so stattgefunden haben könnte; denn Abtreibung eines nach kirchlicher Auffassung bereits beseelten Fetus war Mord. Auch die Streitigkeiten mit Bischof Humbert um den Schliengener Galgen sind belegt. Sie entsprangen, wie auch zu anderen Gelegenheiten, der Landgrafenwürde des Markgrafen, die er immer gezielter dazu nutzte, eine Art Oberherrschaft über fremde Ortsherren zu manifestieren zur Etablierung einer eigenen Territorialsuperiorität, zunächst in Form der Erlangung von Hochgerichtbarkeitsrechten. Die Zurückdrängung kleinerer Adelsgeschlechter kann am Beispiel des nachgewiesenen Edelgeschlechts der Herren von Lörrach, hier vertreten durch die Figur des Richards, in Zusammenhang mit dieser Zielsetzung gesehen werden.

Alle genannten Orte sind real existent und die Wegbeschreibungen nachvollziehbar. Zum besseren Verständnis habe ich die heutigen Namensformen gewählt. So spricht z. B. vieles dafür, dass Endenburg in der ersten urkundlichen Erwähnung als »Entenburch« bezeichnet worden ist. Selbst die Nüwenburg hat es im Bereich von Kandern gegeben, allerdings bezweifle ich, dass sie tatsächlich als Treffpunkt für das erste Verhandlungsgespräch gedient hat, obwohl ein Ort dieses Namens für jene Zusammenkunft in den Regesten aufgeführt ist. Heute allerdings ist von ihr nichts mehr zu erkennen.

Wie aber steht es um Markgräfin Anna? Es ist wohl eine der Wahrheiten des Mittelalters, dass eine Frau zumeist durch einen männlichen Anverwandten agiert hat und ihre Stellung starker moralischer Repression seitens der Kirche ausgesetzt gewesen ist. Im Hinblick auf hochstehende Edeldamen überwachte nicht selten der eigene Hofstaat deren sittliche Rechtschaffenheit. Hierauf fußt meine Figur der Ita. Die für unsere heutigen Ohren manchmal derbe bis archaisch klingende Wortwahl ihrer Helfershelfer und manch anderer einfachen Magd resultiert aus dem harten Dasein dieser Menschen, welche ihre karge Existenz tagtäglich unter Einsatz ihres Lebens der launischen Natur abgerungen haben.

Annas nachgewiesener Mut, in einem solchen Umfeld stetiger Überwachung während der Hasspredigten gegen die Beginen Bischof Humbert die Stirn zu bieten, inspirierte mich, sie auch als kräuterkundige Heilerin zu charakterisieren, eine Tätigkeit, deren Ausübung bereits in ihrem Lebensabschnitt des Spätmittelalters von manch einem fundamentalistischen Eiferer als Hexenwerk tituliert wurde. Überhaupt führte es mich dazu, an ihrer Person die Handlungsweise einiger Kirchenmänner zu offenbaren. So ist zwar Annas Begegnung mit dem Weitenauer Prior erdacht, jedoch die Art der Bestrafung eines Eigenen wegen dessen unerlaubter Eheschließung mit einer Unfreien aus fremdem Grundherrschaftsgebiet überliefert, nur zeitlich versetzt. Auch habe ich daher gewagt, der Markgräfin Worte aus dem »Hohelied« Salomons in den Mund zu legen. Dass die Schwarze Madonna aus Einsiedeln in Bezug zu der in den Versen der Liebe des lateinischen Bibeltextes besungenen schwarzen Sulamith steht und ihre Farbe daher ursprünglich gewählt worden ist, erscheint mir glaubhafter, als die Erklärung, die Schwärze des Gesichts und der Hände sei ein Ergebnis jahrelangen Kerzenrußens. Die Existenz einer Schwarzen Madonna in Einsiedeln zum Zeitpunkt des Geschehens in diesem Buch ist nicht nachgewiesen, kann aber gleichzeitig auch nicht bestritten werden.

Annas Widersacherin Rosa erleidet anstelle manch anderer »gefallenen« Frau der damaligen Zeit das Schicksal der Verschleppung in ein Bordell, das tatsächlich von der Kirche als Ort zur Verhinderung größeren Frevels und zum Schutz der sogenannten ehrbaren Frauen legitimiert worden ist. Geschichtliche Quellen sprechen von einem Frauenhaus »zur

Lyss« an der angegebenen Örtlichkeit, allerdings erst eine kleine Weile später.

Nichtsdestotrotz hat bereits vor 1400 ein Baseler Freudenhaus seinen Dienst geleistet.

Generell ist anzumerken, dass dieser Roman vor dem Hintergrund des »Abendländischen Schismas« spielt, eine Zeit, in der das Machtmonopol der Römischen Kirche auf alleinige Autoritätsinstanz in Sachen Moral durch Selbstzerfleischung innerhalb der eigenen Institution ins Wanken geraten ist.

Abschließend noch ein Wort zu Rudolf und Anna. Durch seine Großmutter Agnes fließt auch im Markgrafen von Hachberg-Sausenberg das Blut der Herren von Rötteln. Ob nun der Rötteler Herr seine Freiburger Gräfin aus großer Liebe ehelichte oder aus herrschaftlichem Territorialwillen, weil er auf Badenweiler spekulierte, soll als Geheimnis zwischen den Ehegatten in ihrer kunstvollen Grablege in der Georgskapelle der Rötteler Kirche unterhalb des Schlosses auf ewig begraben liegen. Den Grundstein zur Entstehung des Markgräflerlandes hat Rudolf III gelegt, wie es weitergeht, das ist eine andere Geschichte ...

Elke Bader

Wichtige Personen

(in der Abfolge ihrer Handlungsbedeutung und ihrer historischen
Authentizität)

Historische Personen

Markgräfin Anna
von Hachberg-Sausenberg
zu Rötteln

geb. Gräfin von Freiburg und Neuenburg
Gemahlin Markgraf Rudolfs

Markgraf Rudolf
von Hachberg-Sausenberg zu
zu Rötteln

regierender Fürst zu Rötteln
Ehegemahl der Gräfin Anna

Hans Ludmann von Rotberg
Ritter

Bürgermeister von Basel

Henman Fröweler von Erenfels

Freund Rotbergs, im Wechsel mit zem
Angen Oberzunftmeister in Basel

Peter zem Angen

Freund Rotbergs
Oberzunftmeister im Rat der Stadt Basel

Graf Johann von Lupfen
Landgraf zu Stühlingen
Herr zu Hohenack

Landvogt Herzogin Katharinas von Burgund
erbitterter Feind des Smassmann

Günther Marschalk
Ritter

Gegner Rotbergs im Rat
nach Ratswechsel 1410 Bürgermeister in Basel

Herman Buochpart
Meister der Schlüsselzunft

in Opposition zu Rotberg
nach dem Tod zem Angens kurzzeitig
Oberzunftmeister in Basel

Volmar von Jettingen
Angehöriger der Schlüsselzunft

nach Ratswechsel 1410 in Basel Oberzunftmeister

Johann Wiler
Angehöriger der Safranzunft

kurz vor Ratswechsel im Amt des Ammeisters

Bischof Humbert

Fürstbischof zu Basel

Herzogin Katharina
von Österreich

geb. Herzogin von Burgund
Schwägerin von Herzog Friedrich von Österreich

Maximus I Smassmann
Herr zu Rappoltstein
auf der Ulrichsburg

Kammerdiener bei Herzog Johann von Burgund
späterer Ehemann der Herzogin Katharina
Gegenspieler des Grafen von Lupfen

Herzog Johann von Burgund	Bruder der Herzogin Katharina auch Herzog »Ohnefurcht« genannt ehemals Graf von Nevers
Herzog Ludwig von Bayern	Sohn König Ruprechts von der Pfalz
Graf Konrad von Freiburg und Neuenburg	Bruder der Markgräfin Anna Herr zu Badenweiler mit einigen Intervallen
Graf Rudolph von Hachberg-Sausenberg zu Rötteln	Sohn der Gräfin Anna und des Grafen Rudolf Erbsohn
Gräfin Verena von Hachberg-Sausenberg zu Rötteln	Tochter des Markgrafenpaares
Graf Johann von Freiburg und Neuenburg	Sohn des Grafen Konrad
Graf Wilhelm von Hachberg-Sausenberg zu Rötteln	Sohn der Gräfin Anna und des Grafen Rudolf
Albrecht von Schönau Ritter	Lehnsmann Rudolfs auf Burg Schwörstadt genannt »Hurus von Schönau«
Hans von Riche Ritter	Lehnsmann Rudolfs aus Inzlingen
Arnold von Berenfels	Lehnsmann Rudolfs in Herrischwand und Haltingen
Adelheid Zekin	Äbtissin des Frauenklosters Sitzenkirch
Heinrich Arnleder	Haushofmeister ledig gesprochener Leibeigener des Markgrafen
Fritschmann zem Ryn	Diener des Markgrafen
Heinrich Gerwig	Amtmann des Markgrafen
Wildrich von der Huben genannt »Wirri«	Vogt auf Burg Badenweiler
Niklaus Langenhagen	Vogt auf der Sausenburg
Prior im Kloster Weitenau	nicht namentlich benannt

Erfundene Personen

Kunz

ehemaliger Leibeigener im Kloster Weitenau
Pferdeknecht auf Burg Rötteln

Maria

Zofe der Markgräfin Anna

Wolf von Hartenfels
alias Comte de Beaune

erst Leibritter der Gräfin Anna danach
Hauptmann auf Burg Rötteln

Friedrich von Nüwenburg
Edelknecht

Leibritter im Gefolge der Markgräfin Anna

Freifrau Ita von Dornegg

Schwester des Markgrafen Rudolf

Rosa Arnleder

Zofe der Freifrau Ita
Tochter des Heinrich Arnleder

Richard von Lörrach

Nüwenburgs Knappe

Michael von Schönau

Markgraf Rudolfs Knappe
Sohn des Albrecht von Schönau

Zyfridus von Enkenbruch

Burgpriester auf Rötteln
dem Dominikanerorden angehörend

Bertha

Köchin auf Burg Rötteln

Elsa

Küchenmagd auf Burg Rötteln

Helmut

freier Bauer in Endenburg auf dem Stoffelhof
der Markgräfin

Eugenia
Nonne

Pförtnerin im Kloster Sitzenkirch

Gertrud

Wilhelms Kindsmagd

Glossar

Achtburger:	nichtadeliger Patrizier der Stadt Basel; Diese Personengruppe stellte anfänglich acht Ratsmitglieder
Andreas-Krankheit:	Gicht, Rheuma
Barchent:	Baumwollgemisch
Beginen:	erste christliche Laienbewegung von Frauen, deren Zusammenschluss von der Kirche zeitweise als Häresie bezeichnet wurde und der Inquisition ausgesetzt war
Beinlinge:	einzeln getragene Strümpfe
Blutbann:	Hochgerichtsbarkeit, in welcher Todesstrafen ausgesprochen werden durften
Bracken:	bestimmte Jagdhundrasse
braune Mönche:	Franziskaner; wegen ihrer braunen Gewandung so genannt
Brigantine:	Panzer aus zahlreichen Metallplättchen, der mit Stoff überzogen ist
Bruche:	eine Art Unterhose, die an Beinlinge gebunden wurde
Burggärtlein, Schafacker, Schütte:	Feldbezeichnungen in der Region von Kandern
Dinghof:	größerer Hofverband, dessen Verwalter die niedere Gerichtsbarkeit besaß
Dorfetter:	eingefriedeter Bereich eines Dorfkerns
Dormatorium:	gemeinsamer Schlafsaal in einem klösterlichen Orden
Ehe zur rechten Hand:	als Gegensatz zur Ehe zur linken Hand (zumeist zwischen nicht ebenbürtigen Partnern, die eine gewisse Legalität in eine Mätressenverbindung bringen sollte)
Färber-Wau:	Pflanze zum Gelbfärben von Stoffen
gebursami:	lose Form des Zusammenschlusses von Bauern mit einem gewählten Sprecher

Gehilz:	Heft einer Blankwaffe wie das Schwert
Gelieger:	Panzerung für ein Pferd in der Schlacht
Gugel:	Mütze mit Schulterkragen
Handveste:	Urkunde zur Sicherung eines Rechts, hier das Versprechen des Baseler Bischofs der Stadt beizustehen (alte Schreibweise)
Hohes Gericht der Sieben:	vom Landvolk gewähltes Gericht mit sieben Richtern unter der Herrschaft des Markgrafen
Höriger:	Bauer, der kein Leibeigener aber auch kein freier Mann war. Er hatte das Recht auf Eigentum und konnte auf einer anderen Scholle auch freier Bauer sein, da diese Form der Abhängigkeit an einen bestimmten Hof gebunden war.
Hübschlerin:	Prostituierte
Hüftzingulum:	Gürtel eines Geistlichen oder Ordensbruders, der farblich entsprechend dem Rang des Trägers variiert.
Infirmarius:	Krankenhausbeauftragte/r in einem Kloster
Inseli:	Schweizer Bezeichnung des Steins zu Rheinfelden mitten im Rhein
Junker:	hier Ausdruck für städtische Adelige, die gegen Ende des Spätmittelalters kein Rittertum mehr pflegten
Kapf:	vorgelagerte Bastion (Verteidigungsanlage) einer Burg
Klosterkapitel:	Ort der Versammlung in Konventgebäuden
krappgefärbt:	durch die Färberkrapp-Pflanze erzieltes Rot
Landschaft:	eine Art Volksvertretung der Landstände innerhalb der Markgrafenverwaltung; ursprünglich mit rein militärischem Charakter; bestand aus den Vögten der Herrschaft, einigen Ratsleuten und Gemeindeabgeordneten wichtigste Funktionen waren: Mitspracherecht bei der Gesetzgebung, Beschwerdeerhebung, Wahl der Volksvertreter, Widerspruchsrecht

Laudes:	Morgengebet u.a. bei den Benediktinern gegen sechs Uhr
ledig sprechen:	aus der Leibeigenschaft entlassen
Lehnsherr:	das Pendant zum Lehnsmann
Lehnsmann:	ein Adeliger, der sich per Treueid einem meist höherrangigen Adeligen zum Waffendienst verpflichtet und im Gegenzug von diesem ein bestimmtes Stück Land und dazugehörige Leute in Besitz nehmen kann; ebenso steht er unter dem Schutz seines Lehnsherrn
Leibeigener:	Leibeigenschaft war an die Person gebunden, also anders als beim Hörigen, wo es an den Hof gebunden war. Anders als bei der früheren Sklaverei waren die Pflichten genau definiert, z.B. die Art und Häufigkeit der Fronpflichten (persönliche Dienstleistungen für den Herrn), ebenso durfte er Privateigentum besitzen, jedoch keinen Grundbesitz, anders als der Hörige Der Leibeigene unterstand der Rechtsprechung seines Herrn.
Leutepriester:	im Gegensatz zum eher vergeistigen Leben im Kloster; auch ein Mönch konnte als Leutepriester entsandt werden, unterstand dann jedoch dem Bischof
Malefitzturm:	Gefängnisturm
Malter:	altes Zählmaß; in der Schweiz 1,5 hl
Matutin:	nach der Benediktinerregel Gebet um zwei Uhr morgens
Ministerialer:	niederadeliger »Beamter« im Dienste eines Herrn in einer hochrangigen Hofposition
Mitra:	liturgische Bischofsmütze
Morgengabe:	Heiratsgut, welches die Ehefrau mit in die Ehe brachte zumeist unter Verzicht auf jedwede weiteren Ansprüche auf den Besitz der Eltern nach deren Tod; diese wurde vom Ehemann auf andere Besitztürmer seines Reiches versichert.

Näfels:	Schlacht bei Näfels in der Schweiz von 1388 zwischen Habsburgern und der alten Eidgenossenschaft; danach wurde ein dauerhafter Friede geschlossen, in dem die Habsburger auf die acht alten Orte der frühen Eidgenossenschaft verzichteten.
Non:	klösterliche Gebetszeit um 15 Uhr (Benediktiner)
Oberzunftmeister:	neben dem Bürgermeister zweites Stadtoberhaupt in Basel
Palas:	Prestigebau einer Burg, diente als Wohnanlage und Repräsentationszwecken (u.a. Rittersaal)
Pranger:	Instrument zur öffentlichen Durchführung von Ehrenstrafen; der Verurteilte wurde gefesselt auf einem gut einsehbaren Podium vorgeführt
Presbyterium:	halbrunde Altarnische
Refektorium:	klösterliches gemeinsames Esszimmer
Reisiger:	bewaffnetes Begleitpersonal leitet sich vom Begriff reisen ab: Kriegsmannen, die im Auftrag unterwegs sind.
Runenlesen:	älteste germanische Zeichen für Buchstaben; mit solchen Zeichen versehene Holzstücke wurden auf ein Tuch geworfen und daraus wahrgesagt (allerdings im 1. Jahrhundert nach Christus; keineswegs im europäischen Mittelalter)
Sadebaum:	auch Stink-Wacholder; das Sadebaumöl ist höchst giftig (die im Buch geschilderte Verwendungsart ist zwar überliefert aber nicht nachgewiesen)
Samtheike:	Mantelüberwurf
Sankt Anna Loch:	Strudel im Rhein vor der Rheinbrücke bei Rheinfelden (Baden und Schweiz)
Saum:	altes Zählmaß; 150 l
Schapel:	häufig mit Edelsteinen verzierter Kopfreif zumeist zur Befestigung von Kopfbedeckungen wie Gebende oder Schleier

Schuppose:	u.a. die Bezeichnung einer von einer höherrangigen Institution abhängige Verwaltungseinheit, wie z. B. ein Priorat
Sempach:	Schlacht bei Sempach 1386 zwischen Habsburgern und der alten Eidgenossenschaft; wird als Höhepunkt der Auseinandersetzungen angesehen; endete mit der Habsburger Niederlage und dem Tod Herzog Leopold III
Sext: (Benediktiner)	klösterliche Gebetsstunde um zwölf Uhr
Skapulier:	langer Deckmantel eines Habits
Surcot:	Kleidungsstück mit eng anliegenden Ärmeln
Schwertleite:	Ursprünglich mag die Schwertleite ein Mannbarkeitsritus gewesen sein, der ab dem 12. Jahrhundert in den Ritterstand erhöhte; die Ritter schworen dabei u.a., das Recht zu schützen und den Armen und Notdürftigen beizustehen; nicht selten erfolgte während der Zeremonie ein Schlag ins Gesicht des Neuritters. Ab dem 14. Jahrhundert löste dieses Ritual der Ritterschlag ab, und er war an Voraussetzungen gebunden, wie Adeligkeit (Ich habe mir im Buch erlaubt, den älteren Begriff zu entleihen.)
trockenes Fundament:	Ausdruck aus der Pferdezucht: sich klar abzeichnende Linien hauptsächlich der Gliedmaßen; Sehnen, Bänder, Gelenke treten deutlich hervor und liegen nicht schwammig unter dem Bindegewebe (Idealzustand)
Ungeld:	eine Art Steuer
Urbar:	Register über Besitzrechte eines Grundherrn und Leistungsverpflichtungen der entsprechenden Untertanen; auch Zinsrödel genannt
Vogt:	Rechtsvertreter eines Herrn in einem bestimmten Gebiet
Waid:	Färberwaid; Pflanze zur Gewinnung von Blautönen

Weesen:	Die von den Eidgenossen besetzte Ortschaft wurde in der Nacht vom 23. auf den 24. Februar 1388 von den Habsburgern überfallen; bekannt als die brutale Mordnacht von Weesen
Weihel:	Nonnenschleier
Wimpel:	Brusttuch der Ordenstracht bei Nonnen
Zinken:	Dialektform für einen Weiler, eine kleine Häuseransammlung

Danksagung

Ein solches Werk kann nicht entstehen, ohne die »Mitwirkung« meines gesamten Umfeldes, sei es durch Zuspruch, zeitliche Rücksichtnahme, Verständnis, wenn ich wieder einmal in die Welt von Rudolf und Anna eingetaucht bin, anstatt mich der Unterhaltung zu widmen, und durch stundenlanges Korrekturlesen. Insofern ist es mir ein Anliegen, mich bei allen meinen Freunden und Bekannten zu bedanken, allen voran bei meinem Mann, der mir die technischen Möglichkeiten geschaffen hat und dem es gelungen ist, mir stets zur rechten Zeit Auftrieb zu geben. Ohne ihn wäre dieses Buch niemals geschrieben worden.

Elke Bader
Herbst 2008,
am Tag, als der erste Schnee fiel
vor dem Winter

373